中国档案服务业企业蓝皮书

（2020）

邓小军　丁海斌　主　编

科学出版社
北京

内 容 简 介

本书包括中国档案服务业企业发展总论、专论,以及区域(细分领域)发展报告、企业风采和借鉴国外先进经验共五篇十三章内容。书中运用档案学基础理论及实证分析方法研究档案服务业理论与实践,通过中国档案学会档案设备、用品与服务定点企业的问卷调查数据,从宏观和微观两个层面研究档案服务业的具体实践工作现状、变革与发展趋势并提出解决对策。

本书既可作为高校及各类档案服务外包培训机构的参考书,也可作为档案服务业理论研究人员的基础读本和工具书。

图书在版编目(CIP)数据

中国档案服务业企业蓝皮书. 2020 / 邓小军,丁海斌主编. —北京:科学出版社,2023.5
ISBN 978-7-03-070735-2

Ⅰ. ①中⋯ Ⅱ. ①邓⋯ ②丁⋯ Ⅲ. ①档案工作-研究报告-中国-2020 Ⅳ. ①G279.2

中国版本图书馆 CIP 数据核字(2021)第 240410 号

责任编辑:李春伶 李秉乾 / 责任校对:张亚丹
责任印制:张 伟 / 封面设计:黄华斌

科学出版社 出版
北京东黄城根北街 16 号
邮政编码:100717
http://www.sciencep.com

北京中石油彩色印刷有限责任公司 印刷
科学出版社发行 各地新华书店经销
*
2023 年 5 月第 一 版 开本:720×1000 1/16
2023 年 5 月第一次印刷 印张:29
字数:453 000
定价:168.00 元
(如有印装质量问题,我社负责调换)

中国档案服务业企业蓝皮书（2020）
编委会

主　编：邓小军　丁海斌（执行）

副主编：黄浩民　刘　峰　朱　波　饶　圆（执行）

编委会：（按姓氏笔画排序）

丁海斌　王在东　王　毅　邓小军

归吉官　刘卉芳　刘春征　刘维贵

李海涛　吴雁平　陈　勇　饶　圆

徐江华　徐辛西　唐小林　黄世喆

黄夏基　麻新纯　颜　晗

前　言

一、研究的背景

（一）国家宏观政策与理论引导，明确档案服务业发展定位和方向

2020年是档案事业"十三五"规划收官之年，档案事业的发展取得了长足进步。2020年6月20日，第十三届全国人民代表大会常务委员会第十九次会议通过了新修订的《中华人民共和国档案法》（简称《档案法》），并在2021年1月1日起正式施行。《档案法》在档案管理主体职责、档案管理制度、档案利用与公布、档案信息化建设等方面提出了更高要求，这对于档案服务业的发展既是机遇，也是挑战。2020年12月29日，中华人民共和国国家档案局（简称国家档案局）局长、中央档案馆馆长陆国强在《推动档案事业在高质量发展轨道上迈出坚实步伐——在2020年全国档案局长馆长会议上的报告》一文中指出，"十四五"时期是我国档案事业发展的重要历史机遇期，也是应对严峻挑战的战略突围期。我国已转向高质量发展阶段，要加快构建以国内大循环为主体、国内国际双循环相互促进的新发展格局，档案作为基础性、战略性信息资源的价值日益凸显，档案工作在国家各项事业中的支撑作用更加突出。档案工作要树立创新、协调、绿色、开放、共享

的发展理念，主动适应经济发展新常态，抓住机遇、改革创新，为全面建设社会主义现代化国家、实现中华民族伟大复兴的中国梦做出新贡献。

从国际上看，政府服务现代化和信息技术的发展将档案工作推到政府治理和公共服务的重要位置；大数据、云计算、物联网和移动网络技术的发展给信息安全、隐私保护和电子档案长期安全保存带来了挑战。从国内看，"四个全面"战略布局、国家大数据发展战略和"互联网+"行动计划的推进，深刻影响了档案工作的理念、技术、方法及模式；档案日益成为国家基础性、战略性信息资源；档案工作领域更加广泛、内容更加丰富、需求更加多样、地位和作用越来越重要。在协调推进"四个全面"战略布局的新时期，如何适应社会多样需求改进档案服务、如何适应信息技术发展加强电子档案管理、如何适应现代化管理培养高素质专业化的人才队伍，正日益成为中国档案工作面临的主要挑战。国家档案局在《全国档案事业发展"十三五"规划纲要》已明确提出：鼓励档案社会化服务，加快档案服务外包系统标准规范的制定。《全国档案事业发展"十三五"规划纲要》中提到的"档案社会化服务"明确了档案服务业发展的定位，档案服务业的本质就是档案社会化服务。国外早在20世纪40年代就已经通过建立商业性文件中心开展了档案社会化服务的实践活动，如美国于1948年建立了第一家商业文件中心，此为国际档案服务业商业化的源头。从20世纪90年代起，随着社会主义市场经济的建设发展，市场主体逐渐多元化，档案中介机构出现并开始了档案社会化服务的实践尝试。沈阳、浙江、上海等地早在1992年就出现了档案信息服务中心、档案事务所、档案咨询中心等档案中介机构。时至今日，中国档案中介机构的发展更加迅猛。

相对于实践的蓬勃发展，中国对档案社会化服务的理论研究才初显成果。例如，安徽大学李财富教授基于其主持的2006年国家社会科学基金项目"档案服务社会化研究"发表了系列研究成果。中国人民大学黄霄羽教授

2016年6月出版的《档案社会化服务研究》一书辨析了"档案社会化服务"与"档案服务社会化"的区别，认为"档案社会化服务"是指从社会分工角度出发，涉及档案管理的专业性、专门化服务，一般为有偿服务。同时，该书较为系统地探讨了档案社会化服务的理论基础，详细地阐述了档案社会化服务的实践发展，包括档案社会化服务的承担主体、内容、实现途径和保障条件四个方面。此外，该书还进一步剖析了档案社会化服务的价值取向，包括专业取向、社会取向、科学取向和发展取向。

本书吸收了黄霄羽的研究成果，将"档案社会化服务"定义为基于社会分工提供的涉及档案的专业性、专门化和社会化服务，它不同于档案服务社会化——由档案部门向社会提供专业服务，而是指由专业机构以经济、高效、优质、安全的方式向社会提供专业性、社会化的档案服务。该定义既全面地揭示了档案社会化服务的内涵和外延，又清晰地阐释了其与档案服务社会化的区别。广西民族大学丁海斌教授及此前丁海斌教授所率领的辽宁大学的师生团队（王毅教授、苏晓轩副教授等）在档案服务业企业发展历程、人力资源状况、文化建设、业务开发、内部治理机制、创新能力等方面进行了较为系统和深入的研究。上述研究成果有助于档案服务业继续拓展相关研究。

近年来，档案服务外包社会需求快速增长，产业规模不断扩大，急需制定标准来规范服务内容、工作流程等事宜。国家档案局自2017年8月起陆续出台了档案外包服务行业标准，这些标准不仅明确了档案服务业的定位，也为档案服务业的发展明确了工作规范和指导原则。2017年8月2日，《档案保管外包服务管理规范》（DA/T 67—2017）由国家档案局正式发布，并于2018年1月1日实施。该标准从档案保管外包服务机构职责、条件保障、业务建设和行业监管等方面，规定了档案保管外包服务的原则与范围、组织制度与人员管理、保管基础设施、安全监管及业务规程，并对档案保管外包服务机构的能力评估进行了细化和量化，旨在规范并支持社会力量参与档案事务，引导档案保管外包服务企业健康发展。同日，国家档案局发布了《档案服务外包工作规范》（DA/T 68—2017）。2019年，经全国档案工作标准化技术委员会第二十七次年会审议，决定将已送审的《档案数字化服务外包工作规范》《档案管理咨询服务外包工作规范》和已发布的《档案服务外包工作规范》合并，调整为《档案服务外包工作规范》。该系列规范包括三个部分，于2020年5月18日发布，2020年6月1日实施，以提升档案标准体系的合理性、系统性，方便档案工作者查用。《档案保管外包服务管理规范》《档案服务外包工作规范》系列标准的实施有效地促进了国内档案管理外包服务运营的科学化和规范化，提高了档案管理的商业性资源利用和社会分工专业化，推动了中国档案管理外包服务的健康有序发展。

（二）中央及地方档案学会参与指导管理，协助规范档案服务业发展

2014年5月，中共中央办公厅、国务院办公厅印发了《关于加强和改进新形势下档案工作的意见》，标志着全国档案工作步入了新阶段。《关于加强和改进新形势下档案工作的意见》提出：规范并支持社会力量参与档案事务；充分发挥档案学会等社会组织的作用；推广政府购买服务，凡属事务性管理服务，引入竞争机制，通过合同、委托等方式向社会购买；规范并支持档案中介机构、专业机构参与档案事务。2021年1月1日实施的《档案法》第七条也指出，国家鼓励社会力量参与和支持档案事业的发展，这为档案服务业指明了发展方向。中国对档案服务业的规范化管理刚刚起步，并不是所有的档案业务都可以进行外包，有些业务是不适合外包的。《档案保管外包服务管理规范》《档案服务外包工作规范》系列标准虽已实施，但档案外包服务目前仅发布了档案数字化服务和档案管理咨询服务两项业务类型的行业标准，档案整理服务、档案寄存服务、档案开发利用服务和档案销毁服务业务类型尚未有具体的

行业标准出台。为了进一步引导档案服务业的健康发展，明确相关服务机构的业务范围、工作职责，形成具有可比性的价格体系，使市场经济规律有效地发挥作用，档案学会需要充分发挥其功能，肩负起协助档案服务业健康有序发展这一使命。档案学会具有广泛的群众参与性、明显的实践性、普遍的受益性和鲜明的民主性，其会员包括档案工作人员、档案科研人员、档案行政人员；其工作重点在于加强档案工作者之间的合作与交流，开展理论研究、调查研究等学术活动和对会员的继续教育与培训工作，以及编辑、出版、发行会刊、论文集和有关学术研究资料，在档案理论研究和实践上具有权威的指导作用；其发展已经颇具规模，全国各地已经建立了上百个档案学会，而且学会之间、学会与档案行政管理部门之间、学会与企业之间已建立起密切的联系。因此，档案学会既是党和政府联系广大档案工作者的桥梁与纽带，又是档案行政管理部门的参谋与助手，理应发挥优势，有所作为。档案学会介入对档案服务业的管理，有利于对业务工作起到指导和监督作用，其现有的组织基础能协调档案服务业企业与档案行政管理部门之间的关系。同时，档案学可发挥群众性学术团体的组织优势，积极推进档案服务业的健康发展，如报告会、研讨会等方式，为档案服务业的发展创造一个良好的舆论氛围。

就全国而言，中国档案学会在中国档案服务业发展中发挥了重要作用，其2010年开始就制定了相关管理规范，引导了档案服务业企业的发展方向，随后又先后制定了《中国档案学会档案设备、用品与服务定点企业资格管理试行办法》《中国档案学会关于档案密集架（柜）定点企业资格评审办法》《中国档案学会关于档案数字化加工服务定点企业资格评审办法》《中国档案学会关于档案寄存托管定点企业资格评审办法》《中国档案学会关于档案展览展示定点企业资格评审（试行）办法》等。就地方而言，浙江省档案学会在地方档案服务业发展中走在了前列，并发挥了重要作用，其于2015年12月组建了全国首个档案服务业学术委员会。浙江省档案局局长刘芸指出，档案服务业是档案事业的重要组成部分；组建省档案学会档案服务业学术委员会，是档案部门坚持问题导向，贯彻落实中央、省委全面深化改革要求的重要举措，顺应档案事业发展趋势、档案服务业建立行业自律规范的职责。具体应做到以下几点：一是要加强对档案服务业的调研，形成高质量的调研报告，进一步摸清档案服务业的业务内容、发展状况等，努力为档案服务业发展提供政策支持和引导。二是要加强档案服务业学术委员会的团队建设，定期开展交流研讨，细化责任分工，努力把档案服务业学术委员会建设成为一支具有凝聚力的团队；档案服务业学术委员会企业会员要加强交流，成为档案服务业的示范和标杆。三是要搭建工作平台，努力促进档案服务业发展。主要包括搭建档案工作产学研平台，把档案科研成果与档案服务业创新相结合；搭建档案工作人才集聚平台，壮大从业队伍；搭建政企沟通平台，打通档案行政管理部门与档案服务业学术委员会企业会员联系的桥梁。四是要建立工作机制，使档案服务业学术委员会企业会员规范经营、守法经营。

（三）现代服务业体系建立与完善，推动档案服务业机构发展

从全球范围来看，现代服务业初步发展于工业革命开始到第二次世界大战期间，确立于20世纪80年代。相对于传统服务业而言，现代服务业是为适应现代人和现代城市发展的需求而产生和发展起来的，是具有高技术含量和高文化含量的服务业。学界对于现代服务业使用较多的一种定义是：现代服务业是伴随信息技术和知识经济的发展而产生，用现代化新技术、新业态和新服务方式改造传统服务业，创造需求，引导消费，向社会提供高附加值、高层次、知识型的生产服务和生活服务的服务业。"现代服务业"的提法最早出现在1997年9月党的十五大报告中，2000年中央经济工作会议提出："既要改造和提高传统服务业，又要发展旅游、信息、会计、咨询、法律服务等新兴服务业。"根据2012年2月22日中华人民共和国科技部（简称科技部）发布的第70号文件，现代服务业是指以现代科学技术特别是信息网络技术为主要支撑，建立在新的商业模式、服务方式和管理方法基础上的服务产业，它既包括随着技术发展而产生的新兴服务业态，也包括运用现代技术对传统服务业的改造和提升。与现代服务业相比，档案服务业具备了其"两新四高"的时代特征。"两新"指的是新服务领域和新服务模式，其中新服务领域指适应现代城市和现代产业的发展需求，突破消费性服务业领域，形成新的生产性服务业、公共服务业新领域；新服务模式指现代服务业通过服务功能换代和服务模式创新而产生新的服务业态。"四高"指的是高文化品位和高技术含量，高增值服务，高素质、高智力的人力资源结构，高感情体验、高精神享受的消费服务质量。

经过20多年的发展，中国档案服务业有了长足的发展，形成了多种形式、多种规模的档案服务业机构，其按照不同的标准有不同的类型。根据中介机构与档案管理部门的关系分为政府部门、事业单位和公司；根据投资金额和规模分为小型机构、中型机构和大型机构；根据所有制形式分为国有企业、民营企业及外资企业；根据职能划分则可分为档案咨询服务中心、档案寄存中心、档案鉴定中心及综合型档案服务业机构。由此可见，档案服务业机构已经进入到档案工作的各个领域。例如，1993—2006年，上海成立了各种档案服务机构50余家，其中既有国有企业也有民营企业及外资企业。又如，有关资料显示，浙江全省几乎每个区县都至少有一家档案服务机构。再如，根据网上调查，全国各省、自治区、直辖市都有档案服务业机构。进入21世纪之后，随着市场经济体制的进一步确立和发展，以及计算机信息技术的发展，档案服务业进入了一个多元化的发展时期；同时，民间资本的进入也促进了档案服务业的繁荣和进步。

二、研究的基本思路和主要目标

本书是编写《中国档案服务业企业蓝皮书（2016）》的继续。本书的研究思路为：运用档案学基础理论及实证分析方法研究档案服务业理论与实践，通过中国档案学会档案设备、用品与服务定点企业的问卷调查数据，从宏观和微观两个层面研究档案服务业的具体实践工作现状、变革与发展趋势并提出解决对策。

现阶段，中国档案服务业虽发展迅速，服务水平持续提升，在档案工作中的作用日益凸显，但其仍存在产业规模偏小、有效供给不足、职责体系不健全、行业管理薄弱、从业人员素质偏低等问题。通过调研，本书认为：推进档案服务业供需机制改革，是保障档案事业健康发展的重要手段，是培育档案事业发展新动能的重要途径，是档案工作自身转型发展的重要内容，对于加快建设档案强国具有重要意义。全国各级档案部门要充分认识促进档案服务业健康发展的重要性，进一步增强责任感和紧迫性，创新制度机制，突出工作重点。主要目标分述如下：

（一）推动档案服务业法规标准的建立

为了适应档案事业发展的需要，充分发挥档案服务业在档案事业中的作用，各级政府和档案行政管理部门必须要对档案服务业组织的发展有一个长远的规划。就档案服务业机构的设置来看，要制定总体发展规划、步骤和目标；要推进专业化，形成专门人才执业、专业服务齐备、分工协作密切的服务体系。本书通过研究发现，就对档案服务业企业的监管来看，要制定和颁布规范有关业务活动的专门规章和标准规范。例如，上海、北京、安徽、辽宁、黑龙江、河北、山东、福建、江西等地的地方档案法规对档案中介机构及其从业人员的资质认定等就做出了规定，但有些具体条款尚过于笼统，还必须颁布更具体、针对性更强、涉及档案服务业各方面事务的专门性标准规范。目前，在国家层面，国家档案局已经实施了《档案保管外包服务管理规范》《档案服务外包工作规范》等标准。在地方层面，杭州市 2015 年 11 月发布了《关于加快我市档案服务业规范发展的若干意见》；浙江省 2016 年 3 月 21 日发布了《关于促进我省档案服务业健康发展的意见》。上述文件为规范并支持档案服务业机构参与档案事务，进一步提高档案服务业发展质量和水平提供了支持。接下来需要国家档案局尽快出台档案整理服务、档案寄存服务、档案开发利用服务和档案销毁服务四项业务类型行业标准，相应地也需要更多省份，尤其是经济发达的省份要尽快制定出有关档案服务业的专门性管理规范，为档案服务业创造平等竞争的市场环境和提供法治保障。在国家和地方全面建立健全档案服务业行业标准和管理规范的基础上，再进一步推动国家层面档案服务业法规标准的出台。

（二）促进档案服务业企业健康有序发展

近年来，随着经济的高速发展，社会各界对档案服务外包的需求也不断增长，来自金融机构、大型企事业单位的大量业务资料、凭证、单据等呈几何级数增加，与原本有限的公共档案管理设施资源形成了鲜明对比，专业档案管理外包服务企业大量涌现出来。然而，由于缺乏行业发展平台，档案服务业市场整体处于无序状态。笔者通过调查发现：行业整体发展方向不明确，企业缺乏长远战略眼光；企业间同质化发展严重，竞争混乱；企业间缺乏交流，信息闭塞；企业间互相压价，服务质量降低；企业生存环境差，社会影响力下降。中国档案服务业企业主要业务范围较为广泛，如档案管理系统研发、档案数字化加工、档案管理咨询、档案整理、档案用品销售等，但随着租金与人力成本的急剧上升，金融、科技等越来越多的行业将目光投向档案寄存服务，不过目前只有沈阳集美档案管理公司、申江万国数据信息股份有限公司（简称申江万国）等少量企业可以提供该业务。总的来说，大多数档案服务业企业的规模并不大，基本上都属于中小企业，涉及业务较宽泛，没有集中力量打造核心产品，缺少特色服务，难以形成核心竞争力。在这种情况下档案服务业企业一方面要切实提高政治意识、质量意识、服务意识和安全意识，另一方面要加快行业标准化建设，完善服务运营机制。各级档案管理部门作为档案服务行业的主管部门，要将档案服务业的监管纳入档案日常行政监管范围，促进档案服务业健康有序发展，提升档案服务业企业创新发展和转型升级能力，加强企业间协作交流，打造档案服务业高质量发展模式。

（三）促进档案服务业理论的创新

档案服务业的理论依据主要涉及现代服务业领域、档案专业领域、社会分工领域和公共管理领域。首先，档案服务业从服务产业分布来看隶属现代服务业，现代服务业中的服务外包理论是档案服务业的理论基础；其次，档案社会化服务是一种专业的档案服务，档案学专业领域内的文件生命周期理论是其有力的支撑；再次，档案社会化服务是一种基于社会分工的服务，政治经济学中的社会分工理论可为其提供依据；最后，档案社会化服务是一种面向大众的服务，其实践发展也可得到公共管理学中相关理论的支持。近年来，有学者在借鉴前人相关研究成果的基础上考察了档案服务业的现状和发展趋势，通过汲取、发展前人的理论，指出了档案服务业发展的不足之处，并对学术空白进行了补充。例如，学界对中国档案中介机构的研究较多，在已有研究基础上，王晓琳创造性地从文件管理业务外包与商业性文件中心的渊源，引出中国档案业务外包与档案中介机构这一研究内容，深入分析了档案业务外包与档案中介机构的内涵，以期为实际操作提供帮助和指引。[①]由中国档案学会发起、指导和发布，并由邓小军和丁海斌合作主编的《中国档案服务业企业蓝皮书（2016）》于2017年9月出版，该书理论与实践相结合，全面、系统地反映了中国档案服务业企业发展情况。[②]2016年，全国首届"'互联网+'时代档案服务业发展高峰论坛"在安徽省合肥市召开，该论坛聚焦云计算、大数据、档案信息化等热门话题，探讨了"互联网+"趋势下档案服务业的最新发展趋势及市场机遇。"互联网+"时代的到来为档案部门的发展带来了机遇和挑战，档案部门为向用户提供更加

---

① 王晓琳. 档案业务外包理论与实践研究[D]. 苏州：苏州大学，2010.
② 邓小军，丁海斌. 中国档案服务业企业蓝皮书（2016）[M]. 沈阳：辽宁大学出版社，2017.

便捷、优质的档案信息服务，需要借助档案服务外包来加快档案馆数字化建设进程。目前学界对"互联网+"时代档案服务外包的研究还不够深入，理论研究和实践的结合也不够紧密。《中国档案服务业企业蓝皮书（2016）》的出版实现了理论与实践的结合，同时结合互联网技术（internet technology，IT）加快了对档案服务业理论的创新研究。

目　录

前言
绪论……………………………………………………………………………… 1
　第一节　档案服务业的相关概念界定…………………………………… 1
　第二节　本书的编写思路………………………………………………… 10

第一编　中国档案服务业企业发展总论

第一章　中国档案服务业发展的历史背景………………………………… 19
　第一节　档案服务业发展的社会背景…………………………………… 19
　第二节　档案服务业发展的行业状况…………………………………… 24
　第三节　档案服务业发展的市场状况…………………………………… 34
第二章　中国档案服务业的发展简史……………………………………… 43
　第一节　中国档案服务业的初创时期（1990—1999年）……………… 44
　第二节　中国档案服务业的稳步发展时期（2000—2005年）………… 54
　第三节　中国档案服务业的快速发展时期（2006—2020年）………… 67

第三章　中国档案服务业企业的基本情况⋯⋯⋯⋯⋯⋯⋯⋯⋯ 80
　　第一节　档案服务业的概况⋯⋯⋯⋯⋯⋯⋯⋯⋯⋯⋯⋯⋯ 80
　　第二节　档案服务业企业的发展特点⋯⋯⋯⋯⋯⋯⋯⋯⋯ 89
　　第三节　档案服务业企业的运行机制⋯⋯⋯⋯⋯⋯⋯⋯⋯ 100

第二编　中国档案服务业企业发展专论

第四章　中国档案服务业企业的产品与营销⋯⋯⋯⋯⋯⋯⋯⋯ 133
　　第一节　档案服务业企业的产品研发⋯⋯⋯⋯⋯⋯⋯⋯⋯ 133
　　第二节　档案服务业企业的市场营销策略⋯⋯⋯⋯⋯⋯⋯ 144
　　第三节　档案服务业企业的信用评级⋯⋯⋯⋯⋯⋯⋯⋯⋯ 155
　　第四节　档案服务业企业的业务发展规划⋯⋯⋯⋯⋯⋯⋯ 163

第五章　中国档案服务业企业的人力资源状况⋯⋯⋯⋯⋯⋯⋯ 168
　　第一节　档案服务业企业员工的现状分析⋯⋯⋯⋯⋯⋯⋯ 169
　　第二节　档案服务业企业的人力资源规划⋯⋯⋯⋯⋯⋯⋯ 172
　　第三节　档案服务业企业人力资源的招聘与甄选⋯⋯⋯⋯ 176
　　第四节　档案服务业企业人力资源的培训与开发⋯⋯⋯⋯ 187
　　第五节　档案服务业企业的薪酬状况⋯⋯⋯⋯⋯⋯⋯⋯⋯ 192

第六章　中国档案服务业企业的企业文化⋯⋯⋯⋯⋯⋯⋯⋯⋯ 197
　　第一节　档案服务业企业文化概述⋯⋯⋯⋯⋯⋯⋯⋯⋯⋯ 197
　　第二节　档案服务业企业文化建设的现状分析⋯⋯⋯⋯⋯ 203
　　第三节　档案服务业企业文化建设的对策⋯⋯⋯⋯⋯⋯⋯ 217

第七章　中国档案服务业标准⋯⋯⋯⋯⋯⋯⋯⋯⋯⋯⋯⋯⋯⋯ 224
　　第一节　现行档案标准体系⋯⋯⋯⋯⋯⋯⋯⋯⋯⋯⋯⋯⋯ 224
　　第二节　现行档案服务业标准体系的缺陷⋯⋯⋯⋯⋯⋯⋯ 235
　　第三节　档案服务业标准内容构想⋯⋯⋯⋯⋯⋯⋯⋯⋯⋯ 238

第三编 区域（细分领域）发展报告

第八章 华东与中南地区档案服务业企业发展报告 ·············· 263
  第一节 华东和中南档案服务业企业统计分析 ·············· 263
  第二节 华东和中南档案服务业企业案例分析 ·············· 283

第九章 珠江三角洲地区档案服务行业协会发展报告 ·············· 289
  第一节 珠江三角洲地区档案服务行业发展现状 ·············· 293
  第二节 珠江三角洲地区档案服务行业协会职能设定 ·············· 298

第十章 中国档案寄存托管行业发展历程 ·············· 308
  第一节 档案寄存托管行业发展起源 ·············· 308
  第二节 档案寄存托管行业发展历程 ·············· 312
  第三节 档案寄存托管行业发展现状与问题 ·············· 315
  第四节 档案寄存托管行业未来展望 ·············· 317

第四编 企 业 风 采

第十一章 中国档案服务业部分典型企业介绍 ·············· 321
  第一节 典型企业一：申江万国 ·············· 324
  第二节 典型企业二：银雁科技 ·············· 332
  第三节 典型企业三：立鼎科技 ·············· 340

第十二章 中国档案服务业企业新产品新技术简介 ·············· 343
  第一节 "十三五"期间（2016—2020年）档案专利获得情况 ······ 343
  第二节 新产品新技术案例之一——申江万国文档全产业链服务 ··· 409
  第三节 新产品新技术案例之二——立鼎科技档案一站式
       服务体系 ·············· 414

第五编　借鉴国外先进经验

第十三章　欧美商业性文件中心概述 …………………… 421
　第一节　欧美商业性文件中心的发展概况 ………………… 422
　第二节　欧美商业性文件中心典型企业介绍 ……………… 426
　第三节　欧美商业性文件中心对中国档案　服务业企业的启示 ……… 438

绪　　论

第一节　档案服务业的相关概念界定

一、档案服务业相关概念

郑英隆 1991 年在论及信息经济学体系时，将"图书馆档案服务业"作为一个完整的业态概念首次正式提出，并明确将图书馆档案服务业作为信息经济学的中观层次纳入信息产业行列。自郑英隆首次提出"图书馆档案服务业"这一概念之后，研究者多有涉猎档案信息商业化、档案服务社会化和档案社会化服务问题，三者在内涵上似有异曲同工之处，但是明确把档案服务业作为一个独立的、整体的概念与完整业态进行考察研究的，实属鲜见。信息技术的蓬勃发展，尤其是移动互联网、大数据技术的异军突起，催生出了大批新型业态，同时也促成了许多传统行业与新兴行业之间发生"联姻"，转型整合成为新型业态。在中国，档案服务业概念的研究正是基于档案事业与现代服务业蓬勃发展而开展的。2015 年，华超在《关于档案服务业健康发展的几个问题》一文中提出"档案服务业"这一名词。[①]浙江省档案局在 2016

---

① 华超. 关于档案服务业健康发展的几个问题[J]. 办公室业务，2015，(22)：75-76.

年《关于促进我省档案服务业健康发展的意见》一文中进一步明确了档案服务业概念。从相关理论研究成果来看，虽然近几年才出现"档案服务业"这一概念，但学术界对中国档案服务业相关问题的研究始于20世纪70年代，档案中介服务、档案商业化服务、档案外包服务、档案社会化服务等方面的研究成果较为广泛和丰富。由于中国档案学界还没有对档案服务业的概念和范畴达成共识，所以要参考与档案服务业相关概念的研究成果。主要的相关概念研究摘录如下：

（一）档案中介服务

档案中介服务是社会经济和档案工作发展到一定阶段的产物。它是指在社会主义市场经济条件下，由档案行政管理部门认定并接受其监督的档案中介组织，以档案和档案工作为主要对象，以档案整理与寄存、档案价值鉴定与评估、档案信息咨询与加工、档案干部培训等为服务内容，直接为机关、企事业单位或个人代办档案事务的一种行为。[①]

（二）档案商业化服务

档案商业化服务相对于传统档案服务有明确的商业特征，其目标就是盈利。档案商业化服务是指以档案资源为依托，以获得利益最大化为目标，处于档案主体和客体之间从事联络、调解、见证或介绍买卖档案资源的社会服务。[②]

（三）档案外包服务

业务外包是指企业为了降低成本，增强核心竞争力，将其非核心业务职能委托授权给其他机构的一种新型管理模式或策略。档案业务外包是将档案业务委托给其他机构的一种管理模式，其目的是提高效率、优化资源；其内容是全部或部分档案业务；其方式是签订合同。

---

① 李辰. 全国档案中介服务发展概述[J]. 中国档案, 2004, （10）: 18-19.
② 成永付. 商业性档案中介服务的解析[J]. 兰台世界, 2005, （13）: 12-14.

(四)档案社会化服务

档案社会化服务是基于社会分工提供的涉及档案的专业性、专门化和社会化服务,它不同于档案服务社会化——由档案部门向社会提供专业服务,而是指由专业机构以经济、高效、优质、安全的方式向社会提供专业性、社会化的档案服务。[①]

除了上述四种相关概念研究外,浙江省在《关于促进我省档案服务业健康发展的意见》里明确了档案服务业是运用现代档案管理知识、技术和场所、设备、设施等要素向社会提供智力成果、劳务服务、档案产品的新兴行业,是档案事业的重要组成部分。

本书总结以上相关概念的解读,进一步明确档案服务业的概念内涵:档案服务业是指从事档案社会化服务的企业运用现代档案管理知识、技术和场所、设备、设施等要素向社会提供智力成果、劳务服务、档案产品等业务的新兴现代信息服务行业。

二、档案服务业相关机构名称的界定

(一)档案中介机构

中介组织也叫市场中介组织,介于政府和企业之间、商品生产者与经营者之间、个人与单位之间,为市场主体提供信息咨询、培训、经纪、法律等服务,并且在各类市场主体之间包括企业之间、政府与企业之间、个人与单位之间、国内企业与国外企业之间从事协调、评价、评估、检验、仲裁等活动的机构和组织。档案中介机构产生于20世纪90年代初,最早是通过面向社会提供档案管理业务逐渐发展演变而来的,由于这些机构大多依靠档案行政管理部门或者由档案行政管理部门出资成立,介于政府和企业之间,因而被称为档案中介机构。《广东省档案中介机构备案登记管理办法》(广东省

---

① 黄霄羽. 档案社会化服务的概念解读[J]. 档案学研究,2013,(3):4-7.

档案局 2008 年 3 月 17 日印发）中所称的档案中介机构是指从事档案咨询、评估、鉴定、整理、寄存和数字化等中介服务的机构；认为档案中介机构是社会分工高度发达的产物，是利用自身所拥有的设备、技术、人力资源等为社会各界提供档案管理服务和档案事务服务等的中介组织。

（二）档案事务所

档案事务所是早期档案中介服务机构的形式之一，主要从事档案整理，档案技术开发、服务及开发产品的销售等活动。以浙江省档案局创办的档案事务所为代表。浙江省档案事务所于 1993 年 3 月（浙编〔1993〕30 号文）成立，为浙江省档案局下属自收自支的事业单位，其职能及业务范围为档案法律咨询，档案分类、鉴定、安全保管咨询，文书、基建、科研、人事、会计等各类档案标准化整理服务，档案库房设计、设备购置方案咨询，档案管理等级评估，各类专题业务培训、示范操作，等等。

（三）商业性文件中心

商业性文件中心是文件中心的一种，主要向工商企业提供文档管理的有偿服务，属于营利性机构，设施比较先进，管理的现代化程度较高，服务项目比较灵活，既有单一的寄存服务，也可提供全方位的保管、利用和处置服务。商业性文件中心是在借鉴文件中心的基础上发展而来的，最早产生于美国。20 世纪 30 年代，美国政府已经开始有意识地对政府机构档案、文件进行商业性管理。20 世纪 80 年代起，美国几乎每座城市都建有一个或多个商业性文件中心，并带动了加拿大等国家也陆续开始建立商业性文件中心，最终逐步形成一种行业。

（四）档案服务业企业（公司制）

现代企业制度是指以市场经济为基础，以企业法人制度为主体，以公司制度为核心，以产权清晰、权责明确、政企分开、管理科学为条件的新型企业制度。现代公司制企业的主要形式是有限责任公司和股份有限公司。公司制的特点是公司的资本来源广泛，使大规模生产成为可能；出资人对公司只负有限责任，投资风险相对较低；公司拥有独立的法人财产权，保证了企业决策的独立性、连续性和完整性；所有权与经营权相分离，为科学管理奠定了基础。目前对档案服务业企业没有明确的概念，但档案服务业企业必须具备现代企业制度特征。通常，档案服务业企业也叫档案服务外包公司，档案服务外包公司是指依据国家法律法规和档案行政管理部门规定成立，直接为各种社会组织和个人提供各类档案专业服务，自主收支、独立核算的社会服务性机构。档案服务业企业通过签订合同的方式，承接各种社会组织委托的档案专业培训、档案管理系统研发、档案数字化加工、档案管理咨询、档案整理、档案寄存、档案用品销售等专业性较强的档案工作。档案服务业企业完善了社会分工，节约了社会成本，提高了社会效率，促进了国家经济社会发展，是中国档案事业体系的重要组成部分。

（五）档案服务机构

随着中国档案服务行业的发展，2000 年前后，具备居间功能的档案中介机构已经无法适应档案服务行业的市场需求，逐渐脱离了档案行政管理部门，由中间商逐渐转变为提供档案管理服务的承包商，从这一时期开始，再使用"档案中介机构"一词对提供档案管理服务的企业进行命名已经不合适了。黄霄羽和朱敬敬曾在《档案中介机构应当正名》一文中对"档案中介机构"进行过全面的阐述，"档案服务机构"这一概念应运而生。[①]2005 年 1 月 17 日印发的《福建省档案服务机构管理暂行办法》中指出，档案服务机构是指公民、法人或者其他组织依法设立的从事档案整理、保管、修裱、缩微、鉴定、评估、咨询及档案数字化等服务的组织。2017 年 12 月 20 日印发

---

① 黄霄羽，朱敬敬. 档案中介机构应当正名[J]. 档案学通讯，2012，（5）：93-97.

的《江西省档案服务机构备案办法》也指出，档案服务机构是指依法运用专业知识和技能为委托单位提供档案装具，档案整理、保护、寄存、开发利用，档案数字化及档案软件开发等有偿服务的机构。目前中国档案学界对于档案服务机构的界定尚未形成统一的认识，本书认为档案服务机构是指依法设立，主要从事档案整理、保管、修裱、缩微、鉴定、评估、咨询及数字化等外包服务的法人组织。

三、档案服务业业务范围与服务内容分类

（一）档案服务业业务范围

档案服务业的业务范围比较广泛，根据《中国档案学会档案设备、用品与服务定点企业资格管理试行办法》《中国档案学会关于档案密集架（柜）定点企业资格评审办法》《中国档案学会关于档案数字化加工服务定点企业资格评审办法》《中国档案学会关于档案寄存托管定点企业资格评审办法》《中国档案学会关于档案展览展示定点企业资格评审（试行）办法》，中国档案学会组织召开了专家评审会，依据申报材料和考察情况，分别对申报"档案密集存储设备类""计算机档案管理软件类""档案包装材料与产品类""档案保护设备与产品类""档案数字化加工服务类""档案寄存托管类""档案展览展示类"定点资格企业进行了严格评审，确定了2016—2018年定点企业名单。中国档案学会的定点企业包括七大类，它们提供服务的类别分别是档案密集存储设备、计算机档案管理软件、档案包装材料与产品、档案保护设备与产品、档案数字化加工、档案寄存托管、档案展览展示，同时这些服务类别也代表了档案服务业的业务范围。在市场分工越来越细的形势下，从产业角度看，档案服务业主要包括档案信息产品开发业、档案信息咨询服务业、档案信息网络业、档案专有技术服务业等。由此可见，中国档案服务业提供服务正处于多样化发展阶段。商业性文件中心是国外档案社会化服务机构的典型代表，其业务内容

在国际档案信息管理协会（International Professional Records and Information Services Management，PRISM International）曾有明示，包括文档搬运、装具或设备提供、文档清洁、文档整理立卷、影像载体保存、开放排架、库房管理、缩微复制、文档回收、文档销毁、硬拷贝、编制检索工具、文件管理方案设计、文档数字化、文档管理系统开发、文档管理软件设计、数据重置、灾备计划编制、电子保存、电子文件管理、信息管理、文档和信息咨询、业务外包、员工培训等。

（二）档案服务内容分类

档案服务业的业务具体内容按照档案管理职能划分为如下几类：

1. 档案整理服务

档案整理服务是档案服务业企业应用户要求，对档案进行规范化整理，满足用户需求的一种服务方式。档案整理具体是指将零乱的和需要进一步条理化的档案，进行基本的分类、组合、排列、编号、编制目录、建立全宗等，并组成有序体系的过程。长期以来，由于政府机关、企事业单位的编制限制，加之它们对档案工作不甚重视，好些单位的文件材料长期堆积，没有进行整理和归档。这是促使档案服务业企业业务发展的重要原因之一。

2. 档案寄存服务

档案寄存服务是档案服务业企业通过提供保管场所，满足用户保管与利用档案的一种服务方式。这项服务可以解决用户保管条件不善或保管场所不足的困难。档案行政管理部门在这方面有良好的先天条件，所以早期的档案服务业企业中有很多这种类型的机构，如上海市档案寄存中心、深圳市档案寄存中心等。开展档案寄存服务需要有一定规模的库房和设备，如申江万国是目前国内较大的全内资档案托管寄存服务商，它以燕郊为总部，在沈阳、上海、宁波等地建立分/子公司，在西安、成都、广州等地设有办事处，拥有土地总面积约41.3万平方米，其中自主产权文档数据馆库占37万平方米，服务客户500余家。

3. 档案咨询服务

档案咨询服务是档案服务业企业通过个别解答的方式来满足用户需求的一对一的服务方式。由于咨询者人群广泛，需求不一，档案咨询服务须满足各个层次的需求。这项服务的内容是多种多样的，主要有政策咨询、技术咨询、管理咨询、信息咨询、研究咨询等。这些咨询服务可以是单一的，也可以是综合性的、全方位的。档案咨询服务是一项政策性、专业性、技术性很强的工作，要做好这项工作不仅需要高素质的档案专业人才熟悉档案工作的各个环节，掌握档案工作的各项政策、工作制度及细则，还需要档案服务业企业有大量的情报信息，对国内外有关档案工作的资料有丰富的储备。

4. 档案教育培训服务

档案教育培训服务是档案服务业企业根据社会需要，对有关人员提供档案管理、技术、技能培训服务的一种方式，主要培训形式有继续教育培训、职称考试培训、专门技术培训和讲座等。以前，档案培训工作主要由档案行政管理部门主持，由档案行政管理部门自己组织，或委托相关院校及科研机构进行。

5. 档案保护修复服务

为解决效益、人才等问题，档案部门可以将保护修复等工作外包，如档案馆特殊文种档案文献的编目、翻译，古籍档案文献的考订、处理、编目、修裱与维护，特殊载体档案的保管、修复与维护，档案编研成果的整理出版，等等，引入社会化服务的力量和竞争机制来推动业务发展。有些档案服务业企业作为新兴市场主体，迅速掌握了这些技术，抓住机遇开展了这类服务。可以说，档案保护修复技术是档案服务业企业存在和发展的核心竞争力，是档案服务业企业获得经济收入的最重要的来源之一。

6. 档案价值鉴定及评估服务

档案价值鉴定是甄别档案文件的现实价值和历史价值，并进行存毁处置的一项档案业务工作。鉴定档案的原则是要用全面的、历史的、发展的观点来判定档案的价值，其主要内容包括：①制定鉴定标准，如档案保管期限表及其他有关规定；②分析和判断特定档案对其形成单位、国家和社会的保存意义，具体划定各个案卷和相应保管单位的不同保管期限；③挑选有长远保管意义的档案妥为保存或移交，将本无保存需要或保管期满的档案予以销毁。鉴定档案价值对档案的科学管理具有重要意义，一向被各国专家视为档案管理中最难的工作，必须慎重进行。档案服务业企业可以提供鉴定档案价值及评估服务，它们可以利用现有的资金设备，结合学界的专家、学者，形成专家库，集中对某个单位的档案进行鉴定、评估。这样既减轻了档案管理部门的压力，又节约了资金成本，方便了用户。例如，深圳市粤档文档信息评估鉴定事务所有限公司于2002年12月19日成立（2004年成功改制），专门从事档案鉴定和评估工作，它曾受中国银行深圳市分行委托对失去保存价值的19.37吨会计档案进行了鉴定并负责监督销毁，开创了档案部门委托中介机构对失去价值档案进行监督销毁的先例。

　　从上述各项具体业务来看，目前档案服务业业务范围比较明确，一些地方档案法规对档案服务业企业的业务范围给予了具体的规定。例如，《福建省档案条例》第十四条规定，公民、法人或者其他组织可以依法设立档案服务机构，并在核定的范围内开展档案整理、保管、修裱、鉴定、评估、咨询等服务。《福建省档案服务机构管理暂行办法》第九条进一步明确规定了档案服务机构可以从事下列档案服务：①文件材料立卷与档案整理服务；②档案价值鉴定与评估服务；③档案修裱、缩微、复制等技术服务；④档案寄存与保管服务；⑤档案编研服务；⑥档案咨询服务；⑦档案数字化服务；⑧档案用品与装具服务；⑨其他档案服务。这些法规中的规定对档案服务机构的业务范围进行了界定，如果其想拓展业务，务必要向管理机构申请，否则很可能被视为违规操作。从这一层面来说，法规中规定得太细致反而对档案服务机构业务拓展和市场化不利，档案服务业机构在参照执行的时候可以细致研究，灵活运用，在不违反相关规定的同时，努力拓展业务种类。当档案服务业发展得比较完善之时，若法律法规限制了其行业发展，则档案服务业机构有必要运用正常的法律手段，通过合法渠道和程序提出修改档案服务业业务范围的申请。

第二节 本书的编写思路

一、研究对象

本书以档案服务业企业为研究对象，研究内容主要包括以下四个方面：一是阐述档案服务业概念内涵及理论依据，分析档案信息资源的特征，对档案服务业涉及的传统理论进行综述，结合相关理论如公共管理理论、社会分工理论、工商管理理论等，进一步推动理论创新；二是从档案服务业实践工作的宏观层面研究档案服务业市场运行、标准规范、管理体制、区域（细分领域）等方面的现状与变革；三是从档案服务业实践工作的微观层面重点展开论述档案服务业企业在治理结构、经营模式、人力资源、技术创新、企业文化等方面存在的问题及解决对策；四是总结分析档案服务业产业化、国际化、个性化、智能化等发展趋势，以及对我国档案事业的重要影响。

二、几条主要研究线索

（一）中国档案服务业的发展历程

档案服务机构是中国档案服务业的承担载体，不仅包括档案中介机构，还包括生产、制造档案设备、档案装具等的档案用品供应商。其中档案中介机构作为档案服务业的主体承担者，其产生和发展可以代表中国档案服务业的发展历程，而档案用品供应商作为档案中介机构的辅助机构，同样促进了中国档案服务业的健康发展。据此，本书将中国档案服务业的发展历程划分为三个时期：初创时期，1990—1999 年；稳步发展时期，2000—2005 年；快速发展时期，2006—2020 年。

（二）档案服务业企业运行机制研究

企业运行机制直接作用于企业内部资源的配置和制度规范，能影响企业的运行成本、费用、利润等，即对企业经济效益具有直接的影响。企业运行机制指引着企业做出正确的决策，是企业制定制度准则和行为标准的基础。面对日益复杂的内外环境，建立何种运行机制来解决企业运行中的矛盾是企业建立之初必须要考虑的问题。第三章在概括档案服务业企业发展特点后主要研究了档案服务业企业的运行机制，包括外部机制和内部机制两方面内容。外部机制主要包括国家和行政部门颁布的各项法律法规和政策以及市场环境等对企业运行进行激励与约束的机制。内部机制主要包括利益平衡机制、动力机制、保障机制和信息机制。档案服务业企业若想长期稳定发展，就应该按照市场变化需求，不断创新自己的运行机制。一方面，要保障机制的创新，完善组织架构、规章制度，形成灵活的经营模式；另一方面，要完善内部约束与激励机制，使企业具有强大的竞争力，充分参与到市场竞争中，在竞争过程中根据市场需求和竞争企业的特点不断调整自身发展战略，追求长远利益。只有将眼光放远，才能使职工目标和企业目标达成一致，企业才能良性地运作和发展。

（三）中国档案服务业企业产品与营销

第四章阐述了中国档案服务业企业的产品与营销。第一节，档案服务业企业的产品研发。首先，从中国档案服务业的产品研发入手，详细介绍了影响中国档案服务业企业研发的因素；其次，按企业的经营范围将企业进行分类，然后分别对其研发的产品分类；最后，分析了产品的特点，并且从技术性成本投入和技术性收入关系、技术性收入与总收入关系分析了产品研发的重要性。第二节，档案服务业企业的市场营销策略。从营销策略对企业长期发展的指导和内部资源的协调两个角度，分析了市场营销对于档案服务业企业的意义，简要介绍了档案服务业企业营销策略的特点和可以选用的营销策略。第三节，档案服务业企业的信用评级。首先，对中国档案服务业企业信用评级的概念和内涵进行了简要概述；其次，分析了信用评级的程序及我国采用的国际通行的"四等十级制"信用评级等级；最后，对中国档案服务业企业信用评级的发展现状进行了简要概述。第四节，档案服务业企业的业务发展规划。立足现有的业务，从四个方面对中国档案服务业企业在未来几年的发展趋势进行预测。

（四）中国档案服务业企业文化

作为档案服务业企业文化研究的基础，第五章分析了档案服务业企业的人力资源状况，具体包括档案服务业企业员工现状分析、人力资源规划、人力资源的招聘与甄选、人力资源的培训与开发、薪酬状况等。第六章重点研究了档案服务业企业文化现状并从品牌角度提出了企业文化建设对策。品牌在现代经济营销活动中具有非常重要的意义。品牌是一个综合性概念，品牌形象受企业文化的影响和约束，既是企业文化影响的结果，也是企业文化的外在表现。因此，想要了解中国档案服务业企业文化的企业品牌，应先了解中国档案服务业企业的企业文化。本书从企业文化的发展历程出发，在对国内外企业文化研究的代表观点进行梳理的基础上，对中国档案服务业企业的企业文化建设现状进行分析。通过对中国档案服务业企业的服务性、合法性、营利性的特点，以及中国档案服务业企业文化建设的内外环境的数据分析，本书发现中国档案服务业企业在精神文化、制度文化、物质文化建设三方面形成了创新文化、诚信文化、团队文化、客户至上文化、质量文化，但在责任文化、绿色文化、制度文化、品牌文化等方面的文化建设认知较低。由此可见，加强企业责任文化、绿色文化、制度文化、品牌文化的建设，能够提高档案服务业企业的市场占有率，增加企业的盈利，在市场经济环境中增强企业竞争力。

（五）中国档案服务业标准研究

第七章从中国档案行业标准的体系出发，概述了中国档案服务业标准体系并探究其不足，结合对两个已颁布的典型标准的分析，提出对档案服务业标准构建的构想。

通过查询国家档案局官网信息，对档案行业标准按照国家标准、行业标准、强制性标准三个类别进行全面统计。中国档案标准体系的结构包括层级结构和性质结构两个方面。层级结构包括国际标准、国家标准、行业标准、地方标准四个层次；实际法定效力角度的层次结构分别为强制性标准、推荐性标准和指导性技术文件。性质结构包括基础标准、业务管理标准、技术标准及评价性标准四个层次。中国档案服务业标准体系的不足之处主要有三个方面：一是档案服务业的标准制定过于滞后；二是档案服务业信息技术性标准匮乏；三是档案服务业评价性标准缺失。对于中国档案服务业体系内容的构想，首先，标准内容的共性，即作为档案服务业的标准应当具备哪些共同特点。其次，结合两个典型标准进行分析：一是国家档案局公布的《档案社会保管服务机构管理规范》征求意见稿中的评级标准；二是《浙江省档案服务机构信用评价办法（试行）》中的档案服务机构信用评级标准。最后，对档案服务行业标准提出了切实可行的构想，包括企业的财务状况、企业的基础设施、企业员工的档案专业素质、企业的技术创新能力。

（六）档案服务业企业区域（细分领域）、典型企业研究

档案服务业这一新兴行业，发展十分迅速。第八章到第十二章主要从区域、细分领域和企业三个维度反映档案服务业发展的总体面貌。第八章以区域发展报告的形式呈现华东和中南地区的档案服务业企业研究成果。第九章呈现珠江三角洲地区的档案服务业企业研究成果。第十章为细分领域专题研究，探讨中国档案寄存托管行业的发展历程。第十一章和第十二章以档案服务业典型企业为主线索，通过对申江万国、银雁科技服务集团股份有限公司

（简称银雁科技）和重庆立鼎科技有限公司（简称立鼎科技）的研究和调研，对档案服务业企业进行分析，研究中国档案服务业典型企业的发展情况。

（七）对比与借鉴：发达国家档案服务业发展

档案服务业是一个快速发展的新兴行业，档案服务业企业是这个新兴行业的主体，承担着档案文件信息保存、整理、运送、传递、销毁等一系列管理活动。纵观档案服务业发展历史可以看出，档案服务业发展的源头可追溯至商业性文件中心的产生。随着商业性文件中心的兴起，文件档案信息管理服务开始在全球范围内逐渐展开，而欧美等国家具有代表性的商业性文件中心的发展壮大对于整个档案服务业的发展具有很好的借鉴作用。第十三章第一节介绍了欧美商业性文件中心的发展概况。第二节介绍了欧美商业性文件中心典型企业，主要介绍了几个典型商业性文件中心的服务、技术、经营管理等方面的内容。第三节介绍了欧美商业性文件中心对中国档案服务业企业的启示，即通过营造良好的外部环境、打造优质的内部环境来进一步促进中国档案服务业的良性发展。

三、信息来源（资料和数据）

本书的信息来源包括中国档案学会发布的《2014—2016 年度档案设备、用品与服务定点生产企业名录》《2016—2018 年度档案设备、用品与服务定点企业名录》，全国工商企业查询系统企查查、商业查询平台天眼查，以及相关研究文献和部分企业的实地调查材料。

四、主要特色与创新

（一）作为国内第一部档案服务业企业蓝皮书，实现了理论体系的
　　　创建与创新

档案服务业作为新兴产业，很多理论问题仍在探索之中，学科建设尚处于起步阶段。本书在写作中整合了国内水平较高的行业研究力量，搭建了专

业化研究平台，建立了较为完整的"中国档案服务业企业蓝皮书"理论体系，实现了理论体系创新，在国内尚属首次。

本书各部分研究，力图溯根求源，从基本概念、基本原理入手，探求其理论发展脉络；研究区域（细分领域）档案服务业的产生、发展、特点、趋势、存在的问题、实施的产业政策等，力求呈现档案服务业发展的完整链条。目的是使读者通过本书了解中国档案服务业的发展全貌及未来走势。各部分之间存在内在的逻辑关系，同时每个专题又都是一个完整的模块，可自成体系，独立成篇。

（二）本书大量鲜活案例分析和经验总结，对档案服务业发展具有重要的指导作用

本书作者多数是在档案学领域研究多年、具有较深造诣的专家。他们来自中央、各省区市政府主管部门，国际国内著名研究机构或高等院校，档案服务行业协会或企业一线，既有深厚的理论功底，又有丰富的实践经验，不仅熟悉国内档案服务业发展状况，也了解档案服务业发展趋势，使本书理论性和实践性实现了较好的结合。

（三）本书综合运用多元化的研究方法，实现了研究方法的创新

本书综合运用多种研究方法，将档案学基础理论与实证分析相结合，进行定性分析和定量分析，尤其是本书既选取了具有典型意义、各具特色的国际企业案例和经验，以国际化视野、开放的心态进行总结，又选取了成功的国内企业案例和经验，这些都增强了本书的应用性和操作性。

（四）本书读者对象具有广泛性，是一本实用性的参考书和工具书

当前，中国档案服务业正如初升的朝阳，蓬勃而起。本书编纂的目的在于为档案服务业理论研究工作者和实际工作者提供行业发展状况、基础数据、基础理论研究成果等，预测未来发展走势，为进一步推动中国档案服务业

的深入发展搭桥铺路，鸣锣开道。本书适合各类从事档案服务业研究和实际工作的政府部门、企业、高校、科研院所、行业协会及其他服务机构的相关人员使用。本书既可作为高校及各类档案服务外包培训机构的参考书，也可作为档案服务业理论研究人员的基础读本和工具书。

同时，笔者更希望有越来越多的专家学者能融入"中国档案服务业企业蓝皮书"的研究团队中来，共同为促进中国档案服务业发展、提升国际竞争力建言献策。由于种种原因，本书仍存在不足，敬请各位专家、读者批评指正。

第一编
中国档案服务业企业发展总论

第一章　中国档案服务业发展的历史背景

第一节　档案服务业发展的社会背景

一、社会分工理论研究与档案服务业发展

社会分工思想源于古希腊著名哲学家柏拉图，在柏拉图看来，劳动分工是自然的或天赋的要求，上天赋予人们不同的天分，要求人们从事不同的职业。1776年，英国著名经济学家亚当·斯密在《国富论》中第一次提出社会分工理论。他认为社会分工对于提高劳动生产率具有十分重要的意义，具体原因有三：第一，社会分工使劳动者熟练程度（劳动技能）增进，势必增加他所能完成的工作量；第二，从一种工作转到另一种工作，通常会消耗不少时间，有了分工就可以节省工作转换的时间；第三，机器的发明，能够在很大程度上简化和便利劳动，而这些机器的发明也是由于劳动分工。当然，亚当·斯密的社会分工理论并没有把单个生产内部的分工和社会范围内的分工相区别。事实上，现代社会分工理论认为，社会分工是指人类从事各种劳动的社会划分及其独立化、专业化。社会分工是超越某个经济单位的社会范围的生产分工，包括农业、工业等部门的一般分工，以及把这些大的部门再分为重工业、轻工业、种植业、畜牧业等产业或行

业的特殊分工。社会分工是人类文明的标志之一，也是商品经济发展的基础。没有社会分工，由交换而产生的市场经济也就无从谈起。社会分工的优势就是让人做自己擅长的事情，使平均社会劳动时间大大缩短，生产效率显著提高，从而在市场竞争中获得高利润和高价值。

黄霄羽在《档案社会化服务的理论依据》一文中论述了档案服务业发展的社会分工理论。她认为，科学技术的发展和生产力的提高促进了社会分工，档案服务职能的分工也越来越细化，这对档案服务机构的人员、设备、安全等多方面提出了更高的要求，如社会不仅需要会收集、整理、鉴定、保管传统档案管理的人才，还需要越来越多的专门人才来承担档案数字化、档案管理软件的开发维护、档案保护修复等诸多工作。鉴于目前中国企事业单位内部的档案机构专业化程度相对较低，且对于档案管理的需求有相似性，如果这些不同的组织都能把其内部专业化程度较低的档案管理工作，交给社会上专业化程度更高的档案服务机构来管理，那么，一方面有利于提高档案管理的专业水平和工作效率；另一方面可减少自行雇用人员、配置设备的费用，降低人力物力成本，有利于实现资源的优化配置。从社会分工理论角度看，黄霄羽认为档案社会化服务就是让专业机构做自己擅长的事，提供优质高效的档案服务产品，实现共赢的目的。[1]由此可见，社会分工专业化推动了档案服务业的发展。

档案服务业是近年来新兴的专业词汇，国家档案局暂时没有在出台的档案标准和政策法规中明确定义这个年轻的词语，但其 2017 年出台的《档案服务外包工作规范》中将"档案服务"定义为："某一机构承接其他机构外包的档案业务，为其提供相关服务的行为。"随着档案服务业的发展，分工逐渐细化，经营性档案机构能够提供的档案服务内容和产品日益丰富。其中

---

[1] 黄霄羽. 档案社会化服务的理论依据[J]. 北京档案，2014，（10）：12-15.

较为普遍和成熟的有档案信息系统集成、档案整理与寄存、档案信息加工与咨询、档案培训、档案科普和宣传、档案价值鉴定与评估等。

档案服务业的知识性、专业性特征逐渐强化，有向产业化方向发展的趋势。档案信息化及文化教育等新型服务在市场中逐渐受到重视，技术型人才队伍的不断壮大也将有利于档案服务专业化的实现。目前，档案服务业企业数量众多，集中程度较低，从整个行业和具体地区的分布来看，江浙地区集聚现象较为显著，东西部之间的差距较为明显。同时，随着各项服务的完善、行业平台的完备，以及相关制度的建立，档案服务业有了产业化发展的趋势。[1]

二、社会档案意识与档案服务业发展

社会档案意识不断增强，全民档案保护和利用意识的提高对档案服务业的发展起到了促进作用。首先，社会档案意识的提高为档案服务业的发展提供了思想认识的保证。随着中国档案宣传工作的开展，以及人们管理和保护档案意识的提高，人们更加重视档案的价值，尤其是在中国加入世界贸易组织（World Trade Organization，WTO）后，很多大中小企业的管理者越发认识到档案在企业日常管理、产品开发、市场开拓、国际国内纠纷处理中的重要作用。同时基于企业管理成本的考量，大多数企业不会考虑投入大量时间、精力去建设整套的档案文件管理系统。社会分工的细化，以及整个社会对档案服务业需求的增加，对档案服务业机构的兴起产生了巨大的推动作用。可以说，社会需要是档案服务业机构产生的外推动力。如今出现了很多与百姓生活密切相关的档案，如社区档案、家庭档案、民生档案等，档案已经走入老百姓的生活，正在渐渐形成独具特色的档案文化。很多时候，一些公益性的档案建设工作（如社区建设等）急需专业化档案服务，这给档案服务业的发展带来契机。其次，社会记忆观念的发展，

---

[1] 陈琳，王毅. 信息经济学视角下档案服务业市场分析[J]. 档案学通讯，2019，（2）：29-36.

为档案服务业拓展业务提供了有利条件，并使社会形成了一股追求传统文化之风，如挽救社会记忆、保存城市记忆，这些表述无不体现人们的怀旧心理。无论是在家庭还是在企事业单位都有怀旧思潮的出现，老照片、旧物品等越来越吸引人的眼球，保护档案、重视档案的呼声越来越高。而且，社会记忆的主要承载体就是档案，人们越重视社会记忆就越重视档案，因此社会上对档案整理等专业化工作的需求也会随之增加。档案服务业企业相对于档案馆等机构更具灵活性、市场性、效益性，在市场竞争中具有更强的竞争力。

社会档案意识是档案研究中的重要课题之一，研究社会档案意识的形成过程，有利于引导和促进社会档案意识的提升和完善。在一定条件下，社会档案意识将直接影响到档案与档案工作的发展进程。因此，探讨社会档案意识渐进发展中所表现出来的规律与特点，对于深入认识社会档案意识的深层内涵、准确把握社会档案意识的发展方向、提高当今时代的社会档案意识水平等具有指导价值与现实意义。

当今时代，社会档案意识渐进发展主要得益于以下几点：一是时代的社会化趋势的影响。现代档案与档案工作中的积累形成、管理利用等内容已经突破了封建社会"集于皇家"的狭小空间，成为一种普遍的社会行为。二是法治建设不断深入的影响。随着社会公众档案权利诉求的提高，档案立法得到加强、档案执法活动成为现实，社会的档案法治建设日渐完善，社会公众的档案权利、档案义务得到进一步明确，从而极大地加快了社会档案意识提升的速度。三是信息技术发展与应用的影响。现代信息技术，如网络技术、计算机技术、数据库技术及信息通信技术的快速发展与应用，对社会档案意识的渐进发展所产生的影响极为明显——不仅丰富了档案载体与信息存储形式，提高了档案收集、存储、加工、处理的效率，而且加快了档案信息传输与交流速度，扩大了档案信息利用与服务范围，使社会公众更加深切地感受到了档案与档案工作对生产生活、学习教育的影响。

不同历史时期的社会档案意识都必然会与其"前代"的既有成果及内容紧密相连，并深受"前代"既有成果的制约和影响，具有历史继承性的特点。社会档案意识的提升主要体现在档案价值作用及信息内容上：一方面表现出借鉴传承"前代"档案与档案工作的方法；另一方面又能够根据当代档案与档案工作出现的新内容、新条件进行推陈出新、延续发展。正是由于具有历史继承性，社会档案意识的提升才有了持续深化的可能。社会档案意识渐进发展的历史继承性，在整个社会档案与档案工作发展进程中均有体现，而在近现代的社会发展中表现得尤为明显。近现代的社会档案意识虽与近代以前历史时期的社会档案意识具有明显区别，但表现为继承了近代以前历史时期的社会档案意识的精髓；而当代社会形态下的社会档案意识已经上升到全社会、全民性的高度，该成果与社会档案意识渐进发展的历史继承性同样具有不可分割的、千丝万缕的联系。

从社会档案意识演变发展的渐进过程中不难发现：直接接触档案与档案工作、具体承担档案业务、专门研究档案现象的人员所具有的社会档案意识水平明显高于普通的、一般的社会公众——表现出社会档案意识在自身发展演变过程中具有明显的专业选择性特点。直接接触档案与档案工作、具体承担档案业务、专门研究档案现象的人员有着从档案的"忠实守护者"，到参与档案收集、鉴定的"实际操作者"，再到当今电子时代参与档案文件信息的全过程管理、负责档案文件形成前端控制的"档案从业者"的发展变化。在档案管理全过程中，其所扮演的社会角色也会随着时间的推移而发生变化。档案从业者长期工作在档案管理活动的实践一线，其社会档案意识表现得更为强烈、专业且全面。

在"互联网+"环境下，档案信息资源与公众用户间的互动反馈日益紧密，传统的"以藏为用"的档案信息资源建设已无法满足当下的现实需求，档案信息资源规划价值取向开始面向社会，以满足社会各方面需求为发展方向。在公众强烈的参与要求驱动下，基于互联网的众包模式出现，并开始应用到档案信息资源建设中，且逐渐成为公众参与档案事业的有效形式。

大量历史发展事实证明：社会档案意识的发展是一个渐进的、不断补充完善的过程。从社会发展总体角度分析，随着社会档案意识主体的不断扩大和变化，社会档案意识具备了由低层次向高层次过渡、由狭窄空间向广阔领域拓展的条件和基础。而从档案与档案工作，尤其是档案学研究涉及的内容等角度分析，社会发展进步使社会档案意识的构成内容、所涉及的领域等都得到了拓展——社会档案意识不再局限于档案与档案工作本身，而是呈现出多学科之间相互渗透、彼此融合的新型发展态势，从而拓宽了社会公众的认识视野，增强了社会公众对档案与档案工作的了解程度，使社会档案意识的提升在更宽阔的认知领域、内容构成和时空范围等方面得到了拓展，为社会档案意识的进一步提升奠定了基础。

第二节　档案服务业发展的行业状况

从 20 世纪 90 年代起，随着中国特色社会主义市场经济的建设与发展，经济成分日渐多元，对文件档案管理的多元化需求也随之出现。为了满足这种需求，一种提供文件档案管理的社会化有偿服务机构——档案中介机构应运而生。文献显示，浙江、上海、沈阳等地早在 1992 年就出现了档案信息服务中心、档案事务所、档案咨询中心等档案中介机构。据不完全统计，截止到 20 世纪 90 年代末，全国已有 100 多所档案中介机构。[1]时至今日，中国档案中介机构的发展更加迅猛，不仅名目繁多，覆盖的地域范围也日渐扩

---

[1] 陈智为，张晓丽. 试论我国档案中介机构的完善[J]. 浙江档案，2000，（12）：10-12.

大。档案中介机构提供的是一种商业化、社会化的专业服务,这是从社会分工的角度来区分的。早在20世纪40年代末美国就首先出现了类似机构。资料显示,1948年美国海军部埃米特·李希在借鉴文件中心的基础上建立了第一家商业性文件中心。[①]"商业性文件中心是文件中心的一种,主要向工商企业提供文档管理的有偿服务,属于营利性机构,设施比较先进,管理的现代化程度较高,服务项目比较灵活,既有单一的寄存服务,也可提供全方位的保管、利用和处置服务。"[②]经过六十余年的发展,商业性文件中心在国外成为提供商业化、专业化、社会化的文件管理和信息服务的服务型企业,并发展成为一种成熟的行业。

在这一阶段中,档案服务业的发展在理论支持的基础上逐步进行实践。在社会主义市场经济的大环境下,伴随着大数据时代的到来,档案服务业正迅速成为中国服务产业的一个重要组成部分,也是中国档案事业建设的一个重要发展方向。本节主要从市场需求、行业发展特征和行业监管的完善三个方面进行分析。

(一)市场需求

1. 需求主体全面化

需求主体全面化,即对档案服务有需求的主体不再仅限于政府,尤其是档案行政管理部门,越来越多的企事业单位甚至个人已成为档案服务业的客户或潜在客户。随着社会信息化程度的加深,各种载体类型的档案数量正以前所未有的速度不断地增长,并广泛存在于政府部门、企事业单位及个人等不同类型的社会主体中。政府部门及档案局(馆)限于自身人员设置、设备、资金等因素,选择将单位内的档案管理、档案保管、档案数字化等业务外包。

[①] 黄霄羽. 商业性文件中心产生的理论依据和实践原因[J]. 北京档案, 2010, (9): 8-10.
[②] 肖文建, 许冬玲. 美国商业文件中心繁荣因素及对我国的启示[J]. 档案学研究, 2011, (4): 78-81.

举例来说，四川瑞哲信息科技有限公司曾完成成都某档案局档案修复合作项目、某房地产管理局房产档案扫描组卷（装订）项目、国土资源局土地登记档案整理录入及数字化建设项目等，并承担某公安厅全省数字化档案馆数字化加工服务项目。调查显示，珠江三角洲地区档案服务外包业务的发包方主要是政府机构、事业单位、国有大中型企业和上市公司等[1]，这也是全国大部分地区档案服务的主要发包方。企业，尤其是国有企业已经成为档案服务业市场的主要需求来源，部分档案服务机构正将企业列为重要的合作客户，如成都缔照档案管理有限公司便将自己定位为"专业为国有大型企事业单位提供档案规范管理的服务商"。

2. 需求服务专业化

档案服务需求专业化是企事业单位自身发展的需要，是社会分工不断细化的必然结果。企事业单位的业务不断扩大，形成了大量的档案信息资源；经济实体的多元化发展趋势不断扩大，各行各业的实体经济对本单位的档案规范要求不断提高；社会分工的不断细化使得档案服务逐渐从社会生产部门中分离出来；档案数字化和大数据挖掘等技术的紧密结合，使得档案服务已由一般劳动服务转变成专业技术性服务。

（二）行业发展特征

档案服务市场的形成与档案服务业的发展密切相关，档案服务市场的扩大促进了档案服务业的加速发展。档案服务市场的主体以档案服务业企业为主，本书对档案服务业行业发展特征的分析即主要以档案服务业企业为对象，从服务方式定制化、依托技术现代化、企业发展加速化三方面展开。

1. 服务方式定制化

现如今，大数据、云计算等信息技术发展迅猛，档案服务不再局限于传统

---

[1] 李海涛,王月琴. 我国珠三角地区档案服务外包发展问题与对策研究[J]. 档案学通讯, 2018,（4）: 89-94.

的服务模式，而是以提高服务质量为抓手，收集、整理用户的相关需求信息，为用户提供定制化的服务。服务方式定制化是档案服务业企业顺应时代潮流、不断发展的必然选择。对于顾客参与程度和顾客化程度要求高的服务性企业来说，大规模定制是一种最具竞争力的服务模式，它能够准确把握个性化与规模化的关系，以规模化支持个性化，以个性化促进规模化。档案服务业企业可以根据用户的具体要求，为其定制在标准规范允许范围内的档案装具；也可以针对用户的自身特色，为其提供个性化的数字加工、档案寄存、档案信息咨询等服务。

2. 依托技术现代化

信息技术的进步必然导致档案服务业所依托的技术现代化，即利用当下的先进技术开展档案服务，这是社会发展的必然趋势。科学技术的不断发展促使新型载体档案不断涌现，也为档案服务提供了先进的工具。传统的档案管理多是人工整理纸质档案，一般为老档案管理员向没有学过相关档案管理课程或者只是简单学习过的人员传授经验。这种方式效率较低，也不能充分利用档案信息资源。而现代档案服务业企业提供的服务则明显体现了信息技术水平和专业知识素养，如档案管理软件开发、电子文件异地备份、档案数字化服务等，多依托现代信息技术。此外，档案信息在云平台上实现云存储，从而建立各类云端档案信息数据库；对档案信息进行数据开发，也是随着网络技术、数据库技术的推广和应用而发展起来的。由于电子档案和档案数字化的普及，开发电子档案管理系统、数字加工软件、图像批量管理软件等档案管理软件已成为许多档案服务业企业的主要经营业务。

3. 企业发展加速化

进入大数据时代后，得益于档案社会化服务意识的高涨、中央及地方相关方针政策的陆续出台，以及档案服务业市场的形成与社会需求的扩大，中国档案服务业企业进入了加速发展时期。具体表现在三个方面：一是档案服务业企业数量快速增加。二是档案服务业企业逐渐形成了网络化发展格局，已经遍布全国各地；成立于经济发达地区的企业较为密集，尤其是华东地区和华北地区。三是新成立的档案服务业企业的规模较大，仅 2014—2016 年成立的注册资金在 500 万元以上的企业就有 130 余家，之前注册的企业自身发展规模也在不断扩大。[①]

4. 地区与体制内外发展不平衡

中国档案服务业的产生，既是市场不断分化和完善的结果，也是社会主义市场经济发展到一定阶段的产物。由于不同地区经济、文化水平的差异，中国档案服务业的发展情况各地参差不齐，出现了地区发展不平衡的现象。总体来说，呈现出东高西低、东早西晚、东大西小的发展态势。20 世纪 90 年代初，随着经济体制改革的深入推进及市场经济的快速发展，档案部门逐渐建立起一些经济实体。1992 年，浙江省建德市、湖州市先后成立了档案事务所。随后，上海、深圳、江苏、辽宁等市场经济较发达的地区也出现了各种类型的档案中介机构，中国档案服务业在东部地区起步。此后，北京、广东、浙江等发达地区经济水平不断提高，形成的档案数量规模不断扩大，加之当地人具有一定的档案社会化服务意识，对档案服务的需求量较大，促进了档案服务企业的建立和发展。而相关机构的产生在促使档案服务水平不断进步的同时反过来又增加了社会需求。如此循环往复。社会需求量不断增加，社会认识不断加深，档案服务企业林立，规模快速扩张，档案服务趋向专业化、现代化。发达地区的档案服务业发展程度高、发展迅速，而中西部地区与之相反，由于受经济等因素的制约，档案服务业发展晚、企业少、规模小，档案服务业仍处于起步阶段。以青海省为例，该省第一家经营范围包括"档案管理"的企业于 1992 年成立，此后一直到 2010 年只注册了 11 家相关企

---

① 陈鑫，李淇，薛微. 浅析档案服务业市场特征及发展对策[J]. 兰台世界，2020，（5）：70-73.

业，2015年以后发展速度才有所提升，到2020年大约有89家档案服务业企业存续。①

随着社会需求的增多及中国对外开放程度的不断扩大，诸如上海信安达档案文件管理有限公司这样的民营型、外资型档案中介机构在档案服务业市场逐步占据重要地位。由此，体制内的档案中介机构与体制外的档案中介机构形成并存态势。然而，由于投资主体、产生时间先后的不同，二者的业务内容也各有侧重。体制内的档案中介机构主要开展档案整理、档案寄存等基础性业务；体制外的档案中介机构凭借其管理理念和技术设备，主要开展档案数字化处理、档案与文件管理方案制订、电子文件特藏库等技术性较强、专业化程度较高的服务。经过20多年的发展，无论是体制内还是体制外的档案中介机构都有了一定程度的发展。然而，中国档案中介机构的规模整体来说还比较小，竞争力也不足，特别是很多档案中介机构还在寻求档案行政管理部门的"庇护"，难免出现档案服务业机构市场化程度不高的状况，其最主要的表现就是业务的获取主要依靠行政管理部门的行政力量和潜在的影响力来实现。总体来说，国外有与中国类似的公司机构，但是没有完全一致的体系结构。由于体制的不同，中外在档案中介机构这一领域的发展各具特色。目前，中国档案中介机构体系中占主导地位的仍是与档案管理部门关系密切的机构。与国外的档案中介机构体系相比，中国的档案中介机构体系中，公司的发育并不成熟。如果与其他中介机构，如律师事务所和会计师事务所的发展相比，中国的档案中介机构还处于发展的初级阶段，尤其是中国档案中介机构中的中介公司，其市场化还不明确、管理还不科学。笔者在考察档案中介市场时发现，外资企业基于投入与产出的关系，比较倾向于利用档案中介机构。随着中国经济的发展，广大中小企业的发展日趋科学管理化，对档案的重要性认识也更加明确，中国商业化的档

---

① 陈鑫，李淇，薛微. 浅析档案服务业市场特征及发展对策[J]. 兰台世界，2020，（5）：70-73.

案中介机构有着广阔的发展前景。目前，商业化的档案中介公司还仅限于提供人力的服务，相信不久的将来，随着需求的发展，会出现配备车辆等其他设备的综合性商业中介机构。

（三）行业监管的完善

综上，中国档案中介机构仍处于需要不断完善的初级阶段。这里的完善主要包括两个方面：一是制度完善；二是档案服务业企业自身的发展与完善。其中制度完善主要指档案服务业法律法规的完善。档案服务业法律法规之所以亟待制定，是因为自从档案服务业出现之后，各种各样的档案服务机构开始随之涌现，但没有法律的约束，也没有明确的与档案服务业相关的法规，档案服务业发展较混乱。因此，亟须建立法律法规来对档案服务业的发展进行监管。这里所说的档案服务业法律法规主要指中央颁布的档案服务业法律法规和地方颁布的档案服务业法规。下面，笔者将依次梳理与档案服务相关的主要内容。

1. 中央档案服务业法律法规

到目前为止，中央并没有出台有关档案服务业的专门法律，只在《中华人民共和国保守国家秘密法》（简称《保守国家秘密法》）中对档案业务外包服务中涉密信息的保密工作提出要求与规范。《保守国家秘密法》第三十四条提到，机关、单位委托企业事业单位从事前款规定的业务（指国家秘密载体制作、复制、维修、销毁，涉密信息系统集成，或者武器装备科研生产等涉及国家秘密业务），应当与其签订保密协议，提出保密要求，采取保密措施。而中国档案立法方面，修订前的 1988 年《档案法》自实施以来，虽然在加强档案的收集、管理和利用，维护国家档案资源安全，服务改革开放和社会主义现代化建设等方面发挥了重要作用，但随着中国特色社会主义进入新时代和全面依法治国方略的推进，修订前的《档案法》与国家治理体系和治理能力现代化建设战略部署已不相适应。在 2012 年 8 月完成的《中华人民共和国档案法（修订草案）》初稿简单提到了档案中介机构。其中第二章第十二条是这样规定的：中介机构和其他社会组织开展档案咨询、整理、寄存、缩微和数字化等服务，由档案行政管理部门进行监督和指导。但这并没有给出具体的管理办法和统一的行业标准。所以说，国家有关档案服务业的法律法规体系是不健全的，需要进一步研究制定。

2020年6月20日，第十三届全国人民代表大会常务委员会第十九次会议表决通过新的《档案法》，从体例、结构、内容上进行了大篇幅的修改和完善。这在中国档案法治建设进程中具有重要里程碑意义，不仅体现了国家对档案工作的重视，也为新时代开创依法治档新局面提供了新依据。修订后的《档案法》顺应时代发展需要，坚持修法的慎改原则，整合浓缩了30多年的档案法治实践，在充分论证的基础上对档案事务中各类法律关系的合理合法调整，切实推进档案事业健康发展。修订后的《档案法》全篇贯穿着科学的思想、时代的特点和为民的情怀，是中国档案系统深化依法治国方略、落实依法治档的重要思想成果，必将为新时代档案事业高质量发展提供坚强的法治保障。

修订后的《档案法》第三条规定："坚持中国共产党对档案工作的领导。各级人民政府应当加强档案工作，把档案事业纳入国民经济和社会发展规划，将档案事业发展经费列入政府预算，确保档案事业发展与国民经济和社会发展水平相适应。"

修订后的《档案法》第十九条规定："档案馆以及机关、团体、企业事业单位和其他组织的档案机构应当建立科学的管理制度，便于对档案的利用；按照国家有关规定配置适宜档案保存的库房和必要的设施、设备，确保档案的安全；采用先进技术，实现档案管理的现代化。档案馆和机关、团体、企业事业单位以及其他组织应当建立健全档案安全工作机制，加强档案安全风险管理，提高档案安全应急处置能力。"

修订后的《档案法》第四十九条规定："利用档案馆的档案，有本法第四十八条第一项、第二项、第四项违法行为之一的，由县级以上档案主管部门给予警告，并对单位处一万元以上十万元以下的罚款，对个人处五百元以上五千元以下的罚款。档案服务企业在服务过程中有本法第四十八条第一项、第二项、第四项违法行为之一的，由县级以上档案主管部门给予警告，并处二万元以上二十万元以下的罚款。单位或者个人有本法第四十八条第三项、第五项违法行为之一的，由县级以上档案主管部门给予警告，没收违法所得，并对单位处一万元以上十万元以下的罚款，对个人处五百元以上五千元以下的罚款；并可以依照本法第二十二条的规定征购所出卖或者赠送的档案。"

修订后的《档案法》第五十条规定："违反本法规定，擅自运送、邮寄、携带或者通过互联网传输禁止出境的档案或者其复制件出境的，由海关或者有关部门予以没收、阻断传输，并对单位处一万元以上十万元以下的罚款，对个人处五百元以上五千元以下的罚款；并将没收、阻断传输的档案或者其复制件移交档案主管部门。"

2017年8月2日，国家档案局发布了《档案服务外包工作规范》，并于2018年1月1日执行。该规范由国家档案局政策法规研究司立项，国家档案局经济科技档案业务指导司、中国中信集团有限公司组建专门课题组，经过广泛深入调研和多次多方征求意见后起草，并经国家档案局审批发布。《档案服务外包工作规范》旨在规范和引导档案服务外包行为，为各相关主体之间建立标准化的沟通语言；指引发包方科学地开展档案服务外包的发包工作，选择合格的承包方；指导承包方有效地开展档案服务外包管理体系建设，提升服务能力；提供第三方机构正确评价承包方的参考依据。《档案服务外包工作规范》最终目的是推动档案服务外包工作的良性、有序发展。

2. 地方性档案服务业法规

1995年，上海市出台了第一个有关档案服务业的法规——《上海市档案条例》。《上海市档案条例》第二章第十五条规定："从事档案鉴定、评估中介业务的人员，应当具备档案基础理论知识和档案价值鉴定、档案等级评估的专业知识。"这是对档案服务人员认定的规定。之后天津市于1996年颁布了《天津市档案管理条例》，该条例中第一次明确使用了档案中介机构的概念。

档案服务业向规模化发展，逐步显现出有效供给能力不足、行业管理薄弱等深层次问题，需要通过服务和管理标准化、市场管理制度化加以解决。2004年，浙江省档案局颁布《浙江省档案中介服务管理办法（试行）》之后，多个地方政府部门出台了类似的管理规章。2019年12月，浙江省档案局组织起草的《档案服务机构管理与服务规范（征求意见稿）》地方标准面向社会征求意见。这些不同层次标准和管理制度的公布实施一定程度上弥补了档案服务业标准和制度的缺失，但也反映出档案服务标准化建设缺乏整体规划设计，政策性制度规范和标准规范适用范围界定模糊，标准中存在政策性管理措施溢出自身范围、渗入标准管理领域等问题。

2018年1月1日起，新修订的《中华人民共和国标准化法》（简称《标准化法》）实施。《〈中华人民共和国标准化法〉释义》指出，"可以制定符合本行政区域自然条件、民族风俗习惯的特殊技术要求以及地理标志产品标准"，出于"地方政府规范管理和提高管理服务效率的需要。需要特别强调的是，根据本法第二十二条的规定，禁止利用标准实施妨碍商品、服务自由流通等排除、限制市场竞争的行为"。[①]依法建设档案服务业地方标准，应当从公益性角度充分挖掘红色档案、少数民族档案、名人档案等地方特点明显的特色档案服务产品；对服务评价、服务成本等与市场经营直接相关的

---

① 《中华人民共和国标准化法》释义（四）[J]. 中国标准化，2018，（11）：22-25.

活动进行标准化时，应多方征求行业内企业的意见，进行充分调查分析和论证。标准起草工作组成员的构成应兼顾行业代表性与专业技术性，注重选择具有工程、管理、法律、标准化专业技术背景，同时具有档案管理和实践经验的复合型专业人员。

档案社会服务业标准属于《〈中华人民共和国标准化法〉释义》指出的"服务业领域需要统一的技术要求，包括生产性服务业（交通运输、邮政快递、科技服务、金融服务等）、生活性服务业（居民和家庭、养老、健康、旅游等）各领域，对服务各要素（供方、顾客、支付、交付、沟通等）提出的服务能力、服务流程、服务设施设备、服务环境、服务评价等管理和服务要求"，"政府主导制定的标准要重点考虑标准之间的协调配套"。档案服务业地方标准建设要以提高地方社会公共服务治理水平为目标，注重标准层次合理规划，上述行业标准已覆盖的内容不宜重复建设，应参照执行；对于项目管理、服务实施等不宜在地方标准中细化的内容，鼓励地方标准化示范企业发挥特色优势，将企业管理服务标准向社会公开，选择市场化成熟度高、实施效果显著的企业标准上升为团体标准，在地方行业内推广；行业标准中尚未涵盖的服务等级评价条件、评定规则、服务计价规范等内容，应作为地方标准的制定重点。标准的内容结构必须高度概括，层次简明、逻辑合理，应参照《档案服务外包工作规范》总则，将具体的档案服务标准化对象纳入发包方、承包方、第三方机构、监管机构四类关系主体，在行业标准的基础上进行内涵及外延的继承和拓展。[①]

第三节 档案服务业发展的市场状况

社会主义市场经济体制是档案服务市场形成和发展的前提条件。在市场

---

① 王玉娟. 标准化改革背景下档案服务业标准的体系和内容构建[J]. 浙江档案，2020，（8）：19-21.

经济体制下，社会劳动分工已扩展到服务领域，并使社会需求结构不断优化；在价值机制、竞争机制和效率机制等运行机制的作用下，具有经济效用的稀缺性资源以产品或要素的形态进入市场，由市场进行调节和配置，逐渐形成各种专业市场。档案是一种稀缺性的信息资源，具有经济效用和社会效用，必然要作为独立性资源进入市场，随着对档案资源社会需求的增加，必然会带动对档案服务需求的增加，从而促进档案服务市场的形成。

档案服务业是档案事业的核心组成部分。在中国，档案服务业概念的提出基于服务业的蓬勃发展。浙江省档案局率先明确了档案服务业概念："档案服务业是运用现代档案管理知识、技术和场所、设备、设施等要素向社会提供智力成果、劳务服务、档案产品的新兴行业，是档案事业的重要组成部分。"[1]档案服务业企业是社会分工细化的产物，档案服务业领域巨大的市场潜在需求早就被西方发达国家敏锐地察觉到，如今国外的商业性文件中心及中国的档案服务业企业，均在不断地发展。

档案服务市场的形成与档案服务业的发展密切相关。现阶段，档案服务趋于专业化、职业化、社会化，档案服务业逐渐发展，为档案服务市场的形成和发展奠定了微观基础。随着现代化信息技术和档案载体技术的发展，档案记载信息的方式已发生变化，走向多媒体化和数字化。与之相应的档案的收集、分类、整理、鉴定、统计、利用、保管等档案服务技术也逐渐趋于现代化。同时，随着国家从宏观角度对档案的技术标准的要求不断提高，档案服务劳动的知识和技术含量也有了质的提高，这就决定了档案服务业从业者的可替代性越来越小。档案服务由一般劳动服务逐渐发展为专业技术性服务。具有较高现代技术含量的档案服务者，其劳动边际报酬会高于一般劳动服务报酬，为档案服务职业化提供动力支持。随着经济

---

[1] 浙江省档案局. 关于促进我省档案服务业健康发展的意见[EB/OL]. http://www.zjda.gov.cn/art/2016/4/18/art_1378496_12554058.html[2016-04-18].

实体的多元化发展趋势不断扩大,各行各业的经济实体对本单位的档案规范要求不断提高;企业间资产业务范围的不断扩大,使企业内部与外部形成了大量的档案信息资源;随着信息产业的发展,社会生产部门的某些部分被分离出来并逐步社会化,扩展了档案服务领域,档案服务要求必然提高。大多数经济实体靠自身的档案工作人员已不能完全满足对档案服务的需要。随着专业化分工的发展,档案自身服务中越来越多的部分由专业的劳动者来承担,且逐渐向职业性服务转化。服务劳动者以服务业为生,或通过向服务的直接消费者出售服务,或通过向社会公共机构出售服务,从而获取生存资料。这时,服务劳动就具备了职业性。所以,档案服务需求的扩大必然促进档案服务的职业化。当档案服务生产过程从实物生产过程中分离出来,服务人员职业化,且专门从事服务生产,服务劳动成果以区别于实物劳动成果的形式独立存在时,档案服务业也就形成了一个独立化经济业态。档案服务业的形成必然促进档案服务量的扩大,从而使得档案服务的供给增加。由于档案服务供求的扩大,档案服务市场必然要不断发展起来。

一、档案服务业发展特点

(一)专业化

专业化是职业群体逐渐符合专业标准、成为专门职业并获得相应专业地位的过程。从大多数事业单位的情况来看,档案工作人员专职的少,兼职的多,而且很多专职档案工作人员还兼顾文秘干事、机要等其他一些工作,是一个"大总管"。但是作为专业技术人员,档案工作者需要有自己的职业技能。虽然事业单位档案工作人员的工作环境相对来说有优越的条件,但事业单位档案工作者只有经过培养和磨炼,才能形成自己的核心技能。

某种职业的具体情况可以通过该职业的职位具体展现,招聘作为就业的关键环节，应聘条件要求的专业背景与专业技能等内容成为了解职业专业化的窗口之一。国家各级各类公务员序列中档案职位是档案职业的重要组成部分，公务员招考职位表因此成为集中展示档案职业专业化现状的重要数据源。学界目前据此对档案职业专业化现状的研究已有初步进展，从档案学专业人才需求视角切入，发现档案专业特色不突出；从职业入口观察，发现国家公务员考试中档案职位的专业可替代性较强。需要指出的是，已有研究均在停留在国家层次，尚缺少省级层次的相关研究。2015—2019年，国家公务员考试对档案学专业人才需求最多的省份是四川省。在2019年国家公务员考试报名中，排名前五的省（区）依次为云南、贵州、广东、四川和西藏。①

（二）职业化

近年来，中国档案学研究发生了一个不容忽视的转向，那就是研究队伍越来越趋向职业化。所谓职业化，本指一种工作状态的标准化、规范化和制度化，要求从业者以专业精神和专业技能完成好组织或单位安排的岗位职责。

20世纪80年代，中国档案学研究主要有两支队伍：一支是高校档案专业教师队伍；另一支是档案实践部门中的档案工作人员（尤其是其中的专业技术人员）。事实上，职业化倾向是上述两支研究力量此消彼长形成的结果。一方面，高校档案专业教师在完成规定的教学工作之外还要完成一定的科研工作，他们必须在规定时间或周期内发表一定数量的论文，研究能力越来越强；另一方面，档案实践部门因多种原因导致研究者越来越少。

首先，档案实践部门不重视研究工作。目前，中国有4100多家各级各

---

① 李甜，嘎拉森. 档案职位专业化研究：现状与成因——基于西南地区2010—2019年公务员考试职位表的分析[J]. 档案管理，2020，（6）：99-101.

类档案馆（室），形成了世界上最大的档案事业体系。但作为这个体系重要组成部分的档案学研究却没有得到应有的重视，究其原因，有体制方面的客观因素，亦有档案工作者自身的主观因素。其次，地方档案局（馆）具备研究能力的人员相对较少。中国档案从业人员虽然有百万之众，但专职人员却不足10万人。其中，半数以上的专职人员是地方各级档案局（馆）非研究岗位人员。最后，档案人员专业化程度普遍不高。专业化程度不高是档案实践部门整体研究基础较为薄弱的重要原因。有关资料显示，在中国各级综合档案馆工作的人员中，档案专业大学本科以上学历的人员占总数的7%；档案专业大专、中专和职业高中学历的人员占总数的16%；受过档案专业在职培训的档案人员占总数的37%；其他没有受到过任何档案专业培训的档案人员占总数的40%。[①]

（三）社会化

信息技术的普及与应用是实现档案服务社会化的重要推动力量。信息资源网络化推动档案服务社会化。网络技术的诞生是科技进步及经济发展的产物，经济的发展又作为社会变革的动力促进档案服务意识、社会意识，以及信息共享意识的产生及发展。此外，信息技术与全行业的深度融合也为档案的社会化服务创造了物质基础，并使其具备了实现档案社会化服务的可能性。从技术支持层面来看，信息技术条件下的档案服务在信息的存在样态、检索效率、传输路径、受众群体等方面相较于传统服务模式都有了质的飞跃。存量数字化、增量电子化、传输网络化的档案技术逻辑有利于档案实现跨越时空的传递，是推动档案服务社会化的第一引擎。从思维意识层面来看，在经济发展及政治文明的推动下，人们的信息共享意识、公共服务意识的进步，也成了档案工作人员突破档案服务社会化观念壁垒的重要武器，且演变为实

---

① 夏慧. 关注档案学研究队伍的职业化倾向[J]. 兰台世界，2017，（2）：54-56.

现档案服务社会化的内生动力。

二、行业分类

随着档案服务行业的发展，分工逐渐细化，经营性档案机构能够提供的档案服务内容和产品也日益丰富。其中较为普遍和成熟的有档案信息系统集成、档案整理与寄存、档案信息加工与咨询、档案培训、档案科普和宣传、档案价值鉴定与评估等。国民经济统计分类方法确定了档案机构所属行业和产业分类，在《国民经济行业分类（GB/T 4754—2017）》中，档案馆属于"文化、体育和娱乐业"门类下的"文化艺术业"；在《文化及相关产业分类（2018）》中，档案馆属类依次为"文化核心领域"下的"内容创作生产"大类、"内容保存服务"中类、"各类档案馆的管理服务"小类；在《国家科技服务业统计分类（2018）》中，"科技普及和宣传教育服务"门类下包括"档案馆科普服务"。

此外，在《知识产权（专利）密集型产业统计分类（2019）》《战略性新兴产业分类（2018）》《高技术产业（服务业）分类（2018）》《生产性服务业统计分类（2019）》中，"信息服务业"门类下"信息技术服务""数字内容服务"也涵盖了档案信息服务的内容。由此可见，档案服务是生产性服务业和文化产业中与档案相关领域在行业分工细化后形成的新业态，其本身属于"内容保存服务""信息服务""数字内容服务""专业技术服务""科技推广和应用服务业"等行业范畴。

三、档案服务业的发展趋势

（一）档案管理全产业链服务

档案服务业企业之间的竞争已经是必然的趋势。有学者指出，虽然档案服务业企业日益增加，但它们在竞争过程中手段过于单一，差异化竞争过少，因而避免不了会出现恶性竞争的情况，特别是档案服务业企业如果只有单一的业务，那么很可能会被淘汰，因此需要打造档案管理全产业链服务以提升企业的竞争实力。

进入"互联网+"时代，从传统的信息服务转向基于"云"和移动的服务，从泛泛的软件研发进入行业细分的深度精细化服务，加强档案管理全产业链服务为中国档案服务业的未来发展指明了方向。①在当今时代，各企业的服务质量趋于同一水平线，因此各企业提高各自服务的质量成为它们在竞争中制胜的关键。档案服务业企业只有建立自己的专属品牌，才能在竞争中占据优势地位，从而使其附加的价值得到大大的提升。

（二）档案服务业的国际化

在档案服务业发展过程中，出现了很多外资档案服务业企业。它们由境外商人在中国境内投资创办，是独立的法人，具有企业的性质。国际档案管理外包服务形式趋于完善，商业性档案管理外包中心分布十分广泛，众多大型档案管理外包服务企业已实现跨国规模化运营并进入长期金融市场。绝大多数的世界500强企业都将本企业非核心的档案寄存业务外包出去，而中国境内只有不足5%的大中型企业接受这种档案寄存外包服务。中国接收档案寄存外包业务的现状和几十亿卷（件）的档案保存量形成了巨大的反差，由此可见档案服务业拥有巨大的潜在产值。②而随着中国民营企业走出去，成为跨国企业，档案外包服务要求的增加，就必须得加强档案服务业的国际合作。如上文提到的上海信安达档案文件管理有限公司就是档案服务业国际合作典范。它经过数十年的发展，分别在上海和北京两地成立了自己的分公司，并且以良好的信誉和高质量的服务水平吸引了中国客户。

---

① 周玉鹏. "互联网+"助推档案服务业发展——全国首届"'互联网+'时代档案服务业发展高峰论坛"召开[J]. 中国档案，2016，（3）：25.
② 魏鑫茹，左雪. 我国档案服务业企业创新能力的提升与发展趋势[J]. 兰台世界，2017，（17）：77-80.

（三）档案管理的智能化

中国政府已经提出"大数据行动计划""互联网+"战略等，档案服务业企业需要站在新的高度来看待互联网行业与传统行业的结合。可以预见，在政府的倡导下，"互联网+"将更加快速地向服务业各领域进行全面渗透。目前，社会依托互联网进入到大数据时代，利用大数据相关的技术解决目前困扰各地的"信息孤岛"现象，实现信息资源的共享、智能决策的集成，以及智慧城市让城市生活更美好、更幸福的目标。在进行智慧城市建设的今天，部分单位已经基本实现了档案库房管理设备的智能化管理。而由于中国在智能化建设方面历史较短，经验不足，相关标准和规范都没有具体到位，因此智能化档案寄存库房建设的质量还无法保证。如何通过实践应用让智能化库房建设得到认可和支持，充分实现其实用价值，仍然是档案寄存企业馆库智能化建设面临的巨大挑战。[1]

（四）档案服务个性化定制

无论是企业还是个人，对档案管理个性化需要都越来越强烈，很多档案服务业企业开始关注个性化定制服务，顾客消费也逐渐从标准化向多样化、个性化发展。个性化定制服务是指档案服务业企业对本企业所有顾客的需求进行重新整合，然后根据这些整合信息为顾客提供有针对性的服务，以满足不同行业顾客的多样化需求。档案服务业企业开展档案服务个性化定制顺应了社会发展潮流，可以使企业在激烈的竞争环境中占据优势地位。档案服务个性化定制主要体现在服务内容、服务方式与服务时空上。服务内容的个性化是档案服务业企业针对顾客的具体要求，提供满足其要求的产品与服务。例如，档案服务业企业研发专门适用于顾客公司的档案管理软件等。服务方式的个性化是指档案服务业企业针对顾客的习惯专门制订的服务计划。例

---

[1] 马唯唯. 档案库房智能化管理的思考与实践[J]. 档案学研究，2015，（1）：105-108.

如，档案服务业企业通过之前信息整合确定的顾客阅读习惯，有针对性地对顾客通过微信或是邮件推送与档案相关的信息。服务时空的个性化是指档案服务业企业针对顾客的具体要求，能够在顾客规定的时间与空间完成顾客所指定的任务。当今时代，档案服务业企业要想解决大规模生产与个性化定制的矛盾，就要靠大规模的档案服务个性化定制，即以服务系统高效运作为基础，最大限度地满足顾客个性化定制需求。

第二章 中国档案服务业的发展简史

　　从20世纪90年代档案中介机构的产生到如今档案服务业企业呈规模化发展态势，中国档案服务业已经走过约30年的历史，其发展历程可以划分为三个时期。初创时期，1990—1999年。该时期全国成立了100多所国有型档案中介机构，档案服务业总体框架初步形成，档案服务企业总体上开始向社会化服务方向发展。稳步发展时期，2000—2005年。随着民营型档案中介机构的逐步建立及外资型档案中介机构的出现，全国约有800家档案服务机构在此期间陆续成立，档案服务机构数量初具规模，档案服务业企业朝着产业化方向发展。快速发展时期，2006—2020年。在此期间约有11万家档案服务业企业先后成立，遍布全国各个城市，档案服务机构逐渐形成多元化、网络化发展格局。[1]通过对不同时期档案服务业企业创立与发展的回顾，可以发现不同时期档案中介机构和档案服务业企业基本状况及其发展特点，从而梳理出中国档案服务业企业发展的基本脉络。

---

[1] 主要依据上海市档案局. 档案中介机构研究[M]. 上海：上海市档案局，1999：25；陈智为，张晓丽. 试论我国档案中介机构的完善[J]. 浙江档案，2000，（12）：10-11；苏艳平. 论民营档案中介机构发展存在的若干问题[J]. 云南档案，2010，（3）：13-14；"企查查""天眼查"等企业信用信息平台；以及中国档案学会与笔者团队的调研；等等。

第一节　中国档案服务业的初创时期（1990—1999年）

一、档案服务业发展概况

任何事物都是在一定的环境和背景下产生的，都会经历一个从无到有，从萌芽孕育到发展的过程。档案中介机构作为档案服务业企业的前身，是在社会背景、行业背景和政府政策三大因素的共同影响下逐步建立并发展起来的。自1990年起，中国档案行政管理部门开始兴办经济实体，此后档案中介机构逐步建立起来。档案中介机构作为一种提供文档管理的社会化有偿服务机构，经过多年的发展，逐渐形成一种行业，此时档案服务业总体框架初步形成，档案服务业企业由此应运而生。

（一）档案中介机构的产生背景

社会背景。20世纪90年代初，随着经济体制改革的深入推进，市场经济得到了快速发展，我国不少地方机关开始兴办各类经济实体，其中就包括档案行政管理部门。其动因是：一方面，在国家推行行政管理体制改革的形势下，档案行政管理部门的职能有待转变。长期以来，档案行政管理部门存在"全能型政府"的弊病。这就要求档案行政管理部门将其职能切实转到宏观管理、政策导向和标准规范上，把部分微观管理职能从传统职能中分离出来，而这一部分被分离的职能范围正是档案中介机构发挥作用的用武之地。也就是说，档案行政管理部门职能分离为档案中介机构的产生和发展提供了现实空间。另一方面，为了减轻档案行政管理部门的业务负担，提高档案行政管理部门的工作效率，档案行政管理部门也开始尝试建立一些经济实体，较早地具有档案中介性质的服务机构就是在这种背景下产生的。

行业背景。随着经济的迅猛发展，民营企业的发展规模不断壮大，在市场上占有一定的份额。与此同时，外资企业开始不断涌入中国市场，企业档案的数量也随之激增，导致企业对档案服务的需求不断增加。2000年7月上海有关部门对 620 家大中型企业进行调查发现，档案兼职人员占档案从业人员总数的 71.5%，其中 1/4 的人无培训经历[①]，需要有关单位为他们提供档案教育培训服务、档案业务指导服务，而传统的档案行政管理部门已经无法满足当前社会对档案业务的多样化需求。为了达到不越位、不错位、不缺位的要求，迫切需要有专门的业务机构来提供相应的服务，这就为中国档案中介机构的进一步发展和完善创造了良好的条件，档案服务行业也随之活跃起来。

政府政策。1993 年 11 月 14 日，中国共产党第十四届中央委员会召开了第三次全体会议，会上通过的《中共中央关于建立社会主义市场经济体制若干问题的决定》中，第十四条指出，"发展市场中介组织，发挥其服务、沟通、公证、监督作用。当前要着重发展会计师、审计师和律师事务所，公证和仲裁机构，计量和质量检验认证机构，信息咨询机构，资产和资信评估机构等。发挥行业协会、商会等组织的作用。中介组织要依法通过资格认定，依据市场规则，建立自律性运行机制，承担相应的法律和经济责任，并接受政府有关部门的管理和监督"；1997 年十五大报告中再次强调要"把综合经济部门改组为宏观调控部门，调整和减少专业经济部门，加强执法监管部门，培育和发展社会中介组织"；1999 年中央经济工作会议中进一步指出，"必须采取有力的政策和扶持措施，加快信息、文化、教育、旅游、社区服务和中介服务的发展"，而当时逐步建立起来的具有中介性质的档案中介机构作为中介组织的一部分，其产生和发展是顺应时代和符合国家政策需要发展要求的。

（二）档案中介机构的发展规模

1990 年开始，我国各地档案行政管理部门陆续创办了经济实体，经济实体的兴办间接促进了档案中介机构的产生，1990—1999 年各地区创办的档案行政管理部门经济实体相关情况统计如表 2-1 所示。

---

① 上海市档案局. 上海档案工作创新文集[C]. 上海：上海社会科学院出版社，2003：124.

表 2-1　1990—1999 年各地区档案行政管理部门创办的经济实体统计表

创办时间	地区	创办情况
1990 年	上海市	档案设备厂、档案装具厂、档案装具用品服务公司、档案教育服务中心等
1991 年 11 月	天津市	天津市得安公司，公司下设档案装具部、印刷厂两个经济实体，并与其他机构联合创办了酱菜厂和密集架厂
1992 年	天津市	档案用品营业部
1992 年 5 月	辽宁省沈阳市	沈阳市档案信息开发服务中心
1992 年 9 月	甘肃省	甘肃档案用品服务中心
1992 年 9 月	浙江省建德市	建德市档案事务所
1992 年 9 月	浙江省湖州市	湖州市档案事务所
1992 年 12 月	浙江省	浙江省档案技术开发服务部
1993 年 3 月	浙江省	浙江省档案事务所
1993 年 6 月	上海市	上海档案咨询服务中心
1998 年	福建省	福建省文件档案管理服务中心
1998 年 4 月	福建省	福建万方科技发展有限公司
1998 年 8 月	广东省深圳市	深圳市档案寄存中心
1999 年 11 月	广东省深圳市	深圳市世纪科怡科技发展有限公司

由表 2-1 可知，1990 年开始，上海和天津最早创办的经济实体。这些经济实体都是以档案设备厂、档案装具厂、档案用品营业部等形式出现，根本不具备档案管理服务的职能，直到 1992 年 5 月第一家具有档案中介机构特征的沈阳市档案信息开发服务中心成立。当时的沈阳市档案信息开发服务中心为全社会提供档案查询服务、档案管理业务咨询服务、组织转让科技档案中储存的科技成果、档案技术开发、成果转让、中介服务等档案管理业务。[1]

1992 年 9 月，浙江省建德市档案事务所和湖州市档案事务所先后成立。湖州市档案事务所自对外服务以来，一年内就为 8 家单位提供了有偿立卷服

---

[1] 许建华. 风起云涌话实体——档案部门兴办经济实体启示录[J]. 档案工作，1992，（12）：13-14.

务，为 30 多家企事业单位提供了档案业务规范、标准的咨询和技术指导，为 60 多家单位评估了各类档案室基础管理状况并出具评估报告。湖州市档案事务所还举办了近 10 期档案业务培训班，500 多人接受过培训。另外，湖州市档案事务所还协助单位编写全宗介绍、档案分类编号办法、档案保管期限表和统计分析报告材料。① 可见，湖州市档案事务所在当时是具有一定业务量的，且已得到社会的认可。

至 1992 年，浙江省档案行政管理部门兴办的各种类型的第三产业企业达 30 个，其中综合、咨询、技术服务部 26 个，档案事务所 4 个（服务范围从档案卷皮、卷盒、箱柜扩展到与档案有关的办公用品、文化用品、库房设备，以及档案技术、咨询等有偿服务）。②

此外，档案行政管理部门除了兴办经济实体——档案设备厂、档案装具厂、档案用品营业部和档案事务所外，科技发展有限公司和档案寄存服务中心也逐渐在各地建立起来。1998 年，福建省档案局和福建省档案干部培训中心共同出资成立了福建万方科技发展有限公司；1998 年 8 月，全国第一家档案寄存中心——深圳市档案寄存中心成立；1999 年，国家档案局科学技术研究所、广东开平春晖股份有限公司等股东合作，共同投资设立了深圳市世纪科怡科技发展有限公司。

据不完全统计，到 20 世纪 90 年代末，全国已经成立了 100 多所档案中介机构。③

二、档案中介机构的业务范围

不同类型档案中介机构的主要业务范围也不同，具体可分为以下五种类型。

---

① 朱文，韩文军. 论档案事务的社会服务[J]. 档案学研究，1996，（S1）：28-30.
② 龚兆根. 我省档案部门兴办第三产业形势喜人[J]. 浙江档案，1993，（1）：7.
③ 陈智为，张晓丽. 试论我国档案中介机构的完善[J]. 浙江档案，2000，（12）：10-12.

(一) 档案事务所

初创时期档案事务所的业务范围包括档案咨询服务、技术示范服务、承揽档案业务、代办档案法治事务、技术（档案）中介、代查和代管档案、培训人员七类[①]，但各地档案事务所的业务职能根据各自所处社会环境的不同而拥有各自的业务范围。例如，湖州市档案事务所以提供文书处理（事业单位）、文件立卷、档案管理技术咨询、代办档案法治事务、评估档案工作水平、转让和介绍档案编研成果、档案人员培训等为主要职能；建德市档案事务所以经营档案用品、档案业务咨询、清理积存文件、组建综合档案室、档案业务培训等为主要职能；浙江省档案事务所的业务范围包括档案整理咨询、档案评估、档案技术开发；等等。总体来看，档案事务所的业务职能相对其他档案中介机构而言还是较全面的，在当时的档案社会化服务中起着主导作用。

(二) 档案寄存服务中心

档案寄存中心主要负责代管不属于国家综合档案馆接收范围内的档案资料，既包括单位档案和公民个人档案，也包括破产企业的档案，除了有偿档案寄存、托管以外，有的档案寄存中心还提供档案咨询、档案鉴定等服务。例如，深圳市档案寄存中心成立于 1998 年 8 月 9 日，是中国首家档案寄存中心，其主要职能是为企业和社会提供档案寄存服务。至 2004 年 12 月，深圳市档案寄存中心已接收 100 多家机关、企业及公民个人的有关档案与历史资料 20 万卷。其中，有 80 多家破产企业档案、市劳动局的数据备份，为美国友邦保险公司深圳分公司提供了 550 平方米库房用以寄存保险合同档案，为深圳证券交易所提供了 600 平方米库房用以寄存档案文件。[②] 又如，辽源

[①] 郑金月，胡小明. 谈档案事务所的性质与职能[J]. 浙江档案，1993，(3)：13-15.
[②] 李国庆. 档案中介机构理论与实践研究[M]. 北京：中国档案出版社，2006：50.

市企业档案寄存服务中心于 1998 年 11 月 6 日正式成立,该中心主要负责接收并保管国有转制企业移交的国有档案,同时接收并保管非国有企业及个人自愿移交或寄存的档案。

(三)档案咨询和档案信息开发服务中心

档案咨询服务中心和档案信息开发中心的业务职能比较相近,基本上涉及档案整理咨询、档案信息咨询、档案技术咨询和档案管理咨询及档案科技成果转让等服务业务。例如,1992 年 5 月 30 日成立的沈阳市档案信息开发服务中心和 1993 年 6 月 24 日成立的上海档案咨询服务中心,除了提供档案管理、档案技术咨询服务和信息交流活动外,还提供档案管理技术开发和档案科技成果转让等服务。

(四)档案技术服务中心

档案技术服务中心主要是对外开展有偿档案管理技术(如档案消毒技术、档案修复技术、档案缩微技术等)的服务,如浙江省档案技术开发服务部主要从事档案技术的服务,包括档案技术的开发和档案技术的转让;威海市档案技术服务中心除了批发和零售档案用品外,还开展档案技术服务。

(五)科技发展有限公司

科技发展有限公司的业务范围比较广泛,除了从事有关档案工作的业务外,还从事其他领域的工作,如办公自动化产品、文化用品的销售,计算机软件的开发和销售等,而涉及档案领域的主要业务有档案整理咨询、档案技术的开发、档案技术的培训、档案的数字化加工和档案的现代化管理等。中国档案服务业初创时期比较典型的科技发展有限公司有福建万方科技发展有限公司和深圳市世纪科怡科技发展有限公司。前者成立于 1998 年 4 月 24 日,除了经营办公自动化产品、文化用品外,主要从事档案技术培训和咨询服务、计算机软件开发和硬件销售服务;后者成立于 1999 年 11 月 26 日,除了从事档案整理、档案咨询、档案数字化、档案用具等业务外，还从事技术转让、技术服务、技术咨询和数据加工等业务。

除以上五种类型以外，该时期还出现了一些生产档案设备、档案装具等档案用品的机构，其主要经营业务就是提供档案设备等档案用品服务。另外，笔者通过对 2016—2018 年中国档案学会档案设备用品定点企业的信息进行统计发现，其中 21 家定点企业成立于 20 世纪 90 年代。这些企业中，一部分由提供家具、办公用品制造等企业发展而来，另一部分由提供计算机软件开发等企业发展而来。虽然这些企业在当时大多没有从事与档案管理服务有关的业务，但也为后期档案服务业务的开展打下了基础，它们的基本情况如图 2-1、表 2-2 所示。

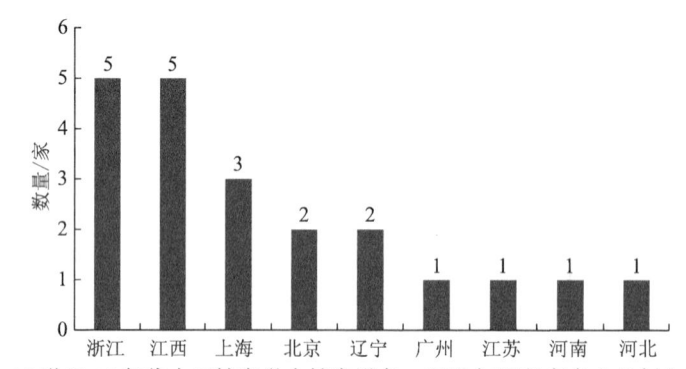

图 2-1　20 世纪 90 年代中国档案学会档案设备、用品与服务定点企业创办地区分布图

表 2-2　20 世纪 90 年代中国档案学会档案设备、用品与服务定点企业创办情况统计表

序号	地区	成立日期	公司名称	所属行业
1	北京	1993 年 7 月 22 日	北京汉龙思琪数码科技有限公司	科技推广和应用服务业
2		1996 年 3 月 25 日	东港股份有限公司	印刷和记录媒介复制业
3	浙江	1996 年 4 月 10 日	宁波邦达实业有限公司	家具制造业
4		1996 年 6 月 14 日	杭州千百万办公家具制造有限公司	文教、工美、体育和娱乐用品制造业

续表

序号	地区	成立日期	公司名称	所属行业
5	浙江	1997年7月3日	杭州新立颐和科技有限公司	批发业
6		1998年8月28日	宁波八益集团有限公司	金属制品业
7		1999年9月2日	宁波明兴金融设备实业有限公司	金属制品业
8	江西	1996年6月12日	江西金虎保险设备集团有限公司	制造业
9		1997年12月22日	江西远大保险设备实业集团有限公司	金属制品业
10		1999年5月22日	江西远洋保险设备实业集团有限公司	金属制品业
11		1999年6月23日	江西宏达保安器材集团有限公司	批发业
12		1999年9月29日	江西阳光安全设备集团有限公司	批发业
13	上海	1993年8月16日	上海东晓实业有限公司	批发业
14		1997年10月29日	上海信联信息发展股份有限公司	软件和信息技术服务业
15		1999年4月28日	上海八益自动化科技有限公司	软件和信息技术服务业
16	辽宁	1991年6月17日	东软集团股份有限公司	软件和信息技术服务业
17		1997年10月7日	沈阳沈飞档案设备联合公司	金属制品业
18	河南	1998年1月6日	洛阳莱特柜业（集团）有限公司	家具制造业
19	河北	1995年6月9日	涿州市精美纸塑制品有限公司	造纸和纸制品业
20	广州	1996年7月11日	深圳市银雁金融服务有限公司	其他金融业
21	江苏	1996年12月27日	苏州永固智能科技有限公司	金属制品业

资料来源：表中数据源自"企查查""天眼查"等企业信用信息平台

从图 2-1 和表 2-2 来看，首先，定点企业在浙江、江西、北京、上海四个地区成立数量较多，特别是华东地区发展较好，这主要和地区经济发展有很大关系。其次，定点企业所属行业大多为金属制品业、软件和信息技术服务业及批发业，可见企业的性质已经为后期开展档案服务业务创造了一定的条件。虽然能够统计出这些企业的成立时间等信息，但由于企业成立时间较长，通过官网调研和各大搜索引擎调查的结果都不太理想，因此无法确定这些企业是从何时开始逐渐开展档案服务业务的。如果能够确认这些企业转型成档案服务业企业的时间,将有助于进一步了解初创时期档案服务业企业的发展特点。

三、档案中介机构的发展特点

(一)由盲目兴办逐步转向理性发展

从档案行政管理部门 1990—1992 年创办的经济实体来看,在兴办初期,经济实体主要分为两种类型:一种是档案设备厂、档案装具厂、档案用品营业部等提供档案用品的机构;另一种是印刷厂、密集架厂等与档案业务相关的机构。虽然档案行政管理部门创办经济实体的初衷是为了增加部门经费、减轻工作负担、提高部门工作效率,但是从这两种类型的机构来看,它们既不具备提供档案管理业务的职能,也不具备良好的拓展市场的能力。可见,最初大多数部门只是纯粹为了追求经济效益,并没有结合自身情况和市场需求就盲目跟风兴办经济实体。直到 1992 年,具有档案中介性质的沈阳市档案信息开发服务中心、建德市档案事务所和湖州市档案事务所等档案中介机构相继成立,档案行政管理部门兴办经济实体才开始走上理性发展的道路。此后逐年成立的经济实体更是呈现出多类型的格局:模式上由最初的档案设备厂、档案装具厂发展到档案事务所、档案信息服务中心、档案寄存服务中心、文件档案管理中心和科技型档案服务公司的陆续成立;业务范围也从档案库房、档案装具、档案用品等供应服务发展到档案技术、档案信息咨询、档案信息开发等有偿服务。

由上可见,随着社会主义市场经济改革的不断深入,档案行政管理部门经济实体在不断地反思和实践中由盲目兴办逐步转向理性发展。这既促进了档案行政管理部门职能的转变,也促进了档案中介机构向社会化服务方向的发展。

(二)依赖于档案管理机关,非独立性运作

初创时期,经济实体与档案行政管理部门的关系十分密切,几乎所有经济实体都是由档案行政管理部门设立的下属机构。因此,这些经济实体对档

案行政管理部门具有很强的依赖性，自身独立性很差，主要表现在三个方面：一是财务方面。经济实体作为档案行政管理部门的附属机构，大多由档案行政管理部门出资建立，其运作经费自然由档案行政管理部门负责，无法进行自主经营、独立核算。二是管理方面。这些经济实体要完全听从档案行政管理部门的直接领导。三是档案设备用品方面。经济实体要借助档案行政管理部门原有的档案设备和用品才能进行业务工作。综上，无论是从财务、管理还是从档案设备用品方面，这些经济实体都无法脱离档案行政管理部门独自发展。只有在档案行政管理部门的扶持和帮助下，这些经济实体才能开展档案业务工作。一旦脱离档案行政管理部门，它们就会失去档案管理部门为其带来的市场竞争优势，很难独自生存、发展下去。

各类档案中介机构不是档案行政管理部门的附属品，而是自由竞争、自我发展的经济实体，档案中介机构必须在竞争中找到其在社会上的坐标。档案行政管理部门应引导建立良好的市场竞争机制，从有关档案业务领域淡出，大力培育档案中介服务市场，切实把职能转到宏观调控、政策导向、公共服务上，把社会服务性的档案整理、档案咨询、档案评估、档案技术服务等各类业务转到社会上去，并减少对这些领域的行政干预。

（三）区域经济发展不平衡造成档案中介机构发展不平衡

从统计结果来看，初创时期逐步建立起来的档案中介机构存在严重的地区发展不平衡性。初期时期档案中介机构主要分布在华东、华北、华南、西北和东北地区，华东、华南和华北地区发展较快，其他地区相对较慢。档案中介机构的地区发展不平衡性是一种普遍现象，上海、北京、深圳等大城市的市场经济在当时乃至当今来看都是发展较快的，各地市场经济发展水平的不同会导致各地区内企业对档案管理业务的需求不同，各地档案行政管理部门职能转变得快慢也会有所不同。因此，在经济发展较快的地区档案中介机构的发展也较好，而在那些经济发展较慢的地区，档案中介机构的建立和发展就会受到阻碍。

第二节 中国档案服务业的稳步发展时期（2000—2005年）

一、档案服务业发展概况

经过10年的初创时期，中国档案服务业随着档案中介机构的发展开始向稳步发展时期过渡。20世纪90年代产生的档案中介机构大多数是国有型，一般都隶属档案行政管理部门并受其直接领导。虽然该类档案中介机构促进了中国档案服务业的形成和发展，但因其受档案行政管理部门的制约，相对独立性较差且服务类型单一。因而从严格意义上来说，不能将其称为中国档案服务业的承担载体。2000年前后，民营型档案服务业企业的出现，打破了国有型档案中介机构的单一类型，这是档案服务业发展史上具有标志性意义的事件。这一时期北京量子伟业信息技术股份有限公司、上海三哲档案咨询服务有限责任公司、上海育林档案管理咨询服务有限公司等民营企业先后成立，促进了档案服务业形成良性的市场竞争机制。民营型档案服务业企业与档案行政管理部门之间没有直接的领导关系和投资关系，是能够自主经营、自负盈亏的市场主体。[①] 相比于国有型档案中介机构，民营型档案服务业企业更具社会服务性，更能代表档案服务业的发展方向。此外，在民营型档案服务业企业逐步建立的同时，外资型档案服务业企业也开始进入中国档案服务业的市场，但还不普遍，如上海信安达档案文件管理有限公司。

（一）民营型档案服务业企业的逐步建立

民营型档案服务业企业的产生是我国政府行政体制改革及市场经济体制改革进一步深化的产物，特别是在2001年12月11日，中国正式加入WTO

---

① 苏艳平. 论民营档案中介机构发展中存在的若干问题[J]. 云南档案，2010，(3)：13-14.

以后，中国经济逐步与各国经济接轨，发展迅速，大量民营企业开始在市场中涌现。同时，一些企业、机构的破产、撤销、合并等产生了大量的积压档案，加大了社会对档案服务的需求。民营型档案服务业企业的建立正好迎合了当时的社会需求，而原有的国有型档案中介机构逐渐失去了竞争力，也逐渐脱离了档案行政管理部门，开始走向独立，这时中国档案服务业才开始真正活跃起来。

2000—2005年成立的从事档案管理工作的企业多达800家[1]，既包括国有型档案中介机构，也包括民营型档案服务业企业和外资型档案服务业企业，其中民营型档案服务业企业的数量占企业总数的50%以上。较早成立的几家民营型档案服务业企业对我国档案服务业的发展具有重要的影响，典型代表如下。

1. 北京量子伟业信息技术股份有限公司

北京量子伟业信息技术股份有限公司成立于2003年3月，秉持"保存和发掘人类记忆"之宗旨，致力于推进中国档案事业发展，为用户提供馆库规划、展厅展览设计、智能密集架、档案信息化咨询与建设、档案数据服务、数字档案馆、实体档案托管寄存、BPO[2]服务等全产业供应链服务。北京量子伟业信息技术股份有限公司成立至今已建成覆盖全国的服务网络，累积高端用户已达2万余家，其中中国百强企业占有率近40%；拥有国家涉密印制乙级资质和超过40项计算机软件著作权登记证书，10余次荣获国家档案局优秀科技成果奖，业界综合竞争力排名第一。北京量子伟业信息技术股份有限公司在国内首创"智慧档案馆"模式，实施了国家数字档案馆示范工程——绍兴市数字档案馆项目，成为国家级智慧档案馆创新典范。[3]

---

[1] 数据来源于"企查查""天眼查"等企业信用信息平台，此处数据为笔者以"档案管理"为检索词对企业经营范围进行检索得出。
[2] BPO，business process outsourcing，即商务流程外包。
[3] 北京量子伟业信息技术股份有限公司官网[EB/OL]. http://www.pde.cn/[2021-05-20].

2. 山东冠通智能科技有限公司

山东冠通智能科技有限公司成立于 2000 年 8 月，是一家专门从事档案安全保护和档案智能化、信息化研发的企业，是中国档案学会定点生产企业和国家级高新技术企业。公司拥有实力雄厚的档案专家顾问团队、科技研发团队、工程设计和施工管理团队，建有完善的组织管理体系。该企业与中国科学院、中国人民大学等多家科研院校长期合作，开发自主知识产权和专利产品 100 多项，为全国 30 多个省（自治区、直辖市），1000 多家档案馆和机关、大型企事业单位档案机构提供优质服务。其自主研制的档案安全保护智能一体化管理系统是业内公认的档案安全保护第一品牌；创新开发的档案全生命周期智能管理系统被国家档案局鉴定为"填补国内空白"的科技成果；响应国家档案事业"三个体系"和"五位一体"建设的战略要求，自主研发的生态智慧档案馆项目获国家档案局科技项目立项，被科技部门认定为智慧档案馆工程技术研究中心。[1]

3. 北京星震同源数字系统股份有限公司

北京星震同源数字系统股份有限公司成立于 2002 年，总部位于北京，是一家以档案信息化业务为核心的数字档案、数字资产全生命周期应用服务提供商。北京星震同源数字系统股份有限公司专注于历史大数据的采集、管理、利用、存储相关的软硬件研发和系统集成，并为各行业用户提供专业的数据加工、数据存储、数据治理、数据利用和数据挖掘服务。经过多年的发展，公司逐步建立起针对历史大数据的全流程生态管理体系、技术体系和服务体系，在国内档案信息化领域处于领先地位。北京星震同源数字系统股份有限公司自 2005 年就已经进入光存储应用领域，2008 年开始投入光存储设备及蓝光智能备份系统的研发和推广，经过十余年的发展取得了骄人的业绩，成功实施了多项重大蓝光异质备份项目，得到了用户的广泛好评和信任，

---

[1] 山东冠通智能科技有限公司官网[EB/OL]. http://www.gtzhineng.com/[2021-05-20].

是业界蓝光异质备份存储应用的引领企业。2015年，北京星震同源数字系统股份有限公司成为国际光盘归档联盟正式成员。迄今为止，北京星震同源数字系统股份有限公司已拥有自有品牌的"星震"档案级蓝光光盘和自主知识产权的蓝光光盘库、离线库、光盘智能备份软件等蓝光存储系列产品，有能力为用户提供一站式全流程蓝光异质备份方案和服务。[1]

较早成立的这三家民营型档案服务业企业都是自主研发档案软件的技术型企业，除了开展传统的档案整理、档案托管、档案信息咨询等业务外，更专注于开展档案的数字化管理、智能化管理等业务。其中北京量子伟业信息技术股份有限公司擅长开发数字档案管理系统和智慧档案馆建设，山东冠通智能科技有限公司擅长开发档案安全保护系统、数字档案馆（室）管理系统和实体档案智能管理系统，北京星震同源数字系统股份有限公司专长于数据存储和异质备份。三家公司重视自主创新和研发，经过20年左右的发展，成长迅速，已经成为同行业中的佼佼者。

除了上述三家典型的民营型档案服务业企业外，调研中还统计了33家2000—2005年中国档案学会档案设备、用品与服务定点企业，如表2-3所示。

表2-3　2000—2005年中国档案学会档案设备、用品与服务定点企业统计表

单位：万元

序号	地区	公司名称	成立日期	注册资金
1	浙江	宁波宇东金属箱柜有限公司	2000年1月12日	5 018
2	北京	北京东方飞扬软件股份有限公司	2000年7月4日	2 913
3	山东	山东冠通智能科技有限公司	2000年8月9日	5 017
4	浙江	宁波万金现代钣金有限公司	2008年5月19日	18 885
5	河北	河北振兴柜业有限公司	2000年11月17日	9 060
6	北京	荣联科技集团股份有限公司（上市）	2001年3月12日	66 753
7	江西	江西金钱豹保险设备集团有限公司	2001年3月13日	4 990

[1] 北京星震同源数字系统股份有限公司官网[EB/OL]. http://www.31415.com/[2021-05-20].

续表

序号	地区	公司名称	成立日期	注册资金
8	北京	紫光软件系统有限公司	2001年7月25日	50 000
9	山东	山东金诺集团有限公司	2001年9月27日	3 833
10	浙江	宁波朝平现代家具有限公司	2001年10月23日	5 100
11	北京	北京星震同源数字系统股份有限公司	2002年2月22日	5 597
12	北京	北京航星永志科技有限公司	2002年3月18日	3 000
13	浙江	宁波大为金属制品有限公司	2002年4月29日	6 100
14	浙江	宁波鑫海智造科技有限公司	2002年5月24日	10 577
15	上海	上海强然数码科技有限公司	2003年4月10日	3 166
16	北京	北京西典展览股份有限公司	2003年4月25日	3 100
17	广东	广州融创电子科技有限公司	2003年5月14日	1 000
18	湖北	湖北世纪科怡数据技术有限责任公司	2003年5月19日	1 000
19	北京	北京北控三兴信息技术有限公司	2003年9月8日	2 000
20	广东	广州历康信息科技股份有限公司	2003年9月24日	2 000
21	北京	北京易恒盈通科技有限公司	2003年11月21日	1 500
22	河南	海力特集团有限公司*	2003年12月10日	6 600
23	山东	济南恒大视讯科技有限公司	2003年12月19日	6 002
24	辽宁	沈阳集美档案管理有限公司	2004年4月13日	4 500
25	陕西	西安鑫创科技有限公司	2004年6月11日	1 100
26	江苏	南京玄海得渊交通科技有限公司	2004年8月17日	500
27	北京	北京千里驹展览展示有限公司	2004年10月15日	5 100
28	北京	北京数字科怡科技发展有限公司	2004年12月6日	2 500
29	新疆	新疆赛昂新软科技开发有限公司	2005年1月14日	3 000
30	浙江	宁波市明达现代办公设备有限公司	2005年1月27日	5 008
31	辽宁	沈阳紫光启明软件技术有限公司	2005年3月14日	2 000
32	北京	北京网智易通科技有限公司	2005年4月28日	5 000
33	江西	江西卓尔金属设备集团有限公司	2005年7月15日	15 000

资料来源：表中数据源自"企查查"平台

注：这33家定点企业均为私营或自然人投资控股的民营企业；*该企业注册时间和注册资金有变动

由表 2-3 可以看出，中国档案学会定点企业在北京和浙江两地的数量居多，且每年在不同的地区相继有新的企业出现，增长数量一直很稳定；这些企业的注册资金（除南京玄海得渊交通科技有限公司外）都在千万元以上，虽然有些企业的注册资金可能是后期追加变更后的数据，但是仍然可以推测出这些企业的投资人拥有较雄厚的经济实力，企业在成立之初也应该具有一定规模。

（二）外资型档案服务业企业进入中国档案服务业市场

自 2000 年起，除了民营型档案服务业企业开始占据中国档案服务业市场以外，外资型档案服务业企业也逐渐进入中国档案服务业市场。据不完全统计，2000—2005 年约有 10 家外资型档案服务业企业进入中国档案服务行业市场，其中大多数外资型档案服务业企业由国际物流公司发展而来。这一时期进入中国档案服务业市场的典型外资型档案服务业企业有铁山商务信息管理（上海）有限公司和铁山档案文件管理（上海）有限公司。

1. 铁山商务信息管理（上海）有限公司

铁山商务信息管理（上海）有限公司（简称铁山商务），创办于 2000 年 7 月 14 日，至 2018 年 10 月前曾用名上海信安达档案文件管理有限公司。铁山商务是信安达的中国分部，由瑞士第一国际档案管理 AG 公司控股。铁山商务是中国许可的首家从事档案文件管理服务的外资型服务供应商，也是第一家将档案文件和信息专业管理的理念带入中国的公司。该公司自成立以来一直是同行业中的领军企业，成立之初就拥有 22 000 多立方米的库房，最多可存放 20 多万箱档案，截止到 2004 年该公司已经保管了 3 万多箱档案。[①] 其服务客户既包括大型跨国公司，也包括当地的大型企业，为

---

① 邓小军. 市场需要文档管理业务——访上海信安达档案文件管理有限公司[J]. 中国档案, 2004,（10）: 27-28.

保险、银行、金融、制造、会计、咨询、工程、高科技等不同领域或行业提供档案管理服务。如今铁山商务已经在中国青岛、成都、武汉等 5 个城市设置了分公司，其主要经营业务分为纸质文档管理与电子文档管理两大类，具体服务范围包括文件保存、磁带保存、文件扫描、文件安全销毁和信息管理咨询五大核心服务。铁山商务凭借其研发的集准确性与操控性于一体的简易系统，给客户带来了质优价廉且高效准确的优质服务，满足了每位客户的需求。①铁山商务作为档案文件和信息专业管理领域的带头人，凭借其细致、全面的服务内容不断在中国拓宽市场，赢得了越来越多客户的信任。

2. 铁山档案文件管理（上海）有限公司

铁山档案文件管理（上海）有限公司（简称铁山档案），原名德保档案文件管理（上海）有限公司，于 2004 年 5 月 8 日在上海成立，是美国商业文件中心巨头铁山公司在中国设立的首家分公司。铁山公司成立于 1951 年，是美国及全球规模最大的商业性文件管理中心，业务市场面向全球，在 39 个国家和地区建立了 600 多个分支机构，拥有客户超过 14 万。包括 97%以上的财富 1000 强企业在内的主要行业和各种规模的企业和组织，均选择铁山公司作为其文件信息管理服务的合作伙伴。②如今铁山档案已经在中国大连、北京、成都等 6 个城市设置了分公司，其主要经营范围包括文件的整理、检索、装订、寄存、保管、销毁、扫描、数字化及相关管理咨询等服务。铁山公司作为全球档案服务业的领跑者，其档案业务在中国的扩张为中国本土档案服务业企业的发展提供了借鉴经验，同时给中国本土档案服务业企业带来了很大的竞争压力。

---

① 铁山商务信息管理（上海）有限公司官网[EB/OL]. www.ironmountain.com.cn[2021-05-20].
② 黄霄羽. 美国两大商业性文件中心的发展历程[J]. 中国档案，2011，（4）：62-64.

二、民营型档案服务业企业的业务范围

各地区民营型档案服务业企业因发展程度不一，业务范围也不同。综合来看，稳步发展时期民营型档案服务业企业除了开展传统的档案整理、档案咨询、档案寄存、档案用品供应、档案鉴定、档案保护及档案专业人员的培训等业务外，还开展一些国有型档案中介机构很少涉及的业务，如档案数字化、档案安全销毁、档案管理软件的开发等。而档案鉴定、档案保护和档案专业人员的培训这三项业务在民营型档案服务业企业中开展得不是很多。

（一）档案整理

档案整理一直是档案中介机构的主要经营业务之一，民营型档案服务业企业大多也是从档案整理工作起步的，档案整理范围包括文书档案、项目档案、会计档案、人事档案、声像档案、电子档案等。

（二）档案咨询

档案咨询服务是档案服务业企业应用户的需求，通过有针对性的解答和方案提供来满足用户需求的服务方式。例如，可以提供专家团队出具的咨询报告，具有很强的专业性。档案咨询服务具体包括技术咨询、管理咨询、专业咨询、研究咨询和信息咨询等。

（三）档案寄存

档案寄存服务是指档案服务业企业通过提供保管场所，满足用户保管与利用档案的一种服务方式。这种服务是用适宜的保管场所和方便的利用方式满足档案安全保存和有效利用的要求，解决用户保管条件不善或者缺乏保管场所的困难。

（四）档案用品供应

中国在档案服务业初创时期就产生了一批提供档案设备的供应商，在该

时期产生的民营型档案服务业企业中也有一批档案用品供应商，其提供的档案用品服务包括档案安全袋、档案安全封条、档案文件箱、档案柜及其他材料等的供应服务。

（五）档案数字化

很多民营型档案服务业企业提供专门的档案数字化服务，即通过利用各种计算机、软件技术，将原始文件、档案等进行加工和数字化转换，使其便于存储、管理和利用。这一做法不仅顺应了时代发展要求，而且满足了社会上大量企业对档案数字化服务的需求。

（六）档案安全销毁

档案安全销毁服务，指部分机构和档案寄存公司按照企业的要求，保证所有需要销毁的档案在被销毁前的运输等环节中得到妥善保管，不泄密，最终以安全的方式销毁。部分公司在档案销毁后，还会向客户提供正式的销毁证明文件，确保档案已被安全销毁。

（七）档案管理软件开发

在民营型档案服务业企业里，部分企业会以档案管理软件开发服务为其主要经营业务之一。常见的档案管理软件包括企业档案管理系统、综合档案馆（室）管理系统、文档管理系统、档案安全保护集成管理系统等。

三、外资型档案服务业企业的业务范围

稳步发展时期，外资型档案服务业企业提供的业务范围还不是很全面，其主要经营业务有档案文件寄存、档案安全销毁、档案数据备份。

（一）档案文件寄存

在初步发展时期，部分外资型档案服务业企业是由国际物流、搬运公司在搬家过程中发现保管档案、文件的商机进而逐渐演变成档案文件保管公

司，所以一些外资型档案中介机构主要经营业务是档案文件的寄存。一般外资型档案服务业企业都建有容量巨大的纸质档案、文件管理库房，以及能够存储特殊载体等电子档案的保管库房，并利用先进的管理设备和公司特有的技术，在安全保管档案、文件的同时还能实现企业对档案、文件的快速调阅。

（二）档案安全销毁

档案安全销毁是外资型档案服务业企业最具特色的一个服务项目。外资型档案服务业企业可以提供一套完整的档案、文件安全销毁方案，保证从客户手中取件、运输到销毁的整个过程安全、不泄密，有的机构甚至还会在档案安全销毁后给企业送达正规的档案安全销毁证明，在让客户安心的同时赢得客户的进一步信任。

（三）档案数据备份

外资型档案服务业企业用于存储特殊载体等电子档案的库房内，存在很多企业的电子档案异地备份，一些企业甚至每天都会把电子文档的异地备份存放在外资型档案中介机构。例如，上海一家著名跨国公司曾在信安达公司做过数据备份，后来该跨国公司的电脑出现故障甚至一度瘫痪，无法查看数据资料，影响了公司的正常运营，后利用存放在信安达公司的档案数据备份在很短的时间内就帮助其恢复了工作秩序。[①]

四、民营型档案服务业企业的发展特点

与初创时期国有型档案中介机构相比，这一时期逐步建立起来的民营型档案服务业企业也有其自身的发展特点。

---

① 邓小军. 市场需要文档管理业务——访上海信安达档案文件管理有限公司[J]. 中国档案, 2004, (10): 27-28.

（一）地区发展依旧不平衡

从统计数据来看，中国民营型档案服务业企业同样存在地区发展不平衡性。民营型档案服务业企业最开始产生于北京、浙江、上海等经济发展较快的地区，之后才在全国各地陆续建立。后成立的民营型档案服务业企业不管在数量上还是规模上，与较早成立的企业相比，均有一定的差距，造成各地区民营型档案服务业企业发展不平衡的因素有三点：首先，地区经济差异导致社会对档案服务需求的不同影响着各地区档案服务业企业发展的程度；其次，较早成立民营型档案服务业企业的地区其档案服务业发展速度也较快；最后，各地档案服务业企业在创立之时投入资金的多少也是影响不同地区企业发展快慢的一个重要因素，投入资金的多少直接影响着一个地区企业的规模。虽然各地区民营型档案服务业企业的发展程度参差不齐，但总体上已经达到产业化发展水平。

（二）企业服务范围更加广泛

与此前中国仅有的国有型档案中介机构相比，民营型档案服务业企业开展的服务范围更为广泛。据前述表2-3显示，这些档案设备、用品与服务定点企业并非都只从事档案服务行业，其所属行业既有家具制造业、金属制品业，也有软件和信息技术业等，大多企业在提供档案服务业务的同时还提供其他与档案无关的业务。表2-3中的定点企业主要有三类：第一类为专门从事档案管理服务的定点企业，如山东冠通智能科技有限公司、沈阳集美档案管理有限公司等。综合来看，这些专门从事档案管理的企业，其服务包括档案管理系统、档案管理软件的开发，档案整理、档案鉴定、档案信息化、档案数字化加工、系统灾难备份、电子数据自动归档、档案专业设备的研发、档案库房消毒等，业务范围很广泛。第二类为一些最初专门从事计算机软件和信息技术开发等服务，经过后期发展逐渐延伸到研发档案管理系统、开发档案管理软件等服务的企业。这些企业不是专门从事档案管理服务工作的企业，档案管理服务只是其所有服务业务中的一项，如荣联科技集团股份有限公司、湖北世纪科怡数据技术有限责任公司、北京北控三兴信息技术有限公司等。第三类是开发、制造、生产和销售文件柜、档案柜、移动密集架等档案用品的企业。它们并不提供档案管理服务，经营范围除了生产档案装具设备外，还涉及其他家具、保险柜和办公设备等的生产和销售，如宁波宇东金属箱柜有限公司、宁波万金现代钣金有限公司、河北振兴柜业有限公司等。

（三）突破了传统的业务范围

民营型档案服务业企业除了开展传统的档案整理、档案咨询、档案寄存等服务外，更加侧重开展档案的技术性服务，突破了国有型档案中介机构的业务范围，如档案管理软件的开发、档案安全保护系统的开发、实体档案的数字化加工及电子档案的备份等。如今这些侧重档案技术性服务的民营型档案服务业企业都得到了良好的发展，与国有型档案中介机构相比，这些注重技术性服务的民营型档案服务业企业能够更好地适应时代发展潮流，具有更多的竞争优势，也是未来档案服务业的主要发展方向。

五、外资型档案服务业企业的发展特点

外资型档案服务业企业与民营型档案服务业企业相比，有着自身独特的经营特点，主要表现为以下三个方面。

（一）采用先进的技术和设备

外资型档案服务业企业主要有两种类型：一种由国外公司出资成立；另一种由国内公司与国外公司联合出资创办，但无论哪一种，外资型档案服务业企业都具有一定的经济实力。国外档案服务业的发展速度一直较快，中国境内成立的外资型档案服务业企业在采用管理设备和管理技术方面也都比较先进，如铁山商务（曾用名：上海信安达档案文件管理有限公司），

2004年的记者采访资料显示,当时该公司已经拥有22 000多立方米的库房,最多可容纳20多万箱标准档案箱①。为了妥善管理这些档案箱,该公司设计了一套条形码文档管理软件,应用条形码文档管理软件,详细地记录下客户的信息、档案箱的编码、内容及所在库房内的位置编码和进出明细。一旦客户需要调阅某一份文件,只要该文件上贴着条形码,该公司就可以很快找到文件所在位置,并迅速将文件单独给企业派送过去。除此之外,该公司的库房里还建有一个密闭性很好的隔间,里面有严格的监控系统,恒温恒湿的环境,用于存放磁带、磁盘等特殊介质的档案。

(二)坚持以客户为中心的服务理念

外资型档案服务业企业始终坚持以客户为中心的服务理念,在为客户节省成本的同时提供细致、全面、周到的服务。例如,信安达公司有两个特色服务:一是提供特有的及时派送服务。信安达公司确保每周7天、每天24小时满足每一位客户的调阅需求,只要客户需要调阅文件,信安达公司就保证在24小时内响应,并尽快将企业所需档案箱或文件由专车专人派送上门。二是信安达公司提供整箱档案安全粉碎销毁服务。在得到客户的书面授权和鉴定以后,信安达公司会派专业人员上门提取文件、档案并当场封存,保证文件运输过程中的安全、不泄密,在取回文件3小时内销毁。另外,信安达公司还会向客户提供正式的档案、文件安全销毁证明,证明文件已被安全销毁。②与国有型档案中介机构和民营型档案服务业企业相比,外资型档案服务业企业因其既具有人性化管理又有细致周到的服务而赢得了许多客户的信任,很多企业都放心把档案、文件寄存在外资型档案服务业企业,既方便

---

① 档案箱都是由该公司特别设计的带盖的高密度瓦楞纸箱,这种独特的档案箱能够妥善地保管好每一份寄存在这里的档案。
② 邓小军. 市场需要文档管理业务——访上海信安达档案文件管理有限公司[J]. 中国档案, 2004, (10): 27-28.

调阅查询，也方便安全销毁。

(三) 服务对象较为单一

虽然外资型档案服务业企业相比民营型档案服务业企业而言具有很多优势，但是这一时期进入中国市场的外资型档案服务业企业的服务对象是较为单一的，其主要服务对象是一些进入中国市场的外资企业和少数国内本土企业。出现上述现象的原因主要有两点：其一，由于外资型档案服务业企业自身的外资性质，在初入中国档案服务业市场时，知名度还不高，中国部分本土企业甚至不知道该类企业的存在；其二，由于档案涉及保密和安全问题，国内的大部分企业还是会倾向于将档案寄存在民营型档案服务业企业内，只有少部分本土企业会选择外资型档案服务业企业托管档案。可见，与中国本土档案服务业企业相比，这一时期的外资型档案服务业企业面临的竞争压力是非常大的，要想在中国站稳脚跟、适应中国市场仍需一定的时间。

第三节　中国档案服务业的快速发展时期（2006—2020年）

一、档案服务业发展概况

2006年以来，随着市场经济的进一步发展，计算机、网络信息技术的普及和快速更新为档案服务业企业提供了新的技术支持；国家陆续出台了有关政策，大力扶持服务外包产业，间接为档案服务企业提供了政策上的支持；与此同时，社会各行各业对档案服务业企业的认可度越来越高，对档案服务水平的要求也越来越高。此时，中国档案服务业的市场需求更加活跃，档案服务业企业的数量快速增长，中国档案服务业正式进入快速发展时期。

（一）典型档案服务业企业数据统计

快速发展时期，以"档案管理"为企业名称的"在业/存续"档案服务业企业有 3292 家，其中"在业"的企业有 424 家，"存续"的企业有 2808 家。以"档案管理"为经营范围的"在业/存续"档案服务业企业有 113 943 家，其中注册资本为 1000 万—5000 万元的企业有 7861 家，注册资本为 5000 万元以上企业有 1673 家。[①]由于调研的数据过于庞大，为了更精确地探索快速发展时期中国档案服务业企业的业务范围和特点，笔者最终按企业成立时间的先后顺序，从调研数据中选取了 63 家于 2006 年以后成立的典型档案服务业企业进行分析（表 2-4、图 2-2、图 2-3）。

表 2-4　63 家典型档案服务业企业统计表　　　　单位：万元

序号	公司名称	成立日期	注册资本
1	深圳市国信档案寄存有限公司	2007 年 3 月 30 日	1000
2	北京华档案文件管理咨询有限公司	2007 年 5 月 29 日	50
3	深圳市元晟实业有限公司 （曾用名：深圳市深档档案寄存服务有限公司）	2008 年 5 月 4 日	1300
4	四川蓝宇档案管理服务有限公司	2008 年 7 月 25 日	200
5	四川巴蜀档案信息技术有限公司	2009 年 6 月 2 日	100
6	仁通档案管理咨询服务股份有限公司 （曾用名：上海仁通档案管理咨询服务股份有限公司）	2009 年 9 月 21 日	5520
7	北京星瑞兰台档案技术服务有限公司	2010 年 7 月 22 日	1000
8	武汉银保通管理咨询有限公司	2010 年 9 月 25 日	500
9	华信档案管理（上海）有限公司	2011 年 6 月 27 日	1000
10	广东德鸿档案科技有限公司	2011 年 9 月 8 日	1000
11	申江万国数据信息股份有限公司	2011 年 12 月 5 日	7322

[①] 数据来源于"企查查"企业信用信息平台，由于部分企业经营范围中涉及档案管理服务，而企业名称中不包含"档案管理"字样，为了得到较准确的结论，此处数据由笔者以"档案管理"为检索词分别对企业名称和企业经营范围进行检索得出，数据统计截止时间为 2020 年 12 月 31 日。

续表

序号	公司名称	成立日期	注册资本
12	吉林省大文档案管理技术有限公司	2012年1月17日	2000
13	宁波东海天一档案管理咨询有限公司	2012年8月1日	1000
14	廊坊申国档案管理服务有限公司	2012年12月24日	1500
15	中包运通档案管理（北京）有限公司	2013年7月5日	1000
16	中泰德信（北京）档案管理有限公司	2013年7月25日	2000
17	山东华盈档案管理有限公司	2014年3月27日	1000
18	杭州安圣阁档案管理有限公司	2014年4月14日	1000
19	上海三安档案管理技术有限公司	2014年7月29日	1000
20	江苏翰卷档案科技有限公司	2014年10月15日	500
21	宁波银禄信息技术服务有限公司	2014年10月20日	2000
22	天津源丰通档案存储有限公司	2014年10月31日	2000
23	天津源丰档案管理服务有限公司	2014年10月31日	2000
24	河北超尘智慧工程有限公司（曾用名：河北安瑞达档案管理咨询服务有限公司）	2014年11月26日	1088
25	山东捷安达档案文件管理有限公司	2014年12月2日	3000
26	吉林省兰台档案技术服务有限公司	2015年3月17日	2000
27	浙江卫邦档案管理技术服务有限公司	2015年4月13日	1000
28	东港瑞云数据技术有限公司（曾用名：北京瑞云档案管理有限公司）	2015年5月12日	5000
29	青海崇胜工程管理咨询有限公司（曾用名：青海崇胜档案服务有限公司）	2015年7月3日	1000
30	安徽博广档案科技有限公司	2015年7月3日	508
31	深圳市爱拓档案数字化服务有限公司	2015年7月23日	1000
32	百叶兰台（北京）档案科技有限公司	2015年8月19日	1000
33	南京凯昂档案管理咨询有限公司	2015年11月3日	1000

续表

序号	公司名称	成立日期	注册资本
34	四川省博远档案管理有限公司	2015年11月6日	100
35	安徽万卷档案科技有限公司	2015年11月18日	1100
36	河南汇金信达档案管理咨询服务有限公司	2015年12月8日	1000
37	四川米立数码技术有限公司 （曾用名：四川东方信腾数码技术有限公司）	2016年2月19日	5000
38	潮州市优达档案管理有限公司	2016年3月4日	50
39	福建省固密档案服务有限公司	2016年4月11日	1000
40	邯郸市恩惠档案管理咨询有限公司	2016年4月19日	300
41	洛阳中合档案管理咨询服务有限公司	2016年11月4日	5000
42	陕西蓝泰档案管理服务有限公司	2017年1月16日	1092
43	广州大湾档案管理有限责任公司	2017年5月10日	1000
44	山东高呈档案管理有限公司	2017年6月22日	1000
45	惠州升东档案管理服务有限公司	2017年10月19日	5500
46	广州瀚誉档案管理有限公司	2017年11月23日	1000
47	广州万档档案管理有限公司	2018年1月29日	500
48	清远惠源档案管理技术有限公司	2018年6月4日	505
49	广东练达档案文件管理咨询有限公司	2018年11月21日	500
50	山东一鼎一档案管理有限公司	2018年12月25日	1000
51	珠海高新拓源档案管理服务有限公司	2018年12月28日	2000
52	陕西国博轩档案设备管理服务有限公司	2019年3月5日	1000
53	广东兰友档案管理咨询有限公司	2019年3月8日	1000
54	汕尾市资传档案管理服务有限公司	2019年3月15日	1080
55	广州锦成信息技术有限公司	2019年4月2日	1100
56	广东慧铭档案管理有限公司	2019年4月9日	1000

续表

序号	公司名称	成立日期	注册资本
57	山东省中安保档案管理服务有限责任公司	2019年4月17日	2000
58	山东腾信档案管理有限公司	2019年9月9日	1000
59	瑾尚天华档案管理有限公司	2019年12月25日	5077
60	佛山市昊诚档案管理有限公司	2020年3月23日	1001
61	山东国档档案管理有限责任公司	2020年6月16日	2800
62	山东润林档案管理服务有限公司	2020年9月25日	1319
63	阳江联赢档案管理服务股份有限公司	2020年12月1日	1000

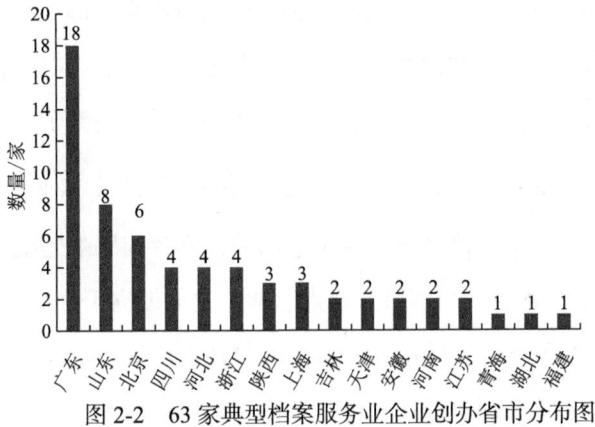

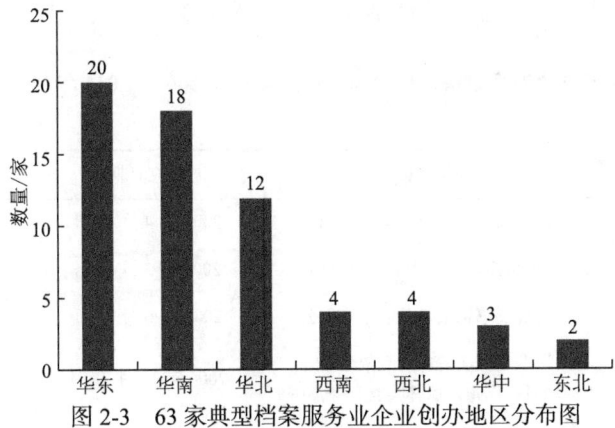

图 2-2　63家典型档案服务业企业创办省市分布图

广东 18、山东 8、北京 6、四川 4、河北 4、浙江 4、陕西 3、上海 3、吉林 2、天津 2、安徽 2、河南 2、江苏 2、青海 1、湖北 1、福建 1

图 2-3　63家典型档案服务业企业创办地区分布图

华东 20、华南 18、华北 12、西南 4、西北 4、华中 3、东北 2

首先，从表 2-4 可以看出，2017—2020 年，注册资本在 1000 万元（含）以上的档案服务业企业就有 19 家，而 2007—2016 年的 10 年间注册资本在 1000 万元（含）以上的企业有 32 家，可见 2017—2020 年的 4 年间，较大规模档案服务业企业的数量增长是很明显的。其次，在地区分布上，根据图 2-2、图 2-3 所示，广东省是所有省市中档案服务业企业数量最多的省，且 2017—2020 年较大规模企业数量增长显著；从地域分布来看，主要集中在经济较为发达的华东、华南和华北地区，而西南、西北、华中和东北地区档案服务业企业数量相当，尤其经济基础相对较弱的西北地区，2017—2020 年档案服务业企业得到了一定程度的发展。最后，在注册资金方面，注册资本在 1000 万元（含）以上档案服务业企业在 2017—2020 年增长最为迅速。综上所述，通过统计数据来看，中国档案服务业企业无论数量上还是投资规模上都得到了快速发展。

（二）中国档案学会档案设备、用品与服务定点企业数据统计

除了选取的 63 家典型档案服务业企业以外，笔者调研中还统计了 33 家中国档案学会档案设备、用品与服务定点企业，它们成立于 2006—2015 年。其间虽然 33 家档案服务业企业中有少数企业与选取的 63 家典型企业重复，但是 33 家中国档案学会档案设备、用品与服务定点企业更具有行业代表性，少数重复企业并不影响综合统计结果，统计数据如表 2-5、图 2-4 所示。

表 2-5　中国档案学会档案设备、用品与服务定点企业 2006—2015 年创办情况统计表

单位：万元

序号	地区	公司名称	成立日期	注册资金
1	湖南	湖南新宇金属制品有限公司	2006 年 4 月 14 日	6 080
2	广东	广州市惠森档案用品有限公司	2006 年 5 月 11 日	510
3	天津	天津万茂图书档案设备制造有限公司	2006 年 6 月 28 日	10 118
4	广东	广东越诚实业集团有限公司 （曾用名：广州万棵林实业有限公司）	2006 年 12 月 28 日	8 000
5	湖南	湖南琴海数码股份有限公司	2007 年 1 月 4 日	4 146

续表

序号	地区	公司名称	成立日期	注册资金
6	北京	北京东港嘉华安全信息技术有限公司	2007年2月2日	4 893
7	上海	上海金档信息技术有限公司	2007年9月6日	1 500
8	山东	尚德软件股份有限公司	2007年10月15日	5 000
9	浙江	宁波圣达精工智能科技有限公司	2007年12月12日	100
10	江苏	江苏鸥迅智能科技有限公司（曾用名：常州市鸥迅智能科技有限公司）	2008年4月29日	6 680
11	上海	上海史肯图信息技术有限公司	2008年9月11日	1 000
12	江苏	江苏大美天第文化产业有限公司	2008年10月17日	10 080
13	天津	中信天津金融科技服务有限公司（曾用名：中信天津外包服务有限公司）	2008年12月11日	11 000
14	安徽	安徽宝葫芦信息科技集团股份有限公司	2009年4月21日	4 000
15	云南	云南资和信科技有限公司	2009年8月5日	2 000
16	上海	上海岚盛电子科技有限公司	2009年8月27日	3 050
17	浙江	宁波新万保金融设备有限公司	2010年1月13日	10 058
18	浙江	宁波科豪金属制品实业有限公司	2010年3月8日	5 080
19	北京	北京星瑞兰台档案技术服务有限公司	2010年7月22日	1 000
20	北京	北京东方博泰文档数据科技有限公司（曾用名：北京东方博泰文档数据外包服务有限公司）	2010年12月3日	1 580
21	北京	北京融安特智能科技股份有限公司	2011年1月24日	2 271
22	江苏	苏州工业园区苏航档案服务有限公司	2011年8月9日	1 000
23	吉林	吉林银瑞信息技术服务有限公司	2011年9月6日	500
24	北京	申江万国数据信息股份有限公司	2011年12月5日	7 322
25	江苏	江苏润银档案管理咨询有限公司	2012年1月6日	4000
26	江西	江西光正金属设备集团有限公司	2012年10月10日	13 998
27	河北	河北骥盛信息技术有限公司	2013年4月24日	300
28	浙江	宁波八益智能存储系统有限公司	2013年8月1日	1 000

续表

序号	地区	公司名称	成立日期	注册资金
29	北京	北京汉王数字科技有限公司	2014年1月13日	3 111
30	北京	北京龙信世纪科技有限公司	2014年5月29日	300
31	山东	山东圣发金属箱柜有限公司	2014年12月31日	8 280
32	广东	珠海泰坦软件系统有限公司	2015年4月15日	5 000
33	北京	东港瑞云数据技术有限公司（曾用名：北京瑞云档案管理有限公司）	2015年5月12日	5 000

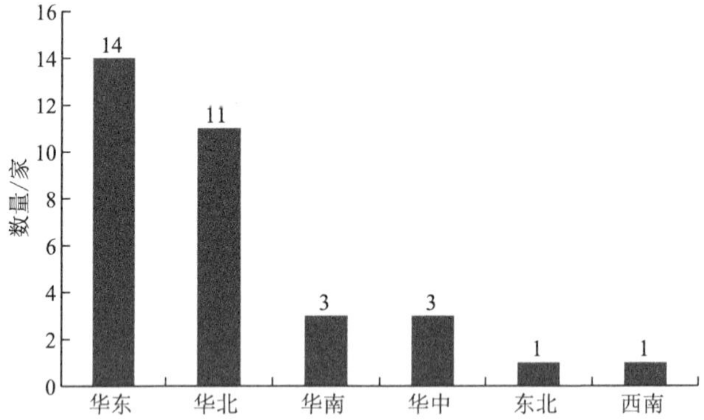

图2-4 中国档案学会档案设备、用品与服务定点企业2006—2015年创办地区分布图

首先，从表2-5可以看出，大多数定点企业的注册资金都在千万元以上，可见大多数定点企业的规模都是较大的。其次，在地域分布上，根据图2-4所示，定点企业也主要集中分布在华东和华北地区，这与选取的63家典型档案服务业企业的华东与华北情况大体一致。最后，档案设备、用品与服务定点企业中大多数为私营或自然人独资的民营企业，只有一家中外合资企业，可见民营型档案服务业企业才是档案服务业的主流承担载体。

二、档案服务业企业的业务范围

进入快速发展时期以来，中国档案服务业企业的数量一直在逐年增长，虽然不同规模和不同类型的企业开展的档案服务业务范围不同，但总体上在快速发展时期，档案服务业企业业务范围进一步扩大，按民营型档案服务业企业和外资型档案服务业企业来进行划分，各自的服务侧重点也有所不同，基本情况如下。

（一）民营型

民营型和外资型档案服务业企业自建立以来，就成为中国档案服务业的承担载体。其中，民营型档案服务业企业是中国档案服务业企业的主流承担载体，数量远远超过外资型档案服务业企业。民营型档案服务业企业在开展业务范围方面，可以分为两大类：第一类，企业以开展较为单一的档案专业化服务为主，如专门提供档案设备及档案用品的生产和销售服务或者专门提供传统的档案寄存、档案管理等服务，典型的企业如沈阳老顾头档案设备有限公司、广州市惠森档案用品有限公司、深圳市国信档案寄存有限公司、深圳市元晟实业有限公司（曾用名：深圳市深档档案寄存服务有限公司）等；第二类，企业除了开展档案整理、档案寄存等传统的档案管理服务之外，更加注重开展技术性、专业性较强的档案管理服务，主要包括档案数字化加工、档案智能管理系统的开发、档案安全保护系统的开发、实体档案智能化管理、档案安全销毁等，以技术性、专业性的档案服务为主，典型的企业如东港瑞云数据技术有限公司（曾用名：北京瑞云档案管理有限公司）、申江万国数据信息股份有限公司等。

（二）外资型

外资型档案服务业企业自从进入中国档案服务业市场以来，就以雄厚的经济实力、先进的技术设备和丰富的档案管理经验逐渐为中国企业所接受。相对稳步发展时期而言，其业务范围发展到今天已经非常广泛了，从最初的文件扫描、文件保管、档案信息咨询到档案数字化加工、档案数据备份、档案安全销毁等，尤其擅长设计和实施档案文件管理方案、信息管理方案等一系列流程服务，以人性化、全面性、综合性服务为主。与稳步发展时期相比，快速发展时期的铁山商务和铁山档案的业务开展情况如表2-6、表2-7所示。

表2-6　铁山商务业务开展情况统计表

业务分类	具体子项
纸质文件管理服务	文件保管
	文件扫描
	文件销毁
	编目整理服务
电子文件管理服务	特藏库保管
	备份周转服务
	灾难预防及恢复服务
	电子文档销毁服务
咨询服务	信息风险管理
	业务持续性管理和灾难恢复预测咨询
	内部审查管理
	信息安全咨询
	信息技术风险防控咨询
	内部文件管理
运输服务	定期周转服务
	加急派送服务（仅适用于送达服务）
材料供应服务	档案文件箱，电子媒体储存箱，条形码、销毁柜与安全袋及安全封条等其他材料的供应服务
其他服务	培训与支持
	在线服务

资料来源：企业调研及铁山商务信息管理（上海）有限公司官网[EB/OL]. http://www.ironmountain.com.cn [2021-05-20]

表 2-7 铁山档案业务开展情况统计表

业务分类	具体子项
文件储存服务	文件储存
	常用文档管理
	文件扫描及数码化
	个别方案（一次性档案分类、编制索引，甚至清理、销毁和重新安置文档）
业务档案管理特别提案服务	编制索引
	整理库存
	清理数据
	扫描备份
	现场/远距审计
	使用状态转换
	安全弃置
运输服务	速递服务
备份，即复原文件服务	数据备份和灾难恢复 异地磁带库及故障修复

资料来源：企业调研及铁山档案文件管理有限公司官网[EB/OL]. https://www.ironmountain.com.cn/zh/ [2021-05-20]

三、档案服务业企业的发展特点

与前两个时期相比，进入快速发展时期，中国档案服务业企业在数量、规模和类型方面都呈现出不同的发展特点。

（一）企业数量快速增长

进入快速发展时期以来，中国档案服务业企业的数量一直在快速增长，从统计数据来看，目前中国档案服务业企业已经具有相当大的规模，主要表现在三个方面：一是目前中国在业和存续的档案服务业企业中，以"档案管理"为企业名称的档案服务业企业有 3292 家，而以"档案管理"为经营范围的档案服务业企业多达 113 943 家，可见，2005—2020 年这一时期企业数量飞速增长，且具有了较大的规模。特别是从2016—2020年的数据来看，更有井喷式发展的趋势，以"档案管理"为企业名称的档案服务业企业有2848家，而以"档案管理"为经营范围的档案服务业企业多达105 580家。[①]二是在地区分布上，目前中国档案服务业企业已经遍布全国各地，经济发达的地区档案服务业企业的数量较为密集。整体来看，全国范围内的档案服务业企业已经形成网络化发展格局。三是2006—2020年，以"档案管理"为经营范围的档案服务业企业中，注册资本为1000万—5000万元的企业有7861家，注册资本在5000万元以上的企业有1673家。[②]尤其从表2-4、表2-5来看，2017—2020年注册资金在1000万元以上的档案服务业企业数量增长很快，可见，这一时期档案服务业企业自身规模普遍壮大。

（二）企业之间规模差距悬殊

虽然中国档案服务业企业数量众多且分布广泛，但是每个档案服务业企业的规模都不尽相同，甚至差距悬殊，其主要原因有两点：一是从统计数据来看，中国档案服务业企业的注册资金从几十万元到上百万元再到上千万元，在企业成立之初就形成了三个差距巨大的等级。相比之下，注册资金较少的企业，其企业规模也相对较小，开展的档案管理服务也以传统业务为主。而注册资金较大的企业，其规模也较大，业务范围也较为广泛。当然，一些注册资金较大的企业中，也存在不少企业是经过10多年的发展，后期不断追加投入的资金，逐渐发展成如今规模较大的企业。二是由于缺乏档案服务业的标准规范，成立档案服务业企业的门槛较低，一些投入成本不高的小型企业不断涌现，同时还有一些从事其他行业的大中型企业逐渐跨

---

① 数据源于"企查查"企业信用信息平台，以"档案管理"为检索词分别从企业名称和企业经营范围进行检索得出，数据统计截至2020年12月31日。
② 数据源于"企查查"企业信用信息平台，依据注册资本1000万—5000万（含）和5000万以上两个区间，以"档案管理"为检索词从企业经营范围检索得出，数据统计截至2020年12月31日。

业开展档案服务业务，这也是导致中国档案服务业企业之间规模差距悬殊的一个重要因素。

（三）专营性档案服务业企业较少

目前中国档案服务业企业的类型多样，不同的划分标准有不同的企业类型。按所有制形式的不同可以分为民营型和外资型（中外合资）企业；按职能的不同可以分为档案寄存有限公司、档案文件管理咨询有限公司、档案咨询服务有限公司、电子档案服务有限公司、档案科技服务有限公司及综合型档案服务公司等；按注册资金的多少可以分为大型、中型、小型档案服务业企业。虽然企业类型多样，但是专营性档案服务业企业并不多。最为直接的表现就是以"档案管理"为企业名称检索出来的企业仅有3292家，而以"档案管理"为经营范围检索出来的企业多达 113 943 家，是前者的近 35 倍。大部分档案服务业企业的经营范围中虽然包含档案管理业务，但这些企业同时还提供其他行业服务，而非专门提供档案服务的企业。其中最为典型的例子便是中国档案学会档案设备、用品与服务定点企业，它们中部分是从事计算机软件、信息技术开发的科技类公司，还有部分是金属制品和家具制造业企业，这些企业在开展其他行业业务的同时也开展档案管理服务，档案设备、档案装具等档案用品供应服务。尽管这些跨业发展而来的档案服务业企业拥有一定的规模并采用了先进的技术和设备，但是和专营型档案服务业企业相比其专业度要差很多，不利于中国形成一个专业的档案服务行业体系。

第三章　中国档案服务业企业的基本情况

近年来，随着中国特色社会主义市场经济体制的进一步完善，以及档案社会化服务意识的高涨，档案服务业的发展受到了各行各业的重视。从中央到地方相关方针政策的陆续出台，到以"档案服务业"为主题的会议、论坛的开展，以及档案服务业学术委员会的建立，档案服务业在政策上和理论上得到了支持，奠定了稳步发展的基石。

第一节　档案服务业的概况

档案服务业是运用现代档案管理知识、技术、场所、设备、设施等要素向社会提供智力成果、劳务服务、档案产品的新兴行业，是档案事业的重要组成部分。[1]伴随着社会主义市场经济体制的改革进程，中国档案服务业经历了从无到有、从零散到规模、从无序到有序，取得了长足发展，多元化、多层次的档案服务体系初步形成。

---

[1] 浙江省档案局. 关于促进我省档案服务业健康发展的意见[EB/OL]. http://www.zjda.gov.cn/art/2016/4/18/art_1378496_12554058.html[2017-04-16].

一、档案服务业的构成

（一）档案服务业的主体

档案服务业的主体是以提供各种专业服务来满足不同市场需求的档案服务机构。包括各类完全按照市场运行规则自负盈亏、依法从事市场经营性服务的档案服务业企业，涵盖档案装具及日用品的销售、档案管理软件的开发销售，提供档案整理、寄存托管、鉴定评估、保管修复、档案数字化、档案信息资源开发、档案展览展示等有偿服务。

档案服务业企业按照所有制可以划分为以下三种类型：一是国有型，即由档案行政管理部门与其他机构共同出资，带有国有性质的档案服务业企业，主要向社会各界提供档案整理、档案咨询、档案鉴定、档案保护、档案人员培训等服务。二是民营型，即由民间自发成立的，完全由市场主导的自主经营、自负盈亏的经济主体。民营型档案服务业企业的服务内容对市场需求的变化最为敏感，提供的档案服务比较灵活。三是外资型，即国外档案文件管理服务公司在中国设立的分支机构或注册的公司，其管理经验和运作模式都比较成熟。[1]

（二）档案服务业的客体

档案服务业的客体，就是产生了档案服务需求的客观对象，任何需要档案服务的机关团体、企事业单位、家庭和个人都是档案服务业的客体。根据相关调研，档案服务业的主要客体包括政府、企业、高校、医院、保险和金融行业，并且这种服务需求呈现出加强的趋势。一方面，国家持续加大了对档案事业的投资，在"十二五"规划中，中央财政安排4.5亿元用于5036个国家重点档案抢救与保护项目，安排44亿元用于1002个中西部地区县级综

---

[1] 沈晓容. 我国档案中介机构的现状与发展研究[D]. 福州：福建师范大学，2012.

合档案馆建设。①"十三五"规划中提出，推进《中西部地区县级综合档案馆建设规划》实施，争取中央财政对 1083 个中西部地区县级综合档案馆继续给予投资支持，力争"十三五"时期国家综合档案馆建设全面达标。2020 年是档案事业"十三五"规划收官之年，档案事业发展取得了长足进步。5 年来，大力实施中西部地区县级综合档案馆建设项目，中央财政累计投入 28.7 亿元支持建设 600 多个县级综合档案馆。②另一方面，由于各行各业受到深化改革与信息技术浪潮的推动，不可避免地将面临企业改制和产权流动带来的档案管理上的不便或者传统档案管理模式转向数字化档案管理模式过程中的不适。

此外，随着家庭档案意识的逐渐强化，不少重视档案的家族和个人对档案服务的需求开始慢慢凸显出来，成为档案服务业的小众服务对象。不难发现，除了目前较为明显的几大服务市场外，档案服务业中还有许多有待挖掘的潜在对象，这些都是档案服务业有待开拓的新市场。

（三）档案服务业的监管部门

档案服务业作为档案事业的重要组成部分，还是现代服务行业的一个重要分支，相较于其他行业，档案服务业起步较晚，其健康发展除了需要依靠主客体的自身壮大外，还需要相关部门的有效监管规范。因此，相关部门必须发挥监管作用，及时纠正、惩处个别档案服务业企业在执业过程中出现的不规范行为甚至违法行为，保障良好的市场竞争秩序，促进档案服务行业健康发展。中国档案服务业的监管体系主要由档案行政管理部门、工商管理部门、税务管理部门等构成。③

---

① 李明华. 在全国档案工作暨表彰先进会议上的讲话[J]. 中国档案，2016，（1）：16-23.
② 陆国强. 推动档案事业在高质量发展轨道上迈出坚实步伐——在 2020 年全国档案局长馆长会议上的报告[EB/OL]. https://www.saac.gov.cn/daj/yaow/202101/2d00d00de2c54e9b87bd429843ba98b2.shtml[2021-05-20].
③ 李国庆. 档案中介机构理论与实践研究[M]. 北京：中国档案出版社，2006：37.

随着中国行政管理体制改革的深化，档案服务业企业与档案行政管理部门的关系变得明朗。《档案法》规定，档案行政管理部门依法享有对档案服务业企业进行监督和管理的权利，但这种监管更多强调的是宏观层面，而不是具体微观层面。近年来，各级档案行政管理部门出台的相关政策和指导意见中大都体现出"简政放权、放管结合、优化服务"的理念。[①] 一方面，在政策上扶持档案服务业企业，加强引导，为档案服务业企业的发展提供足够的市场和空间；另一方面，完善和落实对档案服务业企业的全方位监管，加强对档案服务业企业准入资格的把关，实现对企业基本情况的日常抽查和年度审查常规化，加大对企业服务质量的检查评估，严肃查处企业在服务过程中出现的各种违法违规行为，及时向社会发布。

档案服务业企业与工商行政管理部门、税务管理部门等市场监管部门是依法经营、行政监督的关系。档案服务业企业需要依法向税务部门进行税务登记，获得税务登记证；依法向工商行政管理部门进行登记、注册，经核准领取营业执照，取得法人资格，严格按照《中华人民共和国公司法》（简称《公司法》）规范运行。工商行政管理部门有权依据《公司法》和《中华人民共和国公司登记管理条例》等法律法规对档案服务业企业的成立与运行进行监督和年检审计。[②]

相关监管部门对档案服务业的积极引导与有效监管，为营造公平有序的档案服务环境、推进档案服务业的健康发展发挥着不可替代的作用。

二、档案服务业的作用

任何行业的产生、发展直至成熟都是建立在一定的市场需求基础上的，档案服务业的出现也遵循这种规律。随着社会分工的细化及经济成分的日渐

---

① 徐建锋. 上海档案中介服务监管有了"紧箍咒"[N]. 中国档案报，2016-02-18（1）.
② 宗培岭. 档案中介机构的社会定位[J]. 浙江档案，2005，（7）：10-12.

多元化，对文档管理的多元化需求在市场上出现缺口，为满足这种需求，越来越多的商业化、专业化、社会化的档案服务业企业在供需市场上不断涌现。

档案服务业的作用主要体现在以下两方面。

第一，档案服务业通过提供多种多样的档案服务，满足政府、企事业单位、社会团体和个人科学管理、有效利用档案的需要，充分实现了档案价值，推动了档案事业健康长效发展。

第二，档案服务业缓解了市场经济中社会发展对档案业务需求激增与供给不足的矛盾，从某种意义上说对新需求的及时填补推动了市场经济的进一步完善。

档案服务业的作用不仅仅体现在行业自身的发展上，更重要的是其发展的外部效应，即通过科学管理，积极提供档案利用服务，促进国家经济、政治、文化等方方面面的发展。这一点要远远超越其自身发展的价值。

近年来，为充分发挥档案服务业的作用，国家不断加强对整个档案服务行业的监管力度，从中央到地方都出台了有关规范档案服务业的政策与指导文件。例如，《档案法》第七条提出："国家鼓励社会力量参与和支持档案事业的发展。"2014年中共中央办公厅、国务院办公厅印发的《关于加强和改进新形势下档案工作的意见》中明确指出："推广政府购买服务，凡属事务性管理服务，引入竞争机制，通过合同、委托等方式向社会购买。规范并支持档案中介机构、专业机构参与档案事务。"《档案法》第二十四条提出："档案馆和机关、团体、企业事业单位以及其他组织委托档案整理、寄存、开发利用和数字化等服务的，应当与符合条件的档案服务企业签订委托协议，约定服务的范围、质量和技术标准等内容，并对受托方进行监督。受托方应当建立档案服务管理制度，遵守有关安全保密规定，确保档案的安全。"昆明市政府出台的《昆明市档案中介服务机构管理办法》，对全市各级档案行政主管部门的职责进行了明确划分，增强了对档案服务业企业管理和监督的针对性。2016年国家档案局印发的《关于进一步加强档案安全工作的意见》提出，要加强对档案服务业企业的监管，建立档案外包"黑名单"制度，对于造成或发生档案安全事故的企业，要依法追究其法律责任，并建议相关部门予以严肃处理。浙江省档案局印发的《关于促进我省档案服务业健康发展的意见》中明确要求："档案行政管理部门要加强事中事后监管，依法开展对档案服务合规管理、质量管理、保密管理、安全管理等的监督检查。建立全省统一的档案服务机构行业信用评价制度，依法向社会发布全省档案服务机构、从业人员和服务项目信息、从业信用记录、行业监管信息等，强化守信激励和失信惩戒"；"建立重大档案服务质量、安全风险挂牌整改和分级督办机制，坚决防止档案安全、泄密事故发生"。

上述政策规范的出台，体现了中央到地方各级档案行政管理部门关于促进档案服务业健康有序发展的深入思考，对进一步推动中国档案服务业开拓创新具有重要指导意义。

三、档案服务业企业现状

从第一家档案服务业企业诞生到现在已有30年左右的时间，虽然时间不长，但档案服务业企业经历了起步、发展、成熟的过程。据不完全统计，20世纪90年代末，全国有100多所档案服务机构。[①]到2020年，全国档案服务业企业已达数千家，呈多元化、网络化发展格局。

（一）各省市档案服务业企业数量统计

依据国家企业信用信息公示系统的不完全统计，以"档案""档案管理""档案文件"为关键词对中国档案服务业企业进行检索（除去被列入经营异常的企业及被吊销企业），全国各地区档案服务业企业分布情况，如图3-1所示。

---

① 吴加琪. 档案中介组织：理论、实践及发展前景[J]. 兰台世界，2006，（2）：29-31.

图 3-1　全国各地区档案服务业企业分布图

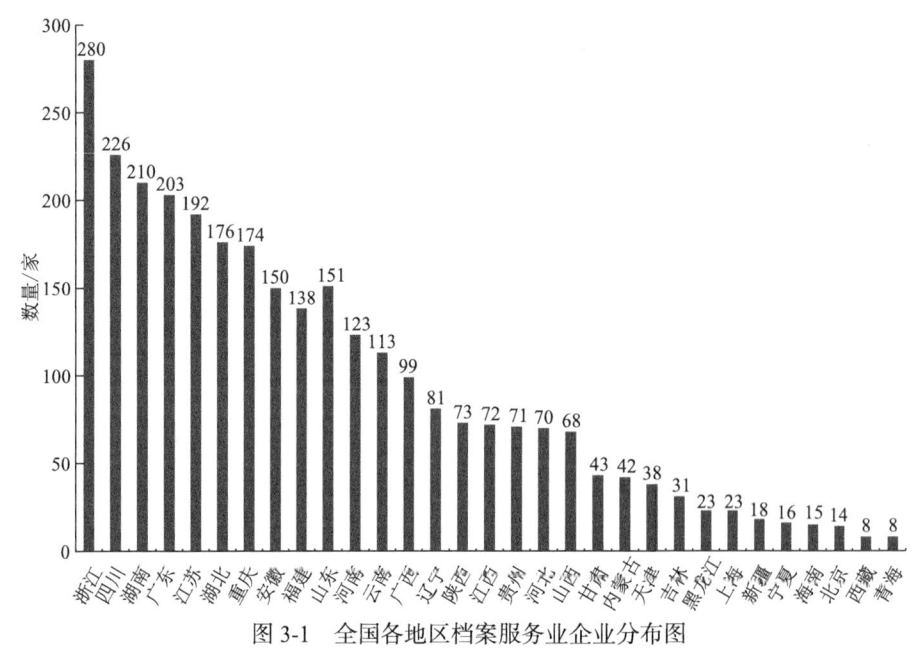

注：图中数据是笔者对国家企业信用信息公示系统进行模糊搜索整理而来，为不完全统计，仅作为参考

从图 3-1 中可知，档案服务业企业数量位列前五位的分别是浙江省、四川省、湖南省、广东省和江苏省，它们的共同特点是经济发展水平相对较为发达，这一点说明，市场经济水平高低对档案服务业发展有着直接影响。[①]经济发达、产业结构完整、对外开放程度高等因素，使得这些地区的档案服务业企业出现较早，率先接触不同资源，发展较为成熟，具有先发优势。浙江省1992 年设立了全国第一家档案服务机构[②]，浙江省档案局统计报告称，浙江档案服务业发展迅速，市场份额不断扩大，拥有整理、数字加工、寄存、档案信息集成四大业态，2015 年市值已达 10 亿元。重点建设项目、公共部门的档案事务外包率已达 80%以上。[③]浙江省出台了《关于促进我省档案服

---

① 宗培岭. 档案中介服务业的现状分析[J]. 浙江档案，2005，（9）：11-13.
② 李国庆. 档案中介机构理论与实践研究[M]. 北京：中国档案出版社，2006：48.
③ 胡文苑，王伟俊. 档案服务业管理制度的供给侧改革——浙江省出台《关于促进档案服务业健康发展的意见》[J]. 中国档案，2016，（7）：42-43.

业健康发展的意见》《浙江省档案服务机构信用评价办法（试行）》，建立了该省档案服务业企业信用评价制度，填补了档案服务业行业管理制度空白。相反，经济发展水平稍显落后的中西部，档案服务市场起步晚，市场关注度较低。例如，内蒙古自治区直到 2006 年才在鄂尔多斯市成立了内蒙古第一家档案服务机构，相较于档案服务发展好的地区至少落后了十几年。[1] 总体来看，经济发达地区的档案服务机构数量多、活力足、业务精细，档案全产业链已基本形成，市场响应快，特色明显。

　　档案行政管理部门的职能转变快慢也是影响各地档案服务业发展水平高低的重要因素之一。较早改变传统"一手抓"的管理模式，切实把行政管理职能转向宏观管理、政策导向、标准规范制定上，把微观的管理职能从传统管理职能中分离出来的档案行政管理部门，其所在地的档案服务业务更为发达。广东省深圳市在 1998 年率先成立了档案寄存中心，其后又出现了档案信息评估鉴定事务所、档案行业协会等组织机构。[2]2015 年，深圳市档案局提出了将档案中介机构备案登记、档案专业职称评审、档案专业教育培训、档案科技成果推广四项行政职权事项转移给市档案学会的方案，这一系列转变行政管理职能、最大限度地简政放权的动作，使当地的档案服务业企业在更多的领域参与竞争，快速成长，带来了深圳市档案服务市场的持久繁荣。[3]

（二）档案服务业企业经营范围

　　根据《中华人民共和国民法通则》《公司法》的有关规定，经营范围是指国家允许企业生产和经营的商品类别、品种及服务项目，反映企业业务活动的内容和生产经营方向，是企业业务活动范围的法律界限，体现企业民事权利能力和行为能力的核心内容。核定的企业经营范围是区分企业合法经营

---

[1] 辛慧. 档案服务中介机构发展研究[D]. 济南：山东大学，2012.
[2] 宗培岭. 档案中介服务业的现状分析[J]. 浙江档案，2005，（9）：11-13.
[3] 崔瑞武，黄俊琳. 深圳向社会公布 25 项权责清单[N]. 中国档案报，2015-03-23（1）.

同程度的提高，不少创业者能够敏锐地抓住市场需要，积极地创办档案服务业企业。民营型档案服务企业从建立到发展，具有自主性强、灵活性大的特点，虽然其在企业规模、经营范围、员工素质、创新能力上存在较大差异，服务水平、业界口碑也参差不齐，但是民营型档案服务业企业也不过才经过短短十几年的发展，从其成长速度、规模来看，都表现出强劲的实力，在中国档案服务业中扮演着越来越重要的角色，今后也必将成为中国档案服务业企业的中流砥柱。

外资型档案服务业企业于 2000 年进入中国市场，作为外来的档案服务业企业，在与中国市场不断适应、融合的同时，仍表现出具有先进技术、雄厚资金和成熟服务理念的优势，且一直都在稳步发展中。外资型档案服务业企业由于具有作为其母公司在中国的分支机构的属性，很多外资企业对其较为青睐和信任，因而外资型企业相对集中在经济发达的一线城市，如上海、北京、广州、重庆、深圳等拥有较多跨国企业的地区。[1]外资型档案服务业企业在文档管理方面具有较长的历史，其先进的管理理念和成熟的运作模式值得中国本土档案服务业企业学习和借鉴，以此提高自身的建设，促进中国档案服务业更加健康长效地发展。

类型多样的档案服务业企业的形成，是档案服务业发展的一大成绩。这种现状说明，无论是在观念上还是在实践上，档案服务业企业均已被社会所接受和认可，从事档案服务的企业不再是档案行政管理部门的派生机构或者下属部门。随着民营型、外资型档案服务业企业的兴起，档案服务行业作为市场经济的必然产物，在我国服务市场中找到了自己的位置。

二、服务内容——综合与专一并存

纵观我国当下档案服务业企业，其服务内容构成比较复杂。按照业务的

---

[1] 黄霄羽,刘守芬. 商业性文件中心国际化发展的表现与影响因素分析[J]. 档案学研究,2012,(1):26-29.

辐射范围大体上可以分为专门业务服务型和综合业务服务型。[①]

专门业务服务型。该类档案服务业企业提供的档案服务一般范围较固定，集中在某项或某几项具体业务，但也因此能够专注于某个方向提供专业性的档案服务。[②]这类企业分两种情况：第一种是规模小、资金少的档案服务业企业。这种专项业务的提供，多数是因为企业自身初创时资金不足，只能从有限能力范围内选择较少的业务内容来维持企业运转。第二种是在发展过程中，摒弃业务宽泛的市场定位，选择集中力量打造核心产品，有意识地选择自己的核心业务，树立特色服务，在市场竞争中另辟蹊径的档案服务业企业。这体现了档案服务行业分工逐渐细化、专业性逐渐增强的发展变化。

综合业务服务型。该类档案服务业企业提供的档案服务范围较为宽泛，类型众多。这类企业也分为两种情况：第一种是早期建立的档案服务业企业。这种企业往往分工不够具体，业务不专，企图通过广撒网的方式，捕捉到更多的客户。但调查显示，直至目前我国还存在大量这样规模较小、分工较为粗放的档案服务业企业，且大多集中在经济不发达地区，这也从侧面说明了我国档案服务业整体发展不均衡。第二种是规模较大、投入资金较多的档案服务业企业。这种大规模的综合业务服务型档案服务业企业是档案服务业发展至一定阶段的产物。这种企业在初创时就具有某些先天优势，如资金雄厚、技术成熟、所在地市场需求充足或者政府扶持力度大等。它们能随着市场需求的变化而变化，在以专业化生产为主的前提下灵活地延伸发展相关业务，最终形成多样化的经营模式。

虽然当前还存在大量的粗放型档案服务业企业，但是我们可以看到，我国档案服务在发展的过程中，业务综合性和专业化程度都逐渐增强了，满足了不同服务层次的档案市场需求。从最初的以手工为主的纸质档案整理加工

---

① 马琳. 我国现阶段档案服务机构类型及问题分析[J]. 档案学研究，2014，（4）：37-39.
② 沈晓容. 我国档案中介机构的现状与发展研究[D]. 福州：福建师范大学，2012.

基础性服务，逐渐扩展到依托现代科学技术实现纸质、电子和音像等不同载体档案的相关服务；从简单的档案物质载体管理扩展到涵盖内容安全、信息开发的实体管理；从单一的企业档案管理软件开发渗透到企业信息管理方案设计实施的全过程服务。

三、行业规模——由小到大

随着档案意识的强化和市场经济体制的完善，我国档案服务业呈现出规模不断扩大的趋势，从以下三方面得以体现。

（一）档案服务业企业数量增加

据不完全统计，20世纪90年代末全国档案服务业企业有100多家。到2010年，档案服务业企业增至近300家。[1]据不完全统计，截止到2020年12月底，全国各级工商行政管理局备案登记的档案服务业企业有3200多家，其中2010—2016年成立的档案服务业企业有750多家，而2017—2020年成立的档案服务业企业有近2500家，仅仅4年的时间档案服务业企业数量飞速增长，后一阶段约为前一阶段的3.3倍。[2]

档案服务业企业数量近年增长速度较快主要有以下几方面原因。

第一，档案事业进一步受到各级领导部门的高度重视。档案的保护整理工作被列入《中华人民共和国国民经济和社会发展第十二个五年规划纲要》，中西部地区县级综合档案馆建设被列入中华人民共和国国家发展和改革委员会（简称国家发改委）专项规划；李克强总理在政府工作报告中提出要发展档案事业；《全国档案事业发展"十三五"规划纲要》中提到，档案日益成为国家基础性战略资源。这些决定和认识，一方面体现了档案工作的地

---

[1] 古淑婷. 国内档案中介机构发展探析[J]. 现代经济信息，2016，（8）：381-382.
[2] 该数据是笔者对全国信用企业信用查询系统、官方备案登记机构"企查查"检索"档案管理"的企业名称整理而来，可能不全，仅作为参考。

位和作用越来越重要；另一方面对档案事业的加大投入不仅从根本上改善了国家重点档案和档案馆状况，为档案事业可持续发展提供了有力保障，而且这些项目催生了巨大的市场需求，为从事相关档案服务的企业带来了发展机遇。

第二，相关扶持档案服务业企业政策的出台。2014年，中共中央办公厅、国务院办公厅联合印发的《关于加强和改进新形势下档案工作的意见》中明确提出："推广政府购买服务，凡属事务性管理服务，引入竞争机制，通过合同、委托等方式向社会购买。规范并支持档案中介机构、专业机构参与档案事务。"各省市档案馆（局）积极响应转发《关于加强和改进新形势下档案工作的意见》，不少地方档案馆（局）结合本地区的档案服务行业实际情况，出台了相应的帮扶政策。例如，浙江省提出扩大向社会购买档案服务的范围，将档案设备、设施、装具，档案抢救保护和开发，档案整理，档案数字化加工，档案信息系统建设和运维，档案寄存和托管，档案展览展示，档案文化建设，档案咨询及教育培训，基层档案公共事务等产品和服务纳入政府采购范围；搭建档案服务电子商务示范平台，充分发挥浙江电子商务地域优势，鼓励发展基于互联网的档案创新服务，使档案服务业企业在激烈的市场竞争中多了一份保障。

第三，现代企业制度的不断完善、企业信息化的不断推进，扩大了对专业档案服务业企业的需求。市场竞争激烈，相当一部分企业的档案管理业务、档案数字化建设不是其强项，通过专业的档案服务业企业，这些有档案管理需求的企业可以节省在档案管理设备、专业人员配置、技术培训等方面的专项投资，将节省下来的企业资金投入到企业的核心业务中，提高企业效益与核心竞争力。这种做法既降低了企业成本，实现了企业资源的优化配置，又提高了企业的工作效率，创造了更多的经济效益，实现了与专业档案服务业企业的双赢。①

（二）档案服务业企业规模变大

档案服务行业起步之时，档案服务业企业的职能大都是从档案行政主管部门分离出来的，受制于市场需求、科学技术、服务意识等多方面的因素，多以小规模的形式存在。随着档案服务行业的不断发展与成熟，出现了不少大规模的档案服务业企业，并且呈现出如下特点。

一是大规模的档案服务业企业在2000年以后成立的居多，且2016年以后档案服务业企业成长迅速。以"档案管理"为经营范围的"在业/存续"档案服务业企业有113 943家，其中注册资本为1000万—5000万元的企业有7861家，注册资本在5000万元以上的企业有1673家。②

二是大规模的档案服务业企业多以档案装具生产、销售为主。这类企业属于生产型企业，对生产场地、生产设备、专项技术要求较高，初期成本投入大是生产制造行业的普遍现象，并且随着市场竞争的愈加激烈，后期用于技术创新、高端人才引进、新市场的开拓的追加投入也逐渐增加。通过调研我们发现，从事档案装具相关经营业务的企业，只有很少一部分是专营档案设备生产和销售的，更多的是面向各行各业装具设备的生产销售，服务对象从特定的机关单位、档案部门延伸到金融、保险、医药等行业。

（三）档案服务业企业业务内容丰富

档案服务业企业的业务范围是一个不断丰富的过程。20世纪90年代，档案服务业企业在我国刚出现时，主要提供档案整理加工、寄存托管、档案业务咨询、档案用品销售等服务，少数企业会提供音像档案制作、档案复制备份等服务。随着信息技术的发展，电子文件大量产生，档案信息化管理被

---

① 许凤风. 我国档案业务外包研究[D]. 合肥：安徽大学，2013.
② 数据源于"企查查"企业信用信息平台，由笔者以"档案管理"为检索词从企业经营范围进行检索得出，数据统计截止时间为2020年12月31日。

提上议事日程，提供档案信息系统管理的软件企业和进行档案数字化服务的企业明显增多。此外，提供基本业务的档案服务业企业开始对自身的业务内容进行整合和深度挖掘。一部分提供档案用品研发、生产和销售的企业，将业务延伸到提供库房设计方案和施工建造上来；一部分提供文件整理、检索、装订、托管寄存、仓储保管、销毁、扫描数字化等"一站式"服务的企业，将业务一直延伸到档案专业知识和技能培训等方面；还有一部分企业着力打造自己的核心业务，使自己的某项业务成为行业顶尖或者某项技术成为行业的最高标准，从而树立自己的特色服务，在赢得良好的市场占有率后，再拓展其他相关业务。近年来，随着我国文化事业的大繁荣及大发展，对档案资源开发倾向于文化角度的深度挖掘，因而出现了一批从事档案展览展示、档案文化产品创意开发和销售的企业，通过协助有关部门举办特色展览、拍摄专题纪录片、利用网络平台推广和销售档案文化产品，在市场上崭露头角。

  档案服务业企业应该实时了解国家的最新政策动态，通过不断拓展业务来满足越来越多样化的市场需求。在国家档案局印发的《全国档案事业发展"十三五"规划纲要》中，提出持续推进数字档案馆建设。到2020年，全国地市级以上综合档案馆已全部建设成具有接收立档单位电子档案、覆盖馆藏重要档案数字复制件等功能完善的数字档案馆；全国50%的县建成数字档案馆或启动数字档案馆建设项目；全国省级、地市级和县级综合档案馆馆藏永久档案数字化的比例，分别达到 30%—60%、40%—75%和 25%—50%。这不仅是对各省市县数字档案馆工作的深化推进，也给从事数字化设计与实施的档案服务业企业带来了巨大的市场需求。据了解，北京某档案服务业企业参与建设的海关总署数字档案室，于 2016 年底通过了国家档案局专家组的实地考察验收，被认定为"全国示范数字档案室"。[1]

---

[1] 中华人民共和国国家档案局. 海关总署数字档案室通过"全国示范数字档案室"评价[EB/OL]. https://www.saac.gov.cn/daj/yaow/201612/579b1c268bd4444bbbc612ea313168f0.shtml[2020-12-31].

现今云计算、大数据和移动网络技术成为最热的市场关注点，使档案服务内容变得更加丰富、需求更加多样。不少企业积极参与行业年会，既能及时了解行业需求，又能借助权威平台将产品推向市场。例如，浙江省某家档案服务业企业应邀出席 2016 年全国档案工作者年会，其作为智慧档案馆建设的企业代表，携带涵盖全产业链的各项创新型技术产品惊艳亮相，智慧档案馆综合管理系统、档案馆专用智能盘点车、智能密集架、射频识别技术（radio frequency identification，RFID）门禁等各种软硬件产品吸引了大量参会者的眼球，成为会上无可争议的档案行业明星。

随着档案工作的日益发展，以及现代技术水平的不断提高与灵活应用，许多以前不能实现或者根本无法想象的档案业务内容成为现实，档案服务业企业的服务内容日趋丰富。我们相信，档案服务业企业的业务内容还会不断拓展，并且只要是符合社会发展需求及市场竞争要求，不违反法律，属于工商管理部门核准有效经营范围内的，都可以成为档案服务业企业的业务内容。

四、行业发展——无序到有序

任何一个行业的发展都经历了从无序到有序的曲折发展过程，档案服务业也遵循这种成长规律。经过 30 年左右的发展，我国档案服务业的有序化主要体现在三个方面：档案服务业企业自身建设趋向规范、外部监督机制逐渐完善、档案服务行业立法不断加强。

（一）档案服务业企业自身建设趋向规范

作为市场经济的产物，我国档案服务业企业随着市场经济的逐渐完善，其自身的建设也在不断规范发展。档案服务业起步时期，档案服务业企业存在着与档案行政管理部门权责不清、利益关系密切的弊端，出现了档案服务业企业过于依赖行政管理部门而忽视市场运行机制的短板。

现阶段，我国档案服务业企业正以独立的法人身份融入市场竞争中，真正实现了独立经营、自负盈亏。而且随着民间资本和国外资本大量进入市场，企业之间的市场争夺是不可避免的，市场机制运行下的竞争态势已经相当明显，这促使档案服务业企业不断规范自身建设。

首先，随着 IT 的发展，企业信息的公开化、透明化程度进一步加深。档案服务业企业必须严格按照《公司法》《档案法》的有关规定，依法进行登记注册、年检等多项工作。在大众的监督下，一些"三无"企业陆续被曝光、被拉黑，应坚决抵制"三无"企业扰乱正常市场竞争的不法行为。其次，企业不断加强自身的内部建设，从组织机构设置、行政管理制度和业务管理制度的制定、客户关系管理到员工管理规范建设等，通过一系列有章可循的规定，充分调动可用资源，使企业以最小的投入获得最大的产出，保证企业内部的高效运转。最后，在强化内部管理的同时，着手对市场进行宣传推广工作。[①]在现代企业经营理念中，品牌意识、创新意识、营销意识是一个企业在市场竞争中占据主动地位的不二法宝。企业需要合理利用各种资源，塑造自己、宣传自己，充分利用已有成果和产品与外部需求积极互动，提升自己的知名度和影响力。不少档案服务业企业已经着手利用互联网增加企业的曝光率、展开与档案权威期刊的合作提高认知度、积极参与行业会议获得市场的好感度。

（二）外部监督机制逐渐完善

我国档案服务行业要想得到健康的发展，离不开外部机构的有效监管。现在我国档案服务业企业的外部监管部门主要由档案行政管理部门、工商管理部门及有关行业协会等共同构成。它们在具体职能分管方面虽然各有侧重，但这三者之间相互协作，共同推动了档案服务业的规范化、有序化发展。

随着档案行政管理部门的"简政放权"，其职能逐渐从微观干预转向宏

---

① 欧其健. 档案中介服务机构研究[D]. 成都：四川大学，2006.

观监督。也就是说，档案行政管理部门的工作重心开始向宏观管理、政策指导、法治建设、标准制定上倾斜，而不是拘泥于干涉企业的具体业务。目前档案行政管理部门主要致力于响应国家号召，出台相关政策扶持档案服务业企业的发展，创造出公平竞争的市场环境；制定必要的规章制度，明确档案服务业企业的业务标准，依法查处各种档案服务业企业的违法违规行为。如不符合档案保密管理规定侵犯顾客隐私；违反档案安全管理规定，造成了失密泄密事故；胡乱收费，扰乱市场公平竞争秩序等现象。①

工商行政管理部门、税务管理部门应充分发挥市场监管部门的职能。工商行政管理部门对登记注册企业的准入资格进行严格把关，经核准后才能发放营业执照；对变更经营范围，申请办理合并、分立、破产、注销的档案服务业企业，要及时公示企业变更登记、设立登记或注销登记、增减注册资本的最新信息。此外，工商行政管理部门还要按时发布企业年检的相关报告，对经营异常企业及时做出通知。税务管理部门则应做好对档案服务业企业的纳税记录工作，对于纳税不及时甚至偷税、漏税的企业进行通报处理，以此规范档案服务业有序、健康地发展。②

虽然由档案服务业企业自发成立的行业协会在我国目前还是空白③，但是中国档案学会及各地的档案学会，以及近些年成立的档案服务业学术委员会在规范引导我国档案服务业健康成长的道路上均发挥了不可忽视的作用。例如，中国档案学会2012年推出的"档案设备、用品与服务定点企业资格"评审方案，不仅提高了学会企业单位会员的服务质量，更重要的是树立了优质服务的行业形象，吸引了更多的客户选择档案外包服务。2015年建立的浙

---

① 胡文苑，王伟俊. 档案服务业管理制度的供给侧改革——浙江省出台《关于促进档案服务业健康发展的意见》[J]. 中国档案，2016，（7）：42-43.
② 李国庆. 档案中介机构理论与实践研究[M]. 北京：中国档案出版社，2006：37.
③ 闫晓创. 我国档案外包服务的发展现状及前景——以几个典型的档案中介机构为例分析[J]. 湖北档案，2012，（8）：15-17.

江省档案服务业学术委员会，成立仅一年多的时间，就发布了《浙江省档案寄存托管规范》，并立项申报地方标准。此外，还启动了《浙江省档案数字化外包和中介服务规范》的制定工作，完成了国家档案局"档案外包服务"课题研究工作，制订了学术委员会标准制度建设三年滚动计划，成绩斐然。[①]浙江省档案服务业学术委员会充分发挥其桥梁纽带作用，为浙江省档案服务业带来了新的发展契机，也为其他地区的档案服务业树立了行业标杆。

（三）档案服务行业立法不断加强

虽然我国现在还没有制定出一部关于档案服务业的统一的档案行政法规或档案行政规章，但是我们应该看到，随着法治化建设的不断完善，各地区关于档案服务业的立法已经积极开展，并且取得了相应成果。

地方性法规中关于档案服务业企业的规定已经得到普及。例如，1995年6月公布实施的《上海市档案条例》，首次涉及档案服务从业人员资质的问题，其中第十五条规定："从事档案鉴定、评估中介业务的人员，应当具备档案基础理论知识和档案价值鉴定、档案等级评估的专业知识。"1996年8月出台的《天津市档案管理条例》第一次涉及档案中介机构的法律地位问题，其中第十四条规定："从事档案鉴定、评估、咨询等中介服务的机构和专业人员，须经市档案行政管理部门进行资质认定。"其后由各省市出台的一些地方性档案法规，大多也规定了对档案服务业企业和档案从业人员实行资质认定的制度。

自2014年中共中央办公厅、国务院办公厅印发《关于加强和改进新形势下档案工作的意见》后，各省市结合本地区档案服务业的实际情况，纷纷出台了针对档案服务市场监管的试行条例和规范。其中《昆明市档案中介服务机构管理办法》于2017年2月1日以政府规章的形式正式施行，从此昆

[①] 浙江省档案学会档案服务业学术委员会全体会议在杭州召开[J]. 浙江档案，2016，（11）：29.

明市档案服务业企业管理步入法治化的道路。《昆明市档案中介服务机构管理办法》是结合昆明市档案服务业的实际情况而制定的，不仅体现了政府规章的可操作性，还具有一定的超前性。作为全国首家以政府规章形式出台的档案服务业企业管理法规，《昆明市档案中介服务机构管理办法》不仅为昆明市档案服务业企业提供了从业规范和服务准则，更为维护档案实体和数据安全、规范及促进全市档案事业的发展起到了积极作用。①

上述地方性规章都可为制定全国统一的档案行政法规提供参考。档案服务业的实践向档案法治建设提出了更高的要求，现有的地方档案规章关于档案服务业企业的相关规定还不能够完全满足日益发展的档案服务行业的需要。这要求我们制定全国范围内普遍适用的档案行政法规，对档案服务业企业的性质、地位、职责，档案服务业企业的服务范围、程序，档案服务业企业和客户各自的权利、义务及从业人员等做出科学、统一、规范、全面的规定，充分发挥档案法规对档案服务业企业的规范和促进作用。②

第三节　档案服务业企业的运行机制

一、档案服务业企业运行机制的一般理论

（一）企业运行机制含义及其理解

机制一词源于希腊语中的 mēchanē，原指机器内部的构造和动作原理。机制在经济学和管理学中则用来描述经济或管理中各子系统、各构成要素之间相互联系、相互制约、相互作用的关系及其整体功能。③总的来说，对于机制概念的理解主要有以下几个方面：第一，机制是无处不在的客观存在；第二，机制的运行动力源于其内部各系统间的相互联系和作用；第三，机制

---

① 王潇雨. 建章立制，加强对全市档案中介机构监督管理[N]. 中国档案报，2017-02-06（2）.
② 张葆霞. 商业性档案中介机构发展趋势研究[D]. 天津：天津师范大学，2012.
③ 李杨. 国有企业和民营企业运行机制的比较分析[D]. 长沙：湖南大学，2004：9.

依照特有的规律运行，并产生一定的结果。由此可知，机制的本质是使机器良好运转的内部的各个要素、零部件间相互联系、相互作用的关系，是运作过程中需要遵守的行为准则。

根据一般定义，运行机制是指在人类社会有规律的运动中，影响这种运动的各因素的结构、功能及其相互关系，以及这些因素产生影响、发挥功能的作用过程和作用原理及其运行方式。[①]企业是以盈利为目的，向社会提供各种商品和服务，并且拥有经营自主权、独立核算、自负盈亏的法人或其他社会经济组织。企业作为一种特殊的社会有机组织也需要遵循客观规律，即明确其经营模式和运行机制以保证企业能够正常良好地运作。企业运行机制的基本含义是企业有机体中各构成要素间、企业与其他各相关组织间相互依赖、相互作用的关系及其整体功能。[②]企业运行机制指引着企业做出正确的决策，是企业制定制度准则和行为标准的基础。企业运行机制把企业看作一个有机整体，维持这一整体正常运行需要内部各个系统完好且相互作用，以期达到"1+1>2"的效果。我们在研究企业运行机制时，主要研究影响企业运行效率的各个因素、资源，以及这些方面应按照什么规律协调来实现企业的长远目标。企业运行机制反映了企业运行的本质规律。依据企业自身运行的规律及其业务特征，我们可以把其分成许多子系统，如财务部门、行政部门、研发部门、业务部门等，这些部门之间相互独立，但又相互依赖，通过不断运转为企业快速适应外部市场提供动力，共同为企业长期战略目标服务。这些子系统的设置和运行关系到整个企业的效益和长期发展。

21世纪是一个快速发展的时代，信息交互异常迅速、市场变幻莫测，企业间的竞争亦是非常激烈。企业对外部市场信息、政策信息敏感度越高，找

---

① 刘文清. 构建利益驱动的校企合作运行机制研究[J]. 教育与职业，2012，（5）：10-12.
② 李杨. 国有企业和民营企业运行机制的比较分析[D]. 长沙：湖南大学，2004：10.

出对企业有用的信息并且及时做出正确的决策速度越快，企业就更具有竞争力，才能长远稳固地发展。要想达到上述目标，就要求企业必须有一个适合自身发展的运行机制来不断提高应对外部环境的能力，否则将很难在这种环境中生存发展。面对日益复杂的内外环境，建立何种运行机制来解决企业运行的各个矛盾是每个企业建立之初必须要考虑的问题。企业运行机制的建立除了受企业外部因素如国家政策、法律法规、市场环境等的影响外，企业性质、企业管理、企业利益等方面，也对其有着制约和激励作用。切实符合自身发展的运行机制可以使企业内外部相互平衡，实现企业资源的合理配置，在较长的时间内积极推动企业合理利用市场资源，从而扩大企业规模和实现企业经济效益的扩增。

（二）档案服务业企业运行机制内容构成

企业运行机制是指推动、调节、制约企业系统各生产要素正常运转，以实现企业目标的功能体系。其内容丰富，外延较广。档案服务业企业运行机制是指档案服务业企业各构成要素间、企业与其他各相关组织间相互依赖、相互作用的关系及其整体功能。因此，研究档案服务业企业运行机制要关注两个方面：一是外部机制。外部机制主要包括国家和行政部门颁布的各项法律法规和政策，以及市场环境等对企业运行进行激励与约束的机制。二是内部机制。内部机制主要包括利益平衡机制、动力机制、保障机制和信息机制，这几种机制相互作用，促进企业更好地发展，是决定企业核心竞争力的重要因素之一。档案服务业企业若想长期稳定发展，就应该按照市场变化需求，不断创新自己的运行机制。一方面，要保障机制的创新，完善合理的组织架构、规章制度，形成灵活的经营模式；另一方面，要完善内部约束与激励机制，使企业具有强大的竞争力，充分参与到市场竞争中，在竞争过程中根据市场需求和竞争企业的特点不断调整自身发展战略，追求长远利益。只有将眼光放远，才能使职工目标和企业目标达成一致，企业才能良性地运作和发展。

(三)档案服务业企业运行机制建立的必要性

企业运行机制直接作用于企业内部资源的配置和制度规范等,因而影响企业的运行成本、费用、利润等,即对企业经济效益具有直接的影响。企业运行机制不仅能协调企业内部人力、财力、物力的合理使用,而且可以使企业与其他组织间相互协作,以实现生产经营过程中利益最大化和成本最小化。一套符合自身发展的运行机制对档案服务业企业来说无疑是十分重要的,一套不合理的运行机制不仅会导致资源的浪费,还会阻碍企业的可持续发展甚至使企业与其既定目标南辕北辙,无论企业怎样努力也不会有好的效益。近年来,随着档案事业的不断发展,档案服务业企业发展迅速,其规模不断扩大、数量不断增多。档案服务业企业作为社会服务性企业,与其他企业一样,独立经营、自负盈亏,为社会各界提供专业化、个性化的服务。为适应企业的发展,一些档案服务业企业的运行机制也要随之进行调整。因此,档案服务业企业应根据企业自身的实际情况,建立合理的运行机制,这对营造档案服务业企业文化、确保档案服务业企业持续发展,具有特别重要的意义。

二、档案服务业企业运行机制的基本要素分析

(一)档案服务业企业的性质及其组织机构

公司内部运行机制主要是公司的经营管理机制,公司性质及股权在公司机制的形成上具有重要的作用,公司的性质及合理的组织机构关系到机制的合理性、有效性,最终关系到企业的效益。我国现行的档案服务业企业主要有两种形式:一是有限责任公司,二是股份有限公司。二者的相同点为股东权益的大小都取决于股东对公司投资的多少。投资多,享受的权利就大,承

担的义务也大；投资少，享受的权利就小，承担的义务也小。①公司是法律规定的一种企业的形成方式。因为资产是企业的主要组成部分，所以我们可以理解为公司是企业的资产构成方式。在随机调查的171家档案服务业企业中，据不完全统计，股份有限公司共14家（占比8%），有限责任公司157家（占比92%）。虽然关于档案服务业企业性质调查并不全面，但其统计结果足以为本书服务。

1. 档案服务业企业中的有限责任公司分析

有限责任公司是我国实行企业制最主要的一种企业形式，它是合资性质的企业组织，注册方便快捷，但不能公开发行股票，出资形式较为灵活，内部机构设置较为简单明了，不能满足大规模生产经营活动的需求，适合中小型企业。有限责任公司若想获得好的效益，其组织机构和职权设置等必须合理，即要有一个适合其自身发展且可以应对市场需求的运行机制。《公司法》中规定有限责任公司的组织机构设置主要分为四大部分：股东大会、董事会、监事会、经理。其中董事会、监事会为常设机构。股东大会是公司的权力机构，也是公司的最高权力机关，决定股东的利益，但一般不介入经营管理；董事会是公司的决策机构，负责公司业务经营的决策与日常管理；监事会为监督机构，主要对经营管理活动中的行为及财务状况进行监督控制；经理是执行机构，辅助董事会执行具体业务、实施董事会决议。我国档案服务业企业主要集中在有限责任公司，下面是我国档案服务业企业中有限责任公司比较典型的组织机构图，试做比较说明。

（1）A有限责任公司组织机构设置。董事长下设总经理对董事长负责，总经理下设三名副总经理分别负责不同部门，一名负责北京和南京地区的销售，一名对运营部门进行管理，一名负责质量部、工艺部、技术部、行政部、

---

① 季晓南. 企业绩效与制度选择：产权结构和公司治理的视角[M]. 北京：社会科学文献出版社，2014：89.

人事部，其组织机构图较为简单明了（图3-2）。

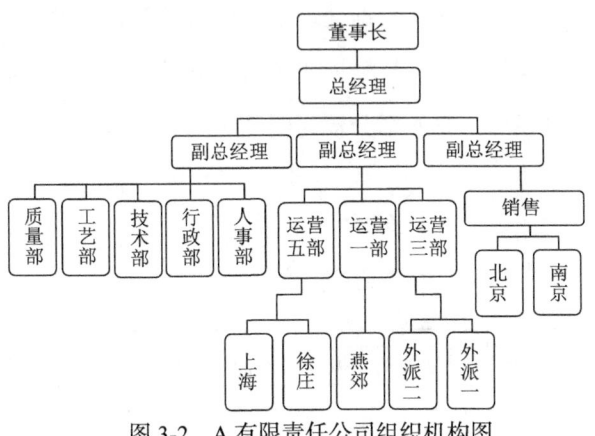

图 3-2　A 有限责任公司组织机构图

（2）B 有限责任公司组织机构设置。董事会为最高权力机构，下设总经理，总经理对董事会负责并直接管理销售部、数字化管理部、市场部、软件开发部、技术支持部、财务部、综合部及分支机构。其组织机构较为简单，单条线全权由总经理直接管理，档案服务的核心主要由数字化管理部、软件开发部、技术支持部体现。这种模式上传下达较为快捷，企业内部容易沟通，但总经理事务也难免冗杂（图3-3）。

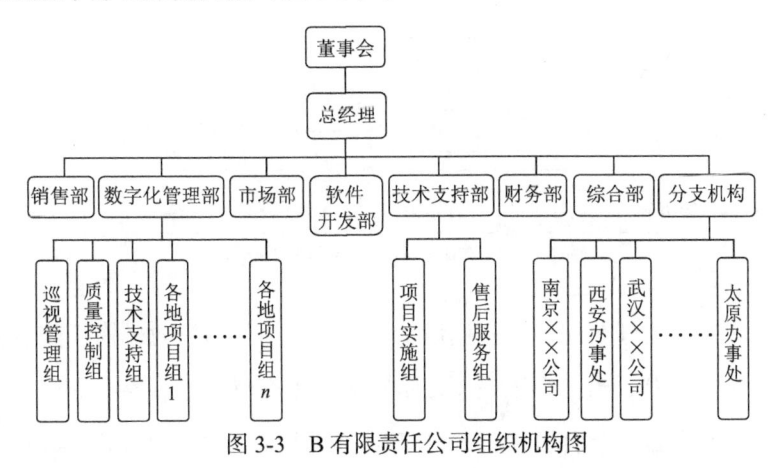

图 3-3　B 有限责任公司组织机构图

（3）C有限责任公司组织机构设置。董事会为最高权力机构，下设总经理，主要对办公室、商务部、数据处理中心、财务部、技术部、公共事业部进行管理。其中数据处理中心又根据业务需求分设录入部、扫描部、图像处理部、校对部、整理部，业务划分较为明细（图3-4）。

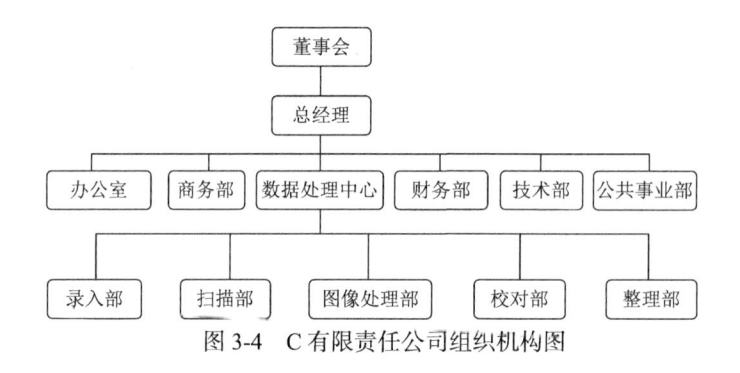

图3-4 C有限责任公司组织机构图

（4）D有限责任公司组织机构设置。最高权力机构为董事会，下设总经理，总经理主要管理营销部、项目部、文档寄存中心、人力资源部、财务部。另外，该公司还设立了专家人才库从旁辅助。从其结构看，该公司主要提供文档的寄存服务（图3-5）。

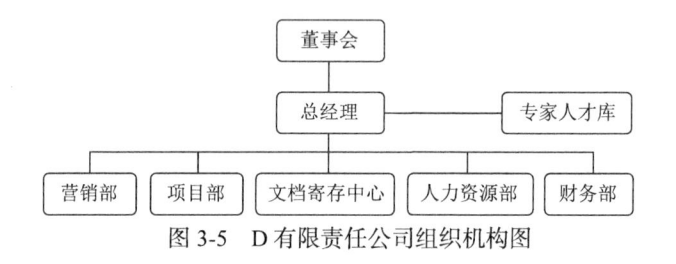

图3-5 D有限责任公司组织机构图

（5）E有限责任公司组织机构设置。董事会为最高权力机构，监事会对公司运行进行监督，董事会下设总裁负责对数据交付中心、人力资源部、事业推进部、财务部、软件开发部、IT运维部进行业务的管理（图3-6）。

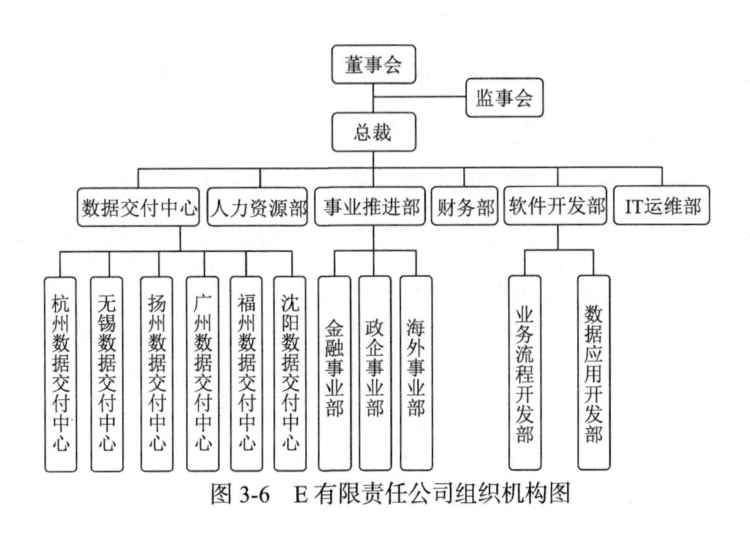

图 3-6　E 有限责任公司组织机构图

（6）F 有限责任公司组织机构设置。总经理为最高权力机构，副总经理辅佐，下设财务总监、技术总监、数字化总监、行政总监、业务总监、保密工作组，技术总监根据档案服务业务需求分设软件开发、网站开发、软件测试、技术支持、售后服务。该公司主要进行软件开发业务，其内部结构的细分依据其软件开发模块相互独立（图 3-7）。

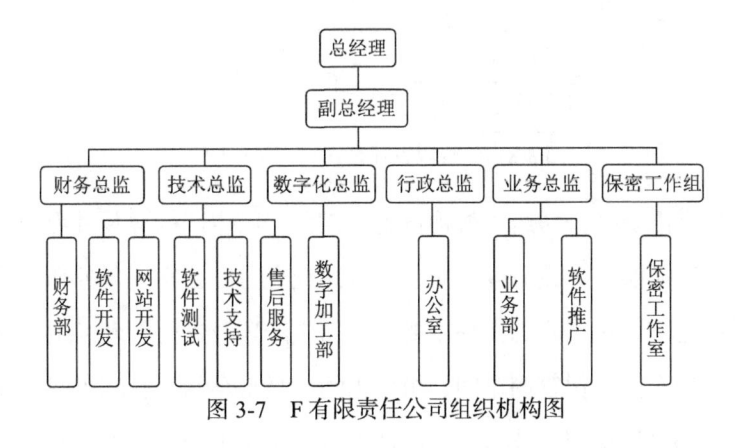

图 3-7　F 有限责任公司组织机构图

（7）G 有限责任公司组织机构设置。其组织机构比较翔实，董事会为最高权力机构，公司监事对整个公司运行进行监督控制，下设总经理和三名副总经理。副总经理 1 主要负责管理人事、行政和财务；副总经理 2 负责管理公司的业务，主要包括项目服务研究中心（质量控制、进度控制、项目支持）、运营部（库房托管、档案服务、档案寄存）、技术中心（软件外包和项目支持）；副总经理3主要负责销售部和市场部。组织机构划分较为详细，使人一目了然且对其主要经营业务有直观的认识，在库房托管、档案服务、档案寄存、软件外包业务上有所侧重（图3-8）。

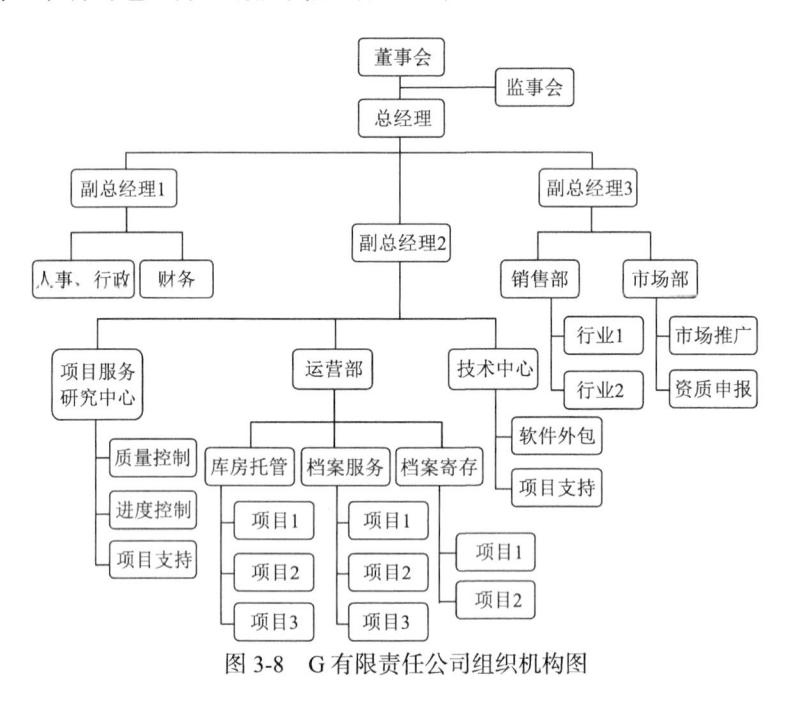

图3-8　G有限责任公司组织机构图

（8）H有限责任公司组织机构设置。该公司以生产档案装具为主，最高权力机构为董事会，下设总经理对生产副总经理、办公室、财务部、销售副总经理进行管理，生产副总经理主要对产品生产环节进行管理，主要包括生产部（密集架车间、保管箱车间、箱柜车间、喷塑车间、装配车间、综合仓库）、供应部、质检部、技术部（设计中心、研发中心）、工程部。该公司主要经营金属箱柜，根据其生产需要及流程，将生产、技术研发和质检分开，相互独立，使其运作起来更加专业化（图3-9）。

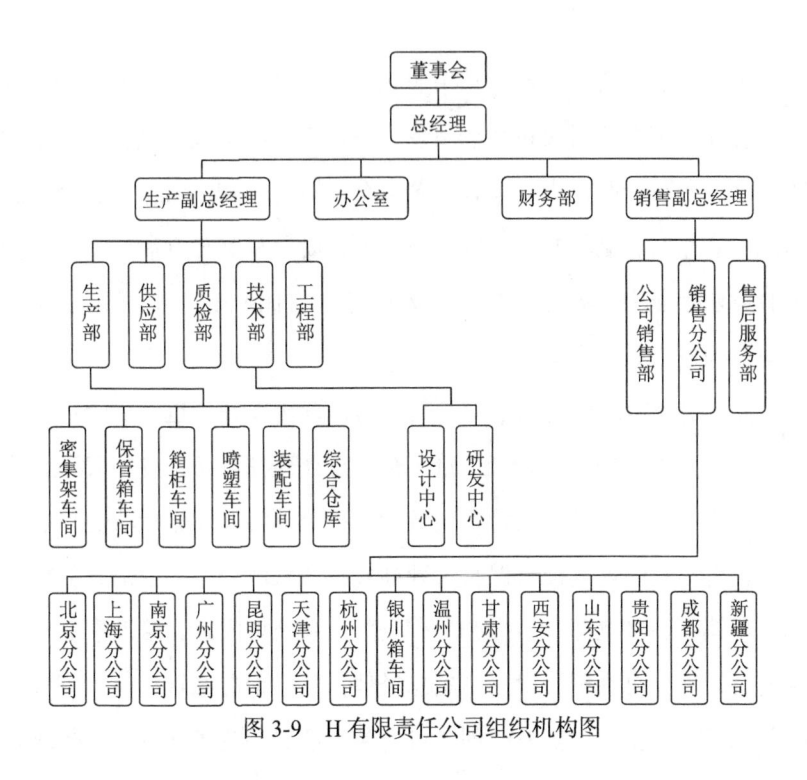

图 3-9 　H 有限责任公司组织机构图

由上述组织机构图我们可以看出，档案服务业企业中有限责任公司形式的企业，其组织架构基本呈现出扁平化，即董事会为最高权力机构，下设总经理对董事会负责并分管各相关部门，根据需求总经理下亦可分设副总经理。这种模式简单明了，机构内部沟通顺畅，提高了业务效率，能够快速适应市场的需求，并根据市场需求做出应变，比较灵活而且便于控制，但其简单的模式也使得其稳定性相对而言差了一些。由于档案服务业企业多数为中小型企业，因此这种机构设置是比较符合其发展需求的。

2. 档案服务业企业中的股份有限公司分析

股份有限公司指公司的资本由股份组成，股东通过其认购的股份对公司享有相应的权利并负有相应的责任。股份有限公司募集资金快速、广泛，但是相较于有限责任公司其设立具有严格的法律程序，办理手续较为复杂，且其经营状况需要向社会公开，其组织机构的设置也主要分为四大部分：股东大会、董事会、监事会、经理。其中股东大会、董事会、监事会均为必设机构，董事会和监事会均对股东大会负责，公司章程约束股东大会、股东大会监督监事会、董事会受监事会监督、董事会又对总经理进行监督，公司运转由此形成一套相互牵制相互依赖的运行机制，既分权又相互制约。在所调查的档案服务业企业中，股份有限公司仅14家（占比8%），以下对股份有限公司组织机构进行典型介绍。

I 股份有限公司组织机构设置。其机构设置比较齐全也较为合理，股东大会为其最高权力机构，监事会、董事会、总经理都具备并各司其职，公司实行董事会负责制，总经理向董事会负责，各个部门、业务板块、事业部等向总经理负责。总经理直接对保密管理办公室、软件产品事业部、数据加工事业部、存储产品事业部、扫描产品事业部、系统集成部、培训事业部及分支机构进行管理。总经理下设三名副总经理，其中副总经理1管理财务部，副总经理2管理研发部，副总经理3对商务标规部、技术支持部、行政人事部、仓储物流部进行管理。业务划分较细，做到了业务与财务分开独立，并能反映出其核心业务。组织机构设置全面，其在运行过程中稳定性较好，应对风险的能力较强，比较适合中大型企业（图3-10）。

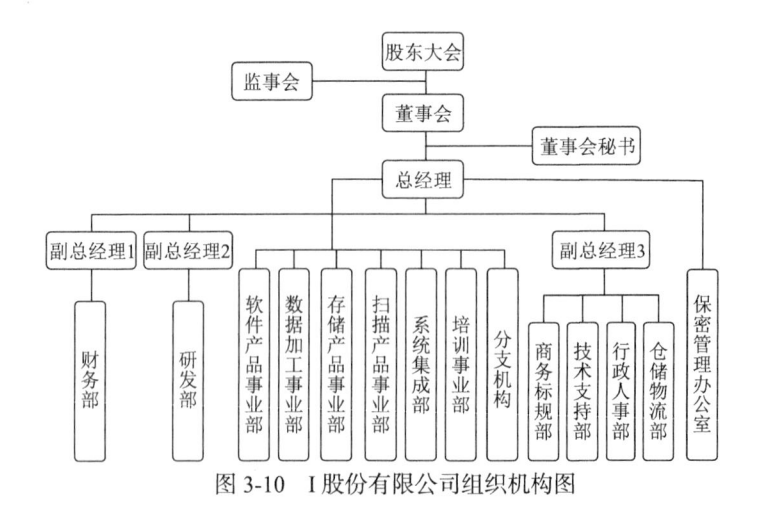

图 3-10 I 股份有限公司组织机构图

（二）档案服务业企业的典型股权结构

股权结构英文为 ownership structure，国内也有译成"所有权结构"的，股权结构仅指公司中不同类型的股东所持公司股份的比例关系。通过考察档案服务业企业股份分布的集中或分散状况和最大股东占比情况，即通过计算其典型企业的股权集中度和最大股东占比，来描述档案服务业企业持股主体的特征和股权分布状态。股权结构的分析对企业选择结构模式、企业运行的效率、企业运行机制内部牵制都有着重要的影响。

股权集中度（ownership concentration）是衡量公司中持股比例位居前列的大股东，所持股权占公司总股权的比例之和，可以反映前几位大股东持有股权的集中度。根据需要将前列股东定义为前几位的大股东所占股权比例，股权集中度用 CR 表示，其公式为：

$$CR_n = \sum_{i=1}^{n} S_i$$

其中 S_i 是被考察公司的第 i 位股东的持股比例，n 为要计算的前若干位大股东的数目，一般而言，$3 \leq n \leq 10$。前 n 位大股东持股比例越高，则公司股权越集中，反之，股权集中度越低。[1]

挑选档案服务业企业中大中型且股东人数超过 5 个的企业进行计算，得出如下结果（表 3-2）。

表 3-2 档案服务业企业最大股东占比及集中度

企业名称	最大股东占比	集中度
A 有限责任公司	0.255	0.790
B 股份有限公司	0.155	0.272
C 股份有限公司	0.219	0.609
D 股份有限公司	0.744	0.926
E 科技有限公司	0.320	0.830

---

[1] 陈蕾，高伟，王振东. 公司治理理论与实践[M]. 沈阳：辽宁大学出版社，2006：26.

续表

企业名称	最大股东占比	集中度
F 数据外包服务有限公司	0.695	0.970
G 股份有限公司	0.333	0.931
H 科技有限公司	0.550	0.943
I 信息股份有限公司	0.311	0.832
G 档案管理咨询服务有限公司	0.174	0.542
K 有限责任公司	0.158	0.632
L 有限责任公司	0.435	0.895
M 有限责任公司	0.142	0.567
N 有限责任公司	0.187	0.675
O 有限责任公司	0.154	0.615
P 软件股份有限公司	0.321	0.700
Q 有限责任公司	0.773	0.990

以 0.51 为界限，其中最大股东占比大于等于 0.51，表示其最大股东拥有绝对控股权，对档案服务业企业的掌控能力较强。股权集中度大于等于 0.51，表示企业股权相对集中，企业是由几个大股东控股的，这几个大股东对企业的发展具有较大的影响力。由表 3-2 可以得出最大股东出资占比及股权集中度大于等于 0.51 的档案服务业企业的占比情况图（图 3-11、图 3-12）。

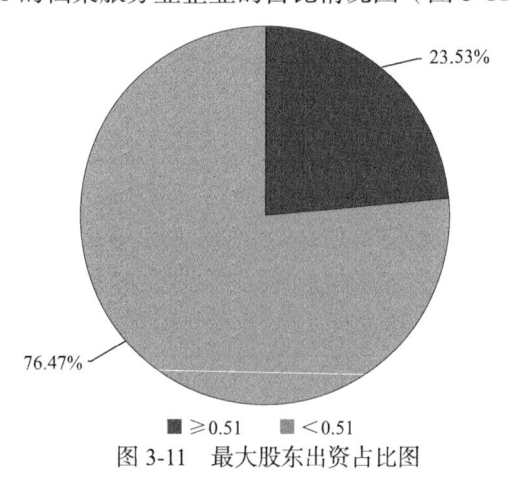

图 3-11 最大股东出资占比图

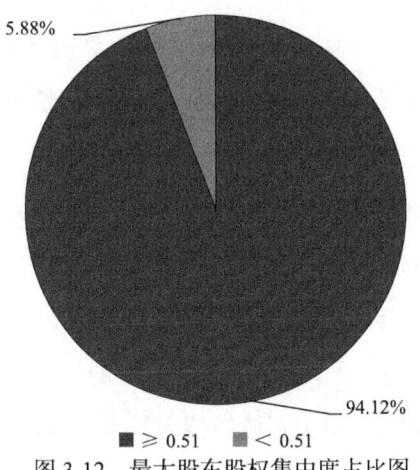

图 3-12　最大股东股权集中度占比图

股权集中度是衡量公司稳定性强弱的主要指标。分散的股权结构表示是市场控制主导型的公司，以英国和美国企业为代表。股权集中则表示是银行控制主导型模式，主要以德国和日本的企业为代表。股权分散，不利于对企业进行监管，公司的整体运行容易被内部人员或经营者主导，公司以利润最大化为目标，一旦公司偏离这一目标，小股东便会放弃股权，公司经营者可能就会受到威胁。因为这类企业资本市场的变动对其影响巨大，单个小股东可能形成不了什么威胁，一旦所有小股东同时撤资，企业内部震动会比较大，这种模式对企业起到一定的监控作用。而股权相对集中是相对积极主动的一种股权架构，前几大股东对公司的监控比较高，他们积极发挥作用，一般不干涉企业的正常运行，只有当企业出现重大事故时才会对其进行干预，一旦大股东对其干预则会直接影响到经营者的位置。虽然股权的分散和集中各有优缺点及各具特色，但一些学者研究得出"德日模式要优于英美模式"的结论[1]，虽然这一结论有其不足之处，如不论是股权分散还是集中的公司都有经营得十分出色的，良好的股权结构应该是公

---

[1] 陈蕾，高伟，王振东. 公司治理理论与实践[M]. 沈阳：辽宁大学出版社，2006：31.

司在其追求目标的过程中形成的一种最佳的、最适合本企业的一种自然的股权状态,但是相对而言,本书认为集中的股权结构相对比较有益。因为分散的股权结构对企业经营人监督力较差,企业经营绩效不理想,而股权相对集中的企业绩效则较好。

由图 3-11 和图 3-12 可知,我国档案服务业企业中,第一大股东拥有绝对控股权的企业占 23.53%,股权集中度大于等于 0.51 的约占 94.12%,股权集中度相当高。在这种情况下,档案服务业企业的运行处于比较积极的状态,相对较为稳定,前几大股东对公司监控能力较强,运行过程中组织协调成本较低,企业的管控能力较好。

企业形式和股权结构是企业有效运行的基础,由上述资料可以了解我国目前的档案服务业企业的一些基本状况,即我国档案服务业企业多数为有限责任公司。也就是说,企业总体规模处于中小型,大型企业不多。部分企业机构设置较为合理,四大机构的划分和职权设置较为科学,可在公司内部形成有效的、相互制约的平衡机制,使四大机构各司其职又相互监督,层层负责。企业依照自身主要经营业务设置业务机构,可进一步促进企业的发展。合理的公司结构可以对企业进行有效且全面的监控和合理的规划,是企业进一步实行激励、约束等机制的基础,是企业经营自主、长期良好运行的保证。综上所述,我国档案服务业企业股权较为集中,是一种比较积极的模式。

三、档案服务业企业的运行机制分析

(一)外部机制分析

外部机制主要包括国家和行政部门颁布的各项法律法规和政策,以及市场环境等对企业运行起到激励与约束作用的机制。外部机制对企业的发展起主导作用,政府政策直接决定了企业的发展方向,市场经济体制下人们对档案服务的需求决定了档案服务业企业是否能够稳定持续地盈利。政府政策的支持和市场的需求为企业发展提供了良好的环境。档案服务业企业发展的根本原因是社会各企业各机构为了更加集中精力在自身核心竞争力上，将档案管理放入市场，交给专业化的企业进行管理或购置专业化的软硬件设施。因此，市场是连接档案服务业企业与其他企业或机关单位的纽带，从而推动它们的共同发展。成熟的市场经济体制促使档案服务业发展，社会各界对于档案管理专业人才的需求是档案服务业企业产生的根本原因，以下从政府和市场两方面进行分析。

1. 国家和行政部门对档案服务业企业的激励与约束机制

国家和行政部门对档案服务业企业的激励与约束机制主要体现在其所出台的各项法律法规和政策，通过行政部门的监督、税务部门的税收等达到对企业的约束效果。现国家出台的涉及档案服务业企业发展的政策法规主要有1996年修订的《档案法》（现已更新为2020年版），1999年6月7日国家档案局第5号令发布的《中华人民共和国档案法实施办法》，国家档案局2009年发布的《企业档案工作规范》，《中华人民共和国刑法》有部分涉及档案的事项，以及国家及档案行政管理机关对档案和档案工作所做出的决议、规定、条例等档案行政法规和行政规章、各行业的档案管理办法，等等。[①]这些档案法律与档案行政法规、规章相辅相成，构成了档案法规体系，并使档案服务业企业各项工作有法可依，有利于档案服务业企业的服务有章可循，企业变得更加专业化和规范化。现对约束企业经营状况的外部机制进行统计，问卷主要设置选项有国家政策和国家法制两方面，其中国家政策方面包括税费负担重、垄断行业准入壁垒、宏观调控偏紧、节能减排压力大，国家法治方面包括权益保护不够、执法环境不良、地方保护主义、政府干预过多。统计结果如图3-13和图3-14所示。

---

① 陈淑媛，李永瑞. 兰台学术[M]. 北京：新华出版社，2005：172.

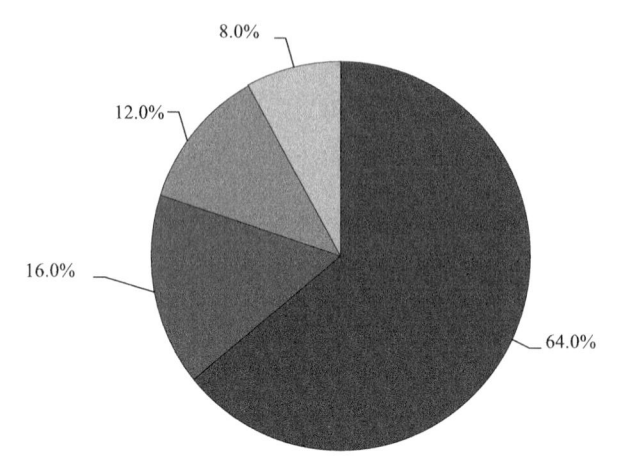

■ 税费负担重　■ 垄断行业准入壁垒　■ 宏观调控偏紧　■ 节能减排压力大

图 3-13　国家政策对档案服务业企业影响占比图

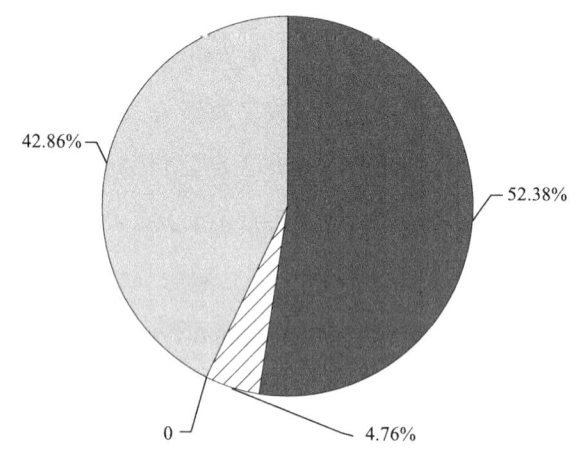

■ 权益保护不够　☒ 执法环境不良　■ 政府干预过多　■ 地方保护主义

图 3-14　国家法制对档案服务业企业影响占比图

由图 3-13 和图 3-14 可知，在国家政策方面，档案服务业企业认为主要约束其发展的因素为税费负担过重，在调查问卷的其他部分中企业也反映了这一点，其次为垄断行业准入壁垒。在国家法制方面，档案服务业企业选择对本行业权益保护不够的约占 52.38%（权益保护方面主要包括知识产权保护及一些优惠政策等），其次为地方保护主义，约占 42.86%，这一点与垄断行业准入壁垒相呼应，均反映了地区的行业相对垄断，这可能反映的是一个市场因素，但档案服务业企业认为应该对此出台一些相应的政策加以控制，以便政府对档案服务业有一个宏观的把控，使档案服务业更加茁壮地成长。

2. 市场对档案服务业企业的激励与约束机制

市场对档案服务业企业的激励与约束机制主要体现在产品市场与要素市场之间的供求关系上。档案服务产品具有开放性，其不属于国家垄断型产品，需要遵循市场竞争规则，不可能仅凭规模、技术优势就可以占领市场获取垄断利润，因此档案服务产品有市场需求且竞争日趋激烈，市场规则对其的约束比较明显。通过调查问卷笔者对市场环境外部机制因素进行了统计，涉及影响因素主要有订单减少、融资难、招工难、资金成本上升、原材料成本上升、用工成本上升、土地供应紧缺、能源原材料价格上涨、产品价格不断下降、流动资金短缺、市场需求降低、市场竞争压力加大等方面。档案服务业企业认为约束其企业自身发展的市场机制的因素如图 3-15 所示。

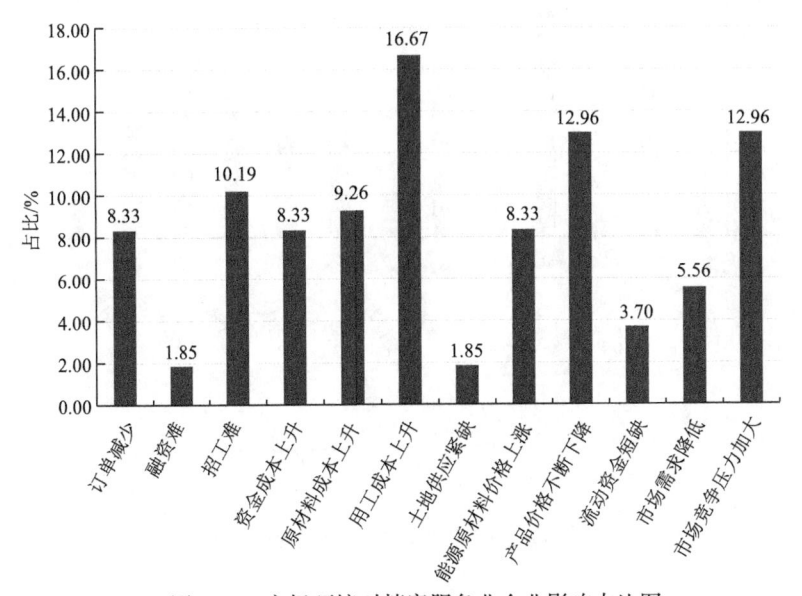

图 3-15　市场环境对档案服务业企业影响占比图

由图 3-15 可以看出，用工成本上升、市场竞争压力加大、产品价格不断下降三项明显占比较高，分别为 16.67%、12.96%、12.96%，由此可看出，目前档案服务业专业人才有用工成本大及流动性比较强这一特点。例如，企业刚刚耗资培养出的一个专业型人才，却在不久后离开了该职位，导致企业又要重新招聘和培养，耗费了成本不说，若一时招不到合适的替代人选，亦会影响企业的一些工作进程。市场竞争压力大和产品价格下降属于一个连锁反应，市场竞争加剧使企业采取低价销售策略以加强其自身竞争力。市场竞争对档案服务业企业也有积极作用：可以督促和监督企业加强自身核心业务，加大创新产品的投入，提高自身竞争力。因此，合理的市场竞争有利于档案服务业行业整体水平的提升。

对所有影响档案服务业企业运行的外部机制进行调查，结果如图 3-16 所示。

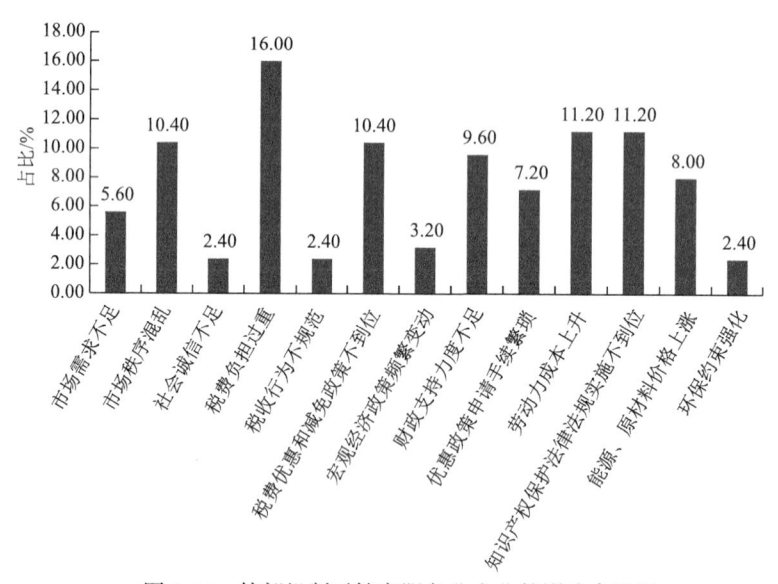

图 3-16 外部机制对档案服务业企业的影响占比图

由上可知，对档案服务业企业发展影响较大的因素主要是税费负担过重、劳动力成本上升和知识产权保护法律法规实施不到位，占比分别为16%、11.2%、11.2%，紧随其后的是税费优惠和减免政策不到位及市场秩序混乱，两者占比均为10.4%。制约因素阻碍着档案服务业企业的发展，国家政策的支持可以说举足轻重。在国家政策的支持下，企业吸收并留住优秀的人才，增强企业自主创新能力，再加上知识产权保护等政策，能使企业更好地立足于市场环境中。随着档案服务业企业规模的不断扩大，当前的经济形势对档案服务业企业自身的发展也有着一定的影响，其中28.57%左右的企业认为已经严重地阻碍了其自身的发展。档案服务业企业希望国家和政府可以出台一些有利于中小型民营企业发展的政策。例如，税收的相对优惠，适当扶持小微企业，精简业务办理流程，提高工作效率；政府能够提供一些档案技能培训支持，加强业务指导和监督，相关科技部门为档案服务业企业提供的服务指导不能只注重形式、流于表面，争取为企业创新切实提供实质性的帮助；政府适当降低一些大型展会的门槛，让规模较小但具有竞争力的发展中企业有机会展示自己；政府在招标过程中以产品质量为第一标准而不是企业规模等其他条件；政府在技术创新方面能够多给予支持，鼓励原创技术、加强知识产权制度、整顿市场恶性竞争、减少资源的重复浪费；等等。

（二）内部机制分析

内部机制是可控的，是企业提升效率的重要途径，其不像外部机制具有强制性，内部机制具有主观能动性，企业可以根据自身情况对其进行制定和调整，内部机制较为灵活。影响企业运行的内部机制的因素也有很多，本书主要从档案服务业企业内部机制中的利益平衡机制、动力机制、保障机制、信息机制等方面进行研究。这几种机制相互作用可促进企业更好地发展，是决定企业核心竞争力的重要因素。

1. 利益平衡机制分析

利益是合作的内部动力，没有一种合作不是建立在互利的基础之上的，没有利益的合作不会长久。企业内部各人员组成与企业之间是一种合作关系。虽然目前我国档案服务业发展势头平稳，但档案服务业企业技术研发成本增加，市场经济条件下专业人才培养成本及流动性都较大，企业急需扩充发展空间、扩大利润空间。因此，建立良好的利益机制是企业盈利的关键。

利益机制最核心的内容即实现股东、企业与职工三者的利益协调统一，形成一个密不可分的利益共同体。[1]企业建立初期时，外部机制会起主导作用，但随着企业的运行，企业内在利益便成了所有参与者的关注重点。企业各主体间的利益协调即公司良好的经营状况、股东利益的最大化、员工自身收入的提高等因素使得所有内部人员主动切身地为企业考虑，自觉地加入到企业的生产运营中去，做好本职工作，通过降低产品的运营成本来提高经营额，实现净利润最大化，使企业良好地运行下去。合理的内动力机制是利益机制发展的源泉，良好的保障机制是利益机制运行的基础。

档案服务业企业内部应有良好的利益机制，同样档案服务业企业与其他企业和机关单位的相互合作亦是建立在利益基础上，找到最佳利益结合点对二者的运行均有益处。但是利益并不能成为企业发展的唯一终极目标，企业是一个相关利益者之间的合约关系，不仅仅是股东大会承担经营管理过程中的风险，员工亦承担了相应的风险。企业目标不能仅仅只追求股东或相关投资者的利益最大化，员工的利益、公司的良好发展及社会效益也应该作为企业的一种终极目标，即社会效益与经济效益相结合，社会效益与经济效益具有辩证关系。一般来说，一个企业为社会所做的贡献越大，企

---

[1] 王恒久，孙晓春. 浅论股份有限公司的运行机制[J]. 大庆社会科学，2002，(6)：58-59.

业的利益也会越大，所以档案服务业企业应当履行提供完善档案服务、提高档案工作社会服务化程度等职能，企业内部要建立目标发展的平衡机制。在社会利益、顾客、企业各项工作间找到平衡点，在利益发生冲突时，能够依靠自身平衡机制解决，更好地维护利益相关者。此外，利益平衡机制中尤其要注重监督机制，要求各个权力组织之间做好权力的分配与监督，股东大会、董事会、经营层和监事会这些机构间各司其职、相互制衡、运转协调，使企业的利益平衡机制更加完善。

2. 动力机制分析

企业内部动力机制为企业的发展提供了动力，企业希望参与者能尽量多地做出对企业有利的行为，由此便产生了动力机制，它是引导人的行为的措施和制度。相对稳定且集中的股权结构使大股东可以直接参与公司治理，各股东追求自身利益最大化有利于企业形成激励与约束机制，从而提高企业效益。由上文统计分析可以看出，我国档案服务业企业股权架构相对稳定，股权集中度较高，是动力机制形成的有力保障。档案服务业企业内部动力机制包括内部激励机制与内部约束机制，企业管理者主要采取对企业有利且对员工有利的内部激励机制和对企业有利但对员工不利的约束员工不良行为的内部约束机制来实现企业的目的。激励的目标主要有两点：第一，让企业的管理者做出决策，尽最大努力让企业取得良好的效益；第二，让企业员工尽心尽力工作，减少懈怠精神，形成企业强大的凝聚力和积极的企业氛围。

激励的手段主要包括物质性激励和非物质性的激励。[1]物质性激励主要有激励性薪酬、绩效奖金制度、礼品的奖励等一些物质上的奖励，它们可以充分调动员工的积极性。非物质性的激励主要有对表现良好的员工进

---

[1] 刘凤义. 现代企业运行机制理论初探[J]. 河北师范大学学报（哲学社会科学版），1998，（3）：30-34.

行表彰、授予证书等，肯定员工做出的贡献，增强员工荣誉感、成就感等精神上的奖励，它们可以增强员工自豪感和主人翁意识，在此基础上最大限度地发挥个人才能。现代企业一般结合上述两种手段，共同达到调动企业经营者和员工生产积极性的效果。内部约束机制与内部激励机制相反，如批评、罚款，以及公司内部的规章制度约束等方面。档案服务业企业的内部约束机制通过规章制度来建设，形成一种制度文化和观念文化，以此来规范全体员工的个体行为和价值取向，进而提升企业内部的凝聚力。[①]我国档案服务业企业内部激励机制中所采用的激励手段主要包括加薪、年薪制、股票期权、经营者持股、激励基金，它们的具体占比如图 3-17 所示。

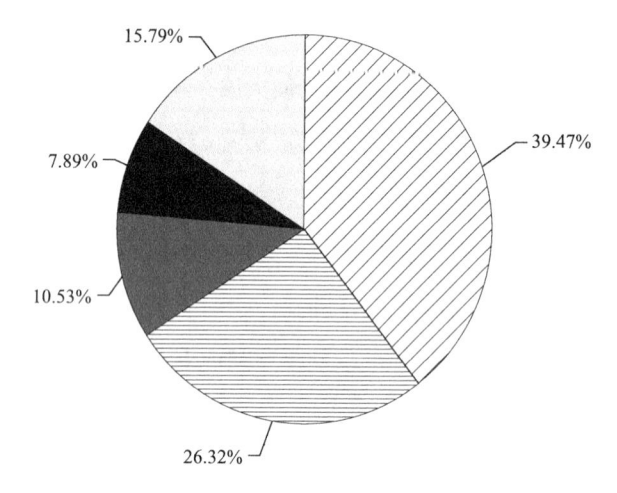

图 3-17 档案服务业企业内部激励机制情况占比图

由图 3-17 可以看出，加薪是档案服务业企业惯用的激励手段，占 39.47%。加薪又包括多种方式：固定加薪，指在年初或年末进行一定比例的加薪，这种方式激励效果较差；评优加薪，通过一段时间的考核，对表

---

① 王宏. 论中小企业科学管理的运行机制[J]. 特区经济，2007，（11）：295-296.

现优异或做出贡献的员工进行固定加薪，有一定的激励效果；特别加薪，如现金红包、目标奖励、单项奖励等，这种方式具有很强的短期激励效果。工资报酬是员工所获报酬最基本的部分，也是大多数人生活的主要经济来源，因此，合理的加薪对于员工起着积极的作用。档案服务业企业激励机制比例第二高的为年薪制，占26.32%。年薪制是根据企业当年的业绩情况，每年支付经营者年薪。一般情况下，年薪制主要应用于经理人，使经理人的目标与企业目标达成一致，二者利益相互联系从而进行有效的激励和约束，使档案服务业企业更具竞争力、更加适应经济与社会发展的需求，在优胜劣汰中脱颖而出。

3. 保障机制分析

档案服务业企业的顺畅运行，需要建立管理机制、评价机制和长期发展机制来保障企业体系的完整性。管理机制涉及企业的组织架构、规章制度、经费来源及使用等，必须建立相应的董事会或理事会以及相关的职能部门来明确各自的职责，确立议事规则和行为准则。[①]评价机制的职能是对档案服务业企业业务过程中的各个环节进行评价，从而使业务更加优化，进而增强合作的有效性。长期发展机制的职能是构建企业的战略规划和开展企业文化建设等，促使企业长期发展下去。

4. 信息机制分析

灵活的信息机制是保证现代企业高质量决策的基础。现代市场经济要求企业信息机制必须将宏观政策信息、市场信息、企业内部信息处理好。随时掌握国家的方针政策和调控计划对企业制定合适的战略目标有很大的帮助。此外，由于现代市场信息不确定性增加，因此企业自身必须具有全面搜罗行业信息（如市场价格、供求关系等方面信息）的能力，并以此来实现企业资

---

① 刘文清. 构建利益驱动的校企合作运行机制研究[J]. 教育与职业, 2012, (5): 10-12.

源的节约及配置的优化。档案服务业企业内部信息包括横向信息和纵向信息，其中横向信息为各个车间、技术部门及分厂之间信息的传递；纵向信息为企业组织机构上下之间及内部上下级之间信息的传递。灵活的信息机制可以加快信息的传递速度、保证信息的正确率，进而大大提高企业的工作效率，增加企业的效益。另外，信息机制中的信息反馈也是必需的，在确定决策时要对以往实施过程中相似情况所反映出来的问题进行修改及更正。综上，在档案服务业企业中需要形成一个兼容并包的信息传递及反馈机制，只有这样，才能使档案服务过程更加连贯和科学。

5. 内部机制总体状况分析

对影响档案服务业企业的所有内部机制进行统计调查，反馈结果如图 3-18 所示。

由图 3-18 可知，首先，专业人才缺乏对企业影响最大。企业的发展靠人才，档案专业人才缺乏（占 19.83%）严重限制了档案服务业企业的发展。虽然档案专业人才占比不低，但是具备专业素养的人才并不多，许多员工达不到工作的要求，专业人才流动较大，导致专业人才的缺乏成为制约企业发展的首要因素。其次，企业自身发展能力不强（占 14.66%）。自身发展能力包括诸多方面，如产品和技术缺乏核心竞争力、企业内部结构不合理、管理层能力有待提高等。再次，招工难、留人难（占 12.07%）也是影响档案服务业企业发展的主要因素之一。在招聘过程中档案服务业企业与档案专业人才之间的对接渠道不通畅，致使企业招不到合适的人才，优秀的档案人才找不到适合自己的企业。同时招聘的人才在工作过程中大量流失，其中一些员工是企业花费了较大成本培养出来的，但在工作过程中却流失掉了，这也是让档案服务业企业较为头疼的一点。最后，影响企业发展的还有行政效率不高、订单不足、关键技术缺乏、创业氛围不浓等。虽然它们总体占比不高，但同样制约着企业的发展，这些问题有待进一步解决。

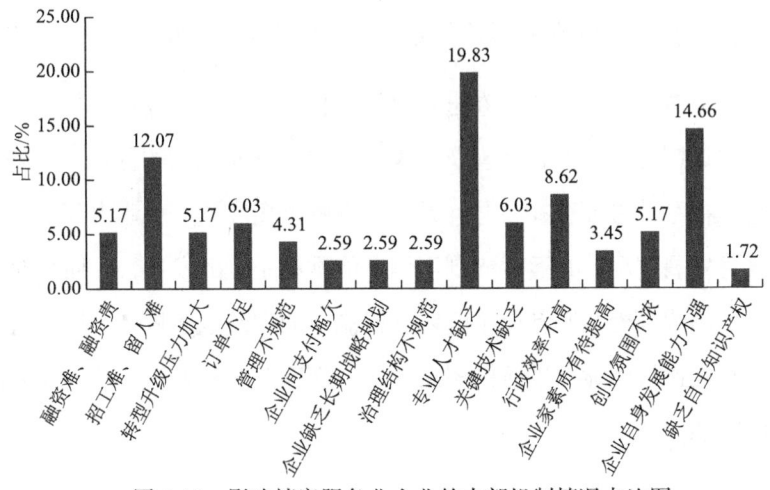

图 3-18　影响档案服务业企业的内部机制情况占比图

（三）内外部各机制相互作用分析

企业的发展是内外部机制相互作用的结果。随着档案服务业企业的发展，服务越来越专业化，档案类技术也越来越成熟，企业内部分工更加明显、细致。由于企业处于市场环境中，与外部的互动较为广泛，因此企业运行机制中各构成要素也发生了结构性的变化。在档案服务业企业运行机制中，人力资源的作用越来越重要。专业技术类人员及管理类人员是企业创造财富的首要保障，他们直接决定着企业的组织结构、企业的核心竞争力等，是企业立足于市场的决定因素。在对档案服务业企业的影响机制中，外部机制主要发挥激励或约束作用，它是档案服务业企业发展的外部大环境。而影响档案服务业企业的内部机制中，利益平衡机制是整个公司的利益协调平衡器，它能将企业内部所有员工凝聚起来；动力机制是辅佐企业向前发展的因素；保障机制为企业消除后顾之忧；信息机制组建自上而下、由内而外的信息网，能及时、准确、迅速地给企业传递信息，从而保障企业决策的正确性与及时性。由上可知，内外部机制的制定及其之间相互制约、相互依赖的关系，是企业良性运行和不断发展壮大所必需的。

四、现行档案服务业企业运行机制存在的问题分析

根据笔者对反馈的调查问卷进行分析，档案服务业企业发展势头较好，多数企业在近期有扩大经营规模及增设子公司或分支机构的打算。此外，笔者发现它们在经营方面存在一些问题，如有些档案服务业企业内部运行机制不符合自身发展情况，其运行机制不但不能推动企业的发展，反而会对其发展有一定的制约。档案服务业企业内部机制中的利益平衡机制、保障机制对企业的制约性比较明显，进而推测出企业在管理尤其是人才管理方面可能存在一定的问题。

（一）阻碍档案服务业企业发展的主要因素

通过对档案服务业企业内外部运行机制进行分析，阻碍其发展的因素如图 3-19 所示。

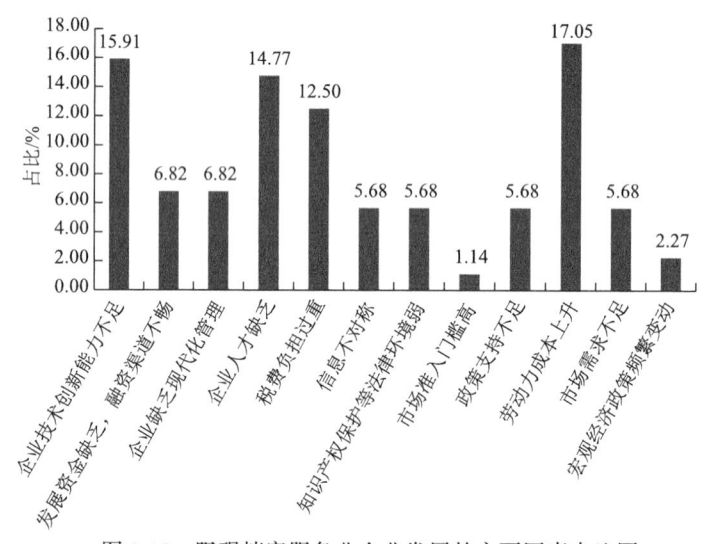

图 3-19 阻碍档案服务业企业发展的主要因素占比图

由图 3-19 可知，各因素中占比最高的是劳动力成本上升，占 17.05%。档案服务业企业用工成本上升问题对企业制约极为明显，人才的不稳定性和专业人

才需求难以满足导致企业成本加大。其次为企业技术创新能力不足和企业人才缺乏，分别占15.91%和14.77%。企业技术创新能力不足和企业人才缺乏实质是档案服务业企业专业人才所具备的创新能力和专业素养不够，企业对人才的专业素养要求较高，而市场不能满足企业的这一需求，这就要求档案服务业企业对员工进行相应的业务培训、要求高校结合社会需求适当地增设相关课程、要求社会相关部门定期组织专业性的在职培训以帮助企业更好地发展。再次为税费负担过重，占12.5%。要想解决该问题，既需要政府的相关扶持，又要求企业增加核心技术，以提高自身的核心竞争力。此外，占比最少的两项是宏观经济政策频繁变动（占2.27%）和市场准入门槛高（占1.14%）。

（二）档案服务业企业需要的支持

通过对档案服务业企业希望得到何种支持进行调查，结果如图3-20所示。

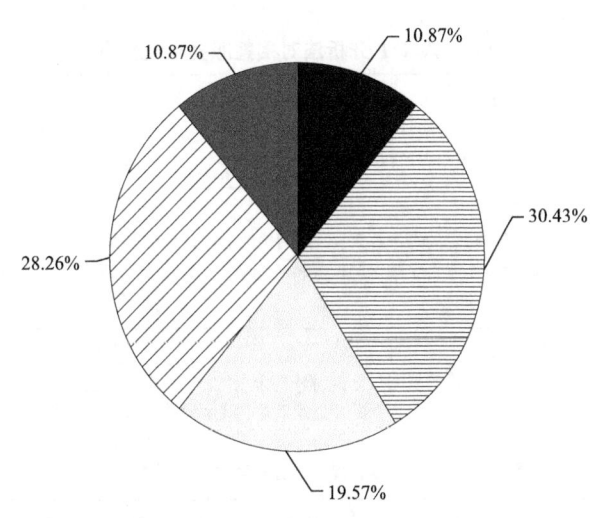

图3-20 档案服务业企业需要得到的各种支持占比图

由图3-20可知，在对档案服务业企业需要何种支持的调查中，税费支持和人才支持是占比最大的两项，分别为30.43%和28.26%。综合所有调查结果我们可以看出，对档案服务业影响最大的是税费负担过重（图3-16）和专业人才缺乏（图3-18）。税费属于外部机制，专业人才缺乏属于内部机制。由此看出，内外部机制中均有一些因素影响着档案服务业企业的积极性，企业亦是希望从这些方面得到帮助来促进自身的发展。

（三）SWOT分析法分析档案服务业企业现状

以下用SWOT分析法来初步分析档案服务业企业自身的实力和弱点，以及面临的机会和威胁，在此基础上为档案服务业企业制定战略等提供一些初步的信息。在SWOT分析法中，S（strength）表示内部资源的优势，W（weaknesses）表示内部资源的劣势，O（opportunities）表示环境变化的机会，T（threats）表示环境变化的威胁。利用SWOT分析法对档案服务业企业现状分析情况如表3-3所示。

表3-3 利用SWOT分析法对档案服务业企业分析表

内部能力因素 外部环境因素	优势（S） 1. 企业长期战略规划明确 2. 拥有自主知识产权	劣势（W） 1. 专业人才缺乏 2. 企业自身发展能力不强
机会（O） 1. 商品消费增加 2. 宏观经济政策稳定	SO策略： 1-2 运用稳定的经济政策，保持明确的战略规划 2-1 保持企业自主知识产权等核心竞争力，关注产品消费动向	WO策略： 1-1 加强专业人才技能培训，以满足市场消费增长的需求来增强企业竞争力
威胁（T） 1. 税费负担重 2. 市场竞争压力加大	ST策略： 1-2 运用正确的战略目标抵御外部市场的压力 2-1 开发核心竞争力，提升企业效益，缓解税费负担重的状况 2-2 增加自主知识产权，提升自身竞争力	WT策略： 1-1 避免专业人才匮乏使税费负担重，出现恶性循环 2-2 设法减小竞争者对本企业的威胁

资料来源：赵顺龙.企业战略管理[M].2版.北京：经济管理出版社，2015：80

由表3-3可以清晰地看出，档案服务业企业在自身优劣势及外部环境的机会和威胁各方面的情况。企业管理应综合其内外环境，发挥优势因素，克服弱点因素，利用机会因素，化解威胁因素，档案服务业企业可利用矩阵中一系列关乎未来发展的选择项制订策略。

　　档案服务业企业运行机制存在一些问题，如运行机制不够灵活，满足于按部就班，企业缺乏创新机制，员工缺乏工作创新的欲望和行动。特别是在用人和经营管理等内部机制方面缺乏生机，自身发展能力不强，不能较好地适应市场经济大发展。[①]相较于其他服务业企业，如会计师事务所、审计师事务所等，档案服务业企业存在明显的差距，需要大力发展来适应市场的需求。现行的档案服务业企业运行机制尚不太完善，一些机制是从其他学科引入的，如保障机制中的管理机制等，还没有融合档案服务业企业的特点，因此还不太灵活，需要对这种机制进行活化，来增强档案服务业企业的发展活力。

---

① 陈淑媛，李永瑞. 兰台学术[M]. 北京：新华出版社，2005：264.

第二编
中国档案服务业企业发展专论

第四章　中国档案服务业企业的产品与营销

第一节　档案服务业企业的产品研发

随着市场经济的发展，企业的产品研发逐渐成为竞争的核心，企业研发出的产品只有以市场需求为导向，才能为自身带来良好的经济效益，企业才能够在竞争中占据优势地位。档案服务业企业要做到以市场需求为产品研发的导向，来推动整个行业的良性发展。

一、档案服务业企业产品研发的主要影响因素

由于档案服务业企业产品研发的过程是特别复杂的，因此在产品研发之初就要制订切实可行的计划以避免出现诸如产品研发间断的问题。

影响档案服务业企业产品研发的主要因素大致有六个方面（图4-1）。本书主要从影响产品研发最为深刻的市场需求、规模报酬递增规律和产品研发战略三个方面分析档案服务业企业产品的研发。

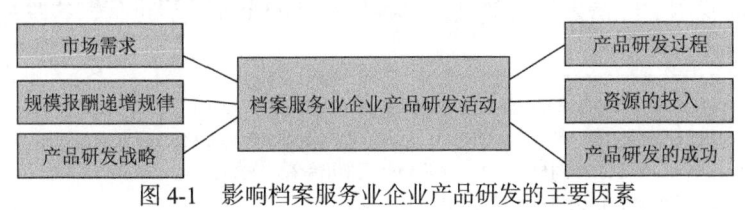

图 4-1　影响档案服务业企业产品研发的主要因素

（一）市场需求

企业技术创新实质是市场需求导向型的创新。[①]从市场营销者的立场来看，市场是指具有特定需要和欲望、愿意并能够通过交换来满足这种需要或欲望的全部顾客。[②]由此可以看出，市场是由消费者、购买欲望和购买力三个要素构成的。需求是指在一定时期内，在各种可能的价格水平下，消费者愿意而且能够购买的某种商品的数量。[③]相应地，市场需求是指一定时期的一定市场范围内有货币支付能力的购买产品（或服务）的总量，又称市场潜力。[④]

档案服务业企业产生之初主要是为了满足企业文件管理的需求，为企业提供专业化的服务。由于档案服务业企业提供的服务优势日益明显，客户群逐渐扩展到个人及家庭、企业、政府等方面。

1. 个人及家庭方面

随着自媒体时代的到来，人们在日常生活中产生了大量的纸质文件及电子文件，如出生证明、学位证、学历证、死亡证明、各种票据等资料。如何有效地保存这些资料成了困扰个人及家庭的难题。针对这一市场需求，档案服务业企业研发出了独具特色的产品及服务，为每个家庭制定了个性化的服务，如数据备份、证件保管、家庭影像档案的保管等。而在参与此次调查的档案服务业企业中针对个人及家庭方面提供的产品与服务则相对较少，如果档案服务业企业在今后能够正确地细分市场并进行产品定位、研究消费者行为，那么其在个人及家庭方面的市场是很有发展前景的。

2. 企业方面

当前我国的经济发展态势良好，各种类型的企业发展迅猛，这些企业在

[①] 黄文正. 信息对称、市场需求与企业的技术创新[J]. 经济体制改革, 2009, (4): 65-69.
[②] 陈一君, 周丽永, 尹文专, 等. 市场研究[M]. 成都: 西南交通大学出版社, 2015: 4.
[③] 李超民, 伍山林. 西方经济学[M]. 上海: 上海财经大学出版社, 2015: 21.
[④] 胡晓峰. 市场营销学[M]. 天津: 天津大学出版社, 2015: 78.

日常的经营管理活动中会产生大量的纸质档案和电子档案。以四大国有股份制银行（中国工商银行、中国农业银行、中国银行、中国建设银行）为例，它们每天都会产生大量的顾客开户信息、银行对账单等，无论这些档案是由各分行自己管理还是统一由总行管理，都需要银行建立大量的库房，这给银行带来了一些经济负担。因此，如何为这些企业信息与数据的利用提供便利成为档案服务业企业面临的首要任务。企业为了更好地发展，实现自身效益最大化，必然会将客户重复性的、非核心的或核心业务流程外包给供应商，这就为档案服务业企业提供了广阔的市场。而且在这方面已经有很多档案服务业企业设置了 BPO 数据处理中心，如北京量子伟业信息技术股份有限公司的 BPO 数据处理中心提供的产品涉及商业资料全流程 BPO 服务外包、BPO 实体档案托管和 BPO 咨询等。

3. 政府方面

政府部门内部有机关档案室，专门负责管理政府部门的文书档案、干部人事档案、会计档案、党政档案等。但是近些年政府部门发现，如果将内部的档案外包给档案服务业企业实现寄存和数字化等，那么会在很大程度上节减政府的开支。例如，随着时间的增长，需要政府永久保管的档案逐年增加，这就会占用大量的办公空间，政府如果将它们外包给专业的档案服务业企业，那么就会起到节约空间的效果。另外，档案服务业企业的员工都是经过专业培训的，保密意识强，政府部门可以放心地将一些涉密档案转交档案服务业企业管理。政府部门对档案寄存、数字化等的需求，在一定程度上促进了档案服务业企业研发出新的适用于政府部门的专业技术和服务。

（二）规模报酬递增规律

规模报酬变化是指在其他条件不变的情况下，企业内部各种生产要素按相同的比例变化时所带来的产量变化。①规模报酬变化是一种长期生产理论，它的变化情况分为规模报酬递增、规模报酬不变和规模报酬递减。档案服务业企业追求的是规模报酬递增的阶段。

规模报酬递增是指产量增加的比例大于各种生产要素增加的比例。产生规模报酬递增的主要原因是企业生产规模扩大所带来的生产效率的提高。它可以表现为生产规模扩大以后，企业能够利用更先进的技术和机器设备等生产要素，而较小规模的企业可能无法利用这样的技术和生产要素。②从长期生产过程来看，档案服务业企业所研究出的新产品和新技术，能够使本企业在扩大规模后利用先进的技术提高自身的生产效率。但是需要注意的是，当生产规模扩大到一定程度后，规模报酬可能会长时期处于不变的阶段，甚至进入递减阶段。

（三）产品研发战略

明确的新产品战略是公司新产品开发行为的另一推动力。③一个成功的档案服务业企业会制定一个可执行的产品研发战略作为这个企业的基本目标，如在企业的销售额和利润中研发出的新产品需要占据的比例是多少。同时在制定研发战略的时候要尽可能地与本企业的员工多加沟通、商定。

开发新产品的策略有两类：一类是根据产品研发方向制定的策略；另一类是根据产品研发方式制定的策略。④现在常用的产品研发方向策略有创新策略（以新取胜）、补缺策略（以补取胜）、组合策略、仿制策略，常用的产品研发方式有独立研发、技术引进、研发与引进相结合。

创新策略是指档案服务业企业采用新技术创造出具有本企业特色的新

---

① 高鸿业. 西方经济学（微观部分）[M]. 5 版. 北京：中国人民大学出版社，2011：121.
② 高鸿业. 西方经济学（微观部分）[M]. 5 版. 北京：中国人民大学出版社，2011：121.
③ 迈克尔·D. 赫特，托马斯·W. 斯潘. 企业营销管理[M]. 7 版. 严良，刘知，柴宏，译. 北京：中信出版社，2004：286.
④ 吕叔春. 破解企业市场营销风险[M]. 北京：中国纺织出版社，2005：43.

产品，以达到占领市场的目的。在中国档案学会的定点企业中，应用计算机档案管理软件的企业基本上都研制出了属于本企业的档案管理系统软件。例如，南京玄海得渊交通科技有限公司的 H-head 工程档案管理系统软件。补缺策略是指档案服务业企业研发市场上的短线缺口商品。这类产品可能是因为利润少、技术难度高或者当时的需求批量小等被档案服务业企业遗忘。补缺策略的优势是竞争程度低、成功的概率相对较高。劣势则是这类产品的研发难度相对大，并且不能确定此产品未来的市场前景如何，这就十分考验档案服务业企业决策者的洞察力了。组合策略是指档案服务业企业将本企业现有技术和产品进行重组，进而研发新产品。需要注意的是该策略和前面所说的创新策略是不同的，该策略注重的是重新组合，即在原产品的基础上增加更多的新功能。组合策略由于技术难度小，因此竞争激烈。仿制策略是档案服务业企业仿照本企业最有竞争力的对手，学习对方产品的优势并对本企业的产品进行改造。由于对手的产品已经占据了一定的市场份额，因此对它的产品进行仿制，风险相对于自己研发新产品较小，但是对那些畅销并且已经申请了专利的产品是不能够仿制的。因为风险小的同时也意味着竞争会十分激烈。

独立研发是档案服务业企业利用自己的研发机构，开发出具有市场竞争力的产品。从反馈回来的中国档案服务业调查问卷中就可以看出，几乎所有参与调查的企业都有自己的研发部或者技术部。例如，上海强然数码科技有限公司科技活动投入 695.28 万元，R&D[①]活动投入 409.09 万元，企业拥有专利 2 件；海力特集团有限公司有 3 个研发机构，即河南省细水雾灭火技术工程研究中心、郑州市特种灭火装备工程技术研究中心和华中科技大学郑州研

---

① R&D（research and development），指在科学技术领域，为增加知识总量（包括人类文化和社会知识的总量），以及运用这些知识去创造新的应用进行的系统的创造性活动，包括基础研究、应用研究、试验发展三类活动。可译为"研究与开发"。

究院，其中科技活动投入2200万元，R&D活动投入1000万元，企业拥有专利180件，拥有发明专利20件。技术引进是档案服务业企业利用自己的资金优势从国外或本国其他地区引进先进的技术。档案服务业企业从外部引进先进技术可以节约独自研制所需要投入的巨额经费，并且有可能达到或超过先进技术水平，适用于科研力量不强的档案服务业企业。研发与引进相结合是指档案服务业企业对引进技术进行消化吸收，从而研制出新的产品。此种方法应结合企业自身的状况，不可盲目追随，否则开发的产品也很难有大的突破。①

二、档案服务业企业产品研发的种类

产品研发是一种软文化。根据各档案服务业企业的经营范围，将企业划分为单一型企业（即只研发一种类型的产品）和复合型企业（研发两种类型以上的产品），其中单一型档案服务业企业研发的产品主要包括生产类、管理类和其他，复合型档案服务业企业研发的产品是对生产类、管理类和其他产品的组合。

（一）单一型档案服务业企业研发的产品

1. 生产类产品

档案服务业企业研发的生产类产品包括档案装具类产品、档案保护类产品、档案软件类产品。

1）档案装具类产品

档案装具类产品具有多样性，主要包括档案柜、档案架、专用档案装具。档案柜有多种类型，如双开门档案柜、侧拉门档案柜、抽屉式档案柜、单开门五节柜、双开门五节柜、两节档案柜、三节组合式档案柜、双面柜等。同时现在已经有很多公司都可以生产定制型档案柜。档案架则可以分为传

---

① 吕叔春. 破解企业市场营销风险[M]. 北京：中国纺织出版社，2005：47.

统式档案架和密集架。传统式档案架有传统式木制档案架,钢制的单柱挂斗开放架、复柱挂斗开放架等形式。[①]根据对参与调查的企业进行分析,密集架现在主要包括手动型密集架、电动密集架、智能型密集架。专用档案装具主要用于保存特定的专业档案,常见的有底图柜(密集式底图柜)、目录夹、科技档案盒、文书档案盒、会计档案盒、城建档案盒、业务档案盒、会计凭证盒、照片档案册、光盘档案册、干部人事档案夹、员工人事档案夹、人事档案夹等。

2)档案保护类产品

档案保护类产品的主要功用是使档案保存完好。这类产品主要有消毒灭菌设备、防磁类(防磁柜和防磁库)、防潮设备(除湿机和温湿度记录仪)、防盗设备(保险柜、保险箱和保管箱)、监控设备、防火设备防火柜和灭火设备等。

3)档案软件类产品

档案软件类产品主要涉及档案管理领域、公检法领域、医疗领域等。档案管理领域主要有电子档案管理系统,数字加工软件,档案信息网站,图像批量更名、统计、压缩、优化、转换合成软件,声像档案管理软件,数字档案室管理软件,等等。公检法领域主要有车管所档案管理系统、法院检察院案卷管理系统等。医疗卫生领域则诊疗信息管理系统。此外,还有其他领域的国土综合档案管理系统、数字档案馆(室)软件系列。

2. 管理类产品

管理类产品是指档案服务业企业为消费者提供数字化加工、档案寄存托管、BPO 咨询服务、业务培训等服务。档案数字化是指利用计算机等技术手段将经过鉴选、原本存储于传统载体上的档案信息进行数字化转换并加以储

[①] 赵淑梅,侯希文. 档案物理管理与保护[M]. 沈阳:辽宁大学出版社,2012:172-173.

存、保护、检索利用的系统工程。[①]这一类档案服务业企业可以利用自己的专利产品为客户提供数字化加工服务。档案寄存托管彻底解放客户档案管理的人力物力，实现客户实体档案管理效益最大化。BPO 咨询服务行业较广，但是主要有保险咨询和银行咨询，其中保险咨询涉及医保信息咨询、赔付分析咨询、产品设计等方面；档案服务业企业中专业的档案从业人员可以根据客户的要求为客户提供培训，从而促进客户公司档案管理人员专业技能水平的有效提升。

3. 其他

还有一类展示展览类的档案服务业企业，这类企业基本上都为单一型企业，专门为客户提供解析、创意、策划、设计、建造、运营、咨询、管理等一站式的会展综合服务。例如，某公司在项目调研、展陈策划、概念设计、深化设计、施工设计、建设落地和智能运维等方面为客户量身定制，提供全方位、系统化的精准定位服务。

（二）复合型档案服务业企业研发的产品

复合型档案服务业企业研发的产品是指同时提供两种（包括两种）以上产品。复合型档案服务业企业的经营范围较单一型档案服务业企业广泛，可以根据企业的研发优势对单一型档案服务业企业提供的产品进行组合。以复合型档案服务业企业常州市鸥迅智能科技有限公司和广州好档家信息科技有限公司为例，两家公司同时研发档案生产类产品和管理类产品。常州市鸥迅智能科技有限公司除研发生产档案装具产品外，还从事档案寄存托管服务；广州好档家信息科技有限公司则在研发档案软件类产品的同时还提供档案数字化服务和档案寄存托管服务。

---

① 屠跃明，翟瑶. 档案数字化的元数据研究[J]. 兰台世界，2012，（14）：60-61.

三、档案服务业企业的产品特点及研发的重要性

（一）档案服务业企业的产品特点

1. 服务极具个性化

由于档案服务业企业的客户群涉及医疗、保险、金融等不同行业，因此，企业要做到"顾客需要的就是我们提供的"，一切从客户的实际情况出发，尽可能地满足不同层次、不同行业、不同规模的企业对于文件管理和信息服务个性化需求。[1]

如一家比较知名的档案服务业企业，将客户提供的胶片通过专业医疗胶片扫描仪进行扫描，最终生成具有医学数字成像与交换（digital imaging and communications in medicine，DICOM）功能的医疗胶片电子档案。服务商按照品检完毕的数据通知客户缴纳相应的服务费，服务商确认收费后将加工完毕的医疗胶片电子档案刻录光盘寄给客户。这种解决办法使远程专家轻松获得患者的影像信息，提高了远程医疗的诊断水平，缓解了大医院的就诊压力。

2. 技术含量高

档案服务业企业自 20 世纪就将前沿的科技应用到对档案的管理上。如今我们正处于一个技术现代化的社会，档案服务业企业产品也极具时代特色——技术含量高。

以某公司的零边距扫描仪 A300L 为例，它专门针对档案图书的数字化加工要求而设计，是纸质档案图书数字化加工的专业产品，广泛应用于各级单位的档案、图书、资料数字化工作及各类型数据加工中心。该产品采用独特的 SEE™（阴影去除组件）技术，仅仅 2 毫米宽的边距，让书本与玻璃面板

---

[1] 黄霄羽. 商业性文件中心的业务内容与服务优势——以 Iron Mountain 和 Recall 为例[J]. 中国档案，2010，（10）：64-67.

紧密贴合，提供完整清晰的影像，完全不会有传统扫描仪扫描书本所产生的书背阴影或文字扭曲变形现象，也不需要移除书本的任何装订页面，实现免拆卷扫描。

3. 服务过程安全

"安全"二字始终贯穿于中国档案服务业企业的日常经营理念中，主要表现在公司人员选拔和文档运输、文档保管、文档销毁等方面。

公司人员在入职之前都要经过严格的筛选和培训，以便培养员工的保密意识，同时在入职之后公司也要统一组织专业的培训和考核，确保员工对公司的绝对忠诚；文档运输方面，档案服务业企业采用各种安全保护措施，购置全封闭车辆，并配备车载报警系统[①]；文档保管方面，有专门的灭火装备；文档销毁方面，档案服务业企业会对销毁程序进行全程监控，也可以根据客户要求，提供定制化服务。

（二）档案服务业企业产品研发的重要性

产品研发需要档案服务业企业投入大量的经费即技术性成本。档案服务业企业追求的最终目标是实现利润最大化，档案服务业企业的产品研发能够提高企业的经营收入，对于企业的长远发展起着至关重要的作用。

1. 从技术性成本投入和技术性收入关系分析

技术性成本是档案服务业企业产品研发所必须投入的经费，由研发经费投入的多少可以看出企业对研发的重视程度。如果档案服务业企业技术性成本投入相对较少反而取得的技术性收入越多，那么则说明研发在促进档案服务业企业创收方面起着重要作用。对于档案服务业企业来说，产品研发所需要的科技成本投入会给企业带来长远利益。表 4-1 为 2015 年部分参与调研单

---

① 黄霄羽. 商业性文件中心的业务内容与服务优势——以 Iron Mountain 和 Recall 为例[J]. 中国档案, 2010, （10）: 64-67.

位的累计科技活动投入与技术性收入情况。

表 4-1　累计科技活动投入与技术性收入表　　　单位:万元

公司名称	累计科技活动投入	累计 R&D 活动投入	2015 年技术性收入
南京玄海得渊交通科技有限公司	20.00	—	355.74
江西远洋保险设备实业集团有限公司	2164.00	—	7942.00
申江万国数据信息股份有限公司	—	110.82	568.48
北京星震同源数字系统股份有限公司	695.28	409.09	4802.47

产品研发不是一蹴而成的，它需要投入大量的人力与物力。在当今时代，因为科技人员和 R&D 人员在进入公司之前已经经过了层层筛选，同时经调查，档案服务业企业科技人员的工资水平相近，所以各企业之间科技人员质量大致会维持在同一水平线上。科技活动和 R&D 活动投入在此时的作用就显得尤为突出。通过对表 4-1 的分析，可以看出累计科技活动投入可以为企业带来巨大的经济效益。例如，南京玄海得渊交通科技有限公司 2015 年技术性收入为 355.74 万元，是它自成立以来科技活动投入的近 18 倍。由此可见，档案服务业企业的产品研发对于企业创收有着至关重要的作用，技术性成本投入应当成为企业竞争中考虑的重要因素。

2. 从技术性收入与总收入关系分析

档案服务业企业通过产品研发获得技术性收入，企业技术性收入在总收入中占比越大则说明产品研发在企业的经营活动中发挥的作用越大。表 4-2 为 2013—2015 年部分参与调研单位的技术性收入与总收入情况。

表 4-2　技术性收入与总收入表

公司名称	2013年技术性收入/万元	2013年总收入/万元	2013年技术性收入占比/%	2014年技术性收入/万元	2014年总收入/万元	2014年技术性收入占比/%	2015年技术性收入/万元	2015年总收入/万元	2015年技术性收入占比/%
南京玄海得渊交通科技有限公司	266.20	266.20	100.00	345.55	345.55	100.00	355.74	355.74	100.00
江西远洋保险设备实业集团有限公司	5 212.00	45 327.00	11.50	7 194.00	56 781.00	12.70	7 942.00	65 866.00	12.06
申江万国数据信息股份有限公司	76.13	124.81	60.70	172.92	288.20	60.00	568.48	923.85	61.53
北京星震同源数字系统股份有限公司	1 825.25	2 541.85	71.81	2 532.46	3 602.03	70.31	4 802.47	6 663.76	72.07

技术性收入作为企业总收入的一部分，它盈利的多少也直接关系到企业的整体发展。在表 4-2 的 4 家企业中，除江西远洋保险设备实业集团有限公司外，另 3 家企业的技术性收入一般都占据了总收入的 60%以上，足见产品研发的重要性。

第二节　档案服务业企业的市场营销策略

现代档案服务业企业能否在激烈的市场竞争中生存、发展，要看能否以不断创新的营销策略为导向，并选择正确的营销路径。

一、档案服务业企业市场营销策略的意义及特点

营销策略是指设计、执行、控制一套计划以影响交易行为来达到组织目标。[①]营销策略旨在提高档案服务业企业的管理效率和利用效率，并在整个营销活动中处于核心地位并贯穿始终。因此，一套完整的营销策略对于档案

---

① J. 保罗·彼得，杰里·C. 奥尔森. 消费者行为与营销战略[M]. 9 版. 王欣双，译. 大连：东北财经大学出版社，2015：286.

服务业企业有着至关重要的作用。

(一)档案服务业企业市场营销策略的意义

1. 指导档案服务业企业的生存与发展

如果一个企业的营销策略发生偏差,那么它相关工作无论做得多好,都是没有意义的。在市场环境变幻莫测的情况下,若档案服务业企业没有正确的营销战略作为营销活动的指导,该企业最终很可能会被淘汰。例如,世界著名的消费品公司宝洁的营销能力在营销界早已闻名遐迩,但是2002年宝洁推出针对中国本土市场的润妍洗发水,按照一贯的营销策略对该新产品进行营销,最终败北。润妍洗发水将目标定位在高知识城市白领女性,而润妍主打的黑发策略这个群体并不"感冒"。针对该人群的高价格,又不能被黑头发目标消费群体接受;价格体系方面,润妍还沿袭了飘柔等品牌的价格策略,在这种价格体系下,经销商难以赚取丰厚利润,但又无其他办法,润妍同样没有办法对经销商进行"压榨",润妍的价格政策,导致经销商对其采取了抵制态度。由此可见,市场营销策略对于一个企业的生存和发展具有决定性的指导作用,推及档案服务业企业也是如此。

2. 协调档案服务业企业内部资源分配

市场营销策略是协调档案服务业企业内部资金筹措、资源配置、生产过程、营销过程等的总体指导思想和基本手段,有利于合理利用企业内部各种资源(人力、财力、物力),增大企业实现其各项目标的可能性,充分发挥企业的整体功能。[①]

(二)档案服务业企业市场营销策略的特点

档案服务业企业的营销策略作为企业总策略的一部分,其制定与选择受制于整体战略和经营思想。因此,档案服务业企业的营销策略需要和总体的

[①] 简明,杨晶. 营销理论与经营实务[M]. 北京:中国物资出版社,2004:401.

经营策略一致，具有全局性、深远性、导向性和风险性的特征。

1. 全局性

档案服务业企业的营销策略作为全局的一部分，理应站在全局的高度制定策略并与全局保持一致，不能独立于整体策略之外孤立地看待市场营销策略。档案服务业企业市场营销策略的控制对象是全系统，研究系统的整体组织与协调。市场营销策略对于档案服务业企业的全面性决策有着重要的影响，企业若想取得长远发展，必须重视市场营销策略。

2. 深远性

档案服务业企业制定营销策略需从企业的长远利益出发，制定长期的市场营销策略。分析所处的市场，寻找市场突破口，确定自己的市场定位。企业制定的市场营销策略是为了本企业的长远发展，规划企业未来的发展方向。档案服务业企业的营销策略决定着市场开发、占领和扩张的方向，以及速度和规模，同时制约着企业的产品开发决策的进程。[1]因此，档案服务业企业所制定的市场营销策略是其他各项策略的基础与前提，有利于企业的长远发展。

3. 导向性

档案服务业企业在经营过程中面临的市场环境是复杂多变的，这要求档案服务业企业制定的营销策略要依据内外部环境的变化加以改变。市场营销策略阐明了档案服务业企业的经营方向，明确了企业在各种状况下的具体走向，为档案服务业企业的长期发展指明了方向，具有导向性。

4. 风险性

由于市场环境自身的复杂多变性，无论档案服务业企业制定多么有效的保证措施，也难以避免风险的发生。例如，我国与他国（与我国档案服

---

[1] 李世杰. 市场营销与策划[M]. 北京：清华大学出版社，2006：69.

业企业有业务往来的国家）的国际关系紧张时，容易造成市场萎缩。所以说档案服务业企业想要生存与发展，必须防范和承担一定的风险。如若档案服务业企业结合主观与客观条件，大胆而理智地冒险，通常是会走向成功的。

二、档案服务业企业市场营销策略的主要内容

档案服务业企业市场营销策略与路径的制定和选择是一个企业经营活动的灵魂，它主要包括选择目标市场策略、竞争性市场定位策略、市场营销组合策略和市场发展策略。

（一）选择目标市场策略

档案服务业企业在细分市场时有三个可供选择的策略，即无差异性营销策略、差异性营销策略和密集性市场策略。

无差异性营销策略是指，把一个整体的产品市场看作一个大的目标市场，设计一种产品和制定单一的营销组合策略，力求在一定程度上适应尽可能多的消费者的需求。[①]一般来讲，以下三种情况适用于选择无差异性市场营销策略：第一种是消费者选择性不大、需求弹性小的档案服务业企业的产品；第二种是经营的档案服务业企业不多、竞争性不强的产品；第三种是实力较强的档案服务业企业。该策略的优点主要有以下三方面：一是可以营销大批量档案服务业企业的产品；二是有利于降低档案服务业企业商品的营销费用；三是有利于档案服务业企业的经营管理。该策略的缺点主要有以下三方面：一是不能满足各种不同消费者的需要；二是受本企业财力的限制，缺乏市场竞争力，一旦市场上出现竞争，便不能很好地实现营销计划；三是容易形成最大细分市场异常激烈的竞争，适应性差。

差异性营销策略是指，企业决定同时为几个分市场服务，设计不同的营

---

① 瞿国忠，等. 营销管理[M]. 2版. 北京：经济管理出版社，2013：148.

销策略,即在产品、定价、渠道和促销等方面都加以相应的改变,以适应不同分市场的需求。[①]该策略可以理解为档案服务业企业推出几个产品和几个营销策略,分别满足几个细分市场。一般来讲,以下三种情况档案服务业企业适宜采用差异性市场策略:第一种是消费者需求弹性较大的产品;第二种是消费者选择性较强的选购品;第三种是规格等级复杂的产品。该策略的优点有以下三方面:一是产品的适销性较好,可以满足不同消费者的需求;二是竞争力较强;三是档案服务业企业的适应性比较大,采用差异性营销策略不受企业财力的限制。该策略的缺点有以下两方面:一是企业经营的商品批量会相应有所减少,会给企业产品销售带来影响;二是企业采用该策略流通费用的支出会相应增加。

密集性市场策略是指,选择一个或几个性质相似的子市场作为目标,制订一套营销方案,集中力量争取在这些子市场上占有大量份额,而不是在整个大市场上占有销量份额。[②]采用此种策略的档案服务业企业不是把注意力分散到各个市场中,而是集中注意力在一个或几个细分市场上,实行具有企业自身特色的专业化生产与销售。因此,档案服务业企业在以下两种情况中适宜采用密集性市场策略:第一种是生命周期较短并且数量波动较大的产品;第二种是资金薄弱和活动范围不大的档案服务业企业。该策略的优点有以下三方面:一是可以顾及个别市场的特殊要求,使相关档案服务业企业销售的产品能够在个别市场占据稳定地位;二是可以顾及财力、经营范围较小的档案服务业企业;三是可以顾及批量较小的档案服务业企业。该策略的缺点有以下两方面:一是风险性较无差异性营销策略和差异性营销策略略大;二是发展潜力不大。

---

① 瞿国忠,等. 营销管理[M]. 2版. 北京:经济管理出版社,2013:149.
② 张春河,王蕾,孙怀春. 现代市场营销学[M]. 北京:企业管理出版社,1998:125.

（二）竞争性市场定位策略

所谓市场定位，就是指档案服务业企业根据自身的条件和选定的目标市场，确定本企业和研发的产品在目标市场的竞争地位。档案服务业企业可以依靠创新取胜、质量取胜、快速取胜、物美价廉取胜、信誉取胜。

档案服务业企业的市场定位工作一般情况下包括以下三个步骤。第一步，确定本企业潜在的竞争优势。档案服务业企业需要在认清自身所具有的优势前提下，发现自身相较于竞争对手所具有的潜在优势。第二步，准确地从竞争优势中做出正确的选择。一个档案服务业企业很可能不只具有一种竞争优势，这就需要本企业对内部及外部环境进行分析，准确地选择竞争优势。第三步，档案服务业企业要有效地向目标市场宣传本企业的定位观念。档案服务业企业选择完自身优势之后，要通过各种方式在目标市场传播自己的定位观念，让消费者对本企业有一个明确的认识，争取做到在消费者需要相关产品时，能够在第一时间让他们想到。

面对激烈的市场竞争，档案服务业企业需要做的就是采取主动进攻性或是被动防守性的竞争战略，从而为企业赢得超额利润。美国市场营销学家迈克尔·波特（竞争战略之父）提出过三种竞争性市场定位战略，分别为总成本领先战略、差异性战略和聚焦战略。档案服务业企业在选择这三种竞争性市场定位战略时，不可以将三者混用，只可以选取其中一种。总成本领先战略强调的不是销量，而是利润最大化。档案服务业企业不再立足于销量的多少，而是通过各种技术手段，使得所售商品在保持与行业同质的前提下，取得利润最大化。从档案服务业企业所反馈回来的调查问卷看，有些企业产品的销量很高，但是最终的盈利并没有比同行业相关的竞争者高。差异性战略与前文所提到的类似，这种竞争性定位可以使档案服务业企业屏蔽潜在的竞争者。聚焦战略强调的是要集中在各细分市场，类似于密集性市场策略。档案服务业企业要以牺牲一定的市场份额为代价。

（三）市场营销组合策略

市场营销组合策略要求档案服务业企业在已经选定的目标市场上，把各种营销策略和手段组成整体策略，是产品、价格、促销、分销四项可控因素的组合。市场营销组合是档案服务业企业本身可控的因素，是一个动态且具有变数的组合。相应地，市场营销组合策略就具备了整体性（研究的是各个相关因素）、动态性和艺术性的特点。以价格和质量为例，这两个因素就有9种组合，如档案服务业企业可以采取高质量、中等价格的渗透策略等。

"4Ps营销理论"涉及产品、定价、促销和分销四个方面，其中产品是档案服务业企业营销组合中最重要的因素。

1. 产品策略

产品策略是市场营销组合中最重要的因素，直接影响和决定着营销组合中其他因素的决策制定。[1]任何产品都存在生命周期，即投入期—成长期—成熟期—衰退期四个阶段，档案服务业企业所研发出的产品同样不例外。

产品在投入时期时，档案服务业企业可以采用以下四种策略：第一，双高（高价格、高促销费用）策略。这种策略适用于档案服务业企业在研发出新产品之后，消费者对此产品不了解的情况。一旦消费者对此产品的功能、用途有所了解，他们便愿意购买。例如，当计算机档案管理软件企业设计、研发出一种新的软件之后，该企业可以花费高额的费用对软件进行宣传，以达到吸引消费者的目的。第二，选择性（高价格、低促销费用）渗透策略。这种策略适用于档案服务业企业研发的产品市场容量不大，且该产品的性能已经被消费者了解并愿意出高价购买。第三，密集性（高促销费用、低价格）渗透策略。这种策略适用于档案服务业企业研发的产品市场容量很大，消费者对价格的敏感性高。例如，消费者对档案袋的需求量很大，并且在同质的

---

[1] 夏洪胜，张世贤. 市场营销管理[M]. 北京：经济管理出版社，2014：13.

前提下，他们更愿意购买价格相对低的。第四，双低（低价格、低促销费用）策略。这种策略适用于档案服务业企业所研发的产品具有市场容量大的特征，并且顾客对产品已经相当了解，该产品同时存在相当数量的竞争者。产品在成长时期时，档案服务业企业可以采用以下四种策略：第一，扩展购买新产品的市场，档案服务业企业通过各种手段扩大推销范围、增加销售渠道；第二，档案服务业企业需要做的是加强本企业品牌影响力；第三，档案服务业企业要对原有的产品进行改良；第四，档案服务业企业要巩固本企业销售渠道，加强与销售渠道的联系。因为产品在成长期最容易出现问题，所以档案服务业企业在本企业产品处于成长期的时候，选取策略之时一定要更加谨慎。产品在成熟时期时，档案服务业企业可以采用以下两种策略：第一，改变产品策略，该策略要求档案服务业企业注重提高产品质量，改变产品的性能；第二，改变销售因素组合，该策略针对的是档案服务业企业产品的价格和商标。

2. 定价策略

定价是档案服务业企业市场营销中的重要环节，因为价格与企业研发产品的市场需求及利润有直接关系。制定合理的价格策略必须综合定价的影响因素和定价目标，在此基础上合理运用定价方法，为产品定出基本价格。[①]档案服务业企业可以根据本企业在市场中所处的地位，来制定适合自己的定价目标。

档案服务业企业在市场中处于绝对有利地位时，可以采用高价高利政策，谋取超额利润；档案服务业企业处于主导地位时，追求的是长期的、稳定的、高于银行利息的预期利润，这时候就会以最终取得投资报酬为定价目标。档案服务业企业具有一定优势（资金、技术等方面的优势），但市场的

---

① 夏洪胜，张世贤. 市场营销管理[M]. 北京：经济管理出版社，2014：14.

占有率不高之时，可以采取低价政策，以达到提高市场占有率的目的。当各种档案服务业企业之间地位比较均衡时，各企业便以应付竞争为定价目标。档案服务业企业在激烈的竞争环境下，有以下三种定价策略可供选择：第一种是新产品定价策略。档案服务业企业研制出新产品后，可以根据本企业产品的具体情况制定高价策略、低价策略或是温和价格策略。在选择这三种策略的同时要考虑到它们的缺点。例如，档案服务业企业采取高价策略，在一定程度上会损害消费者的利益，也会有盲目的竞争；采取低价策略的档案服务业企业则需要具备大量的资金，也会缩短同类产品的生产周期；等等。第二种是折价与让价策略。档案服务业企业在销售非新类型产品的时候，可以在定价方面采取数量折扣、季节折扣、现金折扣、推广让价、运费让价等策略。第三种是心理定价策略。如果档案服务业企业能够抓住消费者的消费心理，那么在竞争中就可以取得优势地位。档案服务业企业可以采取的心理定价策略有声望定价、心理折价、习惯价格、特价商品定价策略、分级定价等。在这里所提到的习惯价格产品最好不要降价，因为降价会使该产品的消费者心理地位下降，并且需要清楚地认识到特价商品属于正常商品而非我们所认为的不退不换商品。

3. 促销策略

促销策略也是档案服务业企业市场营销组合不可分割的重要部分。促销是企业通过人员和其他方式，沟通企业与消费者之间的信息，提升品牌形象，引发、刺激消费者的购买欲望，使其产生购买行为的活动。[1]

档案服务业企业促销策略主要包括以下四方面：第一，广告策略。档案服务业企业可以通过投放广告对本企业的产品进行宣传，这样既可以引发购买欲望，又可以树立名誉，开展竞争。档案服务业企业在采取广告策略时，

---

[1] 康晓光. 市场营销学[M]. 上海：上海社会科学院出版社，2015：269.

①要有一个明确的广告目标，明确本企业进行广告宣传的目的，同时选择广告媒体时也要考虑档案服务业企业的产品特性。例如，档案服务业企业技术性强的产品选择广播广告。②考虑媒体的传播范围，以及媒体的影响力，如考察网络的点击率和电视的收视率等。③考虑媒体的成本，档案服务业企业在进行媒体的选择时需要比较投放广告的成本是否低于企业最终盈利。第二，人员推销策略。人员推销的策略虽然古老，但是它仍然是现代企业普遍采用的最主要方法。销售人员通过谈话方式向潜在的客户进行宣传，以达到销售档案产品的目的。在整个推销的过程中，档案服务业企业产品销售人员要切记自己的目标是为顾客服务，而不是单纯地销售相关产品，不要急于求成，引起反感，同时要对自己货真价实的产品有足够的了解，见机行事。第三，公共关系策略。档案服务业企业公共关系的对象是社会公众，企业通过一系列活动争取公众信任，使企业与社会公众保持良好的关系，最终扩大市场。第四，营业推广策略。档案服务业企业营业推广的形式多样，如以旧换新、现场陈列和示范、赠品等。营业推广最显著的作用就是沟通和激励。

4. 分销策略

销售渠道是指商品或服务从生产领域向消费领域转移的过程中，所有帮助转移的组织或企业形成的通道。[①]销售渠道已经成了档案服务业企业的无形资产。档案服务业企业的分销策略主要有三种选择：第一种是直接销售渠道与间接销售渠道的选择；第二种是宽渠道或窄渠道策略；第三种是长渠道与短渠道的选择。

合理定位渠道成员的角色是分销策略中的重要一步，在分销的过程中存在五种角色：第一种是消费者角色。消费者是分销渠道的重要组成部分，是

---

① 夏洪胜，张世贤. 市场营销管理[M]. 北京：经济管理出版社，2014：14.

分销的终点，但却是品牌忠诚的起点。当消费者需求被满足之后，就可以将他们培养成为档案服务业企业的忠实顾客。第二种是经销商角色。经销商连接的是档案服务业企业与消费者，弥补了企业在城乡接合部的市场空间。第三种是代理商角色。代理商的选择是建立分销渠道的关键（法律上讲，经销商与档案服务业企业是买卖关系，代理商与档案服务业企业是代理关系）。第四种是零售商角色。零售商是终端商品的占有者，占有越大的货架空间，就意味着越能减少竞争对手的竞争机会。第五种是档案服务业企业角色。档案服务业企业是分销渠道中产品的提供者、产品的服务者。[1]

总之，在分销渠道中，这五种角色虽然在一定程度上相互制约，但是却都发挥着重要作用。其中档案服务业企业在分销渠道中作用极为重要，但是不能过分地高估。

（四）市场发展策略

市场发展策略要求档案服务业企业在确定目标市场的同时，制定出基本的策略，满足目标市场中消费者对相关产品的需求，以使本企业求得生存和发展。档案服务业企业的市场发展策略大致分为两类，即扩张性策略和多角化策略。

扩张性策略可以细分为市场开发策略和商品开发策略。市场开发策略要求档案服务业企业以原有的或是改良的产品来争取新的消费者群和开拓新的市场；商品开发策略与市场开发策略不同，它要求档案服务业企业以新研制的产品来维持原有目标市场的需求。

多角化策略可以细分为同心性发展、一体化发展、集团化发展。同心性发展要求档案服务业企业利用自身原有的技术条件，研发出和原有的产品不同用途的新产品。它要求相关技术人员要有创造性的思维的同时，也需要企

---

[1] 高民杰. 渠道制胜——产品畅销必知的营销手段[M]. 北京：中国经济出版社，2009：54-55.

业加强对技术人员的培训。一体化发展要求档案服务业企业研发出与原有产品同属一个领域的产品，但是和同心性发展要求的利用原有技术条件不同，它与原生产条件无关。一体化发展分为以下三种情况：第一种是向后发展，即档案服务业企业通过外购相关技术取得发展；第二种是向前发展，即档案服务业企业把原有的"半成品"加工成产品销售；第三种是水平式发展，即经营范围一致的档案服务业企业联合或合并发展。集团化发展要求档案服务业企业生产与原产品完全不同的产品，把业务扩展到与原有技术和市场完全不同的行业中。由于该策略要求档案服务业企业成为跨行业的综合性企业，因此可以运用该策略的档案服务业企业很少。

第三节 档案服务业企业的信用评级

一、档案服务业企业信用评级概述

当代的市场经济是一种信用经济，如果我们不能建立一种完整的信用体系，市场经济就不能走向成熟。若档案服务业企业作为授信人都参与到信用评级中，那么对于规范市场主体行为是十分有利的。

(一)档案服务业企业信用评级的概念和内涵

1. 档案服务业企业信用评级的概念

企业信用评级就是对企业的信用状况做出评价的活动，它是由专业的信用评级机构使用规范的程序、严谨的方法在全面了解受评企业的经营状况和以往信用记录的基础上，对企业履行经济承诺的意愿和能力进行独立、客观和公正的评价，并以简单符号表示出来的行为和过程。[1]相应地，档案服务业企业信用评级就是对档案服务业企业的信用状况做出评价的行为和过程。

---

[1] 刘乐平. 信用评级原理[M]. 北京：中国金融出版社，2012：149.

5P要素分析法中的5P要素指的是个人因素（personal factor）、资金用途因素（purpose factor）、还款财源因素（payment factor）、债权保障因素（protection factor）和企业前景因素（perspective factor）。个人因素分析主要包括：①企业经营者品德，是否诚实守信，有无丧失信用事迹；②还款意愿是否可信；③借款人的资格必须是依法登记、持有营业执照的企事业法人，产品有市场，经营有效益，在银行开立基本账户，并具有可供抵押的资产或能提供担保人；④还款能力包括企业经营者的专业技能、领导才能及经营管理能力。资金用途因素通常包括生产经营、还债交税和替代股权等三个方面。如果用于生产经营，要分析是流动资金贷款还是项目贷款，对那些受到国家产业政策支持、效益好的支柱产业要给予支持。对新产品、新技术的研制开发，要分析项目在经济和技术上的可行性，确保贷款能够收回。如果用于还债交税，要严格审查是否符合规定。如果用于替代股权或弥补亏损，更应慎重。还款财源因素主要有两个来源：一是现金流量；二是资产变现。现金流量方面要分析企业经营活动现金的流入、流出和净流量，现金净流量同流动负债的比率，以及企业在投资、融资方面现金的流入流出情况。资产变现方面要分析流动比率、速动比率，以及应收账款与存货的周转情况。债权保障因素包括内部保障和外部保障两个方面。内部保障方面要分析企业的财务结构是否稳健和盈利水平是否正常；外部保障方面要分析担保人的财务实力及信用状况。企业前景因素主要分析借款企业的发展前景，包括产业政策、竞争能力、产品寿命周期、新产品开发情况等；同时，还要分析企业有无财务风险，是否有可能导致财务状况恶化的因素。

5C要素分析法和5P要素分析法基本上是大同小异的，都是根据信用的形成要素来进行定性分析的，分析的时候虽然需要档案服务业企业提供一些相关的财务指标，但这是要凭借分析师的主观判断并最终由评级委员会投票决定档案服务业企业的信用等级。

（三）档案服务业企业信用评级的作用

1. 为投资者做出科学投资提供参考

由于各地区的政策及信息披露的程度不同，投资人在进行投资时无法正确地对企业进行评估。信用评级是对档案服务业企业未来风险的预期，投资者可以根据信用评级机构给出的评级结果考虑是否投资。投资者在选择投资的时候，可以优先选择投资信用评级较高的企业，以达到降低自身投资风险的目的。

2. 促进档案服务业企业良性发展

信息具有不对称性，在档案服务业企业未进行信用评级的前提下，当处于不同信用风险情况下的企业进行融资时，对信用风险小的企业会有失公允。只有将档案服务业企业的隐性信用转化为显性时，在融资之时各个企业间的竞争才是公平的。因为信用较差的企业在争取融资的时候会提高本企业的融资成本，所以在一定程度上信用评级会促使信用较差的企业不断改善自身的经营模式，从而实现更好、更快的发展。

3. 档案服务业企业实现信用信息资源共享

档案服务业企业的信用资料分散在与它们密切相关的经济部门，信用评级对数据积累和信用信息的要求极高，信用评级的最终目的是信用资源共享。[①]评级机构通过对这些资料进行整合、评估，最终得出企业的信用等级。这种评级的过程在一定程度上解决了信息的不对称性，实现了信息共享。

4. 可为政府提供金融监管途径

企业信用评级可以为政府提供市场监管信息，成为政府监管经济的主体，特别是监管金融机构的一种有力工具。档案服务业企业如果参与到信用评级，那么就会为政府提供档案服务业的信息，也可以为商业银行贷款提供

---

① 李杨. 综合评价方法在小微企业信用评级中的应用[D]. 杭州：浙江工商大学，2013：34.

参考，从而减少不良贷款。

二、档案服务业企业信用评级的程序及等级

（一）档案服务业企业信用评级的程序

档案服务业企业信用评级的受评对象是自愿申请评级的档案服务业企业，第三方机构并不针对所有企业。档案服务业企业信用评级有固定的评级程序。

首先，档案服务业企业需要向评级机构提出评级申请并与评级机构签订《信用评级协议书》，并要和评级机构保持适当沟通，及时向评级机构提供评级所需的一些重要的非公开资料。其次，待评级机构成立评级委员会之后，档案服务业企业依据评级机构发来的《信用评级资料清单》，在规定的时间准备好所需的资料；然后通常由档案服务业企业的首席财务经理和总经理与评级机构派来的分析师进行会议交流，会议的主要目的是对企业的管理制度、财务计划、投资项目、发展规划、主要业务、其他业务、临时财务计划、财务制度、资产状况、市场状况、企业规范及运营状况等影响企业信用等级的关键因素有进一步的了解。[1]再次，评级机构的分析师先对档案服务业企业相关信息进行专业分析，再经过评级委员会召开会议，通过投票的方式决定企业的信用级别。最后，分析人员撰写评级报告时，档案服务业企业如果对等级结果有异议，可及时向分析师补充材料，但是否复评则由评级机构决定。同时，档案服务业企业可以根据自身的具体情况选择对评级结果公开或保密。

档案服务业企业评级的有效期一般为两年，在评级机构发布信用等级以后，评级机构的任务并没有完成。档案服务业企业在未来至少一年的时间里都是需要接受评级机构的监督与跟踪的。

---

[1] 刘乐平. 信用评级原理[M]. 北京：中国金融出版社，2012：154.

（二）档案服务业企业信用等级

我国企业的信用等级采用国际通行的"四等十级制"。相应地，我国的档案服务业企业也可借鉴此种评级方法（表 4-3）。

表 4-3 档案服务业企业信用等级及含义

等级	含义	说明
AAA	信用极好	表示企业信用程度高，资金实力雄厚，资产质量优良，各项指标先进，经济效益明显，清偿支付能力强，企业陷入财务困境的可能性极小
AA	信用优良	表示企业信用程度较高，资金实力较强，资产质量较好，各项指标先进，经营管理状况良好，经济效益稳定，有较强的清偿与支付能力
A	信用较好	表示企业信用程度良好，企业资金实力、资产质量一般，有一定实力，各项经济指标处于中上等水平，经济效益不够稳定，清偿与支付能力尚可，受外部经济条件影响，偿债能力产生波动，但无大的风险
BBB	信用一般	企业的信用程度一般，企业资产和财务状况一般，各项经济指标处于中等水平，可能受到不确定因素影响，有一定风险
BB	信用欠佳	企业信用程度较差，企业资产和财务状况差，各项经济指标处于较低水平，清偿与支付能力不佳，容易受到不确定因素影响，有风险。该类企业具有较多不良信用记录，未来发展前景不明朗，含有投机性因素
B	信用较差	企业的信用程度较差，偿债能力较弱，表示企业一旦处于较为恶劣的经济环境下，有可能发生倒债，但目前尚有可能还本付息
CCC	信用很差	企业信用很差，企业盈利能力和偿债能力很弱，对投资者而言投资安全保障较小，存在重大风险和不稳定性，几乎没有偿债能力
CC	信用极差	企业信用极差，企业已处于亏损状态，对投资者而言具有高度的投机性，没有偿债能力
C	没有信用	企业无信用，企业基本无力偿还债务本息，亏损严重，接近破产
D	没有信用	企业已濒临破产

资料来源：陈俊彦. 中小企业信用价值评估及信用等级评价研究[D]. 青岛：山东科技大学，2004

三、档案服务业企业信用评级的发展现状

我国目前规模较大的全国性评级机构只有大公国际信用评级有限公司、中国诚信证券评估有限公司、联合资信评估股份有限公司、上海新世纪资信

务。申江万国为企业客户提供专业的高品质全流程文档业务流程外包服务，实现了降低企业客户文档工作的成本、提高服务质量和运营保障能力、实现资源整合共享等目标。当今时代，各企业的服务产品的质量趋于同一水平线，因此企业提高各自服务产品的质量成为它们在竞争中制胜的关键。如果企业能够建立专属自己的品牌，那么就能够使企业在与对手竞争的过程中拥有自己的优势，并且使各自的产品附加价值得到较大的提升。申江万国的战略目标是成为国内文档全产业链外包服务领导者，建立全流程文档 BPO 服务第一品牌，建立具有中国特色的文档全产业链服务生态系统。

二、档案服务业国际合作

在档案服务业发展过程中，出现了很多外资档案服务业企业，它们是由境外商人在我国境内投资创办的档案服务业企业。外资档案服务业企业是独立的法人，具有企业的性质。自 20 世纪 90 年代末开始，如美国的信安达公司和铁山公司等跨越国家和地区的国际商业性档案服务公司，由于其在档案信息保护和数据挖掘方面十分被看好，因此相继在上海、广州、北京等一线大城市开设分公司，不断拓展自身业务。外资档案服务业企业的出现促进和提升了我国档案信息领域服务外包的理念和技术管理水平。[①]国际档案管理外包服务行业趋于完善，各种类型的商业性档案管理外包中心分布十分广泛，众多大型档案管理外包服务企业已实现跨国规模化运营并进入长期金融市场。据统计，85%以上的世界 500 强企业都将本企业非核心的档案寄存业务外包出去，而我国境内只有不足 2%的大中型企业接受这种档案寄存外包服务，这与我国接受档案寄存外包业务的现状和几十亿卷（件）的档案保存量形成了鲜明的对比，由此可见档案服务业拥有巨大的潜在产值。当然，从国家安全战略角度来看，我国的国有企业档案是不能由外国档案服务业企

---

① 张葆霞. 商业性档案中介机构发展趋势研究[D]. 天津：天津师范大学，2012：33.

业来外包的，但随着我国民营企业走出去，成为跨国企业，不得不积极寻求档案的服务外包。因此，要想适应国际档案服务业的外包标准和管理，就必须得加强档案服务业的国际合作。如之前所述，上海信安达档案文件管理有限公司就是典型的档案服务业国际合作典范，它经过数十年的发展，分别在我国上海和北京两地成立了自己的分公司，并且以良好的信誉和高质量的服务水平吸引了中国客户，它在我国的服务对象主要是国内大型企业和外资企业。

三、智能化管理理念

我国政府已经提出"大数据行动计划"和"互联网+"等战略，档案服务业企业需要站在一个新的高度来看待互联网行业与传统行业的结合。可以预见，在政府的引导下，"互联网+"将更加快速地向服务业各领域进行全面渗透。目前，我们已经依托互联网进入了大数据时代，大数据智能分析能够给智慧城市环境下的档案管理和服务系统提供新的洞察力，是提升智慧城市档案部门"智商"的关键。以大数据技术为支撑的综合智能化分析和决策系统，使智慧城市的档案管理系统和服务系统充分、有效、合理地发挥各自的作用，解决了目前困扰各地的"信息孤岛"现象，做到了信息资源的共享、智能决策的集成，实现了智慧城市让城市生活更美好、更幸福的目标。[①]在智慧城市建设的今天，部分单位已经基本实现档案库房管理设备的智能化管理。过去简单的库房管理存在很多的不足，如人工参与过多、效率低下等问题。而为了提高效率就更应实现智能化管理，智能化管理应做到紧紧围绕库房管理的基本要求，使库房设备与信息技术方面紧密结合，从而构建智能设备与信息技术良好交互的智能化的库房管理体系。实现智能化的档案寄存库房管理是未来档案服务业发展的主要方向。而又由于我国在智能化建设方面

---

① 张振兴，牟如玲. 大数据引领我们走向智能化时代[J]. 科技创新导报，2014，（20）：52-53.

历史较短，经验不足，相关标准和规范都没有具体到位，因而智能化的档案寄存库房建设质量无法保证。由上可见，如何通过实践应用让智能化库房建设得到认可和支持，充分实现其实用价值仍然是档案寄存企业馆库智能化建设面临的巨大挑战。[①]

四、档案服务个性化定制

无论是企业还是个人对档案管理个性化需要都越来越强烈，很多档案服务业企业开始关注个性化定制服务，当前顾客消费逐渐从标准化向多样化、个性化发展。这种个性化的定制服务是一种为用户"量身定做"的信息服务，所有的服务都是通过用户的设定或是满足用户需求的方式来实现的。当档案服务业企业确定了用户需求后，要对相关的资源进行收集、整理和分类，最后向用户提供、推荐相关信息。个性化定制服务与传统的标准化服务大不相同，标准化服务的重点是批量式的服务，个性化定制服务则更看重用户的满意程度。因此，档案服务业企业开展档案个性化服务是转变服务方式、进行管理变革的一种必然趋势。档案个性化定制服务主要体现在服务内容、服务方式和服务时空三个方面。服务内容的个性化是指对个体用户提供有针对性的特色化信息和服务。服务方式的个性化指专门针对用户个人习惯和特点所进行的服务。服务时空的个性化是指服务部门要尽量在时间上和空间上来满足用户所需要的信息和服务，即在用户希望的时间和地点提供服务。服务方式主要有档案信息定制服务、信息定期推送服务、互动编研服务等。大数据时代使得信息资源呈井喷式发展态势，如何在这些资源中找到符合用户需求的档案信息资源是开展个性化档案定制服务的关键，如何能够精准地把握和预测用户的信息需求同样是档案服务业企业工作的重中之重，如何恰当地使

---

① 马唯唯. 档案库房智能化管理的思考与实践[J]. 档案学研究，2015，（1）：105-108.

用信息技术更是每个工作人员急需思考的问题。[①]对于顾客参与程度和顾客化程度要求高的服务性企业来说，大规模定制是一种最具竞争力的服务模式，它能够准确地把握个性化与规模化的关系，以规模化支持个性化，以个性化促进规模化[②]，使企业以服务系统高效运作为基础，同时能够最大限度地满足顾客个性化定制需求。

[①] 于钊. 档案个性化服务模式研究[D]. 长春：东北师范大学，2015.
[②] 冯根尧. 体验经济呼唤大规模定制化服务[J]. 现代管理科学，2004，（9）：6-7.

第五章　中国档案服务业企业的
　　　　　人力资源状况

改革开放的深入发展，以及社会主义市场经济体制的进一步完善，为我国的经济发展带来了生机。在市场完善和经济发展的同时，社会各界越来越重视档案的保管与利用，档案服务业应运而生。档案服务业企业作为众多企业中的一支新军，与其他领域的企业一样，面临激烈的竞争。

人才是企业竞争中的核心力量，企业之间的竞争也可以说是人才的竞争。人力资源管理贯穿于整个企业管理中，对所有管理者来说都是十分重要的，如美国著名人力资源管理学者加里·德斯勒在《人力资源管理》中认为，作为一名管理者，即使把每件事情都做得很到位，但仍然可能会因雇佣了不合适的员工或者没有能够调动其工作积极性导致企业失败。反之，有的管理者虽然在一些方面做得不是很到位，但因拥有很多优秀的员工，把企业发展得很成功。[①]

档案服务业企业所处行业还在发展之中，最需要的是一支高效率且充满工作热情的员工队伍。只有拥有并留住高素质人才，才能在竞争中获得或者

---

① 德斯勒. 人力资源管理[M]. 12版. 刘昕，译. 北京：中国人民大学出版社，2012：6.

保持优势。

第一节 档案服务业企业员工的现状分析

国内企业除了一些具有长远战略性眼光的企业管理者外，有相当一部分企业管理者对人力资源的管理和开发的认识还局限于十分简单的层面上。档案服务业企业也和其他行业企业一样，在人力资源管理上存在相似的问题。

一、档案服务业企业员工的人力结构分析

笔者通过问卷调查的方式得知，截至 2016 年底，档案服务业中 3.8%左右的企业人数在 10 人以下，一般情况下这样的企业没有正式的组织方式、缺乏管理工作内容、固定资本少、没有正式完整的招聘制度和薪酬制度。但是，该类型企业的存在扩大了就业的主要渠道。10—100 人的档案服务业企业约占该行业企业的 35%，100—300 人的档案服务业企业则约占 27%，两者合计约为 62%，是档案服务业企业的主要组成部分。它们拥有成型的组织结构及较为完整的生产、销售、人力等经营管理方面的制度，具有经营决策快、对市场反应敏锐等优点。300 人以上的档案服务业企业占该行业企业的 34%左右，这些档案服务业企业的人数为 300—1000 人，其中有超过千人甚至上万人的档案服务业企业，如深圳市银雁金融服务有限公司总部人数加上各分公司人数，共计 3 万多人。

在档案服务业企业中男性员工较多。从调查的结果来看，男性员工多于女性员工的档案服务业企业占 69.2%。而且在统计数据的过程中发现，在档案保护设备与产品生产企业及档案密集存储设备生产企业中，男性员工远远多于女性员工。只有在少数计算机档案管理软件公司和档案数字化加工服务公司中，女性员工多于男性员工。可见，在档案服务业企业中男女员工的比例很大程度上取决于其业务范围。

从员工的年龄结构来看，20—30岁年龄段的人群成了主力军。在调查的档案服务业企业中，54.2%的档案服务业企业20—30岁的员工居多。这与档案服务行业的性质有关，该行业为新兴行业，其业务需要运用大量新知识和新技术。20多岁的青年刚走出校园，知识储备丰富，学习能力强，是多数档案服务业企业所需要的。反观50岁以上的员工，他们劳动能力略微下降，学习新技术的能力较低，此类员工数量过多，不适合企业未来的发展。但是此类员工的工作经验是任何年龄段的员工都无法比拟的，若在管理岗位上，他们可以为企业提出更加成熟的建议或者做出更加理智明确的决策。83.3%左右的档案服务业企业中拥有50岁以上的员工，但是这些员工在档案服务业企业的人员构成比例中占比在20%以下。

从员工的学历结构来看，拥有大专学历的员工数量最多。在调查的档案服务业企业中，90%以上的档案服务业企业拥有大专学历的员工，其中58.8%的企业大专学历的员工占据整个企业的主体地位。大专学历的员工具备专业性的知识且实践能力较强，对于新兴的档案服务业来说是最好的选择。相比之下，博士学位的员工数量最少，64%的档案服务业企业拥有博士学位的员工，但是这些档案服务业企业中博士学位的员工数量比例在1%左右。这是因为，档案服务行业还在发展之中，有些体系尚不完善，博士难以在其职位发挥出应有的能力，因此从事档案服务业企业工作的博士数量较少。由于目前档案服务行业发展迅速，很多档案服务业企业发现只有引入高学历、高水平的人才能应对未来的变化。虽然档案服务业企业难以招聘到博士学位的员工，但是硕士学位的求职者数量较多，招聘相对来说比较容易一些。72%的档案服务业企业拥有硕士学位的员工，但是他们在企业中的比例小于5%。至于学士学位的员工，88%的档案服务业企业拥有该类员工，其中27.3%的档案服务业企业学士学位的员工最多。学士学位的求职者数量多，知识水平要比大专员工高，学习能力也比他们强，特别对于一些需要计算机技术或者高端技术的档案管理软件公司，大学本科生的知识储备和学习能力可以完全满足档案服务企业的要求。最后，中专和高中学历的员工的数量较少，一般占档案服务业企业总人数的18.2%，然而这些员工多数集中于档案服务业企业的生产制造部门。

从档案服务业企业的职位结构来看，高级管理人员一般占档案服务业企业人数的10%左右。营销人员与专业人员则是档案服务业企业的主要员工群体。由于档案服务业企业的主要经营范围不同，一般生产档案设备或者其他档案服务产品的企业，营销人员居多。主要经营档案管理软件开发及档案数字化等企业则是专业员工较多，多数为计算机或者软件开发专业人员。辅助人员在各企业中都是比较少的，占档案服务业企业总人数的8%以下。在调查的过程中，除了以上的几个职位，各企业其他人员的数量也比较多，说明档案服务业企业仍存在其他重要的职位。具体情况还需进一步深入企业进行调查。

二、档案服务业企业组织结构分析

企业的组织结构是企业全体员工为实现企业目标，在工作中进行分工协作，在职务范围、责任、权力方面所形成的结构体系。[①]企业的组织结构没有绝对的好与坏之分，只要是适合企业发展的组织结构都可以认为是科学合理的。所以，档案服务业企业在设计组织结构时，要结合档案服务业企业的特点及企业的战略，适当地设计管理跨度和管理层次。

管理跨度也叫管理幅度，指的是一名领导者直接领导的下属的数量。管理层次指的是从最高级的管理者到最基层人员之间管理的级数。不适当的管理跨度和管理层次不仅会成为企业运作的阻碍，影响企业高速发展，也会造成一些管理者疲于奔命或者无所事事的现象。

如果企业的人数不发生变化，那么管理跨度与管理层次是成反比的，即

---

① 李丹. 企业组织结构设计浅析[J]. 企业改革与管理，2016，(12): 26.

管理跨度越大,管理层次越少;管理跨度越小,则管理层次越多。若企业的总人数发生了变动,要注意管理跨度不应无限制地扩大,过度地扩大会导致管理者的负担过重,影响管理者对工作的指导与监督,从而贻误工作。同样,管理层次过多会影响信息传递和工作效率。所以企业要把握好管理跨度与管理层次,将其控制到一个适当的度,使工作更具效率化。

在设计管理跨度时,企业可以将档案服务业中其他类似企业的统计数据作为参考,通过美国管理学家欧内斯特·戴尔(Ernest Dale)的统计调查,发现所调查的企业总经理直接领导的下属管理者的人数为 1 人到 24 人不等,相比之下 6—13 人的居多,档案服务业企业可以此为参考,然后根据自己企业的情况进行调节。以上方法需要大量的调查、统计和分析,对于中高层的管理跨度设计还是值得的,基层管理跨度设计就不必用此种方法了,因为其变量比较少,调节起来也比较容易,所以一般的主观估计就可以了。[①]

第二节 档案服务业企业的人力资源规划

人力资源规划是指为了实现企业的战略目标,根据企业的人力资源现状,科学地预测企业在未来环境变化中的人力资源供求状况,并制定相应的政策和措施,从而使企业的人力资源供给和需求达到平衡,并使企业和个人都获得长期的利益。[②]

一、企业战略与人力资源规划

人力资源规划是企业制定战略目标的重要依据,任何企业在制定战略目标时,都会优先考虑企业内部现有的及可以挖掘出来的人力资源。制订优秀

---

① 闫培金,王成. 企业人力内控精要[M]. 北京:中国经济出版社,2001:39.
② 林忠,金延平. 人力资源管理[M]. 5 版. 大连:东北财经大学出版社,2018:25.

的人力资源规划有利于科学合理地制定企业的战略目标。

企业战略分为三个层次，即公司战略、经营单位战略和职能战略，其中职能战略包括人力资源战略。人力资源战略是企业为实现公司战略目标而在雇佣关系、甄选、录用、培训、绩效、薪酬、激励、职业生涯管理等方面所做决策的总称。人力资源战略是一种集成，它与公司战略、经营单位战略，以及其他职能战略纵向整合，并与自身内部的各环节横向整合。人力资源规划是人力资源战略的一个组成部分。

人力资源规划也可以说是战略性的人力资源规划，它吸取了现代企业战略管理研究和实践的重要成果，遵循战略管理的理论框架，高度关注企业战略层面的内容。一方面，把传统意义上的聚焦于人员供给和需求的人力资源规划融入其中；另一方面，更加强调人力资源规划与企业的发展战略相一致。[1]

档案服务业企业十分重视人力资源规划，经调查，近90%的档案服务业企业是由自己来制订人力资源规划的。由企业自己制订的人力资源规划可以更好地与企业战略相结合，很显然，档案服务业企业注意到了这一点。虽然专业咨询公司来规划也是个不错的选择，它们拥有专业的知识和丰富的经验，但是它们对企业的战略了解并不是十分深刻，对档案服务行业也不完全了解，所做出的规划不完全适合企业的发展，所以企业自己来制订人力资源规划是最优的选择。

二、档案服务业企业人力资源需求预测

一个好的人力资源规划需要做出一些预测或者估计，这里主要考虑三件事：人员需求、内部候选人的供给及可能的外部候选人的供给。

人力资源需求预测是指根据企业的发展规划和企业的内外条件，选择适

---

[1] 林忠，金延平. 人力资源管理[M]. 5版. 大连：东北财经大学出版社，2018：26-27.

当的预测技术，对人力资源需求的数量、质量和结构进行预测。

档案服务业企业在做人力资源需求预测时，除了要考虑最主要的市场对企业产品的需求外，还要考虑企业内部因素和外部因素。企业内部的因素主要包括企业的发展战略和经营规划、组织形式的变化、生产效率的变化等。外部因素主要注意劳动力市场、行业发展状况及政府政策的变化等。档案服务业企业做人力资源需求预测用的方法和其他行业企业大致是一样的，主要分为定性分析法和定量分析法。

（一）定性分析法

定性分析法也可以理解成主观判断法，这种方法比较简单，而且比较常用。此方法运用的数学知识较少，主要由有经验的专家或者管理人员根据个人的直觉和经验进行预测，其精度取决于个人经验和判断力。但是单靠一个人的预测，很难得出一个比较正确的预测结果，因此要集结多个专家和管理者的推断来进行预测，普遍采用的是德尔菲法。该方法源于20世纪40年代的兰德公司，是有关专家对企业组织某一方面的发展的观点达成一致的结构性方法，使用该方法的目的是通过综合专家各自的意见来预测某一个方面的发展。[1]此外还有名义群体技术。在这种方法中，个体的预测结果将在群体的头脑风暴过程中得到升华，以转变为群体的预测结果，而这个群体的预测结果将比任何个体的预测结果都要准确和全面。[2]

（二）定量分析法

定量分析法是利用数学和统计学的方法来进行的分析，常见的方法包括趋势分析法、比率分析法和散点分析法。

趋势分析法是指预测者根据过去几年的雇佣员工数量情况来确定可能

---

[1] 刘明宇. 一本书读懂人力资源管理：HR超级管理实用指南[M]. 北京：中国华侨出版社，2014：7.
[2] 伊万切维奇，科诺帕斯克. 人力资源管理[M]. 12版. 赵曙明，程德俊，译. 北京：机械工业出版社，2015：97.

延续到未来的发展趋势；比率分析法是基于两个因素之间的比率来进行预测的；散点分析法是以图形的形式生动形象地展现两个因素之间的相关性。

三、档案服务业企业人力资源供给预测

人力资源的需求预测是企业内部的需求，人力资源的供给预测则要考虑企业内部的人员供给及企业外部的人员供给。

（一）企业内部人力资源供给预测

对于大多数企业来说，人员的供给都是从企业内部入手的。当一个职位出现空缺时，企业要做的就是如何在现有的员工中找到适合的人选。这时候，管理者就需要了解现有人员的综合技能情况，列出他们的任职资格清单或者建立数据库，包括员工的工作绩效、教育背景及晋升的可能性，这有助于管理人员调动或者晋升人员。多数档案服务业企业规模较小，可以采用一些手工的方法，对员工的任职资格进行跟踪。

（二）企业外部人力资源供给预测

如果没有足够多的内部候选人能填补预期会出现的职位空缺（或者因为其他方面的原因，希望聘用组织外部的候选人），那么企业就可能转而去寻找外部候选人。[①]

外部人力资源供给主要通过外部招聘的方式，外部招聘要考虑宏观经济形势、劳动力市场状况、政府的政策法规等，在进行人力资源外部供给预测时也要考虑这些要素。从现在的档案服务业企业的状况来看，企业内部总的人数较少，高学历的专业型人才也为数不多，如果未来出现空缺职位，那么只靠内部人力资源供给是远远不够的。档案服务业企业的人员需求要多依靠外部人力资源的供给，通过外部招聘引进更多具有档案专业性

---

① 德斯勒. 人力资源管理[M]. 12 版. 刘昕, 译. 北京：中国人民大学出版社，2012：170.

知识或者其他专业性知识的高学历人才，为企业带来新的观点、新的思路，给原来的员工施加压力，激发他们的工作积极性，使企业更好地适应档案服务业的快速发展。由此可见，外部人力资源供给预测是档案服务业企业人力资源规划的重要部分。

第三节　档案服务业企业人力资源的招聘与甄选

招聘是企业引入人才的主要途径，优秀的人才是企业发展的重要保障，在激烈的市场竞争中，企业保持优势的因素不仅仅只是凭借优质的产品与服务及成本的领先，还要凭借善于挖掘、发展和保留人才的能力。因此，人才的招聘与录用俨然成了人力资源管理中的一个重要的环节，能否招聘到适合本企业的优秀人才，是企业生存发展的关键。

一、档案服务业企业人力资源招聘概述

所谓招聘，是指企业采取一些科学的方法，寻找、吸引具备资格的个体，并从中选出适宜人员予以录用的管理过程。招聘是一个企业人力资源的获取和准备阶段，包括吸引、选拔和录用三个相对独立又密切相关的阶段。[1]

（一）档案服务业企业人力资源招聘动因

在档案服务业企业中，招聘工作一直都在进行，不管是正求发展的新企业还是已经步入稳定的老牌企业，人力资源都会随着组织环境和组织结构的变化而变化，如人员的离职、退休、调动等，所以需要不断地更换员工，来满足企业的长远发展。具体来说，员工的招聘工作主要在以下几种情况下提出。

首先，企业的业务范围扩大，企业规模扩大，或者组建一个新的企业。

---

[1] 徐世勇，陈伟娜. 人力资源的招聘与甄选[M]. 北京：清华大学出版社，北京交通大学出版社，2008：1.

随着档案服务业的发展，社会各界对档案服务的需求也越来越多，档案服务业企业为了顺应潮流做出不同的选择。有的企业选择拓宽业务范围；有的企业选择专注于原有业务，在原有企业的基础上，扩大企业规模；还有的企业由于区域经济的原因开设了分公司，如美国的铁山公司在上海、北京等地开设了档案文件管理有限公司。其次，企业从事的业务转变、内部结构调整，需要新的专业型人才。在日益激烈的企业竞争中，有些企业在其原有的业务范围内无法继续前进发展，因而根据企业自身的情况，选择转变业务方向。根据转变的业务，招聘适应新业务的专业型人才。再次，因原来企业内部员工的离职、退休等出现的职位空缺。最后，现有的员工结构不合理及现岗上的员工不称职。

总之，对于档案服务业企业的人力资源部门来说，要不断吸收新生力量，为企业的可持续发展提供可靠的人力保障。

（二）档案服务业企业招聘员工的原则

档案服务业企业招聘员工的原则与大多数企业员工招聘的原则基本相同。

1. 公开招聘原则

公开招聘原则是招聘的基本原则，一方面，可以公平、公正地招聘到适合的人才；另一方面，可以树立企业的良好形象，吸引大量的应聘者。

2. 因事择人原则

因事择人原则是指企业的招聘活动为特定时期、特定组织、特定岗位搜寻最合适的人选，因此所有的招聘活动都必须以特定的"事"为依据，不能随心所欲。[1]

3. 效率优先原则

效率优先原则指人力资源部门尽可能地用较少的招聘成本来录取高素

---

[1] 徐世勇，陈伟娜. 人力资源的招聘与甄选[M]. 北京：清华大学出版社，北京交通大学出版社，2008：4.

质、适应企业的优秀人才。在保证招聘员工质量的基础上，尽可能地降低招聘费用。

4. 双向选择原则

双向选择原则指的是企业与应聘者的双向选择，双方只有做到相互了解，才能保证招聘的有效性。如今招聘企业向应聘者提供的信息有限，导致应聘者在招聘过程中处于劣势，企业提供的片面信息使得应聘者对企业抱有过高的期望，为以后公司的发展埋下了隐患。

二、档案服务业企业的招聘方式

在进行人力资源的需求预测之后，企业就要根据预测规划的信息进行招聘工作。一般情况下企业都会从内部进行招聘，若内部没有适合人选，企业就会选择外部来源。总结起来，企业招聘员工的渠道主要有内部招聘和外部招聘。

（一）内部招聘

说到招聘，一般人都会想到在网络上的一些招聘网站、校园中的招聘会及广告中的招聘信息。但是，对于一个企业来说，目前的在职人员或者内部雇佣，往往是填补职位空缺的最佳来源。

内部招聘就是从组织内部选拔合适的人才来补充空缺或新增的职位。内部人员既可以自行申请空缺的位置，又可以推荐其他人来竞聘这个位置。在档案服务业企业中，84%的企业都会使用这种招聘方法，38.1%的企业会以此为主要招聘手段。据笔者的前期调研，在档案服务业企业中，内部招聘的风险较低，成功率较高，且能激发员工的工作热情。绝大多数档案服务业企业都是专业人员和营销人员人数较多，他们在日常工作中积累了大量的知识和经验，对他们来说，内部招聘给他们带来了机会，只要努力工作，不断地学习，就有可能被分配到更重要的工作岗位。而且这些从内部招聘上来的员工，熟悉企业的运行方式和企业文化，可以更加快速地适应工作。此外，该方法还可降低招聘成本（内部招聘的员工可以为企业省去大量的招聘广告费、测试费及其他费用）。

当然，内部招聘也具有不可忽视的缺点，内部招聘会使企业失去创新性和活力。从内部招聘的员工一般都会遵守企业原有的管理方式或工作方式，这样不利于企业的发展与创新。如今市场环境急剧变化，各种企业越来越讲究变革与创新，一直贯彻原有的方式，会使企业丧失活力，进而失去竞争力。内部招聘虽然可以激励员工，提高他们的工作热情，但是招聘的职位毕竟有限，企业内部员工可能会为了几个有限的职位展开竞争，有竞争免不了产生矛盾，内部矛盾不利于企业人员的团结和合作，会降低员工的工作效率，影响企业的发展。在招聘结束后，没有被招聘到的或者没有被提拔的员工可能会情绪低落，尤其是一些好胜心比较强的员工，他们认为在竞聘中失败是很没有面子的事情，以后在企业中也无法面对同事。这样的员工工作效率极低，没有工作热情，甚至很难保证日常的出勤，这时候企业需要花费一定的时间和精力去帮助这些员工，这在一定程度上会阻碍企业的发展。对档案服务业企业来说，内部招聘最大的问题就是招聘到的员工水平有限。在上文提到的档案服务业企业人员文化程度概况分析中可以看到，大专学历的员工占据了企业员工的主体地位，而且内部招聘应聘者的数量要少于外部招聘，内部录用比例较高，相对而言招聘上来的人员质量比较有限。在内部招聘的过程中，难免会出现"走后门"、近亲之间的招聘及企业内部小团体的相互提拔等现象，这违背了公平公正的原则。这样，不仅招聘的员工质量无法保证，还会滋生更多的小团体，使员工之间关系变僵，从而影响工作的效率。

（二）外部招聘

外部招聘是指当企业有职位空缺的时候，根据组织制定的标准和程序从组织外部选拔符合空缺职位要求的员工。企业外部的潜在人员包括失业者、学校的毕业生、竞争者和其他公司中的在职员工等。[①]外部招聘是档案服务业企业常用的招聘手段,它能够弥补内部招聘手段的不足,如外部招聘能够引入新的血液,为企业带来新的管理方式、新的经营理念,为企业补充新的高学历高水平人才,等等。外部招聘还可以避免由于内部招聘竞争带来的内部员工之间的矛盾,而且对于新加入企业的员工,与上下级之间不存在恩怨关系,也不会有过于复杂的人际网络。

相对而言,外部招聘也具有不可忽视的劣势,如外部招聘进来的人员不熟悉企业的情况,进入角色较慢,很难快速、有效地开展工作;即使通过了企业的测试和评估,也不能保证他们完全适合职位和企业,在甄选的过程中,无法完全了解应聘者的能力与性格,一次错误的招聘可能会给企业带来巨大的危害;过于注重外部招聘,会影响内部员工工作的积极性,甚至导致企业优秀人才的流失;等等。

外部招聘的途径有很多,主要有以下几种。

1. 广告招聘

广告招聘也叫媒体招聘,是企业通过广播电视、报纸、网络或行业出版物等媒介向公众传送企业就业需求信息的一种招聘方式,同时它也是能够最广泛地通知潜在求职者工作空缺的办法。[②]企业可以通过此方法来提升自身的知名度,并集中挑选所需人才。据笔者的前期调研,在档案服务业企业中有 12.5%的企业使用了这种方式进行招聘,在这些企业中广告招聘方式只占了该企业所有招聘方式的 1%—10%,可见档案服务业企业很少使用广告招聘。原因如下。

对于档案服务业企业来说,企业所处的行业是个新兴行业,广告招聘的效

---

① 徐世勇,陈伟娜. 人力资源的招聘与甄选[M]. 北京:清华大学出版社,北京交通大学出版社,2008:34.
② 林忠,金延平. 人力资源管理[M]. 5版. 大连:东北财经大学出版社,2018:86.

果不能完全地发挥出来。一般情况下，档案服务业企业招聘的是少量的专业型人才，广告招聘会招来大量水平参差不齐的应聘者，会使企业在甄选的过程中花费大量的时间和精力。此外，广告招聘需要精心设计广告内容，将企业的基本情况，招聘的合法性，空缺职位的情况，应聘者应具备的条件，招聘的时间、地点及联系方式，招聘所需的证件和材料等从读者的角度加以介绍。同时还要谨慎地选择广告媒体、信息发布时间和发布范围，若设计不妥当，则可能会影响企业的形象和地位，给企业带来麻烦。

2. 校园招聘

校园招聘通常指企业直接从应届毕业生（包括专科生、本科生、硕士研究生、博士研究生）中招聘所需人才。作为储备和培养人才的重要手段，校园招聘越来越受到企业特别是实施投资型人力资源战略的企业的重视。[①]对于一些短期内需要合适的人才的企业来说，这是一种十分有效的方法。校园招聘的方式大致分为三种：一是企业直接到校园去公开招聘，派遣对校园、对学生有相当了解的招聘人员，便于直接联系与沟通；二是和高校合作，联手培养定向专业型人才，以这种方式培养出来的学生，在毕业后全部都要进入该企业工作；三是由企业有针对性地邀请部分将要毕业的学生到企业实习，让学生在企业中学到更多的知识，积累更多的经验，企业的管理人员也可以在学生实习的过程中考查学生的能力和素质等，为招聘提供更全面的信息。申江万国校园招聘的方式就是邀请将要毕业的档案学专业本科生及硕士研究生来到企业进行为期半年左右的实习，为学生提供了一个实践的平台，也为企业寻找具有潜力的、适合企业的人才提供了便利。

在档案服务业企业中，60%的企业使用了校园招聘这种方式，其中33.3%的企业将校园招聘作为主要的招聘方式。例如，北京星震同源数字系统股份

---

① 葛玉辉. 人力资源管理[M]. 北京：清华大学出版社，2006：147.

有限公司校园招聘占该企业所有招聘方式的60%，它在对自己企业人力资源情况总体评估与分析中提到，随着公司业务的不断发展壮大，现有人员相对稳定，在基础岗位上存在一定的流失。公司与很多学校建立了长期联系，通过校园招聘、社会招聘、网络招聘等途径，基本解决了公司的用人需求。该公司是为数不多的使用的招聘方式全面而又有层次性、倾向性的企业，这种更侧重校园招聘的方式使得该企业20—30岁的员工占公司总人数的82.8%，本科及本科以上学历的员工占总人数的72.2%，这样的员工队伍更加富有生机与活力，在未来的竞争中也更具优势。上海强然数码科技有限公司也是比较注重校园招聘的公司，它在企业人力资源情况总体评估与分析中直接提到了选用此种招聘方式的原因：由于上海劳动力人员的大量流失，在用人方面公司也受到很大的影响，近些年上海强然数码科技有限公司通过猎头及与高校合作的方式保障人员供给。上海强然数码科技有限公司利用校园招聘选择面大、选择层次立体、适宜进行战略性人才选择等优点和高校进行合作，不仅解决了人员流动的问题，也提高了员工队伍的质量。[①]

当然，校园招聘自然也有其劣势，如招聘来的学生没有工作经验，导致培训的成本高；学生对工作的期望值过高，培训之后跳槽的可能性大；如果培养、任用不当，学生可能会不认可企业的文化和价值观，影响企业的团队建设。

3. 网络招聘

网络招聘是近些年来随着计算机通信技术的发展和劳动力市场发展的需要而产生的通过网络进行招聘、求职的方法。由于这种方法具有成本低、反应速度快、工作量相对较少及收集招聘数据方便等优点，越来越多的企业开始利用网上资源进行网络招聘，甚至进行网上面试和测试。招聘者、求职

---

① 葛玉辉. 人力资源管理[M]. 北京：清华大学出版社，2006：149.

者和就业媒体都会通过网络来达到自己的目的。在档案服务业这个行业中，使用网络进行招聘的公司高达72%，它们主要通过人才网站的渠道来进行招聘，人才网站上资料库的容量大、日访问量高，企业可以快速地招聘到适合空缺职位的人才。在自己企业的官方网站上发布招聘信息也是企业常用的渠道，这样可以对企业形象进行宣传，使应聘者更加了解企业的情况，避免员工进入企业后由于期望值过高而出现离职的现象。经笔者调查，一般规模小的企业不会使用官方网站招聘的渠道，访问量较小使得这种渠道招聘效果不太理想。

4. 职业介绍机构与猎头公司

职业介绍机构是专门从事人员招聘工作的机构，掌握大量求职者信息。借助机构进行招聘，不仅可以使招聘活动更具有针对性，而且还可以代替企业完成很多工作，为企业节省大量的时间。

猎头公司是与职业介绍机构类似的就业中介组织，但是由于其特殊的运作方式和服务对象的特殊性，经常被当作一种独立的招聘渠道。猎头公司是一种专门为企业搜捕和推荐高级管理人员和高级技术人员的机构，它们设法使这些人才离开正在服务的企业，猎头公司可以帮助公司的最高管理者节省很多招聘到高级人才的时间。

在档案服务业企业中，56%的企业使用了上述两种招聘方式。如今档案服务业企业对员工的招聘方式更加多样化，企业内部人力资源管理较完善，根据之前的招聘工作也积累了不少经验，并不是十分依赖于职业介绍机构进行招聘。即使使用职业介绍机构这种招聘方式，招聘到的人员也有可能不符合企业的要求。另外，寻找职业介绍机构时要注意该机构是否正规合法、操作是否符合规范等问题，不正规的职业介绍机构会给企业招聘带来潜在风险。而猎头公司主要将目标集中在高级管理职位上，如上文提到的上海强然数码科技有限公司近年来通过猎头公司渠道来招聘高级管理人员，保障人员的供给。但是猎头公司的服务通常会收取高额的费用，而且无论雇佣是否成功，企业都要给予猎头公司高额费用，一般为所推荐高级人才年薪的 1/4—1/3。[1]

三、档案服务业企业人力资源的甄选

甄选是组织根据目前的环境状况，从申请者中挑选一个或者几个最符合空缺职务的决策过程。虽然这一定义强调了甄选的有效性，但甄选决策也必须是有效率的，并且受到平等就业机会法案的限制。因此，组织的甄选过程实际上是多目标的。[2]人员的招聘和甄选是两个相对独立的过程，招募是甄选的基础和前提，甄选是招募的目的。招募主要是以宣传来扩大影响，吸引足够合格的应聘者，为甄选提供选择的对象。招募工作成功与否直接影响甄选效率的高低和效果的好坏。[3]

（一）档案服务业企业甄选工作的意义

甄选工作可以降低人员招聘的风险。企业可以通过各种甄选的技术对应聘者进行较全面的测评，从而分析该应聘者是否符合企业要求，是否能够胜任空缺的职位。甄选工作有效地避免了雇佣不符合任职资格的人，同时避免了错误拒绝的现象，使真正的优秀人才流向竞争对手。

甄选工作有助于人员的安置和管理，也为员工的发展提供了依据。企业可以通过各方面的测评来了解一个员工各个方面的能力和素质。在安置的过程中，可以将人员特点与职业要求结合起来，给员工安排最适合的工作职位。若管理者在录用员工之前就了解了员工的特点，这将有助于后期管理。在甄选员工的过程中，企业不仅要了解员工目前的特点，以及与职位相适应的情

---

[1] 徐世勇，陈伟娜. 人力资源的招聘与甄选[M]. 北京：清华大学出版社，北京交通大学出版社，2008：3-8；葛玉辉. 人力资源管理[M]. 北京：清华大学出版社，2006：145.
[2] 伊万切维奇，科诺帕斯克. 人力资源管理[M]. 12版. 赵曙明，程德俊，译. 北京：机械工业出版社，2015：153.
[3] 徐世勇，陈伟娜. 人力资源的招聘与甄选[M]. 北京：清华大学出版社，北京交通大学出版社，2008：69.

况，还要预测员工未来发展的可能性。了解员工未来发展的潜能，一方面可以为其制订职业发展规划；另一方面可以为其提供适当的培训与提升的机会，满足企业进一步的发展要求。[①]

（二）档案服务业企业的甄选原则

企业在甄选人员的过程中，要明确目的，甄选不仅是选拔人才的过程，也是在宣传企业，所以在甄选工作中企业要遵循一定的原则。档案服务业企业的甄选原则与其他企业的相似。主要有以下四种。

1. 合法原则

企业的招聘甄选工作要符合国家的法律法规及相关政策。随着全球经济一体化和企业间竞争的加剧，企业必须增强法律意识，以适应社会的发展。

2. 宁缺毋滥原则

甄选是在众多的应聘者中找到适合空缺职位的人员，一个不适合此职位的员工在其位置上滥竽充数，不仅不能有效率地完成工作，而且会影响企业的工作氛围，增加企业的成本。所以，企业宁愿不招人，让一个职位空缺下去，也不能随意招聘一些不适合空缺职位的人员。

3. 公平竞争原则

公平竞争原则在招聘中就已经提到过，企业不仅要在招聘的过程中遵守公平的原则，甄选也要遵守公平竞争的原则。这样可以保证真正的优秀人才进入企业。

4. 德才兼备原则

企业在甄选的过程中，不能只看应聘者的能力和素质，还要看他的"德行"，只有品行端正、声誉良好的人才会被录用。如果一位应聘者在"德"

[①] 徐世勇，陈伟娜. 人力资源的招聘与甄选[M]. 北京：清华大学出版社，北京交通大学出版社，2008：72.

上有缺陷，那么他的"才能"越大，对企业的威胁也就越大。只有遵守德才兼备的甄选原则，才能降低企业的用人风险。

（三）档案服务业企业甄选测评因素

甄选是对应聘者各个方面的测评。在档案服务业中，虽然企业对应聘者的甄选测评因素与其他行业企业相似，但是每个测评因素的标准或者内容都要结合企业本身的特点制定。其主要甄选测评因素应具备以下几个方面。

1. 知识储备

这里所说的知识分为百科知识和专业知识。百科知识一般包括天文地理、社会常识、数理化、外语、体育、文艺等，主要考察的是应聘者对基本知识的了解程度，从侧面考核一个人的基本素质和学习新知识的能力。

专业知识就是特定领域所需要的特定知识。一般情况下根据企业的业务方向和岗位的不同，档案服务业企业对应聘者专业知识的考核内容也会发生相应的变化。

2. 工作经历

工作经历在甄选的过程中是十分重要的，企业可以根据应聘者以前的工作经历，找到与应聘职位相关的工作经验以考量应聘者是否能够更快适合这个应聘职位的要求。另外，企业招聘有工作经历的员工，可以省下培训的成本。

3. 教育背景

教育背景主要包括受教育程度、类型，所学科目等信息。根据现有的档案服务业企业的人力资源状况，各企业在招聘甄选时更加倾向于档案管理人才。由于各档案服务业企业的业务范围不同，所拥有的专业人才比例也是不同的。例如，计算机档案管理软件公司和档案数字化加工服务公司中，计算机专业的员工占多数。档案密集存储设备公司和档案保护设备与产品公司中，理工科出身的员工占多数。可以发现，这些企业中唯独档案学专业的员工不多。广州好档家信息科技有限公司在评价中直接表明，公司处在发展当中，主要缺少档案专业人才。东港瑞云数据技术有限公司评价企业人力资源概况时提到，公司总人力比较富裕，但档案专业员工与技术型人才存在缺口，公司人员流动性比较大。

4. 性格与品质

性格表现为对现实环境和完成活动的态度上的特征，这些特征决定了个人在各种不同情况下的行为表现。不同性格的人适合不同的工作，只有人与工作匹配好，才能提高员工的工作效率。应聘者的品质是档案服务业企业在甄选过程中十分重视的，几乎每个企业都对应聘者提出了基本的品质要求，如宁波明达现代办公设备有限公司对应聘者的品质要求是要对企业忠诚、爱岗敬业、服从领导、全心全意贯彻公司的决策和部署，且需具有团队协作的团队意识等。

第四节 档案服务业企业人力资源的培训与开发

如今越来越多的企业对人力资源的培训与开发给予了广泛的认可，事实证明，注重培训与开发的企业往往会在激烈的竞争中保持竞争优势，面对未来风险，这些企业也能够更好地应对。作为人力资源管理的一个重要部分，培训与开发是提高组织运转绩效、使组织获取和增强竞争优势、维护组织有效运转的重要手段。一般意义上，所谓培训与开发是指组织根据发展和业务需要，通过学习、训练等手段进行的旨在改变员工的价值观、工作态度和工作行为，提高员工的工作能力、知识水平、业务技能并最终改善和提高组织绩效等的有计划、有组织的培养和训练活动或过程。[①]

一般情况下，企业不会严格地去区分培训与开发，但是二者并不是完全

---

① 林忠，金延平. 人力资源管理[M]. 5版. 大连：东北财经大学出版社，2018：127.

相同的。培训侧重向员工传授关于完成现有的某项工作或某项任务的知识和技能，而开发则侧重为以后的任务或者工作做好准备。前面在招聘的部分中提到的内部招聘中的内部提拔也可以看作员工开发的一种举措。

企业的培训与开发活动主要有三种：新员工的入职培训、管理技能的开发及培训效果的评估。具体如下。

一、新员工的入职培训

虽然公司在聘任员工前对其都进行了仔细的甄选，但也无法完全保证他们能够有效率地完成工作。即使是那些高潜质的员工，如果不知道该做什么及如何做，那么他们也很难完成自己的工作。因此，确保员工知道应该做什么及如何做，才是新员工入职培训的目的所在。[①] 此外，也可以将新员工的入职培训看作引导新员工了解企业和工作的信息和情况、帮助新员工融入集体、缓解新员工初进企业时忧虑心理的过程。

新员工的入职培训是内部培训中最为常见的培训项目，一名新员工在正式上岗之前，需要经过长达半年或者一年的时间来参加培训，公司的培训成本是很高的。对于档案服务业企业来说，多数企业以网络招聘和校园招聘为主，招聘到的新员工在工作经验和工作技能方面可能有所不足，因此，企业应在新员工入职培训方面投入更多的时间和资源，如制订合理的员工入职培训计划，这样可以减少员工进入企业的磨合成本。

从企业层次来讲，需要对新员工进行进入角色培训和企业文化培训等。进入角色培训主要是新员工对公司概况、工作条件、人员关系、工作环境、规章制度等进行了解的培训，主要是为了使新员工尽快融入企业，完成角色进入。进入角色培训大概需要一周的时间，一般通过口头介绍或者发放工作手册的形式来完成。企业文化培训是在新员工进入角色的基础上，让

---

① 德斯勒. 人力资源管理[M]. 12版. 刘昕, 译. 北京：中国人民大学出版社，2012：292.

新员工对企业的经营目标、企业的理念和价值观等能有一定了解的培训。企业文化培训能使新员工感受企业文化底蕴，并对企业产生相应的归属感。一般企业会用大概三个月的时间从精神文化、组织制度文化、物质文化三个层次完成企业文化培训。在档案服务业企业中，有些企业并不是很重视企业文化培训，导致员工在工作一段时间后发现自己并不认同该企业的企业文化，从而离职。

从部门层次来讲，要对新员工进行业务技术培训和岗位培训。业务技术培训是针对各个岗位应具备的基本知识、工作程序、工作要求和操作要领等进行的培训，能使新员工较快进入角色，此外还要进行工作安全培训。[①]岗位培训即实际工作培训。之前的培训多为理论上的，岗位培训是指在接受理论的培训之后，与企业原有员工建立工作上的辅导关系，让新员工学习在实际工作中的工作技巧、办事方法、业务内容等的培训。同时，要时刻关注新员工的绩效，并及时反馈给本人，这有助于其改进工作方法、缓解紧张情绪。档案服务业企业十分注重业务技术培训和岗位培训。上海八益自动化科技有限公司在调查问卷中明确表示，进入企业的员工需要加强业务技术和实用技能的培训，且该公司通过内部培训和外部培训的方式，已加强了上述两方面的培训。

二、管理技能的开发

企业及其环境是动态的，且动态化程度越来越高。新技术被开发、竞争者进入和离开市场、通货膨胀率上升、生产率变化，这些是经理人要面对的各种变动。管理技能的开发就是为了适应各种变动而不断从内部或者外部挑选、培养管理人员，培训和发掘他们的管理潜力并提高他们的管理水平，鼓励他们进行自我开发。

---

① 徐芳. 培训与开发理论及技术[M]. 上海：复旦大学出版社，2005：228.

管理技能开发的过程如下：首先，对本企业进行评估，了解企业的战略需求，如填补未来可能会出现的高级管理人员的职位空缺或提高竞争力；其次，评价管理人员当前的工作绩效；最后，对当前及未来的管理人员实施开发活动。不仅管理技能的开发是企业职业化的管理要求，管理人员的选拔也为企业培养了可以接任未来企业空缺职位的人才队伍，同时提高了管理人员的管理能力和管理效率，有效地解决了职业顶峰和技能老化问题。

在档案服务业企业中，高级管理人员流动性大，一些企业缺乏具有管理能力的高级干部，有些小规模企业虽然通过猎头公司招聘到了有能力、有经验的高级管理人员，但是高成本、高风险的特点会使它们难以接受。针对档案服务业企业的高层管理人员不仅要具备管理能力，还要具备档案专业知识的现状，管理技能开发无疑是十分适合档案服务业企业的，企业对现有的高级管理人员进行培训，更新他们的技能，这样可以更好地管理人员，提高管理效率。此外，还可以从内部员工中选拔一些有潜力的、学习能力强的员工进行培训，为未来的空缺职位培养好接班人。这种方法不仅可以解决档案服务业企业招聘高级管理人员的问题，还可以避免大量的投资。

三、培训效果的评估

大多数档案服务业企业都不太注重培训环节，一般情况下，企业只会对新进的员工进行业务培训和岗位培训。一旦进入繁忙的状态，企业就会放弃培训环节。其主要原因就在于，培训是一种人力资本的投资，它的投资成果很难直观地表现出来，会给企业一种培训耗费大量的资金却没有什么效果的感觉。为了强化企业进行培训的有效性和积极性，有必要对培训的效果进行评估。

培训效果的评估是指系统地搜集有关人力资源开发项目的描述性和评

判性信息的过程，通过运用不同的测量工具来评价培训目标的达成度。[①]培训效果评估对档案服务业企业是十分有意义的。首先，可以加强企业的培训开发意识，通过评估让企业管理者相信培训开发的工作是有价值的，从而使企业重视培训开发。其次，可以通过评估判断人力资源的开发项目是否实现了预期的目标，在企业培训员工的过程中进行实时评估，找出培训开发计划的优缺点，从而进行必要的调整。最后，可以通过评估区分出参加培训开发员工的收获程度，进而根据评估结果制订下一步的培训计划。档案服务业企业高级管理及技术人才的引进虽然以招聘的方式为主，但是由于档案专业人才和管理人才的高流动率，档案服务业企业转向了内部培训开发的方法来填补职位的空缺。然而，培训开发的过程也是需要投入大量资本的，对培训效果的评估无疑为培训开发工作提供了强力保障，为企业节省了大量的成本和精力。

对于档案服务业企业来说，评估人力资源培训开发项目的培训效果与人力资源培训开发项目的种类，以及企业本身和评估的目标等相关，各企业可以根据不同的需要来建立不同的评估模型。其中被档案服务业企业采用较多的是柯克帕特里克的四层次培训效果评估模型，该模型包括学员反应、学习成果、工作行为和经营业绩。评估学员反应是指参与培训人员的意见反馈，通过受训者对培训工作各方面的评价，反映了培训活动的质量，如培训方式是否合适、培训内容是否实用及培训方法是否有效等。这个指标反映了受训者的满意程度，但是不能反映受训者培训的效果。评估学习成果是受训者在经过培训后对其学习成果的测试，它反映了受训者是否掌握了人力资源开发活动中要求的目标，许多企业都十分重视这项指标，受训者在培训中所获得的知识和技能的水平直接决定了培训活动的效果。评估工作行为是指检验员工在接受培训之后工作上

---

① 徐芳. 培训与开发理论及技术[M]. 上海：复旦大学出版社，2005：262.

行为的改变，即是否运用了在培训活动中学到的东西。在评估中不仅要考量工作技能的熟练度和解决问题的能力，还要考量员工的工作态度及工作规范性，这样多方面的考察可以看出培训前后员工的工作行为是否发生了改变，以及这种改变是不是由培训导致的。这项评估反映了培训的成果能否与实际的工作相互转化，也是一个重要指标。评估经营业绩主要是指企业开展的培训活动是否改善了企业的绩效。也就是说，企业投入了大量的资金去培训，经过培训之后企业收到的回报与当初的投入是否成正比。这项指标的评估是比较困难的，毕竟影响绩效的因素比较多，企业无法确定是不是开展的培训活动影响了组织绩效。在使用了柯克帕特里克的四层次培训效果评估模型的档案服务业企业中，并没有完全在这四个层次上进行评估，大多数的企业都比较重视对学习成果进行评估，而对其他三个层次进行评估的企业很少。可见，档案服务业企业对培训效果的评估并不成熟，这一问题也使得越来越多的员工由于能力不符合工作要求、工作态度问题、自身发展需求等原因离职，影响了企业的发展。

第五节　档案服务业企业的薪酬状况

一、档案服务业企业的薪酬水平

薪酬是一项人力资源管理功能，是员工得到的作为完成组织任务回报的各种类型的奖励。它是人们为各种类型和规模的组织工作所获得的回报，也是大多数人愿意被人雇佣的原因。[1]员工的薪酬大致分为非经济报酬和经济报酬。非经济报酬是指个人对工作本身或对工作在心理与物质环境上的满足感，如表扬、赞赏和认可等。经济报酬则指员工得到的各种货币和实物的收入，可分为直接经济报酬和间接经济报酬，其中直接经济报酬就是常说的工资、奖金等，间接经济报酬是具有经济性质的福利，如带薪的休假、保险、

---

[1] 伊万切维奇，科诺帕斯克. 人力资源管理[M]. 12版. 赵曙明，程德俊，译. 北京：机械工业出版社，2015：212.

各方面的补助。向员工支付经济报酬的基本方式主要有两种：一种是根据工作时间支付；另一种是根据绩效支付。①

薪酬水平是指企业内部各类职位和人员平均薪酬的高低状况。要确定企业的薪酬水平，首先要对薪酬状况进行调查，只有了解同行业其他企业的薪资状况才能更好地确定本企业的薪资水平。笔者对档案服务行业中的企业进行了薪酬状况的调查。结果显示，3500—5000元的月薪是在档案服务业企业中是比较常见的，有40%的企业以3500—5000元为主要月薪资区间，其次是2500—3500元的月薪资区间，35%的企业以此区间为主要月薪资区间。结合档案服务业企业的人员结构，可以推测出这两个月薪资区间为部分营销人员和专业人员的薪资范围。15%的企业有1500元以下的月薪资区间，一般情况下为辅助员工或者是临时员工的薪资范围。而5000—10 000元月薪资区间，95%的企业有此薪资区间，在这些企业中，10%左右的员工可享受此区间月薪资待遇，有些企业可达到40%的员工的月薪资在5000—10 000元。10 000元以上为各企业高级管理人员的月薪资范围，由于企业中高管人数较少，所以能享受到10 000元以上月薪资的员工不足10%。

二、绩效薪酬与激励薪酬及员工福利

（一）绩效薪酬与激励薪酬

如今许多企业把员工的绩效和薪酬挂钩，启用了绩效薪酬与激励薪酬，目的是提高员工工作的积极性，在此基础上促进效率的提高。绩效薪酬与激励薪酬都和绩效直接挂钩，然而绩效薪酬是用来承认员工过去令人满意的工作行为及业绩的薪酬增长方式。绩效薪酬计划包括绩效加薪和个人特别绩效等。绩效薪酬是与绩效评价等级联系在一起的，不同的绩效等级对应着不同的加薪程度。个人特别绩效奖是对个人特别突出的优质业绩进行奖励的方

---

① 德斯勒. 人力资源管理[M]. 12版. 刘昕，译. 北京：中国人民大学出版社，2012：422.

式，一般的情况下奖励的程度要高于平时的奖励。这种奖励方式往往会给员工带来激励的效果。激励薪酬计划是企业根据员工实际的绩效与已经确定好的目标进行比较，若员工达成目标则给予其加薪，超额完成任务加薪幅度增大；若没有达成目标，没有加薪或者是减薪。与绩效薪酬相比，激励薪酬不会基于基本薪酬，不具有累加性，而且激励薪酬不仅仅适用于个人，也适用于团队或者组织。激励薪酬的支付额度是预先设定好的，员工事先都是知道的，其激励的效果更加明显。

据笔者的前期调研，在档案服务业企业中，超过85%的企业使用绩效薪酬，每个企业都会有不同类型的绩效薪酬方案，虽然说激励薪酬已经进入到档案服务业企业中，但是绩效薪酬的地位在档案服务业企业的薪酬计划中还是无可撼动的。

(二) 员工福利

员工福利是求职者关注的仅次于薪酬的问题。员工福利是员工因为保持与企业之间的雇佣关系而获得的各种间接的经济性或者非经济性的报酬，是员工薪酬收入中一个非常重要的组成部分。[1]在国内的企业中，员工福利包括法定福利和企业自愿性福利。

法定福利是根据政府的政策法规要求，企业必须向员工提供的福利，主要分为社会保险制度、法定假日和带薪休假、劳动安全与健康。社会保险制度包括养老保险、基本医疗保险、失业保险、住房公积金、工伤保险及生育保险。法定假日和带薪休假是指企业员工依法享有休息时间，除了节日和双休日外，还可以享受带薪休假，50%左右的档案服务业企业表示会提供带薪休假。带薪休假的长短取决于员工在企业工作的时间，工作的时间越长，享受的假期也就越长。劳动安全与健康是企业确保员工劳动安全与身体健康的

---

[1] 德斯勒. 人力资源管理[M]. 12版. 刘昕，译. 北京：中国人民大学出版社，2012：507.

福利，一般包括劳动制度、技术训练、安全预测等。

企业自愿性福利是企业自行决定给予员工的福利，如退休福利。由于法定的养老金水平不是很高，许多员工担心在退休之后没有充足的经济保障，企业可以自行提供养老金或者实行养老金计划。还有一些个人服务型的福利，如超时或者节假日的加班费、提供员工宿舍、交通费的补贴、饮食补助、教育补助等。以上的福利构成了企业福利成本开支的大部分内容。

除此之外，有些企业提出了弹性福利计划，让员工在企业提供的福利中选择自己想要的福利，这些福利中不仅有各方面的经济补贴，还有员工租赁或弹性工作时间安排等福利。弹性工作时间安排现在变得日益流行，越来越多的员工想在追求事业的同时，注重家庭和自身的生活质量。迪拜猎聘管理公司（Jobtrack Management Services）对高校的在校生和刚毕业的大学生进行了一项调查，当他们被问及"最想得到的福利项目是什么"时，35%的受访者选择了灵活的工作时间安排。可见，未来几年的应聘者会更加注重这种关乎生活方式的福利，而不仅仅是经济型福利。很少有档案服务业企业会提供员工租赁类福利。员工租赁主要适用于小型企业，由于小型企业无法提供上面所说的那些福利，因此可通过员工租赁的方式使自己员工享受到保险等福利，这样可节约一定的人力资源成本，抵消向员工租赁公司支付的费用。

经过笔者的调查，档案服务业企业的福利待遇状况还是十分可观的。在法定福利方面，几乎所有企业都提供了法定假日和带薪休假，在被调查的企业中，36.4%的企业的所有员工享受养老保险和医疗保险，在72.7%的企业中80%以上的员工享受养老保险和医疗保险。95.5%的企业提供了失业保险。在企业自愿性福利方面，95%以上的企业为员工提供了饮食补助，85%的企业为员工提供了宿舍，基于档案服务业企业的本地员工占比不高，只有19%的企业为员工提供了交通接送的福利。此外，少数企业还会有发放购物卡、取暖费补贴、防暑费补贴及集体旅游等福利。

总之,档案服务行业中的企业以中小型企业为主,企业员工人数为100—300人,企业员工队伍具有年轻化、素质较高的特点。企业的主要经营业务方向决定了人员职位结构。档案服务业企业的人力资源规划是企业制定战略目标的重要依据。人力资源需求预测要考虑企业内外两方面因素。在人力资源招聘方式上,多数档案服务业企业以内主外辅的方式进行招聘,但档案服务业企业的招聘方式较为单一。档案服务业甄选的原则与其他企业相似,甄选因素则根据档案服务业企业的自身情况而定。档案服务业企业对新员工的入职培训是比较重视的,大多数企业都会对新员工进行入职培训,但总体来说档案服务业企业培训与开发体系还需要进一步的完善。档案服务业企业员工的主要薪资区间为3500—5000元,而且档案服务业企业为员工提供了必要的法定福利和一些企业自愿性福利,以便吸引更多的人才进入档案服务业企业。

第六章　中国档案服务业企业的企业文化

第一节　档案服务业企业文化概述

中国档案服务业企业经历了从无到有、从无序到有序的发展历程。档案服务业总体的发展，呈现出档案服务业企业在数量、规模、实力等方面的不均衡，其原因很多，如区域经济发展的差异，此外，档案服务业企业文化对档案服务业企业在市场竞争中能否胜出起到了举足轻重的作用。良好的档案服务业企业文化被认为是增强档案服务业企业核心竞争力的重要因素，了解档案服务业企业文化的内涵、构成及特点是中国档案服务业企业文化建设的前提。

一、档案服务业企业文化的内涵

企业文化作为现代企业管理理论的一部分，源于美国，根在日本。[①]国外对企业文化的研究始于20世纪70年代末80年代初，并于90年代继续深化发展。我国企业文化研究始于20世纪80年代中期，经过约30年的发展，

---

① 苏勇. 论企业文化及其在中国的实践[J]. 复旦学报(社会科学版)，1989，(3)：100-105.

企业文化理论研究与管理实践都取得了一定的成效[1]，但与国外企业文化研究的迅猛发展相比，中国的企业文化研究仍较为薄弱。企业文化是指企业全体员工在长期的创业和发展过程中培育形成，并共同遵守的最高目标、价值标准、基本信念及行为规范。[2] 企业文化是一种主要体现在从事经济活动组织内部的文化观念，被该组织的成员所认可。广义的企业文化是指精神文化、制度文化、行为文化及物质文化的总和，狭义的企业文化则是把企业价值观作为核心的企业意识形态。

对我国档案服务业企业文化讨论的内容主要是从广义的企业文化展开的。其中，精神文化是企业文化的核心内容，对于企业的发展方向及企业内部员工的行为规范起着决定作用，是企业在日常经营活动中形成的文化观念与精神成果。制度文化是企业为了实现自身的经营目标对企业员工实施强有力的行为规范的文化，是连接精神文化、行为文化和物质文化的纽带。行为文化是指企业员工在生产经营活动、学习娱乐中产生的活动文化[3]，是企业精神、企业价值观的折射。物质文化是企业文化的表层，是企业文化的物质载体，是精神文化、制度文化、行为文化的基础。从文献的角度来看，国外在企业文化研究中并无"物质文化"一词的说法。该词在国内最初由复旦大学苏勇教授结合本土特色在中国特色的企业文化四层次划分法中提出，之后有很多著作遵循这样的说法，并将其作为一个不可缺少的部分加以强调，乃至写入教材。针对服务产品等无形产品的出现，复旦大学刘国华、邓德香给出了"物质文化"新的定义：企业物质文化是外界通过企业的物质设施、有形及无形产品等载体所能感受到的企业的表层文化，是消费者认识企业核心文化的出发点和基础。同时，企业通过该文化向消费者和员工传递某种文化

---

[1] 徐尚昆. 中国企业文化概念范畴的本土构建[J]. 管理评论，2012，(6)：124-132.
[2] 张德. 企业文化建设[M]. 北京：清华大学出版社，2003：1.
[3] 艾亮. 企业文化建设研究[D]. 天津：天津大学，2012.

价值。[①]企业的精神文化、制度文化、行为文化、物质文化紧密联系，相互影响，共同构成了企业文化建设的内容。

二、档案服务业企业文化的构成

档案服务业企业文化的构成同样可分为四个层次，分别是精神文化、制度文化、行为文化和物质文化。其中，精神文化主要是指相同的组织价值观、服务意识和团队精神；制度文化是指组织统一的行为规范；行为文化是指组织成员之间的活动文化；物质文化则是档案服务业企业的对外物质形态。档案服务业企业文化中精神文化直接决定着制度文化、行为文化和物质文化。档案服务业企业通过企业文化建设能够尽可能地在企业员工内建立相同的价值观，通过适当的表彰和激励机制，改善工作环境，丰富文体活动，既增加企业员工的满意度，也促进档案服务业企业的发展。

（一）精神文化

档案服务业企业精神文化是指档案服务业企业在长期的经营管理中受到一定社会文化环境、意识形态影响而形成的精神成果和文化观念。这一概念是将企业人格化了的产物，是档案服务业企业文化建设的核心内容，包含企业宗旨、企业精神、企业价值观、企业管理理念、企业经营理念、企业服务理念、企业人才观念、企业主要宣传口号、企业广告设计、企业工作作风、企业公益活动、学习型组织与活动等。档案服务业企业精神文化价值体系以企业精神为核心，反映了档案服务业企业在自主生产经营中形成的经营思想、群体意识，是档案服务业企业发展的精神支柱，拥有巨大的向心力和凝聚力。

（二）制度文化

档案服务业企业制度文化是指档案服务业企业的规章制度、组织结构及

[①] 刘国华，邓德香. 论企业文化建设中的物质文化[J]. 兰州学刊, 2006,（12）: 186-189.

领导体制，是一定精神文化的产物，是人与物、人与企业运营制度的结合体。档案服务业企业制度文化包含企业董事会制度、企业领导结构、企业主要领导风格与领导方式、企业管理制度、企业管理层次、企业责任制、企业业务工作制度、党团与工会组织等。

（三）行为文化

档案服务业企业行为文化是指档案服务业企业员工在生产经营活动、学习娱乐中产生的活动文化，包括企业经营、交流合作、教育宣传、文体活动中产生的文化现象。[1]从行为的主体上看，企业行为文化可分为企业家的行为文化、企业模范人物的行为文化和企业员工的行为文化。[2]

（四）物质文化

档案服务业企业的物质文化，即产品商标与包装、企业环境与硬件设施所表现出来的档案服务业企业形象，是档案服务业企业在建设和发展过程中形成的物质和精神的综合呈现，包括企业的整体环境、企业的建筑风格、企业的装潢、企业的标志、企业产品的包装设计等。企业的物质文化不仅能够促进客户去了解企业的核心价值观，而且通过企业物质文化的建设，可以向客户及企业内部员工传递本组织的企业文化价值。

总之，要建立良好的档案服务业企业文化，就要将精神文化、制度文化、行为文化和物质文化有机结合起来，真正发挥档案服务业企业文化在档案服务业企业建设中的功能。

三、档案服务业企业文化的特点

（一）服务性

随着档案社会化服务需求的产生，我国档案服务业企业为适应市场需求

---

[1] 艾亮. 企业文化建设研究[D]. 天津：天津大学，2012.
[2] 尤佳新. 中国档案服务业企业文化建设现状分析[D]. 沈阳：辽宁大学，2018.

而产生，其经营内容多样，以档案服务为主。档案企业服务的内容包括档案物流服务、档案存储服务、档案数字化加工处理服务、档案管理服务、档案咨询服务、档案销毁服务、档案用品供应服务、档案寄存托管服务、档案管理软件服务、档案管理服务外包、档案管理系统建设服务、档案劳务性服务等。一般情况下，一个企业可能只开展其中几项业务。根据不同的主要经营业务可将档案服务性企业分成不同的类型，如随着科技的发展，档案信息化管理逐渐被提上议事日程，出现了以主攻档案信息化服务的档案管理软件服务公司。[1]档案服务业企业的性质决定其文化具有服务性，只有做到"以客户为中心"，才能够赢得客户。

（二）独特性

档案服务业企业文化具有独特性，即不同的企业其企业文化具有自身的特殊性。企业文化实际上作为人的价值理念而存在，而人的价值理念又是对现实的反映。因此，企业现实状态不同，它的企业文化也就不同。[2]企业文化是一种主要体现在从事经济活动组织内部的文化观念，它所包含的价值观念、行为准则等意识形态和物质形态均为该组织成员所认可。[3]企业文化是组织自身在经营实践过程中形成的，受不同企业自主生产经营过程中形成的经营思想、群体意识的影响，不同的档案服务企业有不同的企业文化，所以档案服务业企业文化具有独特性。

（三）创新性

无论是企业制度创新、经营战略创新还是技术创新都必须在文化创新的大背景下才能顺利进行，企业文化创新已成为企业创新不可分割的重要组成

---

[1] 丁海斌，方鸣，陈永生. 档案学概论[M]. 沈阳：辽宁大学出版社，2012：127-128.
[2] 魏杰. 中国企业文化创新[M]. 北京：中国发展出版社，2006：22-25.
[3] 芮会敏. ××公司企业文化建设方案研究[D]. 兰州：兰州大学，2013.

部分。①档案服务业企业在不断发展壮大的过程中对企业文化的要求也不同,企业文化要与时俱进、不断创新,为企业创新提供良好的文化氛围。

(四)效益性

效益性是企业文化区别于社会文化的根本特征。企业是追求利润最大化的组织,企业文化是维系其生存和发展的内在动力之一,它必须与企业的本质特征相适应。创造利润是企业文化的重要目标之一。②商业性档案服务机构是指提供档案事务服务的独立经营、独立核算、自负盈亏的企业型单位。③从我国档案服务业企业的发展历程来看,"以市场需求为导向,以客户为中心"是档案服务业企业的发展策略,不同业务类别和服务类别的档案服务业企业都是以盈利为目的的。我国档案服务业企业是面向政府、企事业单位、社会团体与个人提供服务的独立经营的经济实体,为客户提供有偿的档案服务,具有盈利性,以实现经营管理最大效益化为最终目标。

(五)实践性

企业文化产生并作用于企业经营实践的全过程,而国际通行标准是,企业文化从开始建设到最后走向成熟,这个周期是6—8年的时间。企业文化建设对员工精神境界、思想观念的塑造是一个漫长且潜移默化的过程,需循序渐进,不能操之过急。并且,企业文化对于企业的作用与影响具有可持续性。一种文化一旦在一个企业被推广传播并发挥作用,便会在企业中形成一种文化氛围,在一定的时间段内对这个企业产生影响。④企业文化既来源于实践,同时又指导实践。档案服务业企业文化是企业在认识活动与实践活动相互作用过程中的产物,只有回到企业的运营与管理实践中,才能发挥作用。

---

① 杨月坤. 企业文化创新——企业创新的动力之源[J]. 工业技术经济, 2007, (12): 31-33.
② 房旭鹏. 论企业文化创新是现代企业发展的推动力[D]. 长春: 吉林大学, 2005: 6.
③ 丁海斌, 方鸣, 陈永生. 档案学概论[M]. 沈阳: 辽宁大学出版社, 2012: 127.
④ 邹广文. 立足企业文化实践特点 提升企业文化[J]. 经济界, 2005, (4): 44-45.

（六）刚性与柔性并兼

企业文化的刚性特征是指一个企业的文化对该企业具有极大的依赖性和独占性，不易被模仿，企业自身也难以改变。[1]企业文化的柔性特征表现为企业文化作为一个开放的价值观念体系，它所包含的内容和意义始终处于不断的发展和变化之中，具有动态性和发展性。[2]档案服务业企业文化同时兼具这两种特征，其中柔性特征表现更甚。我国档案服务业企业起步较晚，发展还不成熟，档案服务业企业文化更是在不断发展之中。

第二节 档案服务业企业文化建设的现状分析

现代企业之间的竞争已经不仅仅是企业产品、规模、技术之间的竞争，更重要的是企业文化之间的竞争。企业文化作为一种无形的资产在企业市场竞争中拥有巨大的潜力，越来越多的企业逐渐意识到企业文化的建设对于企业的生存发展特别是可持续发展具有极其重要的影响。因此，如何实现可持续发展，增强竞争实力，关键在于提升自身内在的企业文化等方面的软实力。为了了解我国档案服务业企业文化建设的实际情况，笔者查阅了中国档案服务业企业的官方网站，对各公司的企业文化建设情况进行了分析。下面，笔者将从档案服务业企业文化建设环境的角度，对档案服务业企业文化建设的现状进行分析，并对各公司的企业文化内涵的关键词进行提炼和简化，旨在找出具有规律的特征。

一、档案服务业企业文化建设的环境

企业环境是形成企业文化唯一且最大的影响因素[3]，不同企业的企业文化

---

[1] Leonard-Barton D. Core capabilities and core rigidities: A paradox in managing new product development[J]. Strategic Management Journal, 1992, 13(S1):111-125.
[2] 张敏，陈传明. 企业文化内涵与功能的思辨[J]. 经济问题探索, 2006, (4): 69-72.
[3] 特伦斯·迪尔，艾伦·肯尼迪. 企业文化——企业生活中的礼仪与仪式[M]. 李原, 孙健敏, 译. 北京：中国人民大学出版社, 2008.

是在各自的企业实践中形成的，带有本组织特有的宗旨、精神、价值观、经营理念、服务理念等，各企业环境对本组织的企业文化的建设具有一定的影响。

（一）档案服务业企业文化建设的外部环境

档案服务业企业文化建设的外部环境是指档案服务业企业所处的政策环境、经济环境及行业技术环境等。

1. 政策环境

2013年11月12日，中国共产党第十八届中央委员会第三次全体会议通过的《中共中央关于全面深化改革若干重大问题的决定》，对完善文化管理体制，建立健全现代文化市场体系，推进文化体制机制创新，进而建设社会主义文化强国，增强国家文化软实力，具有重要的指导意义。[1]2014年，中共中央办公厅、国务院办公厅印发的《关于加强和改进新形势下档案工作的意见》中明确提出：规范并支持社会力量参与档案事务，规范并支持档案中介机构、档案专业机构参与档案事务。[2]2020年全国人民代表大会常务委员会颁布的《档案法》第二十四条指出："档案馆和机关、团体、企业事业单位以及其他组织委托档案整理、寄存、开发利用和数字化等服务的，应当与符合条件的档案服务企业签订委托协议，约定服务的范围、质量和技术标准等内容，并对受托方进行监督。受托方应当建立档案服务管理制度，遵守有关安全保密规定，确保档案的安全。"这些都为档案服务业企业提供了广阔的发展空间与前景，也在一定程度上为档案服务业企业的企业文化的建设提供了良好的外部政策环境。

2. 经济环境

据国家统计局公布数据，2020年，我国全年GDP为1015986亿元，比

---

[1] 新华社. 中共中央关于全面深化改革若干重大问题的决定[EB/OL]. http://www.gov.cn/jrzg/2013-11/15/content_2528179.htm[2017-04-25].
[2] 中华人民共和国国家档案局. 中共中央办公厅 国务院办公厅印发《关于加强和改进新形势下档案工作的意见》[EB/OL]. https://www.saac.gov.cn/daj/xxgk/201405/1d90cb6f5efd42cob81f76d7253085.shtml[2021-10-10].

上年增长 2.2%。其中，第三产业增加值 551 974 亿元，增长 1.9%。第三产业增加值占 GDP 的比重为 54.5%，比 2019 年提高了 0.3 个百分点。[①]在市场环境中，中国特色社会主义市场经济体制的建立能够通过市场机制来实现社会资源的优化配置，并在此基础上，确保国家各项经济活动能够遵循市场价值规律要求，运用各种手段来更好地促进全社会生产的自动调节。[②]档案服务业企业的经济基础决定上层建筑，其经济环境对档案服务业企业活动具有一定的制约作用，档案服务业企业行为不能超过经济环境的允许范围。因此，档案服务业企业在当前社会主义市场经济体制的环境中，想要完善自己与实现自身的跨越式发展，应积极把握机遇，增强自身实力，加强"软实力"建设，以积极向上的企业精神、价值观迎接挑战。

3. 行业技术环境

2016 年召开的全国首届"'互联网+'时代下档案服务业发展高峰论坛"紧扣时下云计算、大数据、档案信息化等热门话题，分享了"互联网+"趋势下档案服务业的最新发展趋势及市场机遇，专家学者从工业发展及升级、档案服务业发展及信息化建设、资本市场等角度分享了对"互联网+"时代下档案服务业发展的真知灼见。[③]通常来说，行业技术的发展会给档案服务业企业的生产、经营带来一定程度的冲击，如企业产品及企业部分设备的更新换代，同时会对人们的思维方式、传统观念等产生影响，如随着档案信息化的不断深入、云计算的出现，人们开始重新审视档案管理信息系统如何在档案行政管理及档案内容管理领域获得改进。因此，档案服务业企

[①] 国家统计局. 2020 年国内生产总值最终核实的公告[EB/OL]. http://www.stats.gov.cn/sj/zxfb/202302/t20230203_1901314.html[2022-12-17].
[②] 彭帆. 关于市场经济环境下档案工作发展思路的分析[A]. 《决策与信息》杂志社, 北京大学经济管理学院. 决策论坛——政用产学研一体化协同发展学术研讨会论文集(下)[C]. 2015: 1.
[③] 周玉鹏. "互联网+"助推档案服务业发展——全国首届"'互联网+'时代档案服务业发展高峰论坛"召开[J]. 中国档案, 2016, (3): 25.

业应紧随行业发展趋势，利用信息通信技术结合网络平台发展新的档案服务项目。

（二）档案服务业企业文化建设的内部环境

企业文化是在企业人力资源管理工作中潜移默化地培养起来的。只有构建适应现代人力资源管理要求的企业文化体系，并利用企业文化来促进人力资源管理，实现两者的有效结合，才能最大化地实现企业经济效益，使企业在激烈的市场竞争中占据优势，形成核心竞争力。一个企业能否健康发展，在很大程度上取决于员工素质的高低，以及人力资源管理在企业管理中的受重视程度。[1]企业文化建设和人力资源管理有着共同的出发点和归宿，企业文化是人力资源管理体系的向导，人力资源管理是企业文化完善的手段，二者相互依存，其本质联系是"以人为本"。[2]企业文化建设能够为人力资源管理构建一个积极向上的企业精神，能够约束、引导企业员工的行为方式。同时，企业人才是企业文化建设的直接践行者，人力资源建设能够为企业文化建设提供更好的人才储备。企业内部员工的素质对企业文化的建设有着很重要的影响，是档案服务业企业文化建设与实施最具主观能动性的因素。也就是说，人力资源建设是影响档案服务业企业文化建设内部环境中的主要因素。

优秀的企业员工是档案服务业企业发展的重要因素，贯彻"以人为本"理念的企业在竞争与发展中更胜一筹。如何使企业内部更具有使命感、凝聚力、团队精神，需要企业通过其理念、价值观及思维方式来影响员工之间的行为，通过形成一种相对稳定的企业行为方式，对员工的行为进行约束，使其产生凝心力、向心力，对企业文化建设产生思想自觉性。很多档案服务

---

[1] 李二青. 企业文化建设中的人力资源管理问题研究[J]. 山东社会科学，2014，(1)：155-158.
[2] 董战. 浅论人力资源管理与企业文化建设的互动[J]. 科技信息，2010，(27)：560，597.

企业已意识到了企业文化建设的重要性，并建立了自己独特的企业文化，如远洋人、雁文化、船文化、强然人、阳光人等，并且具有自己鲜明的企业形象，如千里驹、金钱豹等。

笔者对部分企业的人力资源建设情况进行了调查统计，得出以下数据，分别如表 6-1、表 6-2、表 6-3、表 6-4 所示（此部分的档案服务业企业的人力资源情况主要依据调查问卷反馈表，其中剔除部分填写不全的公司）。

表 6-1 企业文化调查涉及档案服务业企业员工总人数统计

项目	人数/人	占比/%
男性	673	28.4
女性	1693	71.6
总数	2366	100

表 6-2 企业文化调查涉及档案服务业企业员工岗位人数统计　　单位：人

职位	人数	男性	女性
高管	63	36	27
营销人员	119	83	36
专业人员	1882	353	1529
行政人员	158	62	96
辅助人员（保安、保洁）	9	4	5
其他	135	135	0

表 6-3 企业文化调查涉及档案服务业企业员工学历层次人数统计　　单位：人

学历	硕士	学士	高中	中专	职高	初中及以下
人数	17	986	382	307	133	541

表 6-4 企业文化调查涉及档案服务业企业专业背景人数统计　　单位：人

项目	理工科		文科		其他学科
	计算机专业	其他专业	档案专业	其他专业	
人数	120	169	108	1276	693

从表 6-1—表 6-4 我们可以认识到,我国档案服务业企业人员男女比例为 1∶2.51,其中,高管和营销人员男性从业人员数量高于女性,专业人员、行政人员和辅助人员(保安、保洁)女性从业人员数量高于男性,42.39%的从业人员为本科及以上学历,但硕士及以上学历比较少,专业背景中档案专业从业人员比较少,仅占 4.56%。随着我国档案服务业企业的快速发展,应加强对档案服务业企业从业人员日常的学习培训,提高我国档案服务业企业档案人员的综合素质。

二、档案服务业企业文化的建设现状

企业文化建设可分为精神层面建设、制度层面建设、行为层面建设、物质层面建设。其中,精神层面建设处于企业文化建设的核心地位,因此对档案服务业企业的文化建设现状的分析首先应从精神层面建设谈起。

(一)精神层面建设

企业文化精神层面是每个企业在其长期经营活动中形成的自身组织独特的经营理念,并经过传承形成的企业精神、价值观、愿景、经营理念、企业目标等。笔者通过对档案服务业企业官方网站的调查,以及对企业文化精神层面建设相关内容的统计,得出结论如表 6-5 至表 6-8 所示(由于篇幅所限,只对其中的不同类型的企业文化精神层面建设的部分列举)。

首先,从企业精神文化建设的宏观视角对档案服务业企业的企业精神、价值观、愿景、经营理念、企业使命等方面进行统计,如表 6-5 所示。

表 6-5 企业文化调查涉及档案服务业企业精神层面建设统计

序号	公司名称	企业精神	价值观	愿景	经营理念	企业使命
1	申江万国数据信息股份有限公司	诚信安全、保密高效	诚信立业、合作共赢	建立具有中国特色的文档全产业链服务生态系统	以创新为动力、以客户为中心、以服务为基石	保存历史,启迪未来

续表

序号	公司名称	企业精神	价值观	愿景	经营理念	企业使命
2	深圳市银雁金融服务有限公司		成就客户、回报股东、幸福员工	成为最具价值业务伙伴		科技赋能，服务创新
3	山西兰台科技有限公司	自信、自律，自立、自强			求真务实、高效卓越、诚实守信、优质服务	
4	江西金钱豹保险设备集团有限公司	脚踏实地、务实创新、团结奋进、勇攀高峰			诚信是金、品质是钱、势力如豹	
5	宁波科豪金属制品实业有限公司	团结奋进、开拓创新			精工细琢、真材实料	
6	中泰德信（北京）档案管理有限公司	精诚协作、精细管理、高效学习、高质求新	以观念创新为先导、以战略创新为方向、以组织创新为保障、以技术创新为手段、以市场创新为目标		细节决定成败，心态决定成功	为档案业建立行业标准，为档案人树立服务标杆
7	北京航星永志科技有限公司		诚信、务实、协作、创新	航星人成为社会尊重的人；航星永志成为信息资源领域最优秀的企业		让信息资源持续创造价值
8	北京东方博泰文档数据科技有限公司		诚、信	在平常中创新，于平凡中卓越		为客户提供价值，让员工做快乐的人
9	安徽宝葫芦信息科技集团股份有限公司	公平、公正、公开、透明；精于速度、迸发激情、全力以赴	只为成功找方法，不为失败找借口	档案人最信任的朋友	创造是原动力，服务是根本	打造核心竞争链，构建智慧档案生态圈

续表

序号	公司名称	企业精神	价值观	愿景	经营理念	企业使命
10	安徽鸿博档案数据科技有限公司		敢为人先、成就客户、责任担当、包容分享	挖掘档案价值，服务社会发展	整合、聚焦、共生	长久服务，成长陪伴
11	成都云丰档案管理咨询有限公司		以客户为中心，艰苦奋斗，开放进取			让档案管理变简单

资料来源：表中涉及的各公司的官方网站

图 6-1 是对样本档案服务业企业文化精神层面建设内涵的关键词统计。由图 6-1 可见，我国档案服务业企业文化建设在精神层面出现频率较高（次数在 10 次以上者）的关键词是创新、诚信、效率、专业、客户、质量。其中，出现频率比较低的关键词是绿色、责任和品牌、以人为本。

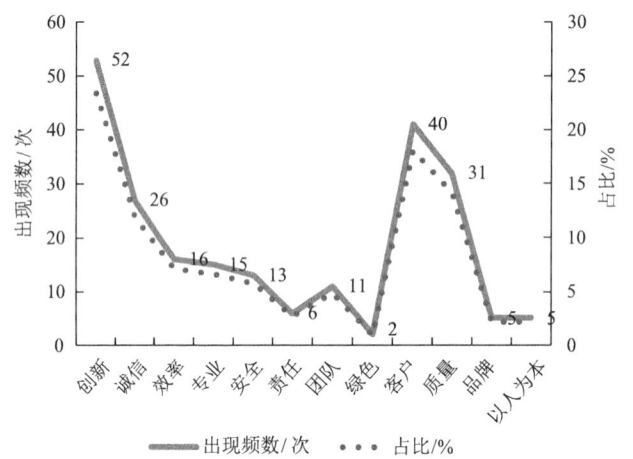

图 6-1 档案服务业企业文化精神层面建设内涵的关键词统计

其次，从企业文化建设中观的角度来讲，包括企业主要宣传口号、企业广告设计、企业工作作风、企业管理理念、企业经营理念、企业服务理念、企业公益活动、企业人才观念、企业学习型组织与活动等。其中，档案服务业企业公益活动相关情况统计，如表 6-6 所示。

表 6-6 企业文化调查涉及档案服务业企业公益活动概况

序号	企业名称	企业公益活动
1	深圳市银雁金融服务有限公司	"雁公益·暖前行"系列公益活动
2	江西金钱豹保险设备集团有限公司	每年向灾区及乡村学校、敬老院捐款捐物
3	荣联科技集团股份有限公司	2020年1月,成立应急小组,及时关注新冠疫情变化,与疫区政府、相关机构紧密沟通,协助抵抗疫情; 2019年8月,为响应"捐赠一本书 奉献一份爱"的倡导,在公司内部发起"爱心传递 公益助学"的活动倡议,对赤城县贫困学校进行爱心帮扶,总计募集书目400余本,学习用品100余套; 2018年11月,荣联发起"冬日暖阳"公益活动——走进清红蓝打工子弟学校; 2017年7月,向红丹丹"心目影院"捐赠,并为视障朋友提供无障碍文化服务; 2015年2月,发起"荣融梦想基金"; 2011年,荣联服务交付中心的一名员工创立了"黄妮超爱心救助会",并迅速募集了30余万元善款; 2008年,向汶川大地震孤残儿童捐赠善款; 2008年10月,向贵州黎平捐款重建希望小学,并在此后经常开展爱心支教行动
4	北京航星永志科技有限公司	2020年,新冠疫情期间,企业员工主动参加了所在社区的志愿者服务工作,同时捐款20余万元和大量医疗物资; 2020年8月,航星永志团支部开展了2020年"好书伴成长"——为新疆和田地区中小学生捐赠汉语图书活动; 2020年5月,走进大牛村精准扶贫慰问捐赠活动; 2020年1月,慰问北京光爱学校的流浪儿童; 2016—2020年,为响应"千企帮千村,脱贫奔小康"的号召,一直对曹龙强一家进行不间断的帮扶; 2015年,航星永志"天使之家"爱心行动; 2010年,航星永志参与"西部温暖计划"大型爱心公益活动; 2008年,心系汶川地震灾区人民,提供援助
5	上海顺秋档案管理咨询服务有限公司	2018年成立苏河湾公益中心,定期组织公司员工参加公益活动

资料来源:表中涉及的各公司的官方网站

档案服务业企业人才观念相关情况统计,如表 6-7 所示。

表 6-7 企业文化调查涉及档案服务业企业人才观念概况

序号	企业名称	企业人才观念
1	上海强然数码科技有限公司	"以人为本",利人利企:企业靠员工发展,员工靠企业立业;先有满意度员工,才有满意度客户。人才是企业最宝贵的资源
2	新疆赛昂新软科技开发有限公司	人皆有才,人尽其才
3	宁波八益实业有限公司	智、信、仁、勇、严、忠
4	尚德软件股份有限公司	创新、分享、情怀、服务、保密、学习
5	深圳市银雁金融服务有限公司	坚持在业务战斗中锻炼人才、队伍,认为"团队打单和团队学习是最好的团队建设活动"
6	申江万国数据信息股份有限公司	将人才视为可持续发展的一项必要因素,努力为全体员工创造和谐优雅的办公环境,并且注重管理和培养,使员工能力得到提升
7	北京千里驹展览展示有限公司	企业核心在人,商战成败在人,项目优劣在人,客户满意与否更在人
8	江西阳光安全设备集团有限公司	人尽其才,人尽其能
9	北京易恒盈通科技有限公司	以创新吸引人,以事业凝聚人,以机制稳定人,以发展成就人
10	北京航星永志科技有限公司	人才决定航星永志的未来
11	安徽宝葫芦信息科技集团股份有限公司	聚人、容人、育人、立人
12	江西光正金属设备集团有限公司	想干+会干+实干就是人才
13	江西金虎保险设备集团有限公司	人品至上 人尽其才
14	成都大成档案管理咨询有限公司	赏识不断修脸型敬业人才;用才应通权达变扬长避短;留才必特点突出为我所用;选拔开拓进取的管理人才;善用超越自我的领导人才

资料来源:表中涉及的各公司的官方网站

档案服务业企业学习型组织与活动相关情况统计,如表 6-8 所示。

表 6-8 企业文化调查涉及档案服务业企业学习型组织与活动概况

序号	企业名称	学习型组织与活动
1	深圳市银雁金融服务有限公司	建设企业大学、线上众学平台，搭建覆盖不同条线员工的能力建设体系
2	江苏大美天第文化产业有限公司	经常举办各类讲座，不定期开展丰富多彩的业余活动，如党建知识教育会、红色爱国活动、环湖跑活动、篮球赛等
3	北京易恒盈通科技有限公司	读书分享会，工程建设项目档案管理培训、管理层培训会、人际交往提升培训、文控技术文章培训等各类培训
4	百叶兰台（北京）档案科技有限公司	员工入职培训：业务培训、纪律培训、素质培训

资料来源：表中涉及的各公司的官方网站

（二）制度层面建设

企业文化制度层面是企业文化建设的中间层，是连接精神文化、行为文化和物质文化的纽带，制度文化源于精神文化，反过来又强化精神文化，规定了企业与员工应遵从的行为准则，并将物质文化的外在表现形式固定为企业的外部形象。企业制度文化包括三大类：企业领导体制与机制、企业组织机构、企业管理制度。其中，组织结构作为组织环境的一个因素，指组织的框架体系，代表了组织对资源的配置方式，包括对人力、物力、财力等资源及其结构的稳定性安排。企业管理制度包含人事管理制度、奖惩制度、考勤制度、休请假制度、卫生制度、档案管理制度、公文办理制度、财务管理制度、突发事件处理预案、学习及培训制度等。

（三）行为层面建设

企业文化行为层面是企业精神、企业价值观的折射。企业行为从企业人员结构上可以分为三部分：企业家行为、企业模范人物行为、企业员工行为。其中，企业家必须做到统筹全局，除了行使企业基本决策权外，企业家还要对新产品开发、新工艺采用、新市场开发等进行决策，以创新发展的眼光促进企业的新发展。①例如，宁波八益实业有限公司董事长徐益忠荣获宁波优秀企业家称号，他准确把握了国家供给侧结构性改革的时机，对旗下组织架构进行了优化整合，将原负责硬件产品制造和软件产品研发的各大公司合并成立宁波八益集团有限公司，从传统的档案图书设备制造厂家转型升级为致力于提供馆库全产业链服务的"互联网+"创新型企业，对新市场的开发及时做出决策，使宁波八益集团有限公司更好地整合档案馆行业全产业链产品资源。企业模范人物是企业的中流砥柱，是在企业经营实践中对组织做出具有突出成就与杰出贡献的人，其不仅是企业价值观的体现，更能够正向激励员工，为档案服务业企业文化建立创造"风向标"。企业员工是企业的主力军，企业员工的群体行为是企业整体精神风貌和企业文化建设程度的集中反映。企业员工行为的塑造对企业文化建设影响极大，企业员工可以通过思想政治学习、企业规章制度学习、技能培训、文化和体育等各种活动来提高自身综合素质，激发向心力，塑造良好的学习氛围，自发地将自身职业规划融入档案服务业企业的发展中，发挥主观能动性，以内在的动力推进企业行为文化建设，形成自上而下的合力。②

（四）物质层面建设

企业物质层面是企业精神文化的外在表现，主要从企业整体环境、企业建筑风格、企业装潢、企业标志以及企业产品的包装设计等几方面进行展现。企业文化中面向消费者呈现出的物质文化是企业外在的显性文化，是企业精神沉淀的外在反映。我国档案服务业企业在经营活动中，形成了自己独特的企业物质文化。其中，很多企业都有自己独特的企业标志，且有自己独特的含义，如表6-9所示。

---

① 徐明. 企业社会工作与人力资源管理[M]. 北京：中国工人出版社，2015.
② 尤佳新. 中国档案服务业企业文化建设现状分析[D]. 沈阳：辽宁大学，2018.

表 6-9　企业文化调查涉及档案服务业企业广告标志设计概况

序号	企业名称	企业广告标志设计
1	上海兰台信息技术有限公司	标志是 LT 两个字母的艺术化处理，象征着"凝聚力、创新活力、发展动力"
2	东港股份有限公司	标志整体象征展翅高飞的鲲鹏，寓意东港在市场竞争中永不停步，勇于创新，向着更高的目标迈进；圆弧形的外框，意指东港股份有限公司与外界、与社会、与员工和谐圆满的相处关系
3	深圳市深档数码技术有限公司	标志集深档数码技术有限公司经营理念、行业特性为一体，创意新颖、元素明确、动感时尚

资料来源：表中涉及的各公司的官方网站

我国档案服务业企业形成了自己的建筑风格，而且装潢符合一般办公环境的要求。此外还有少部分档案服务业企业拥有独立的外包装设计，如宁波市明达现代办公设备有限公司采用瓦楞纸包装、申江万国采用根据客户的需求定制带有公司 logo 的不同型号包装箱等。

三、档案服务业企业文化建设的现状分析

通过我国档案服务业企业文化建设现状分析可知，我国档案服务业企业在企业文化建设实践中形成了创新文化、诚信文化、团队文化、客户至上文化、质量文化、责任文化、绿色文化、制度文化、品牌文化等，但在责任、绿色、制度、品牌等方面的文化建设稍逊一筹。因此，在现阶段档案服务业企业要想在市场竞争的大环境中胜出，应该重视以下几方面的文化建设。

（一）责任文化

责任文化是指企业在其经营过程中除了负有自身相应的企业责任外，还能主动承担一定的社会责任，如积极参加公益活动等。例如，北京航星永志科技有限公司积极参加各项社会公益活动，向地震灾区捐物、探望孤儿院、向贫困地区捐款捐物、新冠疫情期间捐款 20 余万元和大量医疗物资[①]；深圳

---

① 公益活动-北京航星永志科技有限公司[EB/OL]. https://www.hasng.cn/html/news.html?tab=gyhd[2021-01-28].

业内部和谐的企业环境来建设档案服务业企业文化氛围。其次，档案服务业企业可以通过构建企业文化宣传平台，以发行企业内刊，建立档案服务业企业官方网站，开通官方微博、微信等社交媒体，以及书面载体、网络载体等形式，宣传档案服务业企业文化，构建和谐的企业文化氛围，以积极向上的精神引导档案服务业企业员工。再次，档案服务业企业可以树立员工榜样。以新疆赛昂新软科技开发有限公司为例，其董事长马彪被推荐入选了"2016年国家'万人计划'科技创新领军人才、科技创业领军人才"和"高新区（新市区）企业人才"，这为其企业员工树立了良好的榜样。最后，档案服务业企业还可以通过开展体育比赛、艺术大赛、技能比武、志愿者行动等各类文体活动，丰富员工的业余生活，培养他们的敬岗爱业精神，增强员工体魄，锤炼团队精神，营造公司大家庭的温暖。[①]如表6-8所示，江苏大美天第文化产业有限公司经常不定期开展丰富多彩的业余活动，如党建知识教育会、红色爱国活动、环湖跑活动、篮球赛等，在轻松愉快的活动中，增进了员工之间的友谊，增强了团队的凝聚力，营造了档案服务业企业内部和谐的企业文化氛围。

二、提高档案服务业企业员工的综合素质

这里所说的综合素质除了加强档案服务业企业员工的入职培训、提高基本技能外，还包括提高档案服务业企业员工的优质、高效、安全、保密的服务意识，即档案服务业企业员工除了要有过硬、扎实的专业素质外，还要提高自身综合素质。以申江万国为例，诚信、安全、保密、高效是其不变的企业精神，在兴业银行北京分行委托申江万国的"档案整理外包服务项目"中，尽管时间紧、任务重、招工难，申江万国提前考察现场，制订了相关工作计划，并将60 000卷档案全部有序装箱运输至申江万国总部

---

① 尤佳新. 中国档案服务业企业文化建设现状分析[D]. 沈阳：辽宁大学，2018.

基地。在招聘、筛选、培训相关项目辅助人员的同时，公司其他相关部门人员也调整工作时间，进入项目组协助项目，为项目提供优质、高效的服务，使得项目按时、有序地开展。[1]申江万国始终坚持把客户数据信息的保密理念放在发展规划首要位置，对公司所有在职员工，上岗之前统一进行岗前安全保密培训，并与他们签订保密承诺书；在岗期间，定期组织安全保密法规、管理方法、科学技术的介绍与培训，提高员工信息安全意识，全方位保护客户的信息安全。2016年3月中旬，申江万国积极响应河北省保密工作协会号召，选派各关键岗位人员数人参加河北省印制、集成资质单位涉密人员持证上岗培训班，并在培训结束后在企业内部进行了推广，组织相关员工进行学习经验交流，传阅学习资料，将知识点贯穿为知识网，落实到企业工作的方方面面。申江万国本着保密、诚信、安全、高效的企业精神和保密就是命脉、安全就是效益的风险理念，将保密工作的保护网纳入未来工作中[2]，使公司在2015年8月成为河北省保密工作协会副会长单位[3]。

三、提升企业人性化管理

目前，我国档案服务业企业面临劳动力紧缺、用工成本上升、招工难等一系列的问题，档案服务业企业不仅要做到"以人为本"，重视档案服务业企业员工的满意度，还要做到重视员工的职业规划，如上海强然数码科技有限公司的人才观就是"以人为本，利人利企"。企业只有为员工的前途着想，

---

[1] 众志成城：兴业银行北京分行档案整理外包服务项目纪实-新闻中心-申江万国数据信息股份有限公司[EB/OL]. http://www.chinadbpo.com/page_1990377_3409715.html[2021-01-29].

[2] 保密就是命脉，安全就是效益——记河北省保密工作协会持证上岗培训-新闻中心-申江万国数据信息股份有限公司[EB/OL]. http://www.chinadbpo.com/page_1990377_3599827.html[2021-01-29].

[3] 申江万国成为河北省保密工作协会副会长单位-新闻中心-申江万国数据信息股份有限公司[EB/OL]. http://www.chinadbpo.com/page_1990377_3637149.html[2021-01-29].

激励、引导档案服务业企业的发展方向与战略目标。以申江万国为例，其的战略目标是成为国内文档全产业链外包服务领导者，建立全流程文档 BPO 服务第一品牌，建立中国特色的文档全产业链服务生态系统。申江万国自主开发的运营管理系统平台，使各数据管理中心实现互联互通、协同办公，为客户提供了优质的云计算应用服务、文档全产业链服务、托管寄存、数据管理、利用支持、定制开发等专业服务。企业客户可以免费借助运营管理系统平台在线管理、查询其电子档案数据和 3D 全景档案库房、在线远程视频监控档案托管库房。申江万国本着"以创新为动力、以客户为中心、以服务为基石"的管理理念，为客户提供高品质的专业服务。

六、加强档案服务业企业社会责任

档案服务业企业作为市场经济体制中的一员，除了要有企业责任外，还要有社会责任。档案服务业企业的社会责任主要有以下两方面。

1. 档案服务业企业对于公益的社会责任

一般来说，企业社会责任要经历三个发展阶段：一是认知阶段。此时企业要对社会责任有一个基本的了解，企业多以进行慈善、公益活动为主。二是企业公益形成阶段。企业开始考虑将社会贡献融入战略制定和日常运营中，形成现代化社会责任管理体系，进行危机管理。三是公益创业阶段。在此阶段，企业实现经济收益与社会价值的统一，不再将履行社会责任作为一种负担，而是作为获取利润、增强竞争力的手段。[1]我国档案服务业企业正处于社会责任建设的前两个阶段，在认知阶段，我国档案服务业企业开展了一系列公益活动，具体如表 6-6 所示；在企业公益形成阶段，我国档案服务业部分企业开始将社会责任融入企业文化建设中，如江西宏达保安器材集团有限公司坚持"集约经营、精细管理、和谐发展"的经营管理三法则，以"绿色生产，回报社会"为使命。

---

[1] 张忠华. 当前我国企业社会责任建设问题探析——以社会学为视角[D]. 北京：中共中央党校，2013.

2. 档案服务业企业对于环境的社会责任

企业的壮大发展中,可能会遇到因档案重复保存、数字化等而造成资源的浪费、环境的污染等问题,档案服务业企业在发展过程中应意识到该类问题的严重性,并在档案服务业企业的经营活动中采取相应的措施。例如,海力特集团有限公司秉持"创新、智变、聚势、赢未来"的可持续发展理念,在企业使命中提出保护人类绿色家园,并积极参与施救国家野生保护动物。

档案服务业企业文化建设是一个循序渐进的动态过程,需要企业全体员工的共同努力。档案服务业企业应以发展的、创新的眼光认识企业文化建设的重要性,立足于企业所从事的生产经营活动,侧重企业的自身发展,建设适应自身发展的、具有自身特色的企业文化。

续表

序号	标准编号	标准名称	批准日期	实施日期	标准类别
12	DA/T 13—1994	《档号编制规则》	1995年6月12日	1995年10月1日	行业标准
13	DA/T 14—2012	《全宗指南编制规范》	2012年11月15日	2013年1月1日	行业标准
14	DA/T 15—1995	《磁性载体档案管理与保护规范》	1996年3月1日	1996年10月1日	行业标准
15	DA/T 16—1995	《档案字迹材料耐久性测试法》	1996年3月1日	1996年10月1日	行业标准
16	DA/T 17.1—1995	《革命历史档案著录细则》	1996年2月26日	1996年10月1日	行业标准
17	DA/T 17.2—1995	《革命历史资料著录细则》	1996年2月26日	1996年10月1日	行业标准
18	DA/T 18—1999	《档案著录规则》	1999年5月31日	1999年12月1日	行业标准
19	DA/T 20.1—1999	《民国档案目录中心数据采集标准 民国档案著录细则》	1999年5月31日	1999年12月1日	行业标准
20	DA/T 21—1999	《档案缩微品保管规范》	1999年5月31日	1999年12月1日	行业标准
21	DA/T 22—2015	《归档文件整理规则》	2015年10月25日	2016年6月1日	行业标准
22	DA/T 23—2000	《地质资料档案著录细则》	2000年12月6日	2001年1月1日	行业标准
23	DA/T 24—2000	《无酸档案卷皮卷盒用纸及纸板》	2000年12月6日	2001年1月1日	行业标准
24	DA/T 25—2000	《档案修裱技术规范》	2000年12月6日	2001年1月1日	行业标准
25	DA/T 26—2000	《挥发性档案防霉剂防霉效果测定法》	2000年12月6日	2001年1月1日	行业标准
26	DA/T 27—2000	《档案防虫剂防虫效果测定法》	2000年12月6日	2001年1月1日	行业标准
27	DA/T 28—2018	《建设项目档案管理规范》	2018年4月8日	2018年10月1日	行业标准

续表

序号	标准编号	标准名称	批准日期	实施日期	标准类别
28	DA/T 29—2002	《档案缩微品制作记录格式和要求》	2002年11月29日	2003年4月1日	行业标准
29	DA/T 30—2019	《满文档案著录名词与术语汉译规则》	2019年3月4日	2019年9月1日	行业标准
30	DA/T 31—2017	《纸质档案数字化规范》	2017年8月2日	2018年1月1日	行业标准
31	DA/T 32—2005	《公务电子邮件归档与管理规则》	2005年4月30日	2005年9月1日	行业标准
32	DA/T 34—2019	《国家档案馆爱国主义教育基地工作规范》	2019年3月4日	2019年9月1日	行业标准
33	DA/T 35—2017	《档案虫霉防治一般规则》	2017年8月2日	2018年1月1日	行业标准
34	DA/T 36—2007	《人身保险业务档案管理规范》	2007年6月6日	2007年7月1日	行业标准
35	DA/T 38—2008	《电子文件归档光盘技术要求和应用规范》	2008年4月23日	2008年7月1日	行业标准
36	DA/T 39—2008	《会计档案案卷格式》	2008年6月20日	2008年9月1日	行业标准
37	DA/T 40—2008	《印章档案整理规则》	2008年6月20日	2008年9月1日	行业标准
38	DA/T 41—2008	《原始地质资料立卷归档规则》	2008年6月20日	2008年9月1日	行业标准
39	DA/T 42—2009	《企业档案工作规范》	2009年11月2日	2010年1月1日	行业标准
40	DA/T 43—2009	《缩微胶片数字化技术规范》	2009年11月2日	2010年1月1日	行业标准
41	DA/T 44—2009	《数字档案信息输出到缩微胶片上的技术规范》	2009年11月2日	2010年1月1日	行业标准
42	DA/T 45—2009	《档案馆高压细水雾灭火系统技术规范》	2009年11月2日	2010年1月1日	行业标准
43	DA/T 46—2009	《文书类电子文件元数据方案》	2009年12月16日	2010年6月1日	行业标准

续表

序号	标准编号	标准名称	批准日期	实施日期	标准类别
44	DA/T 47—2009	《版式电子文件长期保存格式需求》	2009年12月16日	2010年6月1日	行业标准
45	DA/T 48—2009	《基于XML的电子文件封装规范》	2009年12月16日	2010年6月1日	行业标准
46	DA/T 49—2012	《特殊和超大尺寸纸质档案数字图像输出到缩微胶片上的技术规范》	2012年11月15日	2013年1月1日	行业标准
47	DA/T 50—2014	《数码照片归档与管理规范》	2014年12月31日	2015年8月1日	行业标准
48	DA/T 51—2014	《电影艺术档案著录规则》	2014年12月31日	2015年8月1日	行业标准
49	DA/T 52—2014	《档案数字化光盘标识规范》	2014年12月31日	2015年8月1日	行业标准
50	DA/T 53—2014	《数字档案COM和COLD技术规范》	2014年12月31日	2015年8月1日	行业标准
51	DA/T 54—2014	《照片类电子档案元数据方案》	2014年12月31日	2015年8月1日	行业标准
52	DA/T 55—2014	《特藏档案库基本要求》	2014年12月31日	2015年8月1日	行业标准
53	DA/T 56—2014	《档案信息系统运行维护规范》	2014年12月31日	2015年8月1日	行业标准
54	DA/T 57—2014	《档案关系型数据库转换为XML文件的技术规范》	2014年12月31日	2015年8月1日	行业标准
55	DA/T 58—2014	《电子档案管理基本术语》	2014年12月31日	2015年8月1日	行业标准
56	DA/T 59—2017	《口述史料采集与管理规范》	2017年8月2日	2018年1月1日	行业标准
57	DA/T 60—2017	《纸质档案真空充氮密封包装技术要求》	2017年8月2日	2018年1月1日	行业标准
58	DA/T 61—2017	《明清纸质档案病害分类与图示》	2017年8月2日	2018年1月1日	行业标准
59	DA/T 62—2017	《录音录像档案数字化规范》	2017年8月2日	2018年1月1日	行业标准

续表

序号	标准编号	标准名称	批准日期	实施日期	标准类别
60	DA/T 63—2017	《录音录像类电子档案元数据方案》	2017年8月2日	2018年1月1日	行业标准
61	DA/T 64.1—2017	《纸质档案抢救与修复规范 第1部分：破损等级的划分》	2017年8月2日	2018年1月1日	行业标准
62	DA/T 64.2—2017	《纸质档案抢救与修复规范 第2部分：档案保存状况的调查方法》	2017年8月2日	2018年1月1日	行业标准
63	DA/T 64.3—2017	《纸质档案抢救与修复规范 第3部分：修复质量要求》	2017年8月2日	2018年1月1日	行业标准
64	DA/Z 64.4—2018	《纸质档案抢救与修复规范 第4部分：修复操作指南》	2018年4月8日	2018年10月1日	行业标准
65	DA/T 65—2017	《档案密集架智能管理系统技术要求》	2017年8月2日	2018年1月1日	行业标准
66	DA/T 66—2017	《城市轨道交通工程文件归档要求与档案分类规范》	2017年8月2日	2018年1月1日	行业标准
67	DA/T 67—2017	《档案保管外包服务管理规范》	2017年8月2日	2018年1月1日	行业标准
68	DA/T 68.1—2020	《档案服务外包工作规范 第1部分：总则》	2020年5月18日	2020年6月1日	行业标准
69	DA/T 68.2—2020	《档案服务外包工作规范 第2部分：档案数字化服务》	2020年5月18日	2020年6月1日	行业标准
70	DA/T 68.3—2020	《档案服务外包工作规范 第3部分：档案管理咨询服务》	2020年5月18日	2020年6月1日	行业标准
71	DA/T 69—2018	《纸质归档文件装订规范》	2018年4月8日	2018年10月1日	行业标准
72	DA/T 70—2018	《文书类电子档案检测一般要求》	2018年4月8日	2018年10月1日	行业标准

续表

序号	标准编号	标准名称	批准日期	实施日期	标准类别
73	DA/T 71—2018	《纸质档案缩微数字一体化技术规范》	2018年4月8日	2018年10月1日	行业标准
74	DA/T 72—2019	《岩心档案管理规范》	2019年3月4日	2019年9月1日	行业标准
75	DA/T 73—2019	《档案移动服务平台建设指南》	2019年3月4日	2019年9月1日	行业标准
76	DA/T 74—2019	《电子档案存储用可录类蓝光光盘（BD-R）技术要求和应用规范》	2019年3月4日	2019年9月1日	行业标准
77	DA/T 75—2019	《档案数据硬磁盘离线存储管理规范》	2019年3月4日	2019年9月1日	行业标准
78	DA/T 76—2019	《绿色档案馆建筑评价标准》	2019年3月4日	2019年9月1日	行业标准
79	DA/T 77—2019	《纸质档案数字复制件光学字符识别（OCR）工作规范》	2019年12月16日	2020年5月1日	行业标准
80	DA/T 78—2019	《录音录像档案管理规范》	2019年12月16日	2020年5月1日	行业标准
81	DA/T 79—2019	《证券业务档案管理规范》	2019年12月16日	2020年5月1日	行业标准
82	DA/T 80—2019	《政府网站网页归档指南》	2019年12月16日	2020年5月1日	行业标准
83	DA/T 81—2019	《档案库房空气质量检测技术规范》	2019年12月16日	2020年5月1日	行业标准
84	DA/T 82—2019	《基于文档型非关系型数据库的档案数据存储规范》	2019年12月16日	2020年5月1日	行业标准
85	DA/T 83—2019	《档案数据存储用LTO磁带应用规范》	2019年12月16日	2020年5月1日	行业标准
86	DA/T 84—2019	《档案馆应急管理规范》	2019年12月16日	2020年5月1日	行业标准
87	DA/T 85—2019	《政务服务事项电子文件归档规范》	2019年12月16日	2020年5月1日	行业标准

续表

序号	标准编号	标准名称	批准日期	实施日期	标准类别
88	建标 103—2008	《档案馆建设标准》	2008年2月27日	2008年7月1日	行业标准
89	JGJ 25—2010	《档案馆建筑设计规范》	2010年8月3日	2011年2月1日	行业标准
90	GB/T 9705—2008	《文书档案案卷格式》	2008年11月13日	2009年5月1日	国家标准
91	GB/T 11821—2002	《照片档案管理规范》	2002年12月4日	2003年5月1日	国家标准
92	GB/T 11822—2008	《科学技术档案案卷构成的一般要求》	2008年11月13日	2009年5月1日	国家标准
93	GB/T 13967—2008	《全宗单》	2008年11月13日	2009年5月1日	国家标准
94	GB/T 15418—2009	《档案分类标引规则》	2009年9月30日	2010年2月1日	国家标准
95	GB/T 17678.1—1999	《CAD电子文件光盘存储、归档与档案管理要求 第一部分：电子文件归档与档案管理》	1999年2月26日	1999年10月1日	国家标准
96	GB/T 18894—2016	《电子文件归档与电子档案管理规范》	2016年8月29日	2017年3月1日	国家标准
97	GB/T 20163—2006	《中国档案机读目录格式》	2006年3月15日	2006年10月1日	国家标准
98	GB/T 26162.1—2010	《信息与文献 文件管理 第1部分：通则》	2011年1月14日	2011年6月1日	国家标准
99	GB/T 26163.1—2010	《信息与文献 文件管理过程 文件元数据 第1部分：原则》	2011年1月14日	2011年6月1日	国家标准
100	GB/T 39362—2020	《党政机关电子公文归档规范》	2020年11月19日	2021年6月1日	国家标准

经统计，我国现行有效的档案标准共有 100 项，包括国家标准 11 项和行业标准 89 项。现有档案标准中直接以档案服务为主的相关标准共有 4 项，分别是 2017 年颁布的《档案服务外包工作规范》（现为《档案服务外包工作规范 第 1 部分：总则》）和《档案保管外包服务管理规范》，2020 年颁布的《档案服务外包工作规范 第 2 部分：档案数字化服务》《档案服务外包工作规范 第 3 部分：档案管理咨询服务》。其中，《档案服务外包工作规范 第 1 部分：总则》规定了档案服务外包工作中相关主体之间的关系、发包方工作规范、承包方档案服务管理体系建设要求和第三方机构工作规范。《档案服务外包工作规范 第 2 部分：档案数字化服务》规定了档案数字化服务外包工作中的发包方工作规范、承包方工作规范、信用评价与质量监督工作规范，适用于机关、企事业单位和其他社会组织开展的档案数字化服务外包工作。《档案服务外包工作规范 第 3 部分：档案管理咨询服务》规定了档案管理咨询服务外包相关方的工作，包括档案管理咨询服务内容、发包方工作规范、承包方工作规范、工作流程、信用评价与质量监督等要求，适用于机关、团体、企事业单位及其他组织开展档案管理咨询服务外包工作。

需要说明的是，档案相关标准与档案服务业的标准应是相同的逻辑关系，虽然诸如《文书档案案卷格式》《档案著录规则》等标准看似只与档案形成者有密切关系，但是随着社会分工的不断细化，档案形成者及档案服务的提供者和利用者对于档案管理水平要求的不断提升，档案服务业的发展趋势已然是帮助完成档案的全流程管理工作，在实践中已经有档案服务业企业的人员常驻档案形成者现场辅助完成各项档案工作，因而档案行业的所有标准都是与档案服务行业的提供者息息相关的。从内容上看，诸如这些基本的著录、标引、术语等基本档案事业标准与档案服务业企业联系并不十分密切，因此本章将档案服务业联系密切的标准作为档案服务业标准的探讨范围。

二、档案标准体系的层级结构

我国档案标准体系的层级结构主要有两个方面：一是适用范围角度的层级结构；二是实际法定效力角度的层级结构。

（1）从适用范围角度来说，我国现行档案标准主要分为国际标准、国家标准、行业标准、地方标准四种形式。不同标准从高层级到低层级，标准的适用范围与标准的级别相吻合，同时反映了制定和发布标准的机构的级别。国际标准由国际标准化委员会制定颁布，严格来说不能认为国际标准适用于全世界。首先，因为国际标准多是建议性的高标准，是企业产品高质量的徽章，但并不是强制性标准；其次，是否受国际标准约束也要取决于具体国家是否加入了国际标准化组织这一前提。国家标准和行业标准前文已有详细叙述，二者在适用范围上的界限比较模糊，理论上都在全国范围内适用，具体何种标准属于国家标准或是行业标准源自法律拟制，而非学理上的分类。地方标准是由各省、自治区、直辖市分别制定发布，并报上级有关部门批准的标准，其内容必须与国家标准或专业（行业）标准相一致。[①]对于档案服务业的标准建设来说，地方性标准具有试点意义，但是从全局角度考量还需要对全国范围内适用的标准予以规范，因为许多档案服务业企业都是在全国各地开设分公司的大型企业，如果地方性标准存在区域冲突显然会让这些企业无所适从。

（2）从实际法定效力角度来说，根据档案标准的法律约束性不同，可将档案全部标准划分为强制性标准、推荐性标准和指导性技术文件。在表 7-1 中，大部分档案标准均为推荐性标准，从其标准编号来看，只有《档案馆建设标准》（建标 103—2008）和《档案馆建筑设计规范》（JGJ 25—2010）属于强制性标准，而且还是属于建筑设计标准的范畴。指导性技术文件是为

---

① 王艳玲. 谈《数字档案馆建设指南》之法规标准体系构建[J]. 兰台世界，2011，(3)：29-30.

仍处于技术发展过程中的标准化工作提供指南或信息，供科研、设计、生产、使用和管理等有关人员参考使用而制定的标准文件，如《纸质档案抢救与修复规范 第4部分：修复操作指南》（DA/Z 64.4—2018）。基于推荐性标准的性质，档案服务业的标准不应包括制裁和处罚的内容，即使做出了规定，对于企业也是不具有法律上的约束力的，因而关于档案服务业标准的构想不应包括惩罚措施。

三、档案标准体系的性质结构

国家档案局发布的《档案工作标准体系表》中根据档案管理的性质将档案工作标准划分为两大部分：基础标准和业务技术标准。本书依据体系表的划分方法，将档案标准体系的性质结构详细划分为基础标准、业务管理标准、技术标准及评价性标准四部分。

基础标准指的是档案事业共通性的工作原则，内容包括基本术语标准、代号代码及编制规则、种类划分标准、计量单位标准、标示标记符号、检索语言、统计标准等。[①]业务管理标准主要是相关档案部门，如档案馆、档案室等需要遵守的基本规范，是档案标准性质结构的主体。上述两类标准在档案标准体系中居于主体地位，但是档案服务业标准更加偏重民事法律关系，与这种偏重政府部门办事准则的标准联系并不密切。技术标准主要针对档案事业中的具体业务技术，如档案收集标准、档案整理标准、档案保管与保护技术标准、基础设施建设标准等。技术标准是现行档案标准中与档案服务业企业最密切相关的部分，如档案寄存企业的库房建设要参考《档案馆建筑设计规范》，相关档案基础设施的配备也要遵循相关标准。技术标准主要涉及档案服务业企业的物理层面管理，现有标准体系也较为完备，在制定相关档案服务业标准时只需援引这类标准即可。评价性标准是从逻辑管理层面对档

---

① 黄建峰. 档案标准化——二十一世纪档案工作发展趋势[J]. 科技档案，2000，(3)：26-29.

案事业进行规范的标准，因而评价性标准在档案服务业标准中最为重要，与档案服务业关系最为密切。评价性标准适用于档案服务业企业，因为其他三类标准都是针对档案事业的具体环节，只有评价性标准可以从宏观层面衡量档案服务业的业务水平。

第二节　现行档案服务业标准体系的缺陷

标准的出台多源于现实的需要，随着社会专业化程度的提高和档案工作环境的变化，基于近几年来国内档案服务外包需求日益增长，档案服务业在以较快的速度成长和发展，各类服务机构发展迅速但良莠不齐，亟须建立一套符合市场实际需求、内容完备、权责明确、严谨务实的行业管理规范和标准体系。近年来，《档案保管外包服务管理规范》及《档案服务外包工作规范》标准出台，2020年8月全国档案工作标准化技术委员会确定将《档案服务外包工作规范 第4部分：档案整理服务》列入2020年档案行业标准修订计划，之后档案服务业推荐性行业标准框架形成并于2022年7月实施。政府主导制定的行业标准体系科学合理，标准之间衔接配套性明显增强，这既是对档案服务外包社会需求快速增长的回应，也是对将来档案服务业前景的展望，是档案服务业标准化的里程碑和新起点。有学者指出，这些不同层次的标准和管理制度公布实施一定程度上弥补了档案服务业标准和制度的缺失，但也反映出档案服务标准化建设缺乏整体规划设计、政策性制度规范和标准规范适用内容界定模糊、标准中存在政策性管理措施溢出自身范围渗入标准管理领域等问题。[①]

从标准的整体情况来看，我国现行档案行业标准体系亟待完善之处是仅针对具体的设施、技术、业务环节进行规定，仍缺乏对于档案服务业企业的

---

① 王玉娟. 标准化改革背景下档案服务业标准的体系和内容构建[J]. 浙江档案, 2020, (8): 19-21.

主体性规定,尚未涵盖服务等级评价条件、评定规则及服务计价规范等内容;同时,档案管理服务企业在现在和未来一段时间内会向档案管理服务全业务流程的外包方向发展,那么仅针对单一业务环节的标准显然不能适应不断发展壮大的档案管理服务外包企业群体的管理需要。

一、档案服务业标准的制定过于滞后

规范标准的出台受现实需要影响,因而政策、法规或是标准的滞后性是其本身无法克服的局限性,问题在于档案服务行业从产生到发展已经经历了一个较长的时间段,档案事业的主体早已不是档案形成者和档案部门的"二人转",滞后性并不致命,但如果不能对社会现实做出及时的反馈而过于滞后就是问题了。现有的标准难以满足市场需求,满足市场需求的标准又不能被及时制定出来,出现了标准与市场需求脱节的现象,使得档案服务业标准相对滞后。同时,随着许多旧标准已明显不适应新形势新任务的要求,要在深入调查研究的基础上尽快修订。标准的动态维护周期相对过长,不少标准还是20世纪的产物,相对于迅速推进的社会信息化,很难起到指导档案工作标准化的作用。[①]

从现行的国家和行业标准来看,有18%的标准都是20世纪的产物,如《磁性载体档案管理与保护规范》规定存储档案文件的磁性载体包括软磁盘,但今天,光盘存储已是主流,网络存储广泛应用,软磁盘早已退出了历史舞台。显然,该规范基于软磁盘应用的一切规定都已过时。档案服务业企业已经逐渐成为档案服务的主体,越来越多的单位和企业出于提高档案管理水平的需要,将档案管理外包给档案服务业企业。随之而来的就是之前所介绍的良莠不齐、信息不对称的乱象,这些档案服务业发展的现实迫切需要相关部门完善档案服务业的相关标准体系,加紧研究制定其他业

---

① 周笑芳. 档案工作标准化制定和实施的运作分析[J]. 内蒙古科技与经济,2004,(2):64.

务环节标准，以提升档案标准体系的合理性、系统性。

二、档案服务业信息技术性标准匮乏

档案服务业已有很多技术标准出台，其中不乏与信息技术相关的标准规范，如《基于文档型非关系型数据库的档案数据存储规范》《档案数据存储用 LTO 磁带应用规范》等都是近年来为适应工作需要和信息技术发展而出台的行业标准。信息技术涵盖范围广泛，并且信息技术与档案服务业服务工作内容也是紧密结合的，但是正如 2020 年 11 月国家档案局发布的《档案信息化标准体系建设指南》（研究报告）所提出的，现下缺失的并能直接反映档案信息化特征的有 46 项待研标准，如档案信息系统的安全保护、档案资源的数据化等。

还有学者举例说明，如《电子文件归档与电子档案管理规范》中规定"以 MPEG、AV 作为视频和多媒体电子文件的通用格式"，然而 MPEG 系列标准包括 MPEG-1、MPEG-2、MPEG-4，但实际中还有"多媒体描述接口 MPEG-7"，标准中仅仅规定 MPEG 并不能满足实际需要。[①]需要指出的是，此处学者引用的是《电子文件归档与电子档案管理规范》（GB/T 18894—2002），国家标准化管理委员会在 2016 年 8 月 29 日发布了修订的《电子文件归档与电子档案管理规范》（GB/T 18894—2016），代替了前文学者所引用的旧标准，在这新标准中规定了录像类电子文件以 MPG、MP4、FLV、AVI 等格式归档。这一实例也从侧面反映出档案服务业信息技术性标准较为匮乏，正在不断补充完善的现实。信息技术的革命可谓日新月异，"云计算""互联网+""大数据""区块链"等信息领域的新技术、新理念催生了越来越多的档案服务业的信息技术手段，信息技术的更新周期更是远远快于传统档案服务业的技术，因而标准的更新换代可以说刻不容缓。因此，要针对新技术制定先进、适用的标准，尽快

---

① 贾文溪. 中国档案标准体系研究[D]. 沈阳：辽宁大学，2014.

探索大数据、区块链、人工智能（artificial intelligence，AI）等新一代信息技术在档案管理中的应用，避免因制定滞后或修订不及时造成标准技术过时等问题，否则就会出现落后不止"一个回合"的局面。由上可见，既要考虑到目前的信息技术水平，也要对新兴信息技术在档案行业中的可能应用有所预见，使标准体系能适应信息技术的迅猛发展。

三、档案服务业评价性标准缺失

如果说档案服务业信息技术标准还只是匮乏的话，那么档案服务业的评价标准则完全是一片空白。评价标准不仅包括对档案服务业企业的评估，还包括对每一业务过程、程序、技术等多方面的评估，建立评价标准是有效控制、监督档案服务业企业开展工作的基础和前提。评价标准是关乎档案服务业"生死存亡"的生命线，如前文所述档案标准体系中的绝大多数标准都是推荐性标准，这类标准对于档案服务业企业这一新兴群体的约束力十分有限，评价性标准是"良方"之一，而评价性标准的重点则是对档案服务业企业的评级制度。在标准缺乏约束力的前提下，只能通过市场来督促档案服务业企业提升档案管理水平、提高自身科学技术水平，那么显然在等级评定中获得高分的档案服务业企业就在行业竞争中处于优势地位，而想要获得高的等级评定就必须严格遵守相关等级评定标准的规定，这就是评价性标准优越的导向作用所在。我国档案服务业的现状恰恰迫切需要相关的评价性规定出台，因而在后文的档案服务业标准的构建探讨中，本书将评价性标准的建立作为重点内容进行阐述。

第三节　档案服务业标准内容构想

前文所述档案服务业企业的外延和内涵是要大于档案管理服务外包企业的，但是档案管理服务外包企业在整个档案服务业中的地位，以及这类企业正在不断扩张的规模都说明档案服务业标准体系亟须补充关于档案管理服务外包企业的标准。当然，相关标准的内容可以仅仅针对一个具体业务环节，如针对档案寄存服务的标准《档案保管外包服务管理规范》，也可以是针对整个业务外包流程，如档案服务外包工作的一般性规范《档案服务外包工作规范》，本书接下来就基于现有的标准成果，根据统计数据及相关档案服务业企业的实践经验提出关于档案管理服务外包行业标准建设的一些构想。

一、标准内容的共性

标准的共性指一国家标准或是行业标准应该包括哪些内容，同时还有哪些内容是不属于标准规制的范围。这是研究标准建设的前提。实际上，标准在整个法律法规体系中的位置是很难被定位的。标准的性质分两种，由国家标准化管理委员会统一制定的国家标准属于行政法规，而由国务院各行政部门指定的行业标准属于部门规章，两者都属于广义上的法律。但是标准"尴尬"的地方在于标准自身的分类，强制性的标准属于广义的法律且在逻辑上是通顺的，但是推荐性标准属于广义的法律是完全不合逻辑的。因为法律本身是具有强制性的，它以设定权利义务为内容，以"可为"或"不可为"为行为模式，因而才有违法责任和制裁手段。如果法律的行为模式是"建议为"或者"建议不为"，那法律本身就失去了意义，那么"做不做"都可以，也就不存在违法责任和制裁了。

纵观档案行业的标准，大致有以下几部分内容：范围、规范性引用文件、术语和定义、组织结构、硬件设施、原则、制度、责任与赔偿。实际上，责任与赔偿并不属于推荐性标准的内容，但是由于许多标准以"规范"的形式命名，出于体系完整性的考量往往就规定了责任与赔偿。其条文的表达无外乎以下几种形式：一是规定一种行为应该承担责任，具体何种责任没有明确表述；二是规定一种行为应该承担责任，具体责任由当事人合同约定或依据相关法律法规的规定；三是规定一种行为应该承担责任，并具体规定相对应的制裁。前两种表述方式"聊胜于无"。换言之，没有具体责任或者是援引法律法规就没有必要在标准中列出，第三种表述如前文逻辑所述，推荐性标准是没有强制性的，除非有合同约定，否则是无法作为审判中的依据的，况且即使合同有约定，依据这一标准是否能完全强制执行也是个问题。总而言之，正是因为推荐性标准在强制力上存在疑问，因而在其中设置责任和赔偿的相关条款在效力和适用上都是存在缺陷的。当然，出于规范完整性的考量，设置这样的条款也"情有可原"。

凡是法律已经规定或者属于法律规定的事项的内容都不是标准的重点所在，如果要设置这样的条款只需要援引相关法律法规、保持与法律法规的一致性即可。标准共性中的重点是对一行业进行物理管理和逻辑管理的部分，即任何管理活动都会有工具，任何管理工具都会有物质与意识两种不同的表现形式。因此，我们可以依档案管理工具存在的形态——物质或意识，将档案管理活动区分为物理管理和逻辑管理。制造和使用物质性工具的档案管理活动（如建设和使用、维护档案库房，参与制作和使用柜架、卷盒、消毒柜，使用计算机等），我们称之为物理管理；创造和使用意识性工具的档案管理活动（如制定和使用分类方案、保管期限表、软件系统和其他各种法规制度等），我们称之为逻辑管理。[1]在档案服务业标准中涉及库房建设、消防设施、安防设施等的规定属于物理管理的范畴，而原则、范围、术语定义、档案管理服务外包机构的评级制度属于逻辑管理的范畴，标准中涉及物理管理和逻辑管理的部分都是档案服务业标准的核心内容。

---

[1] 丁海斌，方鸣，陈永生. 档案学概论[M]. 沈阳：辽宁大学出版社，2012：99-102.

如前文所述，档案服务业标准的物理管理部分是标准建设中较为清晰明确的部分，已有的国家标准和行业标准可以提供充分的参考，在档案管理服务工作中使用物质性工具的内容主要包括库房设施、消防设施、安防设施的建设。档案服务业的标准体系完善的关键在于逻辑管理层面。因此，下文笔者将对档案服务业逻辑管理层面标准的构建进行着重论述。

二、档案服务业企业组织结构标准

档案服务业企业的组织结构中有企业正常经营所必需的行政、人力资源、财务等部门，而档案服务业企业的核心部门是其业务部门——档案部门，档案部门组织结构也是行业标准的重要内容之一。档案部门一般包括客服、库房、项目三部分。客服的职责是接收客户需求信息、安排配送、统计；库房的职责是负责档案的移交、上架、调阅、归还等工作；项目的职责是客户现场的档案整理、数字化等工作。档案服务行业标准在组织结构方面重点关注的应是档案部门业务人员的专业素养问题，这方面的规定在相关法律法规中都有所涉及，如行业标准《档案保管外包服务管理规范》中规定档案保管外包服务机构工作人员应熟悉档案法律法规及档案工作规章制度与标准，并具备符合岗位需要的相应文化程度和业务技能；持有档案岗位培训证书的人员需占全员的25%以上，持有中高级专业技术职称的人员需占全员的10%以上，其中必须有档案专业中高级职称的人员。又如《深圳经济特区档案与文件收集利用条例》第十条规定："档案工作人员和档案中介机构从业人员应当具备档案专业知识，持证上岗。"可见，档案服务行业的业务人员需要具备档案专业知识是理论界的共识。但是从档案管理服务外包企业的实际情况来看，这类企业中的中高级档案专业技术职务人员所占比例微乎其微，具有档案学专业教育背景的更是凤毛麟角。如果真对企业的从业人员做定量的素质规定，那恐怕大多数企业都只能进行"大换血"了，但是如果不做定量的规定，只是粗略地说档案工作人员应当具备专业知识，这样的标准又无法起到约束和指导意义。

事实上，在实践中档案行业普遍存在的误区是认为档案工作"上手快"，是否接受过专门的档案教育并不是能够胜任档案工作的先决条件，"门外汉"只需经过短期培训就可以适应档案工作。笔者通过对档案服务外包企业的调查发现，档案服务外包行业中的档案业务部门的管理人员必须是中高级档案专业技术人员或者具有高校档案学专业的教育背景。正所谓"上行下效"，如果无法对档案管理服务外包企业人员的业务素质做定量要求，至少也要让"内行"去指导"外行"。"上手快"的前提是学习的内容是正确的，如果档案管理服务外包企业的核心业务部门的管理人员对于档案专业知识只是一知半解，那么这样的"名师"又会培养出什么样的"高徒"呢？

实际上，档案管理是一项要求专业知识和实务经验俱佳的专业性工作，缺乏档案专业知识和技能的管理者，其员工的档案业务素质也无法得到正确的引导。如凡是受过档案专业教育的人无论其水平高低，都会对作为档案载体的纸质文件十分重视，保证其完整性是发挥档案事实性经验价值的最基本要求，不会出现对档案产生破坏的误操作行为。这从本质上来说是每个具有专业出身的人的共性，而即使是如此简单的专业素质要求，一些从业人员却无法达到，这和管理培训的缺失不无关系。档案服务业企业的法人可以不具备档案专业知识和技能，因为其行为是资本流动、追求经济利益的结果，这无可厚非。但是作为核心业务部门的档案部门或是库房、客服、项目部门，其管理人员应具备档案专业知识和技能是标准的红线。可以稍加变通的是，档案服务业企业可能在成立初期其业务部门的管理人员不具有档案专业的教育背景。这种情况可以通过后天培训去获得相应的职称，或者公司聘请档案学界的学者作为核心业务部门的顾问，定期接受档案知识和专业技能的培训。

综上所述，业务流程外包的核心是将不属于企业主要经营业务范围的流程转移给相关专门企业完成，如果档案管理服务外包行业本身在专业性上都值得怀疑，那外包就失去了其设计的源泉。因而在档案服务行业标准中一定要有对于档案业务人员的专业素质要求，最低标准是其核心业务部门的管理人员要具备中高级档案专业技术职务或者本科以上的档案专业教育经历。

三、档案服务行业协会标准

由于推荐性标准的强制性较弱，责任和制裁并不是标准发挥作用的有效手段。因而要实现对档案服务业企业的监督和制约，关键是在执行标准的过程中设计一个档案服务行业协会，从而将档案行政机关和档案管理服务外包企业及档案管理服务发包商连接起来。诚然，档案服务行业协会的设立并非标准本身所应包含的内容，但是如果没有档案服务行业协会，那么相关的评测机制便失去了依托，档案学者与企业的沟通中就会出现诸多不畅的情况。目前的中国档案学会虽然在促进档案业务和学科发展以及联系档案工作者方面有突出作用和较强的影响力，但与具体的档案服务业企业之间并不存在领导与被领导的关系。相反，如果成立档案服务行业协会，那么企业之间、企业与档案机关之间、企业与高校之间的联系就会通畅许多。2019年10月，来自档案服务行业各领域近30家公司的负责人为搭建一个档案服务公司与档案管理工作者沟通交流的平台，共同发起成立了档案服务行业民间团体组织，暂定团体名称为"中国档案行业联合会"，27家公司和机构加入成为首批会员，并召开了中国档案行业联合会筹委会第一次会议。虽然联合会尚处于筹备阶段，但已受到了多家档案服务业企业的关注，这对于档案服务业行业组织的后续发展是一个好的起点，期待今后中国档案行业联合会在监督和制约档案服务业企业上发挥作用。

国外商业性文件中心比我国档案服务业企业起步早了50多年，借鉴国外类似行业协会的经验对我国档案服务行业协会的建设具有重要的参考意义。国外在这一行业最成功、影响最大的行业协会是国际档案信息管理协会（PRISM International），它被界定为"商业性信息管理行业的非营利性行业协会"，它的建立标志着商业化文件信息服务业的发展趋于成熟。首先，国际档案信息管理协会作为国外商业化文件信息服务业的领导中心，具有完善的组织结构、相当的会员规模和良好的行业影响力；其次，国际档案信息管理协会借助内外兼顾的两种途径——会员服务和客户宣传来保障文件信息服务业的健康发展；最后，国际档案信息管理协会构建了严格的监管体系，包含行业自律和法规遵从两个方面，行业自律表现为确立行业道德准则、制定行业标准并监督其应用。[1]需要说明的是，有学者根据国际档案信息管理协会官网的信息理解翻译出国际档案信息管理协会制定的一系列商业性文件中心的行业标准、指南和道德准则，包括商业性文件中心运营标准（standard operating procedures for commercial records）、建筑标准（model building code and NFPA requirements）、灾备标准（disaster planning workbook for commercial information management companies）、保险及风险转移标准（insurance and risk transfer guidelines）、载体设施标准（media vault guide）等，但实际上这是误读了国际档案信息管理协会的意思。这些应由国家标准化管理委员会这一行政机关制定的具有普遍行业约束力的规范并不是本书探讨的，本书是探讨行业指南和准则，是带有业务培训性质的文本而不具有普遍约束力。国际档案信息管理协会并不是标准制定的主体，而是一个倡导者，倡导企业遵循行业标准。综上，国际档案信息管理协会并不是标准制定的主体，这一行业协会提供行业的核心业务指南和准则供会员参考学习，加入该协会可使商业文件中

---

[1] 黄霄羽，刘守芬. 商业性文件中心国际化发展的表现与影响因素分析[J]. 档案学研究，2012，(1)：26-29.

心得到更广泛的社会认可。

我国拟筹建的档案服务行业协会与国际档案信息管理协会有共通之处：我国拟筹建的档案服务行业也需要对企业进行引导培训从而提高工作效率、保证流程准确、提升服务质量，但我国档案服务行业协会应适应我国档案工作实际情况。在现阶段档案服务行业管理体制尚未成熟的情况下，需要档案服务行业协会承担部分行政管理职能。这样，才能让监管落到实处，这样的行业协会才能"有声音"。另外，我国拟筹建的档案服务行业协会还需要具备解决行业争端的机制。如前文所述案例中，档案服务行业的纠纷并没有诉前的争端解决机制，发包商的诉求只能向档案管理服务企业投诉，而协商不成就以保管合同纠纷的案由起诉到法院。如果有行业协会能够起到调节斡旋的作用，相信可以使更多的行业内纠纷得到妥善的解决。之所以一定要在标准中引入行业协会的概念是因为档案服务业企业的等级评定需要通过行业协会进行。我国档案管理服务外包行业的现状是企业"鱼龙混杂""良莠不齐"，而且我国拟筹建的档案服务行业协会不属于"无政府"性质，对于企业进行等级评定是现阶段划分企业层次的有效手段，而等级评定需要行业组织，拟筹建的档案服务行业协会自然责无旁贷。

综上所述，虽然档案服务行业组织的设立本身不是标准所应规定的内容，但是档案服务行业相关标准的落实迫切需要档案服务行业组织从中发挥关键作用。档案服务行业组织的设立可以参考其他服务行业组织的设立流程，重点是这一行业组织应具备以下三方面职能：一是对企业进行业务指导的功能；二是接收发包方投诉信息，于诉前解决行业争端的功能；三是承担评定档案管理服务外包企业等级的职责。

四、档案服务业企业等级评定标准

对企业进行等级评定是各行业的普遍做法。其优点在于可以使行业中的企业层次更清晰明确，对符合行业标准、可以提供优质服务的企业在评级中予以肯定，能够对可能存在问题的企业起到警示作用，从而增强行业的透明度，在一定程度上削弱消费者与服务提供者在信息不对称上的鸿沟，同时企业评级制度还可以促进行业内的良性竞争和健康发展。

如前文所述，在档案管理服务相关法律法规尚不完善的大背景下，行业标准如果想要发挥作用，企业评级制度至关重要。标准中的责任和赔偿实际上并不能对企业产生监督和制约作用，但评级制度是企业想要树立行业地位和信誉无法回避的，在标准中设计行业协会对档案管理服务企业进行评级，可以起到桥梁作用，即可以将消费者和档案管理服务企业连接起来。近年来，国家和地方的有关档案行政管理部门认识到档案服务业企业等级评定标准的重要性，发布了相关规范。例如，在行业标准《档案保管外包服务管理规范》中，具体提出了档案保管外包服务机构提供档案保管外包服务的能力评估标准；2019年浙江省档案局在发布的地方标准《档案服务机构管理与服务规范（征求意见稿）》中，提出了档案服务机构能力评价等级的规定和资质。

（一）《档案保管外包服务管理规范》关于档案保管外包服务能力评估标准分析

2017年8月2日，国家档案局发布了《档案保管外包服务管理规范》。该标准规定了档案保管外包服务的相关业务要求，适用于档案保管外包服务机构，该标准第九项提出了档案保管外包服务机构可通过档案保管外包服务行业组织开展能力评估，并且设计了档案保管服务能力评估表。这对于构建档案服务业企业评价标准具有重要的参考意义。为此，笔者将对档案保管服务能力评估表进行分析，评估如表7-2所示。

表 7-2　档案保管外包服务能力评估表

序号	测评项目	测评内容	权重	基础关键项	测评方法
（一）公司资金（6%）					
1	注册资金	注册资金达2000万元及以上为6%，每低2%减1%	6%		查阅资料
（二）档案保管场所建设（50%）					
2	自有档案库房	选址布局、建筑设计、档案保护、防火设计、建筑设备符合要求为5%，每少一项减1%；且有档案库房面积达6000平方米及以上为7%，每少500平方米减1%	12%	必备	查阅基建档案资料和现场察看
3	租用档案库房	选址布局、建筑设计、档案保护、防火设计、建筑设备符合要求为2.5%；租用面积达6000平方米及以上为3%，每少500平方米减1%	5.5%		
4	库房环境	档案库房单独设立为5%，与其他单位共处一栋建筑物的为2%，与其他单位混用无权重	5%		现场察看
5	档案库房租用年限	档案库房租用年限15年以上为2%，每少1年减0.5%	2%		查阅合同等资料
6	配备档案附属技术用房	设置档案整理、数字化、中心机房、消毒、修裱等用房各1%	5%		
7	消防设施	自动消防灭火系统为4%，其余灭火设施为1%	4%	必备	查阅资料和现场察看
8		自动火灾报警为2%	2%		
9		与119联网为1%	1%		
10		通过消防年检为1%	1%		
11	防盗报警和安全值班	部署库区周界电子巡查设施与防护装置为1%；建立24小时值班制，对值班室进行录像监控为1%	2%		查阅资料和现场察看、测试
12		设置视频监控，红外报警防盗数据保存90天为1%	1%	必备	
13		安装档案馆库房电子门禁系统为1%	1%		

续表

序号	测评项目	测评内容	权重	基础关键项	测评方法
（二）档案保管场所建设（50%）					
14	防盗报警和安全值班	设置进馆档案X光安检设备为1%	1%	必备	查阅资料和现场察看、测试
15		与110联网为1%	1%	必备	
16	供电系统	配备独立供电系统为2.5%	2.5%	必备	查阅资料和现场察看
17		配发电机，发电机功率不小于库房用电量为1%	1%		
18		有两路供电为2%	2%		
19	档案库房照明	档案库房采用无紫外线照明为1%	1%		现场察看
（三）档案运输（4%）					
20	档案运输车辆	配备自有档案外包服务专用运输车辆2台以上运送档案为3%，租用专用运输车辆2年以上期限、2台以上为2%	3%	必备	现场察看
21	档案押送人员	配备具有保安资质的押送人员2人以上为1%	1%		查阅资质证书
（四）档案保护（16%）					
22	档案库房管理	档案库房内按照八防要求配备相应设施设备为4%	4%		查阅资料和现场察看
23	档案库房温湿度调控	档案库房配备温湿度自动测量与调控设备为3%	3%	必备	
24	档案库房湿度	档案库房相对湿度控制在45%—60%，昼夜变化不大于5%为3%。连续3个工作日不符合要求减1%，连续一周不符合要求减2%，连续一个月不符合要求减3%	3%		
25	档案库房温度	档案库房温度控制在14—24℃，昼夜变化不大于2℃为3%。连续3个工作日不符合要求减1%，连续一周不符合要求减2%，连续一个月不符合要求减3%	3%		
26	档案库房温湿度数据	档案库房温湿度实时监控，数据保存36个月。编成曲线图，人工记录每天数据不少于2次为2%	2%		
27	防有害生物设施	具在防有害生物消毒等设施设备为1%	1%		现场察看

续表

序号	测评项目	测评内容	权重	基础关键项	测评方法
（五）档案装具（6%）					
28	密集架	安装符合相关国家标准的密集架为4%	4%		现场察看
	开放式固定架或五节柜	安装开放式固定架或五节柜为2%	2%	必备	
（六）人员管理（7%）					
29	档案业务人员及管理人员	档案业务人员受过档案基本知识培训，持档案上岗证书的员工数量达员工总数的100%得5%，每少10%减0.5%	5%	必备	查阅资料和现场测试相关知识
30	其他岗位人员上岗证书持有	消防值班员持有证书为1%，水电工持有证书为0.5%，安全保安持有证书为0.5%	2%	必备	
（七）信息化管理和档案利用服务（8%）					
31	档案查阅	设置专门的档案查阅场所，设施齐全，配备2名以上档案查阅服务人员为2%	2%		查阅资料及现场察看
32	档案管理信息系统	配置数字档案管理系统，开展对寄存和代保管档案的信息化管理和在线检索利用为2%	2%		
33	数据库建设	按照委托方要求，建立供委托方使用的档案文件级和案卷级目录数据库，或者全文数据库为2%	2%		
34	数据安全措施	配备专用机房，配备档案服务器和专用网络，采用档案委托方授权等机制为2%	2%		
（八）制度建设（3%）					
35	制度建设	建立档案运输、出入库、安全保卫、科学管理、保管、安全保密、信息安全、利用服务、统计等制度，各种登记表和账簿齐全为1.5%，每少一项制度减0.15%；严格执行上述制度为1.5%，每一项制度执行不到位减0.15%	3%	必备	查阅资料及现场察看

与2015年国家档案局办公室发布的关于对行业标准《档案社会保管服务机构管理规范（征求意见稿）》中的企业评级标准相比，该评估表中增

加了基础关键项,将自有档案库房、消防设施、防盗报警和安全值班、供电系统、档案库房照明等测评项目定为"必备",表明了对档案实体安全的重视,也提醒档案服务机构,保障档案安全永远是放在第一位的。评估表中以百分比作为权重,体现的不仅仅是某一指标所占的百分比,更强调的是该指标的相对重要程度,使档案保管外包服务机构能够抓住重点进行建设。

对于业务中包含档案保管外包服务的档案服务业企业来说,评估表中的相关指标是比较完善、非常有价值的,所以在设计制定全面的档案服务业企业评价标准时,这一标准是重要的参考。但也有如下几点需要明确。

一是档案保管外包服务行业组织的问题。该标准提到档案保管外包服务机构可向档案保管外包服务行业组织提出评估申请,档案保管外包服务行业组织进行初审和现场评分,提出评估意见。但是,我们目前并没有专门的档案保管外包服务行业组织来进行评估。如果将这一评估工作仅由档案保管外包服务行业组织承担,是否能高效、准确地对企业进行评估呢?

二是评估表中并未涉及评定等级的问题,这可能会使档案保管外包服务的购买者对于档案保管外包服务机构在这一行业中的地位模糊不清。评价等级是反映评价对象状况的一种标识,可以用特定的等级符号如甲乙丙、ABC等符号标定评价对象的等级,如此不仅有利于企业及利益相关方识别,也便于各级主管部门实施差异化监管,所以在分数的范围上分层是否能使行业中的企业层次更清晰明确呢?

三是表中一些具体的参考数据需要明确,如企业注册资金以2000万元为限是如何确定的?在之前的统计表中,超过半数的档案服务业企业的注册资本达到或高于2000万元,在达到更高分数的档案服务业企业层面上,其注册资本要求是否应该再有所提高?此外,许多具有档案专业背景的创业者涉足档案行业,企业初期的注册资本未必很多,能否对这类企业在制度设计上予以考虑呢？

综上所述，建议由国家相关档案行政管理机关牵头成立档案服务行业协会作为档案服务业企业评级的权力机关；对于得分高的企业的评定，省级档案行政管理机关应就评定结果报请上一级档案行政管理机关进行最终评定；企业如果对于档案行政管理机关的评定结果不服，可以向上一级档案行政管理机关进行申诉；跨行政区域以及外资、合资企业的等级评定建议直接向国家档案行政管理机关进行评定；时机成熟的时候可以赋予县一级的档案行政管理机关为评定机关；在得到评价分数后可用等级划分出行业中不同层面的企业。

(二)《档案服务机构管理与服务规范（征求意见稿）》关于企业评级标准分析

为了进一步规范档案服务业企业，浙江省档案局积极推进出台档案服务机构管理规范地方标准的进程，组织杭州远大档案技术有限公司起草了地方标准《档案服务机构管理与服务规范（征求意见稿）》，并于2019年11月发布。[1]其中第五项针对档案服务机构设计了档案服务机构能力评价等级。具体内容如下。

1. 一般规定

（1）档案服务机构应在市场监督管理部门注册登记，具有市场主体资格，依法纳税和缴纳员工社会保险。

（2）档案服务机构应具有开展服务所必需的服务场所及其他配套设备、设施，服务场所内必须配备必要的档案安全保护设备、设施。

（3）服务场所内必须配备保障员工职业健康的相关设备、设施。

---

[1] 浙江省档案局. 浙江省档案局关于地方标准《档案服务机构管理与服务规范(征求意见稿)》公开征求意见的函[EB/OL]. http://www.zjda.gov.cn/art/2019/11/20/art_1378491_40464664.html[2020-02-20].

（4）应公布清晰的档案服务项目内容和计量收费标准，服务范围符合法律、法规规定，维护良好信用。

（5）项目团队管理人员应经过档案管理岗位培训、执业培训，取得相应的证书或技能认证。

（6）档案服务机构的能力评估可通过档案服务行业协会等组织开展，档案行政管理部门予以行政指导，处理异议申诉。

2.A级档案服务机构

一般规定以外，还需有以下资质。

（1）档案服务年营业收入2000万元以上。

（2）档案服务从业人员300人以上。

（3）通过GB/T 19001、GB/T 28001、GB/T 22080认证，认证范围覆盖档案服务，拥有档案数字化加工类国家秘密载体印制乙级资质。

（4）设置负责行政人事、市场开发、产品研发、项目管理、信息技术、品质管理等业务活动的部门机构。

（5）行政管理、财务管理、项目管理、档案管理、人力资源等制度健全。

（6）制定"档案服务"相关的内控制度。

（7）具有策划、科研能力，承担过三个以上省部级（含）以上档案科技项目，并通过鉴定。

（8）具有自主开发的档案服务相关的软硬件，并获得相关知识产权。

（9）从业人员具有3名以上档案高级专业技术资格，10名以上档案中级专业技术资格。

（10）档案服务业绩满足以下任意两项条件：

承担过5个以上合同金额100万以上的档案寄存、整理或数字化项目，通过验收；

承担过数字档案馆（室）建设项目，经国家档案局测试或评价通过；

档案服务项目获国家级奖项；

项目档案为项目主体获国家级奖项作重要支撑，并经业主认可；

浙江省档案服务机构信用评价等级为 AAA 级。

3. B 级档案服务机构

一般规定以外，还需有以下资质。

（1）档案服务年营业收入 1000 万（含）以上。

（2）档案服务从业人员 100 人（含）以上。

（3）通过 GB/T 19001、GB/T 28001 认证，认证范围覆盖档案服务。

（4）设置负责行政人事、项目管理、信息技术、品质管理等业务活动的部门机构。

（5）行政管理、财务管理、项目管理、档案管理等制度健全。

（6）制定"档案服务"相关的内控制度。

（7）具有一定的策划、科研能力，承担过两个以上省部级以上档案科技项目，并通过鉴定。

（8）从业人员具有 1 名以上档案高级专业技术资格，5 名以上档案中级专业技术资格。

（9）档案服务业绩满足以下任意两项条件：

承担过 5 个以上合同金额 50 万以上的档案寄存、整理或数字化项目，通过验收；

承担过数字档案馆（室）建设项目，经省档案局测试或评价通过；

档案服务项目获省级奖项；

项目档案为项目主体获省级奖项作重要支撑，并经业主认可；

浙江省档案服务机构信用评价等级为 AA 级以上。

4. C 级档案服务机构

一般规定以外，还需有以下资质。

（1）档案服务年营业收入500万以上。

（2）档案服务从业人员30人以上。

（3）主要档案服务项目管理人员具有五年以上档案服务经历。

（4）财务管理、档案管理等制度健全。

（5）从业人员具有3名以上档案中级专业技术资格。

（6）档案服务业绩满足以下任意两项条件：

承担过5个以上合同金额25万以上的档案寄存、整理或数字化项目，通过验收；

承担过数字档案馆（室）建设项目，经市档案局测试或评价通过；

档案服务项目获市级奖项；

项目档案为项目主体获市级奖项作重要支撑，并经业主认可。

（7）浙江省档案服务机构信用评价等级为A级以上。

这是一个直接提出具体条件的能力评价等级标准。它的指标重点在于对企业的能力评级并不是通过评分的方式，而是符合所列条件的企业才能被定级。此外，浙江省发布的地方标准《档案服务机构管理与服务规范（征求意见稿）》与《浙江省档案服务机构信用评价办法（试行）》是配套实施的，其中将获得档案服务机构信用评价相应等级设计为确定不同能力级别的可选择的条件之一。这一标准不仅将承包数字档案馆（室）的项目建设列入条件，重视数字化转型工作和企业技术能力的重要性，还将企业的科研创新能力考虑在内，因为以创新谋发展是企业发展的必经之路，创新能力可以成为衡量企业发展潜力的重要因素。企业的创新能力在当前的时代趋势中，无论是对档案服务的需求者判断、选择合作者来说，还是对于企业的后期转型升级发展都是很有帮助的。

不过，上述标准也有值得商榷的地方。首先，档案服务机构只有达到一般性规定之后才能开始评级，这对于刚起步的新且小型企业来说困难较大，因为不论其规模、资金水平，还是业务经历等方面都很难达到如此高要求的条件。而如果档案服务的需求方在购买服务前对比了不同企业的等级的话，那么获得等级的企业被选择的可能性更大，但这可能会出现大企业垄断问题，从而制约了中小企业的发展，所以鉴于行业中有较多刚起步的微小企业，在评价标准内容上是否也可区分设计。其次，这一标准把档案服务机构的能力评价等级分为 A、B、C 三级，而《浙江省档案服务机构信用评价办法（试行）》中将等级分为 A、B、C、不合格四级，这里并不是针对划分等级方法本身，而是两种相像的评价等级易使档案服务需求方混淆。

（三）档案服务业企业等级评定标准内容构想

档案服务行业正处于上升期，大量的资本注入这一行业。许多新企业以档案服务为经营范围而设立，但其提供档案服务的能力如何是普通档案服务的需求者很难判断的，于是就难免会出现"弄假成真""以次充好"的行业乱象，给行业的健康发展带来了消极因素。因此，为了促进信息透明，维护市场公平，对企业等级进行评定并将信息予以公布是有必要的。

如前文所述，正是由于这个行业正处于上升期，相关业务环节还在不断拓展和延伸中，行业的许多问题和矛盾还没有浮出水面。因此机械地根据评分表进行打分来划分企业等级的方法不可取，而是应赋予行业协会充分的裁量权，结合具体的评分细则，通过审核材料和实地考察等方式对企业等级进行综合评定，如采用定量计算与定性分析结相合的评级方法。在评定过程中有以下几方面内容可作为参考。

1. 企业的财务状况

企业财务状况中注册资本是重要的考量因素之一，但是单单以注册资本作为企业等级评定的标准失之偏颇。因为很多大型集团公司刚刚涉足档案服务行业，其集团的雄厚经济实力虽保证了企业注册资本数额较高，但却无法证明其提供档案服务的能力较强，那部分注册资本只能作为其履行合同和承担相应责任的资金保障。相反，一些小微档案管理服务外包企业可能恰恰是由具有档案专业背景和档案业务经验的创业者创立的，其注册资本数额较小并不意味着提供档案管理外包服务的能力也就较弱。如果后期得到了资金的注入，这些企业也可能发展成为行业巨头。此外，具体数额的确定要有明确的依据作为支撑，通过统计数据可以看出，超过半数的档案管理服务外包企业的注册资本超过了2000万元，绝大多数的档案服务业企业注册资本达到了1000万元，但该指标并不能有效区分档案服务业企业的等级。对于甲级档案服务业企业的评定可以提高其注册资本的要求，从而做到"优中选优"，发挥行业领先者的垂范作用；同时在这一条的实施细则中规定，对于具有档案专业教育背景、在档案学领域有突出研究成果或者有多年档案实务经验、具备中高级职称的创业者作为企业法人的在等级评定中注册资本一项可以相应地放宽。档案服务业企业的财务状况还应该包括债务、员工薪金水平两方面参考因素：如果档案服务业企业注册资本数额较高，但其负债率也较高，那这样的企业同样是存在不稳定因素的；员工的薪金水平也是衡量档案管理服务外包企业发展前景的重要指标，那些薪金待遇好的企业往往能吸引到具有档案专业素养的人才，其服务质量的提升空间也自然很大。

在企业等级标准的评定中考察企业的财务状况应以信誉状况为主，以注册资本为辅。如上文所述，并非所有档案服务行业中的企业都是可以从事全流程服务外包的大型企业，许多企业有其专精，统一的注册资本作为评定标准失之偏颇，但是不论企业规模大小，其能提供优质档案服务的前提就是企业信誉状况的良好，档案服务业企业一旦出现失信行为，档案的安全和保密性就难以保证。综上所述，在档案服务业企业等级评定标准中对企业的财务状况进行评定应以企业信誉状况为主，以注册资本为辅，对于不同类型的档案服务业企业在资本的要求上应有所不同。

2. 企业的基础设施

企业的基础设施建设是企业等级评定的重要考量因素，这方面的评定细则较为清晰，只需参照相关国家标准进行制定即可。在这里要重点指出的是自有库房和租赁库房这一评级标准十分重要。档案服务业企业是否自有库房是关乎其客户档案安全、保密的重要参考标准。实践中有很多因房屋租赁方面的纠纷，导致档案管理服务需求者蒙受了不必要的损失的案例。虽然不排除一些企业租赁库房的年限较长，能够保证其客户档案的安全和保密性，但是显然自有库房具有天然的优势，租赁库房可能产生的问题几乎不会发生在自有库房的档案服务业企业中，因而这一参考因素的影响因子还需进一步提升，把是否自有库房作为档案服务业企业评级的重要参考标准之一。

3. 企业员工的档案专业素质

在各地颁布的地方性法规中，都可以找到关于档案服务业企业人员档案素质的规定，但几乎都是粗略的倡导性要求。例如，《辽宁省档案条例》（2017年修正）第十一条规定："档案工作人员应当具备专业知识，并接受档案管理岗位培训。"又如，《天津市档案管理条例》（2018年修正）第十四条规定："档案鉴定、评估、咨询等中介服务机构的专业人员，应当具有相应的专业知识。"类似这样的规定显然过于笼统，无法发挥规范的指引作用。首先，何为"应当具有"，是不是也可以不具有。"档案服务业的人员应当具有相应的专业知识"是不容置疑的真理，各行业的从业者都应当具备相应的专业知识，没有相应的衡量标准和监督制裁办法，这句话无异于空谈。其次，"岗位培训"是由档案局或者档案学会等官方部门来组织还是由单位自行组织。如果是单位自行组织培训那这个培训的含金量如何只能取决于单位的态度，事实上条文中类似的规定虽然不清楚，但也有其现实原因所在：一是我国档案服务业的现状是企业人员组成中具有档案专业背景的从业者所占比重甚少，如果对档案服务业企业人员的专业背景做出明确规定，大部分档案服务业企业可能是无法达标的。二是结合档案服务业企业实践经历，档案服务业企业对于具有档案专业背景的人才的需求确实并不是很旺盛。换言之，档案工作的门槛相对较低，所以企业更倾向于选择用工成本更低的非专业人员。三是具有档案专业教育背景的专业人才的数量要低于其他主流行业，毕竟开设档案专业的高校数量较少。

档案服务业企业并非不需要具有档案专业背景的人才，事实上在档案服务业企业中的一些违规操作、误操作恰恰是因为缺乏档案专业人才。如何提高档案服务业企业中专业人才的比重，在档案服务业企业的等级评定标准中着重对业务人员的专业素质进行考量可以起到促进作用。如前文所述，在档案服务业的宏观标准中对档案服务业从业者的素质做出要求是很难做到细化的，但是在档案服务业企业评级标准中就可以做出具体详细的规定。在档案服务业企业等级评定标准中对员工业务素质的考量应该从以下三个层面进行设计。

第一，档案服务业企业如果有高校档案专业教师作为兼职员工或顾问可以在等级评定中予以加分。具体加分项可以根据教师具体职称进行设置，如档案服务业企业有高校档案专业教授作为顾问加5分，副教授加3分，讲师加1分，对于不同高校及顾问的人数上也同样可以设置加分项。有高校的档案专业教授做指导可以显著提高企业的档案服务专业度，在员工素质的评分体系中这一项所占比例应该最重。

第二，档案服务业企业员工中如果有取得档案学相关学位的可以在等级评定中予以加分。具体加分项首先可以根据学历如学士、硕士、博士予以区分，其次也应对不同学校加以区分。在档案服务业企业的实践中发现，即使是档案服务业行业的知名企业，其员工中具有档案专业背景的比重也是少之又少。因此在档案服务业企业的等级评定中也要在这个方向加以引导，当然这一层面在评分体系中所占比重较前一个层面次之。

第三，档案服务业企业员工如果有取得档案专业技术资格的，也可以在等级评定中予以加分。在加分项设置中要对国家或地方资格考试予以区分，同时对于初级、中级两个等级也应予以区分。由于档案资格考试不同于司法考试和会计资格考试等，不是取得档案初级、中级专业技术资格才能从事具体档案工作。因而出于对其含金量的怀疑，建议将这层面在评分体系中的比重设置为最少比较合适。

4. 企业的技术创新能力

创新是一个企业生存和发展的灵魂。[①]一个企业的创新能力对于其未来发展尤为重要，特别是对于尚处于上升期的档案服务行业这样的新兴行业来说，以创新谋发展是企业发展的必经之路，创新能力代表着一个行业的前景。如前所述，很多档案服务业企业是以单一的劳动密集型的档案工作起家的，如果仅仅依靠承包以手工操作为主的档案工作，那么长此以往，随着数字时代环境的改变，这些企业势必会被市场淘汰。所以具备一定的创新能力对于企业摆脱低级形态转型升级是关键一点，也是判断企业未来发展潜力的重要指标，具备创新能力的企业也更利于获取档案服务需求者的信任。再有，档案服务行业还是处于上升期的新兴行业，有许多初创企业在其中，相较于大企业而言其构成人员年龄层偏小，年轻人占比较大，比较愿意尝试新事物。所以，在档案服务业企业信用评级标准中应重视对企业创新能力的关注，如技术创新、体制创新和思想创新等，全面、客观地反映企业状况。

总而言之，在档案服务业的标准体系中，档案服务业企业等级评定标准的建立是当务之急和重中之重，制定档案服务业企业等级评定标准的重要性不言而喻。它是一种极为有用的工具，能够借此对市场上（哪怕其规模较小）的合作方做出较为可靠的信用评估，提高信用评估的透明度，让市场能够有效地去做出判断选择，从而促进档案服务业的发展。

---

① 杨玲，罗森. 中小企业信用评级体系研究[J]. 会计师，2019，(17)：3-4.

第三编
区域（细分领域）发展报告

第八章　华东与中南地区档案服务业企业发展报告

华东七省（市）（以下简称"华东"）包括上海、江苏、浙江、安徽、福建、江西、山东；中南六省（区）（以下简称"中南"）包括河南、湖北、湖南、广东、广西、海南。[①]华东的档案服务业企业，开风气之先，发展较早，中南的广东省（尤其深圳）发展较快。本章从统计分析和案例分析两个方面对华东和中南的档案服务业企业予以论述。

第一节　华东和中南档案服务业企业统计分析

笔者从档案服务业企业省别、注册资本、成立年限、参保人数、企业类型、上市状态、商标信息、专利信息、作品著作权、软件著作权、高新技术企业、"中国500强"及"世界500强"等方面进行统计分析。以下数据来源于"天眼查"网站，搜索时间是2021年3月1—15日。

---

① 华东地区、中南地区历史上有过不同的划分方法。本书为了研究的便利，综合各地档案服务业发展情况，将上海、江苏、浙江、安徽、福建、江西、山东归入华东七省（市），将河南、湖北、湖南、广西、广东、海南归入中南六省（区）。

一、档案服务业企业省别统计分析

笔者以关键词"档案",搜索范围"经营范围"、"企业名称"(即经营范围或企业名称中含有"档案"二字的都予以搜索,下同),机构类型"企业",企业状态"存续""在业",结合省别查询得到华东七省(市)档案服务业企业数据如下:华东七省(市)档案服务业企业总量为30 820家。其中山东省8224家,占比26.7%,排名第一;浙江省5080家,占比16.5%,排名第二;江苏省5037家,占比16.3%,排名第三;安徽省4648家,占比15.1%,排名第四;福建省4213家,占比13.7%,排名第五;江西省2191家,占比7.1%,排名第六;上海市1427家,占比4.6%,排名第七。

同样搜索条件,结合省别,得到中南六省(区)数据如下:中南六省(区)档案服务业企业总量为31 915家。其中广东省14 426家,占比45.2%,排名第一;河南省5037家,占比15.8%,排名第二;湖北省4631家,占比14.5%,排名第三;湖南省3745家,占比11.7%,排名第四;广西壮族自治区2814家,占比8.8%,排名第五;海南省1262家,占比4%,排名第六。

由上可见,华东和中南的档案服务业企业数量分别是30 820家和31 915家,总量相差无几。华东省(市)平均为4403家企业,中南省(区)平均为5319家企业,中南平均值更高;山东省占华东26.7%——约1/4多,广东省占中南的45.2%——接近1/2,说明广东一省独大,发展不均衡。方差是各个数据与平均数之差的平方的平均数,方差越小数据越稳定,方差越大越离散。经计算,中南方差为18 117 011.14,华东方差为4 186 567,中南远高于华东,计算结果也印证了中南发展更不均衡。

二、档案服务业企业注册资本统计分析

以关键词"档案",搜索范围"经营范围""企业名称",机构类型"企业",企业状态"存续""在业",注册资本"人民币"等条件,查询得到

华东和中南档案服务业企业数据如下：总体来看，注册资本数量与档案服务业企业数量成反比，即注册资本越少，企业数量越多，注册资本越多，企业数量越少。注册资本为100万元以内的档案服务业企业数量，华东和中南分别是10 866家和11 463家，占比分别是27.2%和27.7%，数量和占比相差无几，非常接近；注册资本在1000万元以上的档案服务业企业数量，华东和中南分别是5383家和4796家，占比分别是13.5%和11.6%，有一定差异，但差异不大。

注册资本，也称"资本金""法定资本"，是创建企业必须具备的法定资金，也是企业在工商行政管理部门登记的资本，还是各方投资者对企业投入的资本。注册资本在股份制企业表现为股本，在其他企业表现为实收资本。在企业注册登记后，应用于维持企业的持续经营，不得随意抽回。[①]

注册资本一般与企业规模呈正相关，但并不是绝对的关系，注册资本的多寡，一定程度上反映了该企业的资本是否雄厚，有无承担大项目的能力，客户可能会以企业注册资金多少作为参考条件考虑是否合作。从2013年版《公司法》开始，注册资本实缴登记制被改成了认缴登记制，这一政策放宽了注册资本登记条件，取消了公司设立的最低限额，简化了登记事项和登记文件。2018年版《公司法》对有关资本制度的规定进行了修改，赋予了公司更多的自主权。这些法律规定都为档案服务业企业的设立和发展提供了便利条件。

从以上数据来看，华东和中南的档案服务业企业注册资本在1000万元以下的占了大多数，接近90%，说明大多数企业规模不大，资本实力不雄厚。

三、档案服务业企业成立年限统计分析

以关键词"档案"，搜索范围"经营范围""企业名称"，机构类型"企业"，企业状态"存续""在业"和成立年限等条件，查询得到华东和中南档案服务业企业数据如下（图8-1—图8-4）。

[①] 夏征农. 辞海(1999年版缩印本)[M]. 上海：上海辞书出版社，2002：2270.

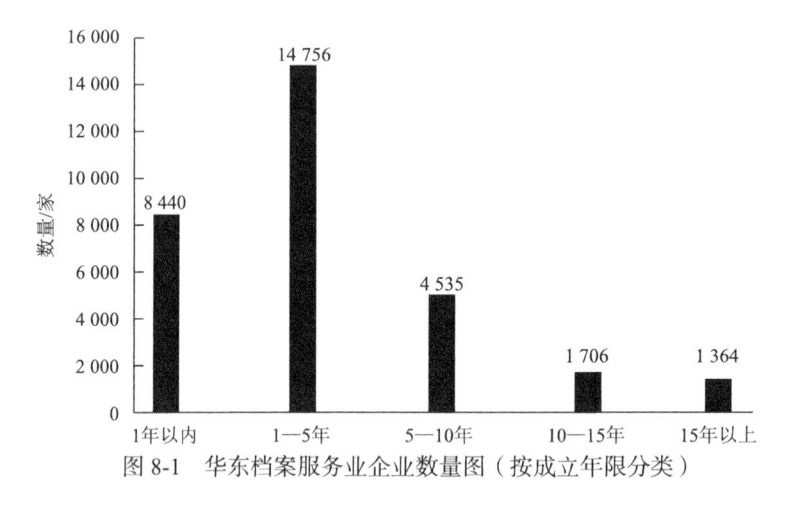

图 8-1　华东档案服务业企业数量图（按成立年限分类）

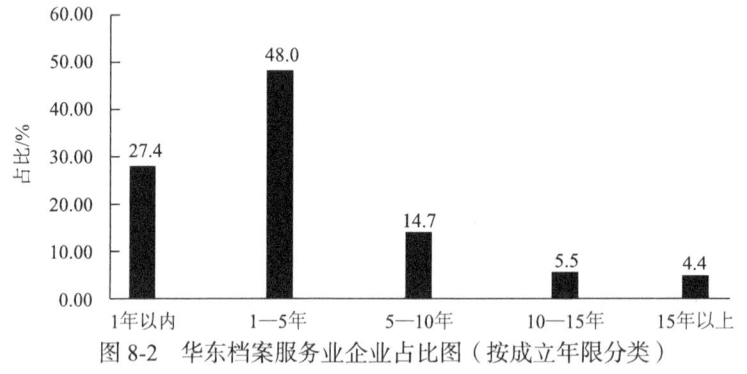

图 8-2　华东档案服务业企业占比图（按成立年限分类）

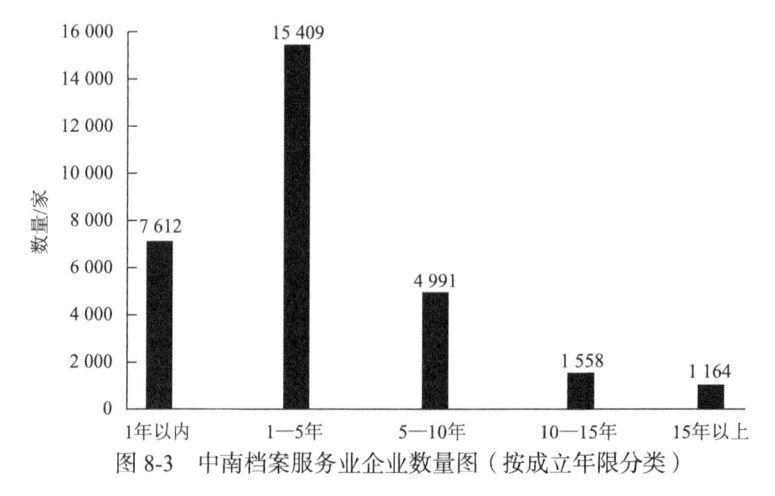

图 8-3　中南档案服务业企业数量图（按成立年限分类）

图 8-4 中南档案服务业企业占比图（按成立年限分类）

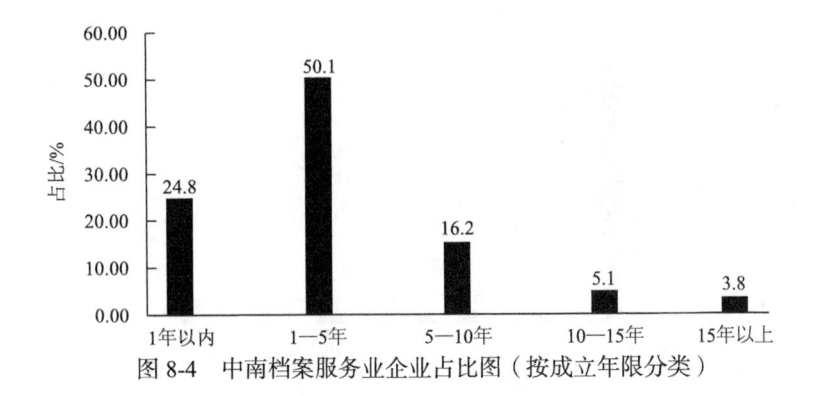

由图 8-1—图 8-4 可以看出，在华东和中南，成立 15 年以上的档案服务业企业数量和占比最少，稍多一点的是成立 10—15 年的，更多一些的是成立 5—10 年的，数量最多的是成立 1—5 年的。它们共同的规律是随着时间的推移，能够存活下来的档案服务业企业数量越来越少，企业成立 5—10 年的，其存活下来的数量不足企业成立 1—5 年的 1/3，呈断崖式下降。

四、档案服务业企业参保人数统计分析

以关键词"档案"，搜索范围"经营范围""企业名称"，机构类型"企业"，企业状态"存续""在业"和参保人数等条件，查询得到华东和中南档案服务业企业数据如下（图 8-5—图 8-8）。

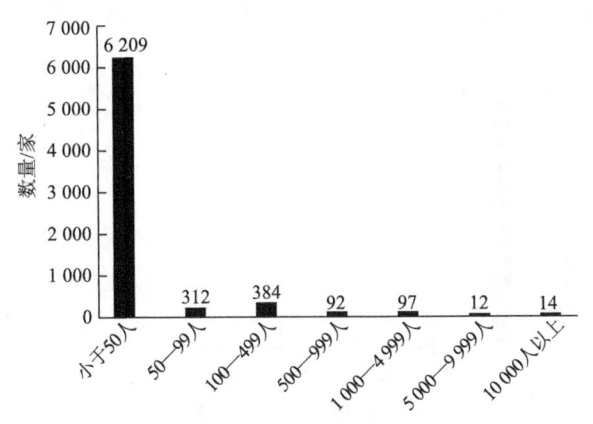

图 8-5 华东档案服务业企业数量图（按参保人数分类）

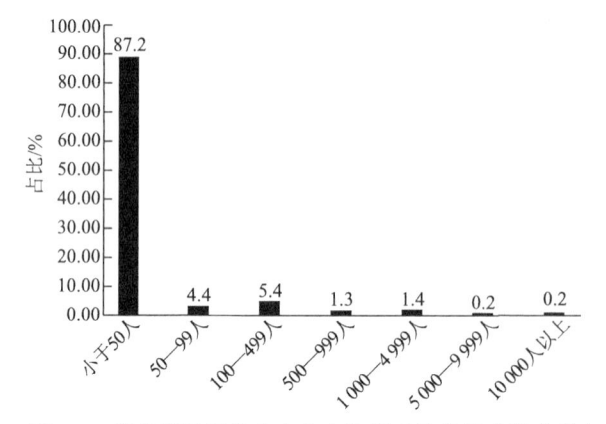

图 8-6　华东档案服务业企业占比图（按参保人数分类）

注：因四舍五入出现偏差，图中数据加和不等于100%，图8-8、图8-16同

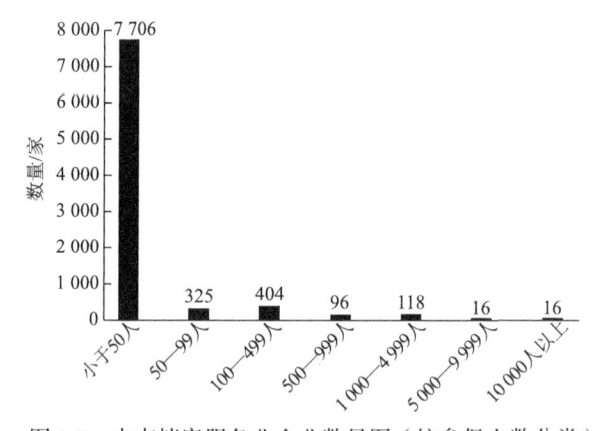

图 8-7　中南档案服务业企业数量图（按参保人数分类）

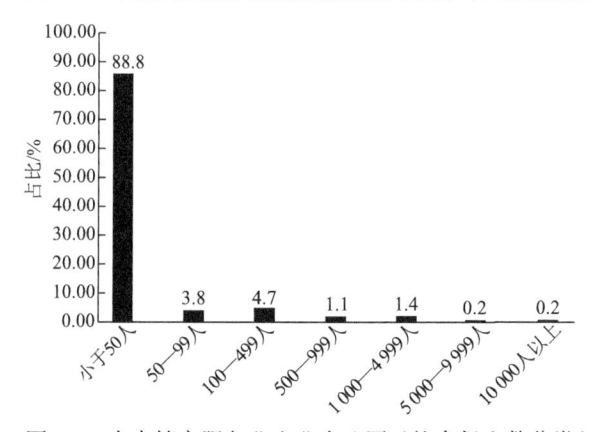

图 8-8　中南档案服务业企业占比图（按参保人数分类）

由图 8-5—图 8-8 可以看出，按参保人数统计，华东少于 50 人的档案服务业企业 6209 家，占比 87.2%，中南 7706 家，占比 88.8%，在数量上中南多于华东，但它们的共同规律是处于这个段位的企业占大多数，占比 88% 左右。

按照《中小企业划型标准规定》（2011 年），企业从业人员是衡量企业规模的标准之一，具体每个行业都不一样。参照其第十六条规定："其他未列明行业。从业人员 300 人以下的为中小微型企业。其中，从业人员 100 人及以上的为中型企业；从业人员 10 人及以上的为小型企业；从业人员 10 人以下的为微型企业。"大体衡量一下，50 人以下基本上属于小微企业。也就是说，华东和中南的档案服务业中小微企业占大多数。

五、档案服务业企业类型统计分析

以关键词"档案"，搜索范围"经营范围""企业名称"，机构类型"企业"，企业状态"存续""在业"和企业类型（选择查询国有企业、集体所有制企业、私营企业和个人独资企业、个体工商户，其他类型没有选择）等条件，查询得到华东和中南档案服务业企业数据如下（图 8-9、图 8-10）。

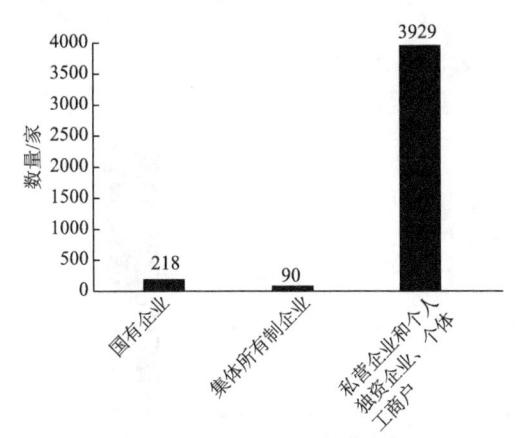

图 8-9 华东档案服务业企业数量图（按企业类型分类）

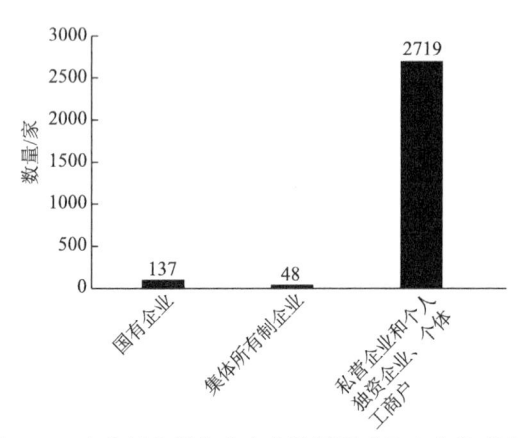

图 8-10 中南档案服务业企业数量图（按企业类型分类）

从图 8-9 和图 8-10 数据可以看出，在华东和中南的档案服务业企业中，私营企业和个人独资企业、个体工商户在数量上占绝大多数，其次是国有企业，最少的是集体所有制企业。这说明，档案服务业企业在这两个地区，在数量上以私营企业和个人独资企业、个体工商户为主。

六、档案服务业企业上市状态分类统计分析

以关键词"档案"，搜索范围"经营范围""企业名称"，机构类型"企业"，企业状态"存续""在业"和上市状态（A股、中概股、港股、科创板、新三板、新四板）等条件，查询得到华东和中南档案服务业企业数量和占比如下（图 8-11—图 8-14）。

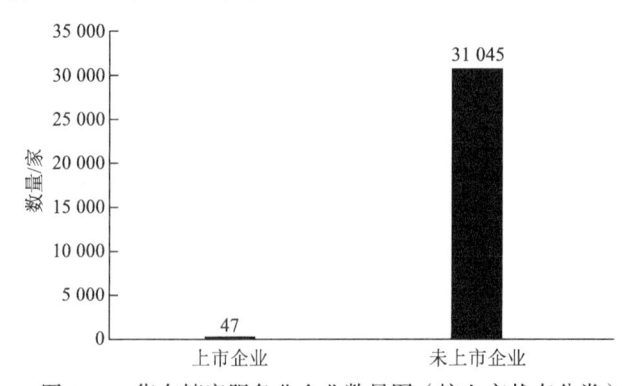

图 8-11 华东档案服务业企业数量图（按上市状态分类）

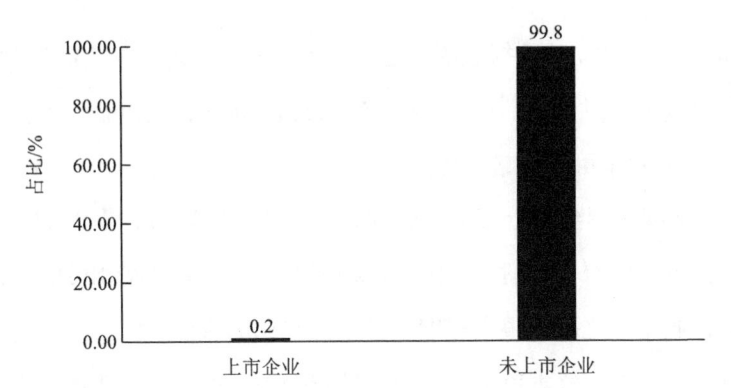

图 8-12　华东档案服务业企业占比图（按上市状态分类）

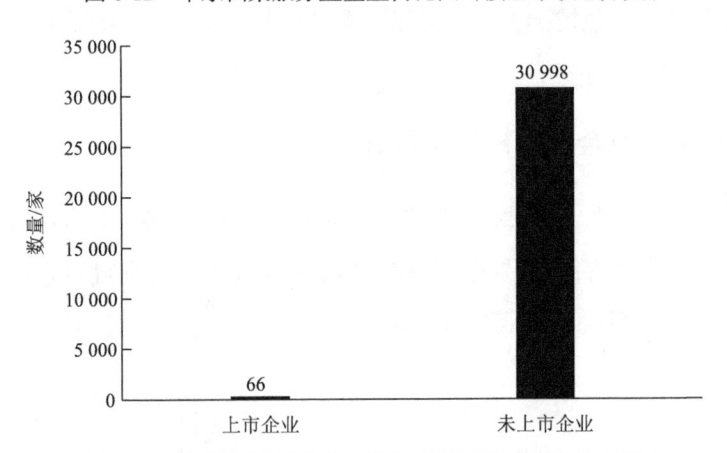

图 8-13　中南档案服务业企业数量图（按上市状态分类）

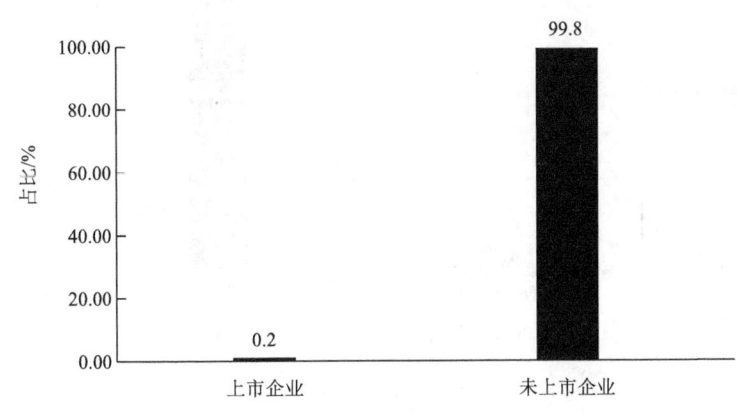

图 8-14　中南档案服务业企业占比图（按上市状态分类）

图 8-11—图 8-14 的数据表明，在华东和中南的档案服务业企业中，未上市的企业数量占绝对优势，达 99%以上，接近 100%；上市企业很少，不足 1%，在数量上基本可以忽略不计。

而且，从搜索得到的上市企业名称来看，绝大多数都不带"档案"二字，只是在经营范围中有"档案"二字。这种情况说明，与档案相关的经营活动可能只是企业业务之一，很大程度上并不是它们的主业。

上市企业可以在资本市场融得更多的资金，可以提高企业透明度、规范程度和知名度，一般情况下可以更好地促进企业的发展。档案服务业企业在这个方面还需要好好努力。

七、档案服务业企业商标信息统计分析

以关键词"档案"，搜索范围"经营范围""企业名称"，机构类型"企业"，企业状态"存续""在业"和商标信息等条件，查询得到华东和中南档案服务业企业数据如下（图 8-15—图 8-18）。

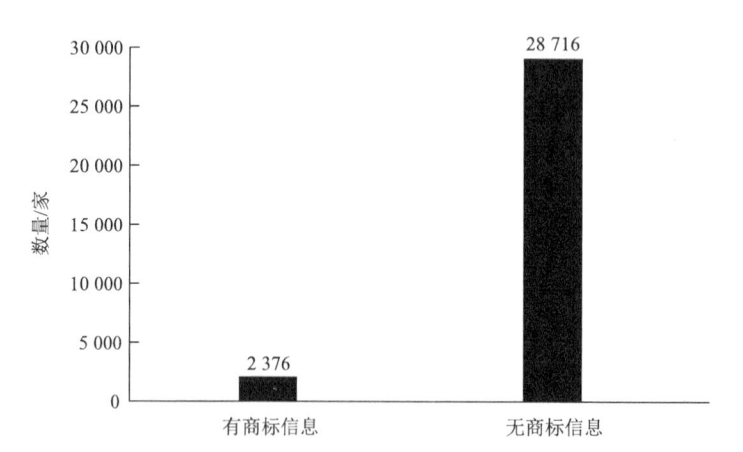

图 8-15 华东档案服务业企业数量图（按商标信息分类）

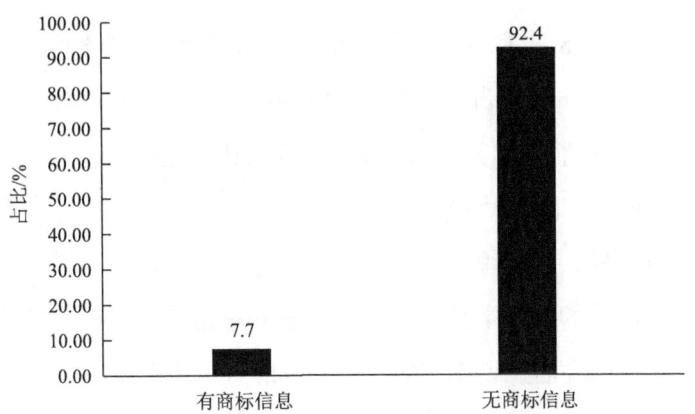

图 8-16 华东档案服务业企业占比图（按商标信息分类）

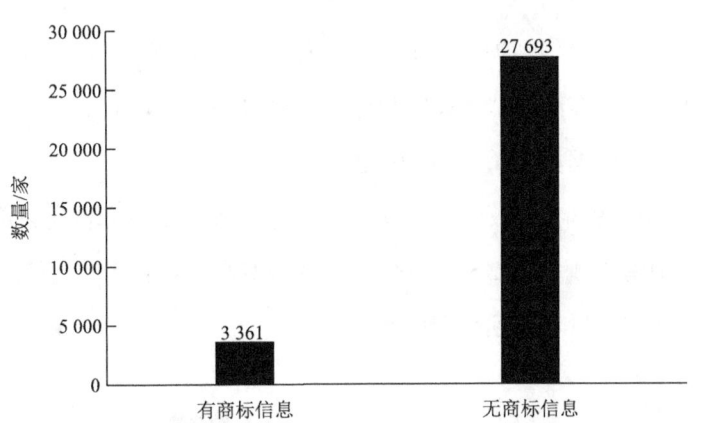

图 8-17 中南档案服务业企业数量图（按商标信息分类）

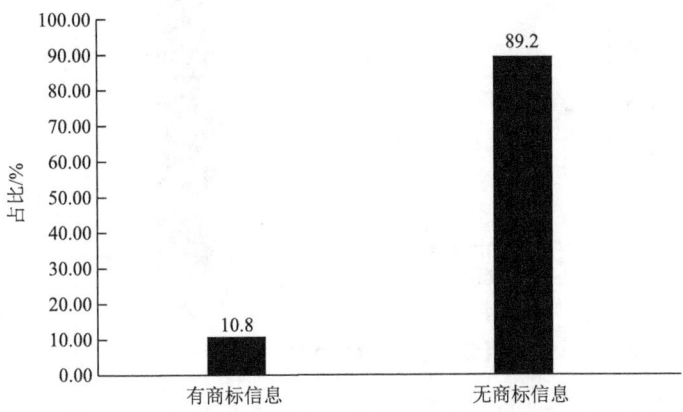

图 8-18 中南档案服务业企业占比图（按商标信息分类）

图 8-15—图 8-18 显示，在华东和中南，有商标信息的档案服务业企业数量和占比分别为 2376 家（占比 7.7%）和 3361 家（占比 10.8%），华东少于中南；有商标信息的企业和无商标信息的企业相比，数量较少，占 7%—10%，无商标信息的企业，占了大多数，约 90%。

企业注册商标，是品牌建立的基础，是保护品牌价值、保护企业合法权益不受非法侵犯的重要举措之一。在华东和中南，无商标信息的档案服务业企业高达 90%左右，说明它们注册商标的意识还有待进一步提升。

八、档案服务业企业专利信息统计分析

以关键词"档案"，搜索范围"经营范围""企业名称"，机构类型"企业"，企业状态"存续""在业"和专利信息等条件，查询得到华东和中南档案服务业企业数据如下（图 8-19—图 8-22）。

如图 8-19—图 8-22 所示，在档案服务业企业专利信息和占比方面，经计算华东高于中南 773 家和 2.5 个百分点；从有专利信息和无专利信息的企业数量和占比来看，后者远远高于前者。

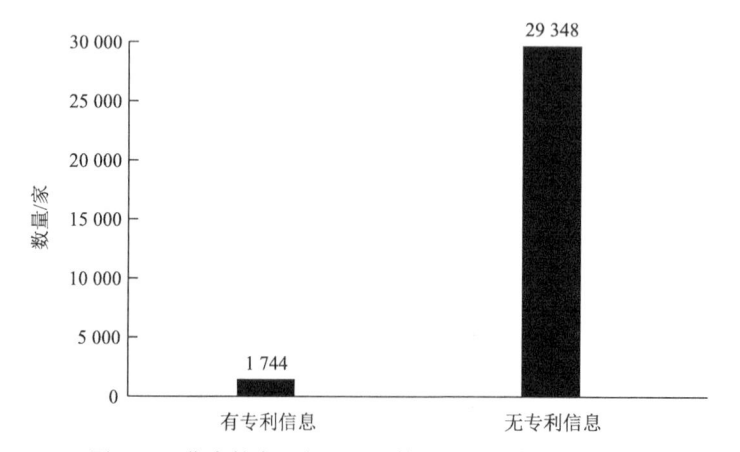

图 8-19 华东档案服务业企业数量图（按专利信息分类）

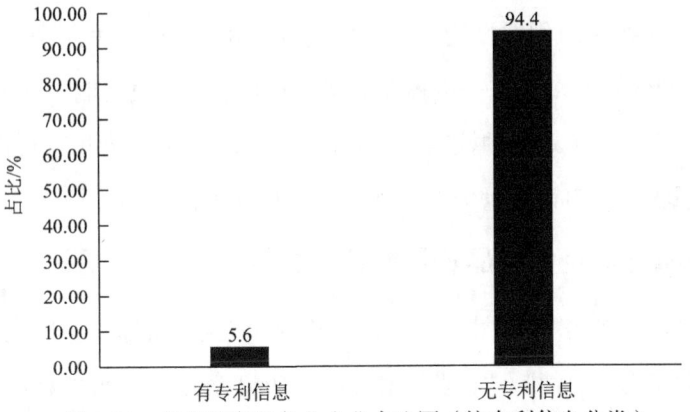

图 8-20　华东档案服务业企业占比图（按专利信息分类）

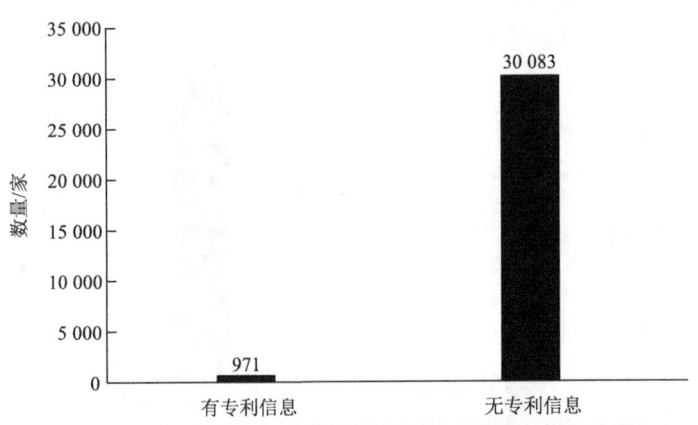

图 8-21　中南档案服务业企业数量图（按专利信息分类）

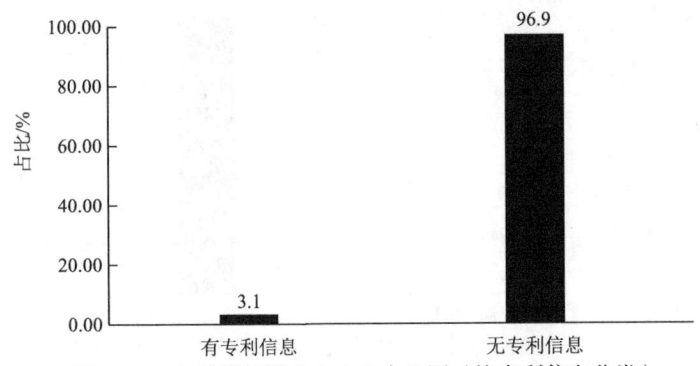

图 8-22　中南档案服务业企业占比图（按专利信息分类）

专利是法律保障创造发明者在一定时期内由于创造发明而独自享有的利益[①]，专利数量的多寡在一定程度上反映着企业创造发明能力的强弱。从以上数据来看，两个地区的档案服务业企业的创造发明能力均有待提高，对专利的重视程度和申请数量仍然有巨大的上升空间。

九、档案服务业企业作品著作权统计分析

以关键词"档案"，搜索范围"经营范围""企业名称"，机构类型"企业"，企业状态"存续""在业"和作品著作权等条件，查询得到华东和中南档案服务业企业数据如下（图8-23—图8-26）。

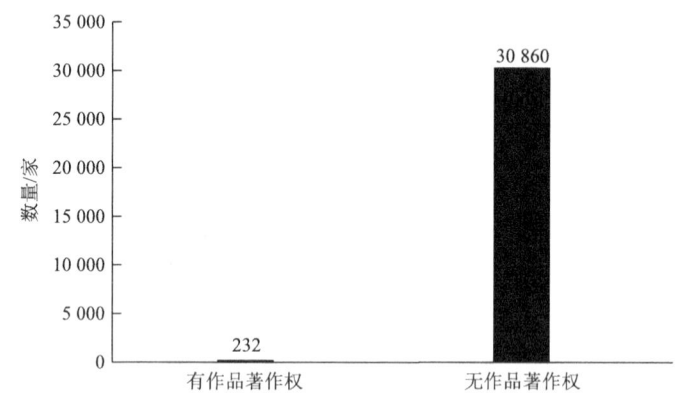

图8-23 华东档案服务业企业数量图（按作品著作权分类）

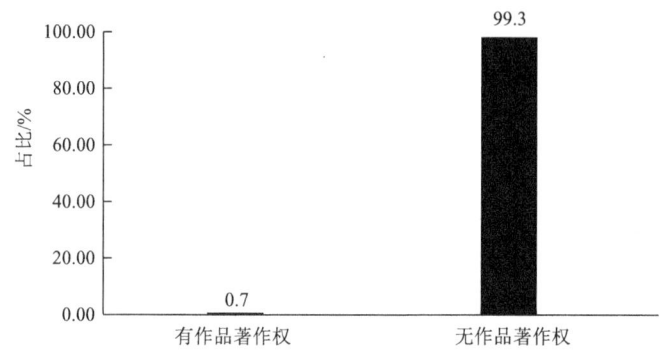

图8-24 华东档案服务业企业占比图（按作品著作权分类）

---

① 中国社会科学院语言研究所词典编辑室. 现代汉语词典：2002年增补本[M]. 北京：商务印书馆，2002：1649.

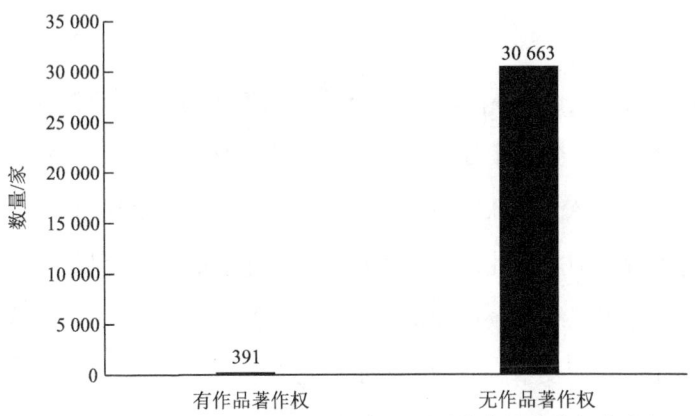

图 8-25　中南档案服务业企业数量图（按作品著作权分类）

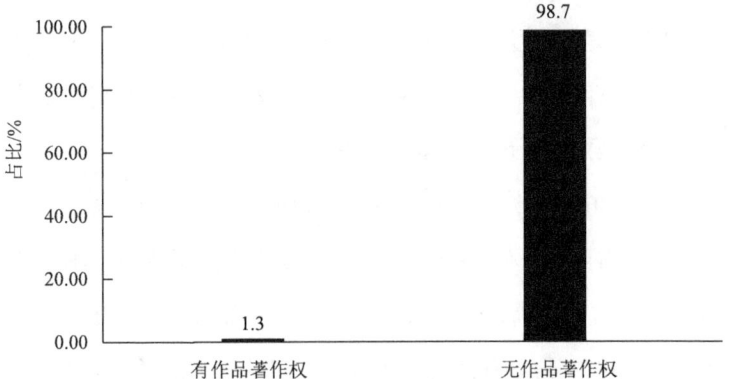

图 8-26　中南档案服务业企业占比图（按作品著作权分类）

图 8-23—图 8-26 显示，华东有作品著作权的企业为 232 家，占比 0.7%，中南为 391 家，占比 1.3%，中南高于华东；但总的来说，两地区有作品著作权的企业数量和占比都远远低于无作品著作权的企业。

据《中华人民共和国著作权法》（简称《著作权法》）2020 年修正版第三条规定："本法所称的作品，是指文学、艺术和科学领域内具有独创性并能以一定形式表现的智力成果，包括：（一）文字作品；（二）口述作品；（三）音乐、戏剧、曲艺、舞蹈、杂技艺术作品；（四）美术、建筑作品；（五）摄影作品；（六）视听作品；（七）工程设计图、产品设计图、地图、示意图等图形作品和模型作品；（八）计算机软件；（九）符合作品特征的其他智力成果。"

与《著作权法》有所不同,"天眼查"网站中把企业著作权分为两大类:一类是作品著作权,包括上述第(一)至(七)及(九)项;另一类是软件著作权(包括手机 App、软件系统等著作权),相当于上述第(八)项。作品著作权很重要,但对企业来说,通常软件著作权的"含金量"高于一般的作品著作权,它可以维护企业知识产权,可以按照一定比例作为企业的出资入股,也是评定高新技术企业的重要依据之一。

十、档案服务业企业软件著作权统计分析

以关键词"档案",搜索范围"经营范围""企业名称",机构类型"企业",企业状态"存续""在业"和软件著作权等条件,查询得到华东和中南档案服务业企业数据如下(图 8-27—图 8-30)。

图 8-27—图 8-30 显示,华东有软件著作权的企业为 1744 家,占比 5.6%,中南为 1894 家,占比 6.1%,中南略高于华东;相较于作品著作权,两地拥有软件著作权的企业占比都高,为 5%—6%,虽说无软件著作权的企业仍然占大多数,占比 94%左右。但如前所述,软件著作权的含金量通常要高于一般作品著作权,所以这一指标的提升也意味着两地在更重要方面的表现要较好一些。

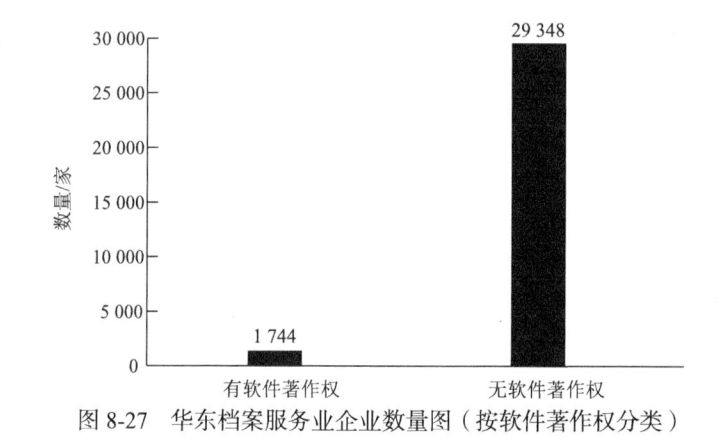

图 8-27 华东档案服务业企业数量图(按软件著作权分类)

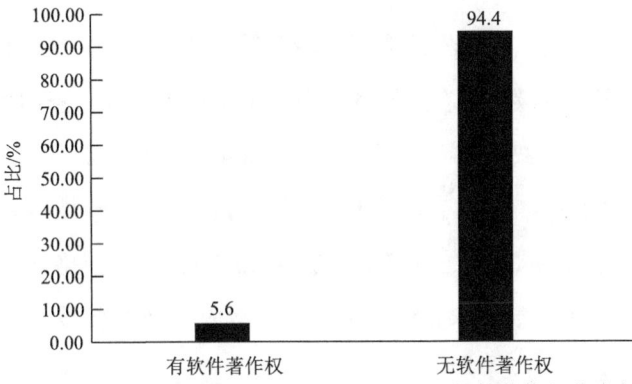

图 8-28 华东档案服务业企业占比图（按软件著作权分类）

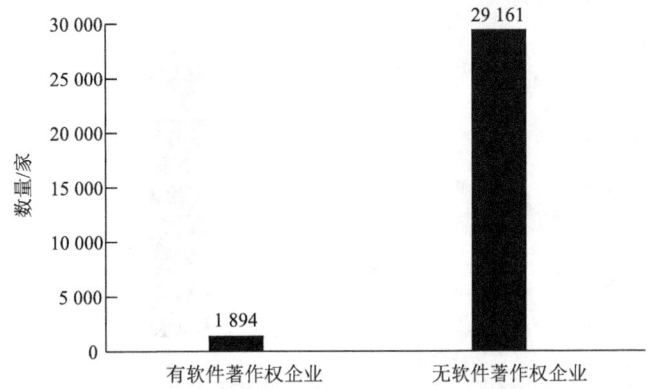

图 8-29 中南档案服务业企业数量图（按软件著作权分类）

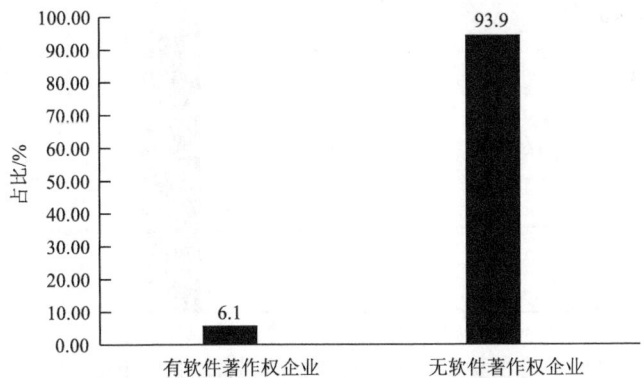

图 8-30 中南档案服务业企业占比图（按软件著作权分类）

十一、档案服务业高新技术企业统计分析

以关键词"档案",搜索范围"经营范围""企业名称",机构类型"企业",企业状态"存续""在业"和高新技术企业等条件,查询得到华东和中南档案服务业企业数据如下(图 8-31—图 8-42)。

图 8-31—图 8-34 显示,华东档案服务业企业中高新技术企业数量和占比分别是 557 家和 1.8%,中南是 727 家和 2.3%,中南略高于华东;总体来看,相比于非高新技术企业,两地的档案服务业高新技术企业数量都较少,约占 2%。

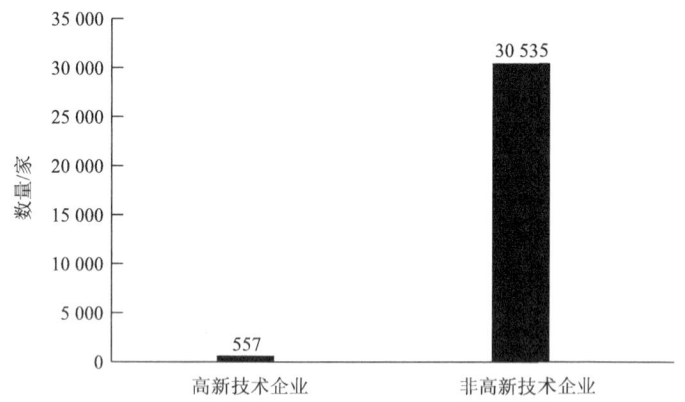

图 8-31 华东档案服务业企业数量图(按高新技术企业分类)

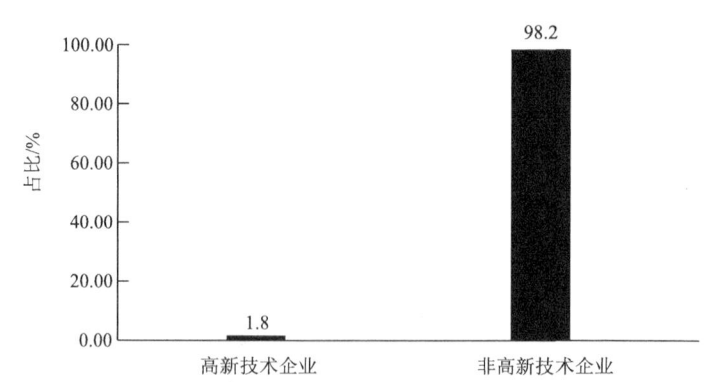

图 8-32 华东档案服务业企业占比图(按高新技术企业分类)

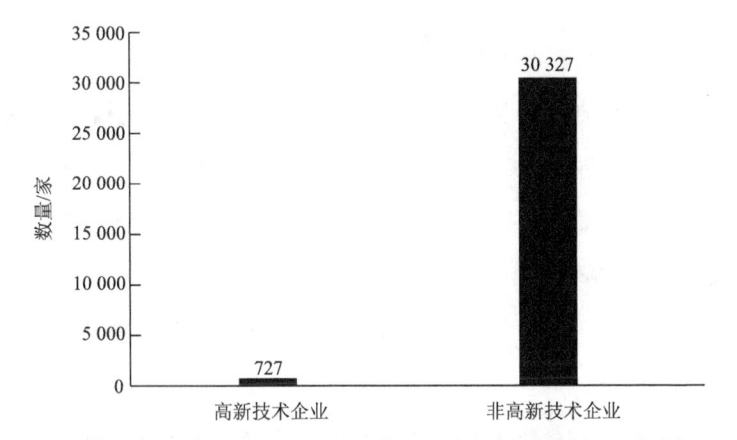

图 8-33　中南档案服务业企业数量图（按高新技术企业分类）

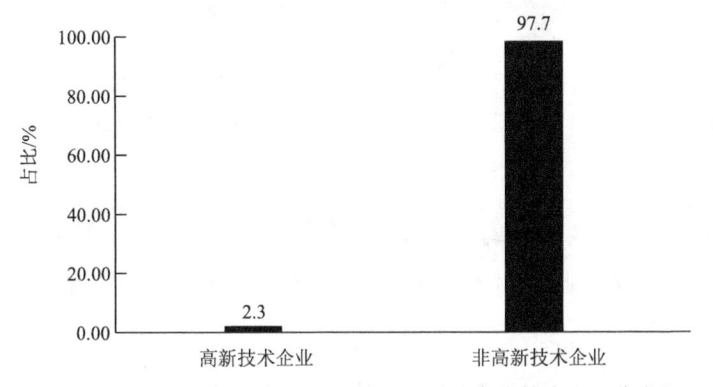

图 8-34　中南档案服务业企业占比图（按高新技术企业分类）

根据科技部、中华人民共和国财政部（简称财政部）、国家税务总局《高新技术企业认定管理办法》（2016 年）第一章第二条规定，高新技术企业是指在《国家重点支持的高新技术领域》内，持续进行研究开发与技术成果转化，形成企业核心自主知识产权，并以此为基础开展经营活动，在中国境内（不包括港、澳、台地区）注册的居民企业。获得认定的高新技术企业依法依规享有税收优惠政策。高新技术企业的认定需要满足一定条件，按照《高新技术企业认定管理办法》第三章第十一条规定，认定为高新技术企业须同时满足以下条件。

（一）企业申请认定时须注册成立一年以上。

（二）企业通过自主研发、受让、受赠、并购等方式，获得对其主要产品（服务）在技术上发挥核心支持作用的知识产权的所有权。

（三）对企业主要产品（服务）发挥核心支持作用的技术属于《国家重点支持的高新技术领域》规定的范围。

（四）企业从事研发和相关技术创新活动的科技人员占企业当年职工总数的比例不低于10%。

（五）企业近三个会计年度（实际经营期不满三年的按实际经营时间计算，下同）的研究开发费用总额占同期销售收入总额的比例符合如下要求：

1. 最近一年销售收入小于5000万元（含）的企业，比例不低于5%；

2. 最近一年销售收入在5000万元至2亿元（含）的企业，比例不低于4%；

3. 最近一年销售收入在2亿元以上的企业，比例不低于3%。

其中，企业在中国境内发生的研究开发费用总额占全部研究开发费用总额的比例不低于60%。

（六）近一年高新技术产品（服务）收入占企业同期总收入的比例不低于60%。

（七）企业创新能力评价应达到相应要求。

（八）企业申请认定前一年内未发生重大安全、重大质量事故或严重环境违法行为。

要达到以上的认定条件，档案服务业企业需要更加努力才行。

十二、档案服务业企业"中国500强"及"世界500强"统计分析

以关键词"档案"，搜索范围"经营范围""企业名称"，机构类型"企业"，企业状态"存续""在业"和"中国500强"及"世界500

强"等条件,查询得到华东和中南档案服务业中没有"中国500强"和"世界500强"企业。

无论"中国500强",还是"世界500强",通常都以销售收入作为主要排名依据,这说明档案服务业企业的销售收入较少,影响力也较小。

第二节　华东和中南档案服务业企业案例分析

由于新冠疫情,档案服务业企业的实地调研工作受到了很大影响,尽管如此,笔者还是克服了很大困难,于2020年12月实地调研了两家企业,为了避免有广告宣传的嫌疑,这里隐去被调研企业的真实名称,代称"A公司"和"B公司"。以这两家企业作为样本,在某种程度上反映了华东和中南档案服务业企业的一些情况。

一、A公司与B公司基本情况

以下数据来自"国家企业信用信息公示系统"和"天眼查"网站及被调研公司网站。

（一）A公司基本情况

类型:有限责任公司(自然人投资或控股)

法定代表人:×××

成立日期:2014年11月25日

注册资本:1050万元

经营范围:提供档案管理、扫描服务;软件技术服务,系统集成服务,数据处理服务;互联网接入及相关技术服务,计算机信息网络科技领域内的技术开发、技术咨询、技术服务、技术转让;档案用品,办公用品,计算机软硬件销售;档案寄存、档案室托管服务;视频制作;计算机软件研发。

拥有软件著作权 17 个：公证档案诚信管理系统软件、公证档案大数据实时数据监控软件、公证卷宗内容大数据采集系统软件、业务档案数字化加工双机录入图像处理系统、档案电子数据检验系统软件、档案室托管外包服务系统软件、档案寄存业务管理和服务系统软件、公证卷宗电子数据质检系统软件、公证卷宗整理服务外包作业系统软件、综合档案管理外包作业系统软件、档案电子数据检验系统软件、档案寄存安防系统软件、档案管理系统软件、工程档案在线管理归档系统软件、公证机构信息数据应用服务平台软件、公证档案数字化加工系统软件、档案电子信息认证平台软件。还有 1 项专利"一种数据处理应用公证数据平台系统"在审。

A 公司简介：公司作为一家以档案工作和档案内容信息建设利用为一体的档案全生命周期管理服务解决方案提供商，在南京、杭州、石家庄、宿迁等地设立分支机构和区域档案管理中心。业务范围包括档案整理、档案托管服务外包、档案工作建设与达标升级、档案寄存保管服务、档案内容信息应用等内容。目前在册员工 120 余人，档案库房面积 3.2 万平方米。多年来公司不断强化自身建设，夯实企业各项基础工作，先后通过涉密档案数字化加工、质量管理、环境管理、信息安全管理、职业健康管理等资质认证，并且获得市级大数据与 AI 示范企业、守合同重信用企业、省级科技型中小企业、省级民营科技企业、双软企业、高新技术入库培育企业、青创板挂牌展示企业、省级档案工作三星级单位等数十项殊荣，在知识产权上拥有十余项软件著作权及发明专利，致力于向国内外客户提供全面、专业、安全、信赖的档案全生命周期管理服务。

（二）B 公司基本情况

类型：有限责任公司（自然人投资或控股）

法定代表人：×××

成立日期：2018 年 7 月 4 日

注册资本：500万元

经营范围：数据处理与存储；数字内容服务；租赁软件、计算机及辅助设备；档案整理服务；设计、开发；档案管理系统，并提供相关服务。

公司拥有软件著作权6项：电子档案元数据采集、检测、封装软件，公检法电子卷宗制作及档案数据智能化管理平台，学校档案智能化管理系统，数据固化和可信认证服务系统，数据分拣整理平台，文件上传监听与哈希软件。还有1项专利"电子档案数据保全系统及方法"在审。

B公司声称：公司的数据保全中心以高规格的建设标准、先进的专利技术、完善的安控设施、稳定的电力保障和强大的专业团队为档案数据提供保全服务，确保电子数据长久保存的真实性、安全性、可用性。

公司网站显示以下内容：

1. 独立知识产权

拥有多项数据保全专利技术，采用自主研发的数据保全系统、数据仓库管理系统、数据接收系统、数据调取系统，利用数据校验技术、数据保全技术等对文件级的电子档案数据进行实时监测、实时预警、实时保全、实时修复。

2. 第三方法律验证

采用第三方国家时间戳授时中心验证服务，从法律层面验证长久保存数据的真实性、安全性。

3. 高配置安全可靠

数据保全中心采用市政直供加高压直流双路供电，备用电力系统零秒应急启动，确保供电的稳定和永不中断。

先进的动力环境和监控系统、数据安全监控系统，像神经网络一样，对所有设备运行的环境状态、数据状态进行集中监控，全面管理数据中心。

环境上的安全优势，配上数据保全中心完善的安防措施，确保机房、设备和数据的安全。

4. 专业运维团队

依托档案数据保全研究所建立了专业运维团队，通过运行指挥中心，工程师能够实现秒级监控和智能调度，实行 7×24 小时全天候技术支持和安全运维服务。

致力于研究档案数据永久保管的万全之策，以尖峰技术融合模式创新，打造出安全的档案数据保全中心，为政府、企事业单位和各类用户提供稳固、高效的档案数据备份保全服务。

二、对 A 与 B 公司的分析

（一）两家公司成立时间都不长

A 公司成立于 2014 年，B 公司成立于 2018 年，到现在都不满 10 年。据上文的"档案服务业企业成立年限统计分析"可知，5—10 年是一个节点，能存活下来的企业不足 1/3。这两家公司都还没有度过 5—10 年生存挑战期，未来命运如何，还要看以后发展。

（二）两家公司规模都比较小

"天眼查"网站上显示 A 公司和 B 公司都属于小微企业。按照中华人民共和国工业和信息化部（简称工信部）《中小企业划型标准规定》（2011 年）规定，具体标准根据企业从业人员、营业收入、资产总额等指标，结合行业特点制定。《中小企业划型标准规定》第四条第十二款规定的软件和信息技术服务业的划分标准是："从业人员 300 人以下或营业收入 10 000 万元以下的为中小微型企业。其中，从业人员 100 人及以上，且营业收入 1000 万元及以上的为中型企业；从业人员 10 人及以上，且营业收入 50 万元及以上的为小型企业；从业人员 10 人以下或营业收入 50 万元以下的为微型企业。"按照这个标准衡量，两家企业的规模都不大。

（三）两家公司都努力向高端服务迈进

A 是高新技术企业，拥有软件著作权 17 个。在访谈中笔者得知，公司年总产值约 2100 万元，其中比较基础的寄存业务占 10%，有较高技术含量的公证大数据服务占 60%。公证大数据服务需要提取信息（数据）加入数据库，进行用户画像，可以提供更加深入、更加有针对性的个性化服务。

B 公司，拥有软件著作权 6 项，除了提供档案整理服务等基础服务外，也进行档案数据保全服务。采用自主研发的数据保全系统、数据仓库管理系统、数据接收系统、数据调取系统，利用数据校验技术、数据保全技术等对文件级的电子档案数据进行实时监测、实时预警、实时保全、实时修复。为政府、企事业单位和各类用户提供档案数据备份保全服务。据了解，该公司被调研时正处于市场运作、市场培育阶段。从技术特点看这家公司应该属于高新技术企业，但在"天眼查"网站上该公司并未被标注为高新技术企业。如前文所述，高新技术企业需要按"高新技术企业认定要求标准"申请认证，达到标准后才可以被认定为高新技术企业。高新技术企业享有税收减免、财政补贴、优先上市、品牌提升等诸多优惠。这家公司成立不久，可能还要假以时日、多多努力才能获得认证。

综上，华东和中南的档案服务业企业数量相差无几，中南均值更高，同时方差更大，说明发展更不均衡。两地的档案服务业企业注册资本数量与企业数量成反比，即注册资本越少，企业数量越多，注册资本越多，企业数量越少。按注册资本统计，两地有一定差异，但差异不大。企业注册资本在 1000 万元以下的占大多数，说明它们大多规模不大，资本实力不雄厚。随着时间的推移，两地能够存活下来的档案服务业企业越来越少，企业成立 5—10 年的，其存活下来的数量不足企业成立 1—3 年的 1/3。按参保人数衡量，华东和中南档案服务业中，小微企业是大多数。这两个地区的档案服务业企业，在数量上以私营企业和个体工商户、个人独资企业为主。两地未上市的档案服务业企业在数量上占有绝对优势，上市企业很少，在数量上基本可以忽略不计。在华东和中南，无商标信息的档案服务业企业占大多数。在档案服务业企业专利数量和占比方面，华东高于中南；从有专利信息、无专利信息的企业数量和占比来看，后者远远高于前者。两地有作品著作权的档案服务业企业的数量和占比都远远低于无作品著作权的企业，有软件著作权的企业数量虽然只占少数，但都高于有作品著作权的企业数量。相比于非高新技术企业，两地的档案服务业高新技术企业都只占极小部分。两地档案服务业均无"中国500强"和"世界500强"企业。调研的两家企业有一些共同之处：成立时间都不长，公司规模都比较小，都努力向高端服务迈进。

第九章　珠江三角洲地区档案服务行业协会发展报告

档案服务是指某一机构承接其他机构外包的档案业务，为其提供相关服务的行为。档案服务行业参与者包括服务发包、承包及监管主体。我国档案服务行业传统监管主体为各级档案行政管理部门，主要负责制定档案服务行业的政策、制度、标准、规范等，监管审核承包方的服务资质及服务质量和规范行业发展等。根据研究小组前期对珠江三角洲地区档案服务行业监管现状的调研，珠江三角洲地区档案服务行业发展起步早、从业企业多、服务齐全，在行业发展成熟度上与长江三角洲地区相似，优于我国其他地区。[1]但以行业协会为主体开展行业组织、监管及规范行业发展上仍存在问题，表现为仍以档案行政管理部门履行监管职能且常以企业备案为主要形式，造成行业发展缺乏有效规划、市场准入条件低、行业企业资质混杂、发包方需求缺乏引导、承包方服务资质及服务质量缺乏监管、行业缺乏竞争机制等一系列问题。[2]

---

[1] 李海涛,宋琳琳. 广东省档案局科研项目结项报告"广东省档案社会存管公共服务供给侧改革研究"[R]. 广州：广东省档案局，2020.

[2] 李海涛,甄慧琳. 档案数字化外包项目管理现状问题及对策研究——以广州市调研为例[J]. 档案学研究，2019，(6)：86-93.

行业协会是市场经济中企业基于利益共同性形成的社会性组织,作为行业共同利益代表具有明显经济价值导向。[1]行业协会主要通过发挥其在政府企业间枢纽作用,提升行业利益,推动行业发展。近年来在以"放管服"为宗旨的政府体制改革中,行业协会在社会治理中的作用凸显。政策层面上看,国家先后出台了《国务院办公厅关于加快推进行业协会商会改革和发展的若干意见》《行业协会商会与行政机关脱钩总体方案》《关于全面推开行业协会商会与行政机关脱钩改革的实施意见》等系列政策,要求政府将适用于行业协会行使的职能委托或转移给行业协会,肯定行业协会作为独立法人参与社会治理落实行业自治的作用。地方政府也相继出台了相关配套政策。以珠江三角洲地区为例,广东省相继发布《中共广东省委广东省人民政府关于发挥行业协会商会作用的决定》《广东省行业协会条例》《广东省民政厅关于社会组织评估管理的暂行办法》等文件,围绕行业协会的组织、管理、职能设定了相应的政策原则、规范条件,为珠江三角洲地区档案服务行业协会的组织运维创设了良好的政策环境。根据《社会团体登记管理条例》,结合当前较为完备的政策制度环境,以政府体制改革为契机,本章重点探讨了珠江三角洲地区档案服务行业协会的组织形式及职能,以期以点带面为我国其他地区档案服务行业协会的构建提供参考。

总体来看,与档案服务行业协会职能相似的国外商业文件信息管理服务行业协会实践案例丰富,行业运转稳定。国内相关档案服务行业协会从实践经验到管理均晚于国外。从国外研究来看,欧美国家商业文件信息管理服务行业起步较早,受益于商业文件信息管理服务行业协会的组织协调,已形成较为成熟的文件信息管理服务市场。笔者带领研究小组以 ti:(commercial information management)和 ti:(industry association),以及 ti:(commercial

---

[1] 王名,孙春苗. 行业协会论纲[J]. 中国非营利评论,2009,(1):1-39,250.

information management）和 ti:（trade association）为检索词在 *Web of Science*、*Emerald*、*ProQuest*、*Springer*、*CALIS* 等外文期刊数据库进行检索，获得的国外研究文献大多以文档、信息管理服务行业协会的实践探讨为主，理论性研究文献相对匮乏。形成该现象的原因可能与国外文档、信息管理服务行业协会的市场性原则有关，即去行政化，遵循市场规律，强调自我管理与自我规范，并注重实践探讨与实务经验的分析归纳。总体来看，国外相关研究偏实务实践及经验总结，理论性研究不足。从国外的实践研究来看，相关行业内部统一规划协调发展，形成了商业性文件中心协会（The Association of Commercial Records Centers，ACRC）、国家数据安全保险库协会（National Association of Secured Data Vaults，NASDV）、国际档案信息管理协会，以及致力于数据安全销毁管理的国家信息销毁协会（The National Association for Information Destruction，NAID）、国际信息安全治理与管理协会（International Secure Information Governance & Management Association，i-SIGMA）等相关文件信息管理服务行业协会，为其他地区档案服务行业协会研究提供了丰富且成熟的参考案例。在组织形式上该类机构多为非营利性、市场自发自治社会组织团体，独立于国家、地方档案或文件行政管理部门，引导协调行业成熟化、系统化发展，逐步形成了行业自身特色。在职能设定上，以 i-SIGMA 为例，该行业协会融合了档案存储、数据保护、档案数字化、机密档案与信息销毁服务等类企业，致力于提供档案数据全生命周期治理服务，从档案保护、存储、访问、数字化及文件销毁等方面规范商业文件信息管理服务行业发展；标准规范方面，i-SIGMA 提供行业标准、道德准则及标准化的行业协议，并提供 NAIDAAA、NAIDCSDS、PRISM Privacy+等资质认证；教育培训方面，i-SIGMA 通过提供 *IG Journal* 季刊、服务购买指南，举办国家信息销毁协会短期培训学校（NAID shred school）、员工技能训练与验证（employee operational training & validation）、专业问答项目（ask the professional）、年会与展览会、网络研讨会等为参会会员提供教育、指导及培训服务；对外宣传方面，i-SIGMA 提供市场营销支持，如提供会员认证标识、会员宣传册及宣传视频等营销资料，向客户普及行业知识等；行业支持方面，i-SIGMA 立足行业致力塑造行业形象，与政府机构合作或参与其工作以提高行业认可，并开展行业研究推动行业发展等。

从国内研究来看，近年来随着我国市场经济完善及政府简政放权等政策推进，档案服务行业逐步壮大，但仍缺乏统一管理，行业内部无序竞争、野蛮生长等问题显著，尚未形成成熟的行业协会组织。学者围绕档案服务行业组织如何承接档案行政管理部门的公共服务职能，构建何种形式的行业协会等主题展开探讨，具体如下：其一，部分学者主张以档案学会为依托，以政府职能转变为契机，在促进学术研究与交流功能的同时，积极拓展档案学会在档案服务行业标准、参会企业资质制定及行业发展规划等职能[1]，探讨档案学会作为管理组织介入档案服务行业管理的可行性[2]及管理模式[3]。其二，部分学者以档案服务行业现状问题研究为基础，聚焦行业引导、行业自律问题[4]，探讨构建档案服务行业协会的必要性[5]，通过其承接政府部分社会服务职能，弱化行政干预，开展行业自律管理。但相关研究主要介绍了档案服务行业协会功能，对其职能设定细则、组织形式、组织架构、服务范围等内容研究不足。[6]

总体上看，国外侧重实践探索及问题经验归纳，实践案例丰富，但相关理论研究不足；国内相关研究中档案服务行业实践推动了相关领域的理论研

---

[1] 胡燕. 拓展与深化——我国档案学会发展综述[J]. 档案学研究，2012，(5)：17-22.
[2] 曹吉超. 档案学会承接政府转移职能问题研究[J]. 浙江档案，2017，(4)：21-22.
[3] 谭彩敏. 档案学会应介入商业性档案中介机构的管理[J]. 北京档案，2003，(9)：19-21.
[4] 陈艳. 我国档案业务外包存在问题及对策分析[J]. 档案天地，2016，(8)：48-50.
[5] 刘凯鑫，杨铮. 建立档案外包行业协会必要性探析[J]. 北京档案，2020，(2)：34-36.
[6] 陈燕，张盈. 新一轮机构改革背景下档案服务企业发展管见[J]. 档案管理，2019，(3)：49-50；李海涛，王月琴. 我国珠江三角洲地区档案服务外包发展问题与对策研究[J]. 档案学通讯，2018，(4)：89-94.

究，但理论研究尚停留在行业协会组织的理论依据及可行性探讨层面，尚未涉及档案服务行业协会组织形式、职能、服务范围等深层问题。国内相关实践研究如组建行业协会的相关实践探索主要集中在珠江三角洲地区。珠江三角洲地区具有规模化档案服务业企业体量，以广州市为例，2018年以来广州市档案局注册备案的从事档案整理、存管、咨询、数字化及培训等业务的档案服务业企业近200家，且服务内容涵盖了《档案服务外包工作规范 第1部分：总则》（DA/T 68.1—2020）所列的服务类型。此外，该地区开展档案服务的历史长，注册资金多、上下游业务关联性强，服务划分上呈现出多元化生态特点。成熟多元的行业生态推动了珠江三角洲地区档案服务行业协会的组建先行一步。由于传统档案行政管理部门主要面向体制内党政机关及直属机构服务，受限于人力资源、业务能力等多种因素，对于体制外档案服务业企业的监管多以备案为主，缺乏实质性行业引导、监管及规范。在档案体制改革背景下，政府"放管服"政策为档案行政管理部门让渡公共服务职能提供了政策支持。以此为契机，珠江三角洲地区档案行政管理部门较早尝试档案公共服务职能转移，如广州多家档案服务业企业在与档案行政管理部门协商的基础上，开始搭建行业协会并进入行政审核阶段。因此，本书拟聚焦珠江三角洲地区档案服务行业发展生态，以政府机构体制改革为契机，尝试分析该地区档案服务行业实践，探讨珠江三角洲地区档案服务行业协会组织形式及职能，并以此为试点，由点及面推动全国其他地区档案服务行业协会的组织。

第一节 珠江三角洲地区档案服务行业发展现状

一、珠江三角洲地区档案服务行业组织形式

由前期调研可知，目前珠江三角洲地区档案服务行业参与主体主要包含档案行政管理部门、档案服务业企业备案机构、档案服务业企业，依据现有

（一）特点及应用

首先，采用该组织形式具有明确的政府经济行为市场化定位，释放了行业协会专业化服务功能，符合公私契约化合作的权利型导向，保持了行业协会的市场独立地位；其次，采用该组织形式有利于规避政府指定档案服务行业社会组织的行政随意性。因采取放松档案行政管理部门规制，借助市场规律与社会组织的优势，该组织形式有利于保障行业健康发展。实施中应首先理顺档案行政管理部门与行业协会关系，前者重点解决行业协会发展中的法规、制度、政策问题，而后者在政策法规引导下接受档案行政管理，民政、财政、税收、工商、市场质监等行政管理部门的业务指导监督、教育培训，同时回归民间性，尊重市场发展规律，构建行业标准规范，维护行业利益，提升行业协会公信力。

（二）权责划分

1. 明确档案行政管理部门职能

该组织形式下需理顺档案行政管理部门与市场代表行业协会的职能边界：放松档案行政管理部门规制，包括不干预行业协会内部事务、行业协会领导职务依据《社会团体登记管理条例》及协会章程选举产生、档案行政管理部门领导不兼任等。体制上将行业协会与档案行政管理部门分开，一方面，通过优惠政策，如管理职能下放、政策支持、参政议政、资金支持等方式扶持行业协会发展[1]；另一方面，出台相关政策、规划及扶持项目，包括立法明确行业协会职能，制定行业协会规划、优惠政策，设定支持资金项目，通过加强行业协会管理人员培训等方式引导行业协会发展。档案行政管理部门仍需联合民政、财政、税收、工商、市场质检等部门履行行业协会监管职责，在行业协会的登记、组织、信用、财务管理监管上，目前部分省市出台了多部法案加强监管。以珠

---

[1] 陈兆忠. 浅谈政府与行业协会的关系[J]. 上海企业，2004，（8）：11-13.

江三角洲地区为例,在理顺政府与行业协会职能上,"政府-市场"组织形式已初步具备政策支撑:第一,入门企业政策规定上,依照《广东省行业协会条例》《广东省社会团体登记管理实施细则》,档案服务行业协会依法向民政部门按规定申请登记,经审核批准后方可从事业务活动。第二,日常运维政策上,民政、财政、税收、工商等行政管理部门根据《广东省社会组织登记管理机关实施行政处罚程序规定》《社会组织信用信息管理办法》《广东省民政厅关于社会团体名称规范的意见》《广东省民政厅关于社会组织信息公开的办法(试行)》《广东省民政厅关于社会组织年度工作报告的实施办法(试行)》《关于清理规范涉企经营服务性收费的通知》等,从社会组织登记管理、信用管理、名称规范、信息公开、费用管理等方面规范行业协会的经营活动、票据使用、纳税行为及资金使用等。第三,业务监督政策上,目前该地区相关政策尚有欠缺。该组织形式下档案行政管理部门监督应以提升行业协会业务及管理能力为目标,通过日常业务指导、管理培训、监督评价等方式对行业协会进行监管。其中管理培训监管政策应细化培训内容,可借鉴广东省社会组织管理局针对登记在案的社会组织,以"社会组织规范发展每周一课"的方式,围绕年度报告填报、法人内部治理规范、监管政策解读等内容开展培训。[1]在监督评价上档案行政管理部门还应重点规范档案服务程序,建立服务质量评价体系,如珠海市出台的由财政部门牵头制定的《珠海市社会组织承接政府职能转移购买服务操作指引》,明确了承接政府转移职能及购买服务的程序[2],为监督评价提供程序指标。

2. 明确行业协会职能

在该组织形式下,除了贯彻档案行政管理部门法规政策接受其监督外,

---

[1] 广东省社会组织管理局. 广东省社会组织管理局关于举办社会组织规范发展"每周一课"的通知[EB/OL]. http://smzt.gd.gov.cn/shzz/xwzx/tzgg/content/post_2680113.html[2020-01-10].

[2] 佚名. 培育规范行业协会发展 完善政府购买社会组织服务机制——珠海市行业自律体系建设五年工作成效[EB/OL]. http://gdnpo.gd.gov.cn/xwzx/gdzx/content/post_731576.html[2020-02-10].

行业协会主要负责处理市场规律调节下政府无法管理的相关事务，如行业协会基本职能、组织机构、参会企业权责、行业人才培训储备等问题，其中行业协会基本职能是行业协会运维基础，影响行业协会组织机构、行业标准等其他权责要素的实施，本部分将以珠江三角洲地区为例，探讨其档案服务行业协会职能设定。

第二节　珠江三角洲地区档案服务行业协会职能设定

在对珠江三角洲地区"政府-市场"档案服务行业协会组织形式探讨的基础上，本部分重点探讨该组织形式下珠江三角洲地区档案服务行业协会基础职能的设定。在行业职能设定上，研究主要依据国家关于行业协会职能设定的相关政策文件、标准及学术研究成果，并参考其他相关行业协会的职能设定。其中在国家相关规范性政策文件上，主要参考了中华人民共和国国家经济贸易委员会（简称国家经贸委）印发的《关于选择若干城市进行行业协会试点的方案》（以下简称《方案》）及国务院办公厅发布《国务院办公厅关于加快推进行业协会商会改革和发展的若干意见》（以下简称《意见》）对于行业协会职能的基本定位。在行业协会职能设定上，借鉴《方案》强调行业协会的自我约束、自我协调及自我管理功能，明确试点行业协会制定行业公约、审查企业申报资质、制定行业标准、协调行业价格、强化行业统计、接受政府委托提供服务等职能。[1]在行业协会职能拓展上，借鉴了《意见》承接各级人民政府及其部门委托或转移的各项职能，健全行业自律管理体系、服务企业、开拓国际市场等职能。[2]目前学术领域

---

[1] 国家经贸委办公厅.《关于选择若干城市进行行业协会试点的方案》的通知[EB/OL]. http://www.law_lib.com/law/law_riewl.asp?id=64416[2020-07-10].

[2] 国务院办公厅. 国务院办公厅关于加快推进行业协会商会改革和发展的若干意见[EB/OL]. http://www.gov.cn/gongbao/content/2007/content_663678.htm[2020-07-10].

关于行业协会职能的设定分为四类：其一，代表、服务及协调职能。具体实施中又可细分为统计培训、维权、创办行业刊物、制定行业公约及技术标准、行业资质认证、行业评优等具体职能。[①]其二，自律、协调、监督与维权、协助政府部门加强行业管理等职能。沟通协调是行业协会的基本职能。[②]其三，政企沟通、监督维权、服务企业、自治管理等职能。[③]其四，其他职能。随着行业实践发展探究其新职能，如行业协会引导参与职业院校校企合作、搭建适合高职院校的创新实践型人才培养平台[④]、指导构建专业教学标准、参与职业教育质量评价等[⑤]。综上，可归纳为学术领域关于档案服务行业协会的职能定位包括协调服务、监督维权、自律自治及行业人才培育。

因此，结合"政府-市场"组织形式，珠江三角洲地区档案服务行业协会在职能设定上应包含行业协会的监管、服务、救济等基础职能，而具体职能设定上应参照 DA/T 68—2020 中发包方、承包方及监管方各方权责，完善行业协会职能，如承担行业入门企业资质审批及日常服务质量监管、构建服务供需信息对接平台、解决行业纠纷并实施救济等。

一、监管职能

监管职能是指档案服务行业协会对行业的监督与管理职能，主要是通过建立协会章程、行业道德准则、行业标准等标准体系，规范行业技术应用、设备、产品及服务质量、市场价格、业务流程规范等，接受政府委托落实档案服务机构的备案登记、资质评定、服务验收等事项。行业基础规则体系是监管行业自律发展的基础，应包含行业协会道德准则体系与行业协会标准规范体系。

---

① 王名，孙春苗. 行业协会论纲[J]. 中国非营利评论，2009，(1)：1-39，250.
② 谢增福. 行业协会功能研究[D]. 长沙：中南大学，2008：35-37.
③ 黄蔚佳. 转型时期行业协会的职能研究——以广西行业协会为例[D]. 南宁：广西民族大学，2014：17-30.
④ 孙健. 行业协会引导下的高职院校校企合作模式[J]. 江苏高教，2020，(5)：114-118.
⑤ 李菡. 行业协会参与职业教育质量评价的逻辑、基础及路径[J]. 教育与职业，2020，(10)：26-32.

（一）行业协会道德准则体系

该体系主要为从业者提供行业道德指南，包括道德准则设定目的、原则、标准等要素。结合档案服务行业协会业务，其行业道德准则设定目的应着眼于准则功能及在档案服务业务处理中道德规范的可操作和可评价性；其在原则设定上应以档案服务的核心价值为基础，提供指导档案服务业务的主要道德原则。标准部分设定应遵循指导从业者行为和提供详细评判根据的道德标准。[①]

（二）行业协会标准规范体系

行业协会标准规范体系是参会企业遵循的行业规范及监管部门的监管依据，内容如下：①行业业务标准。应依据 DA/T 68—2020 等国家标准细化设定行业业务标准规范，并可参考 i-SIGMA 发布的国际文件信息服务行业系列业务标准，构建包括档案服务行业入门、运营、建筑、灾备、保险、风险转移、载体实施、文件保管期限、排架等系列标准在内的实操性强的行业标准指南性文件，便于参会企业按标准制定实施细则并为监管评价提供参考标准。②监督标准。确立包括接受政府委托落实备案登记、资质审查、服务验收等监督标准事项，实现对从业企业资质及服务质量的监督。其中资质审查标准设定中，行业协会应依据企业服务范畴、企业人员资质、库房建设、风险防控、救济等维度综合考量，审查评价登记在案企业，并按照服务内容，将参会企业划分为如档案数字化、档案整理优质服务企业等类型；或依据质量评价结果综合评定参会企业的服务质量等级，打造行业领军企业名录数据库或颁发等级证书。此外，应以行政管理部门或发包单位等委托或随机抽检等方式监督企业服务质量，并在行业协会线上管理服务平台公布结果，提升质量监督透明度及公信力。③奖惩标准。建立奖惩标准，重点设定参会企业

---

① 黄霄羽. 国外商业化文件信息服务业的监管体系[J]. 中国档案，2011，（10）：58-60.

优秀履职或违规的范畴、类型、内容及等级，设定奖惩举措，纳入行业协会章程。行业协会可依章程对参会企业实施包括提升企业会员等级、优先推荐、罚金、取消会员资格、上报行政机关、行政诉讼等措施并公示，提供救济路径，保障参会企业向行业理事会的申诉权。

二、服务职能

档案服务行业协会主要面向参会企业及档案行政管理部门，其服务职能在设定上可包括沟通协调、教育培训、对外宣传等。

（一）沟通协调服务职能

档案服务行业协会的沟通协调服务职能主要为联系政府、沟通企业、贯彻档案行政管理部门政策，并将行业共性问题反馈给档案行政管理部门；协调行业市场资源及利益，规范行业发展，促进企业与政府、企业与企业间的沟通（图9-1）。

图 9-1　行业协会与政府、企业间的沟通协调关系图

沟通协调服务职能具体包括沟通协调企业政府关系和沟通协调企业关系。

沟通协调企业政府关系：一是行业协会通过宣传行业政策、制度、规范标准，引导企业合法经营；二是行业协会及时总结行业共性问题，搭建行业与档案行政管理部门沟通平台，就行业发展中政策、制度、规范、标准等共性问题及诉求，通过听证会、座谈会、论证会等形式反馈给档案行政管理部门，提供行政决策参考。

沟通协调企业关系：一是作为行业管理规划枢纽，档案服务行业协会通过制定行业公约、行业道德准则，设定行业入门条件，平衡市场资源及利益，避免行业野蛮生长与过度竞争，维护公平良序的市场环境及合作秩序；二是搭建行业线下线上交流平台，保障行业市场信息畅通。针对行业内企业发展参差不齐问题，行业协会作为行业枢纽可通过线下行业交流会、优秀案例分享会等方式促进行业实践经验分享、业务及技术交流。线上可搭建档案服务行业管理服务平台，针对发包方筛选承包方的服务需求，行业协会可效仿 DA/T 68—2020 中发包方依据服务外包档案的重要程度、密级及敏感性，分级筛选不同资质及服务能力的承包方，发布档案服务业企业服务名录指南，同时在行业协会名录发布上可适当引入排名竞争机制，对符合如档案库房建设、档案数字化、档案整理等国家相关标准及档案行政管理部门政策规范且周期内档案行政管理部门绩效测评优秀的企业，应按照评价结果设定领军企业或优先推荐企业名录，或分门别类地根据参会企业"拳头"业务，设定如档案整理、档案数字化、档案咨询等特色企业，开设专类推荐名录，供发包方筛选服务时参考。同时线上平台也可作为行业协会监管平台，通过公示参会企业的业务信息及经营绩效加强监管，保障行业公平竞争，诚信经营。

（二）教育培训服务职能

教育培训服务职能是指档案服务行业协会利用自身优势，面向承包方人力资源管理需求，承接现有档案行政管理部门及承包方企业职业培训职责，为参会企业提供短期业务培训、业务指导咨询、会议交流以及联合培养储备专业人才等服务。具体包括以下几点。

1. 短期业务培训职能

档案服务行业协会通过短期业务培训，重点快速提高从业人员档案实务专业技能。根据 DA/T 68.1—2020，承包方从业人员岗位培训内容应涵盖档案法律法规、档案管理、质量管理、保密管理、风险管理、知识产权管理、环境管理和职业健康管理等方面的知识和要求。在短期培训开展中可参考 i-SIGMA 开设的国家信息销毁协会短期培训学校安全数据销毁培训项目做法，围绕行业资讯、数据保护法规及销毁等具体技能，面向行业人员开展短期专项技能培训。结合珠江三角洲地区档案服务以项目形式为主、业务集中且周期短的特点，在完成既定培训内容的基础上，档案服务行业协会也可定期收集会员企业共性问题，联合档案行政管理部门或高校档案教学科研机构开展包括如文书工程项目类档案整理、特殊载体档案管理等专题培训。或利用行业协会线上管理服务平台，通过录制专题知识、实操技能演示视频或大型开放式网络课程（massive open online courses，MOOC）等为参会企业提供线上学习入口。

2. 业务指导咨询职能

业务指导咨询职能即针对业务难题提供线下线上答疑服务，为参会企业提供行业解惑答疑服务。该职能的开展可参考 i-SIGMA 为协会会员提供的 Ask the professional 问答服务模式，通过协会线上服务平台开设"专业问答"专栏，允许会员通过线上留言或邮件方式提问，由行业协会筛选共性问题后联系专业人士解答，问答形成的题库由行业协会于线上平台发布，供会员参考。

3. 会议交流职能

会议交流职能重在集中宣传、交流行业法规及标准。行业协会可以定期常规或临时交流会议的形式履行该项职能，如档案法规及行业规范标准颁布修订时，为跟进行业发展趋势，行业协会通过定期常规性交流会议，组织会员企业学习行业新政策规范及标准；或就行业发展中技术创新应用、业务操作规范、服务营销等问题，以临时性会议开展行业交流，分享经验教训。

4. 创设协会交流培训刊物职能

创设协会交流培训刊物职能旨在面向会员企业以期刊形式传播行业成果，如业务指导后形成的案例或会议形成的范例，分类后以调研成果、业内新闻资讯、行业前景、技术发展、业务指导、管理方法等专题形式呈现。此外，还可通过定期开展全行业调研，了解行业不足，推广行业推荐做法，如

i-SIGMA 为了解澳大利亚、新西兰和美拉尼西亚岛内国家等行业成员国的档案信息管理实践及趋势，2019 年围绕档案存储方式、档案存储介质趋势、数字转换及档案管理服务等内容展开了消费者态度调研，并于行业内共享。该项职能对于行业协会发展规模、人力资源等有较高要求。

5. 行业专业人才培养职能

根据研究小组前期高校档案学专业人才调研结果分析发现，目前珠江三角洲地区档案学专业人才培养，以独立本科专业开展教学的仅有中山大学资讯管理学院档案学专业。分散于广州、佛山、江门、东莞等地的一般本科院校及高中级职业学院的文秘、汉语言文学、信息资源管理、商务助理等专业则通过开设如文书档案管理、企业档案管理等档案学专业课程的方式开展专业人才培养。以中山大学档案学本科专业为代表的高校，将培养目标定位于培养档案实务部门综合性管理人才，根据该专业近几年就业数据分析，就职于档案服务业企业者不足毕业生总数的一成，档案服务行业就业意向低。[1]

近年来，随着珠江三角洲地区档案服务行业发展，档案实操型技术人才需求剧增，而高校档案学本科专业输送人才的数量与该行业需求上存在较大偏差。因此，档案服务行业协会应将本行业专业人才培养纳入职能范畴，构建行业人才"蓄水池"，保障行业人才持续供给。实践中行业协会可结合需求，以高职、大中专院校档案学、文秘等相关专业为合作对象，采取定向培养方式，构建学-产-用一体化档案服务行业职业培训体系。目前该模式在珠江三角洲地区初步成型，部分企业（如广州慧信档案技术有限公司）联合地方高职院校（如广东科贸职业学院）通过定向委培方式，结合存管业务定制储备专业人力资源，辅助培训机构定制教学大纲与培训科目，增强了专业人才储备厚度与实用性。

---

[1] 李海涛，宋琳琳. 广东省档案局科研项目结项报告 "广东省档案社会存管公共服务供给侧改革研究" [R]. 广州：广东省档案局，2020.

（三）对外宣传服务职能

档案服务行业协会作为联系服务市场供需双方枢纽，需向服务需求方展示参会企业的经营现状、业务、产品及服务特点；还需通过宣传使参会企业了解所处行业位置，获取发展经验；同时对接档案行政管理部门的政策、制度、标准，展现行业价值。具体应包括以下几方面。

1. 面向服务需求方提供参会企业宣传服务

基于档案服务行业协会构建的参会企业服务名录，参照 DA/T 68.2—2020 中发包方所预设的承包方评价体系，建立包括承包方服务特色、财务状况、项目经验、员工素质、技术能力、硬件条件、管理制度、风险控制、售后服务等内容在内的参会企业数据库。通过协会线上管理服务平台，为客户提供参会企业查询指导服务，还可在短期或定期业务培训交流会议、营销展会等发放宣传手册，或通过电视广告、网站媒介等全方位宣传参会企业。

2. 立足行业整体宣传、塑造行业形象

结合前期调研可知，珠江三角洲地区虽有近七成档案机构接受档案服务理念，但仍有不少机构因怕原件损毁丢失、档案泄密，对档案服务持观望态度，其内在原因与该行业发展分散、服务内容雷同、行业发展缺乏整体辨识与规模效益等因素有关。[1]因此，档案服务行业协会宣传职能应重点塑造行业整体形象价值。通过赋权参会企业规范使用行业协会会徽、会旗及会员证书等统一展示协会对外服务形象。在谋求效益增长同时行业协会还应重视宣传行业服务理念价值及社会使命，如对潜在服务对象提供在线短期教育或义务咨询服务，增进用户对于行业协会服务职能认知；以最新的法规政策、优秀案例，使其了解档案服务的必要性、安全性，获取技术、安防、制度、人员管控等配套措施及技能，提升协会社会认可度。

---

[1] 李海涛，宋琳琳. 广东省档案局科研项目结项报告"广东省档案社会存管公共服务供给侧改革研究"[R]. 广州：广东省档案局，2020.

三、仲裁救济职能

仲裁救济职能是指档案服务行业协会依据国家法律法规、行业规范，仲裁调解行业纠纷争端，维护双方合法权益的职能。档案服务行业协会履行仲裁救济职能具有先天优势，表现为行业协会立足于行业实践，与行政司法等仲裁机构相比具有较强的专业素养及沟通便捷性，使仲裁与救济能准确把握纠纷"痛点"，成本低、效率高。前期研究表明当前行业协会参与解决行业纠纷时易存在仲裁救济主体不明、程序性规定缺失、仲裁救济制度欠缺等普遍性问题，为避免上述问题，应从完善行业协会仲裁救济职能入手：其一，在行业协会章程中确立行业仲裁救济职能，并对可行使该职权的部门、职权范围、救济程序及模式要件、救济时限及举措等事项进行具体规定，健全规范行业协会仲裁救济制度及程序，保障参会企业享有仲裁救济发起、申诉及反诉权力。其二，在仲裁救济主体设定上，目前国外主要有 i-SIGMA 及德国行业协会社团法院模式。其中，德国行业协会专门设置社团法院作为内部行使救济及惩罚职权的主体，享有对行业协会违规成员处理权及参会企业的反诉权。该模式将社团法院作为行业仲裁救济主体的做法不适用我国行业救济独立的惯例。实施中可参照 i-SIGMA 的做法，在仲裁救济主体上通过设立行业投诉委员会，接收审查会员投诉，并向行业理事会递交解决方案由其做出仲裁决策或救济举措。由负责监督行业协会业务活动及财务管理的行业监事会负责，或另行成立救济委员会落实仲裁救济具体举措。其三，在仲裁救济程序上，程序设定可参照以下范例：由纠纷一方向行业监事会递交纠纷调解申请或申诉，初步审查后启动救济程序，行业协会监事会应遵循公平公正公开原则，仲裁调解双方纠纷。不接受仲裁结果还可通过行政救济或行讼方式继续维权。仲裁救济程序设计应科学公开透明，仲裁救济结果应定期公布，对于仲裁或救济中涉及第三方权益，行业协会理事会应履行及时告知义务并维护其权益。

此外，结合"政府-市场"组织形式及上述职能设定，珠江三角洲地区档案服务行业协会构建中，应立足于行业实践，承接档案行政管理部门让渡的备案登记、资质认证、教育培训等社会服务职能，积极落实行业监管、服务及救济职能，履行行业自治职能；档案行政管理部门仍需强化组织监管职能，健全组织治理结构，继续履行法规政策制定、颁布、执行、监管等档案行政管理职能，减少对行业协会市场事务干预，形成档案服务行业协会与档案行政管理部门互相配合，以行业协会自我管理为主，档案行政管理部门宏观调控为辅的"政府-市场"组织形式的珠江三角洲地区档案服务良性的生态行业。

第十章　中国档案寄存托管行业发展历程

档案事业是国民经济和社会发展计划中的重要组成部分，在发展过程中出现了档案寄存、档案数字化加工、档案整理等多种业务类型的档案服务。

根据《档案服务外包工作规范》（DA/T 68—2017），档案寄存服务是指在不改变档案所有权和处置权的前提下，发包方将档案委托给承包方保管，承包方为发包方提供档案保管的库房、设备，进行日常保管、安全防护，并按需要提供利用的服务过程。

简单来说，档案寄存托管，就是指发包方提供一定的服务费，将档案委托给承包方进行存储和管理。截至目前，中国档案寄存托管行业在经历了萌芽期、发展期后，进入了扩张尾期。

第一节　档案寄存托管行业发展起源

中国档案寄存托管行业，伴随着中国经济的发展而起步。20世纪八九十年代，随着中国改革开放和中国特色社会主义市场经济体制的建立，中国的经济活力被逐步激发，由此带动了政治、军事、科学、技术、文化等多领域发展，在此过程中更是产生了数量庞大的各类档案。

档案数量的激增虽然反映了经济的繁荣发展，但与此同时，也给各组织的档案管理带来了新的问题，且随着法治社会建设的不断推进，商事主体及公民维权意识提高，档案管理得到了更多的重视。

档案监管方陆续出台新的政策法规加以规范与指导，并因此拉动了档案寄存托管的需求。

一、自身能力与条件不足

（一）存管场地方面

日益增加的档案规模与有限的存储场地矛盾的增加，是中国社会各组织共同面临的问题。一方面，档案数量在快速增加；另一方面，未能按照规范管理要求，对原有档案进行及时鉴定销毁，这便不断加重档案存储场地的空间压力。

与此同时，随着人们对档案重视程度的提高，不符合长期、安全存放条件的场地合规性问题也暴露出来，许多企事业单位的档案存储场地无法满足"八防"保管要求，对档案安全造成威胁。

（二）软件设施方面

随着信息技术的快速发展，越来越多的软件设施逐步应用到档案领域，极大地提高了档案存储水平和效率。但对大多数组织来说，很少能够自行开发系统等软件及配备合适的设备。因此，将档案外包给专业的档案服务机构，让其提供一套仓储运作软件，供用户日常档案工作中使用，可以弥补查询、统计、分析、使用低效的短板。

（三）管理执行方面

由于缺乏专业的档案管理知识，许多组织在存储管理档案时，经常陷入粗放式管理的境况中，如制度规范不全，导致管理过程中无章可循；管理工作不够务实细致，导致档案出现丢失、发霉蛀虫受损等情况；管理方式不科学，在档案利用过程中出现查找难、账物不符、交接不清等问题。

（四）人员配置方面

档案事业在关乎国计民生的同时对企业也至关重要，它是企业经营管理的历史沿革记录，也是重要凭证或者依据，因此档案的存储和管理是需要进行科学规划和实施的。但长期以来，档案部门在企业内部基本都处在边缘位置，大多数组织鲜少配备专业的人员进行管理，且在档案数量越来越多的情况下，还面临人员不足的问题。

在软硬件设施、管理方式和人员配置存在问题的情况下，新建档案室又会带来基建、人力、管理等多项成本投入，此时选择将档案寄存托管无疑是一项较优决策。

二、政策法规带动需求

（一）加强档案管理

在发展初期，国家就从立法层面明确了要加强档案管理，并对各组织提出了一定的要求。而后结合档案工作中的新状况和新问题，继续出台了相关规定，对档案保管等方面进行强化管理。

1996年修正的《档案法》第三章"档案的管理"部分明确规定："各级各类档案馆，机关、团体、企业事业单位和其他组织的档案机构，应当建立科学的管理制度，便于对档案的利用；配置必要的设施，确保档案的安全；采用先进技术，实现档案管理的现代化。"

在中国特色社会主义市场经济的蓬勃发展，以及中国加入WTO后经济更加开放的大背景下，为规范企业档案管理，更好地为企业改革与发展服务，2002年，国家档案局、国家经贸委、中华人民共和国国家计划委员会（简称国家计委）印发了《企业档案管理规定》，其中明确了"企业采取有效措施对档案进行安全保管"等相关规定。

2007年，国家档案局印发《国家档案局关于加强对基层单位档案工作监督、指导的意见》，针对部分基层单位存在"档案保管存在安全隐患"等问题，明确要将档案的安全保管等作为重点检查内容。

正是因为对档案保管的要求不断提高，越来越多的组织越发力不从心，难以自行做好档案的保存与管理工作，才使档案寄存托管业务有了发展空间。

（二）允许社会化寄存托管

为了确保档案的安全保管，国家出台过一系列政策法规，其中就有将档案寄存到各级档案馆的相关规定。例如，1996年修正的《档案法》中规定，"集体所有的和个人所有的对国家和社会具有保存价值的或者应当保密的档案……档案所有者可以向国家档案馆寄存或者出卖"，这就为档案馆进行档案寄存服务提供了法律依据。

但实际上，各级档案馆本身场地资源有限，难以涵盖机关单位以外的企事业单位的大量档案保管需求，这就推动了社会化寄存托管行业的发展，此后民营企业、外资企业等市场化的商业性服务机构陆续加入此行列中，为更多的档案部门提供社会化的保管性服务。[①]

在社会化寄存托管行业发展初期，虽然国家并未出台统一的管理规定，但是许多省份都制定了地方性的档案管理条例，并根据《档案法》和条例出台了档案中介机构管理办法，对其开展档案寄存托管进行了权责明确。

以广东省为例，2002年深圳市根据《档案法》《广东省档案管理规定》等，制定了《深圳经济特区档案与文件收集利用条例》，其中第九条就明确了依法设立的档案中介机构可以从事档案寄存保管等业务；2007年修订的《广东省档案条例》第十四条明确指出，"从事档案评估、整理、鉴定、寄存等中介服务的，应当依法登记注册设立档案中介服务机构，并报所在地档

---

① 赵淑梅，刘俊恒. 商业性档案寄存托管企业SWOT分析及发展对策[J]. 档案与建设，2018，(3)：19, 28-31.

案行政管理部门备案",这就从法律层面保障了当地社会化档案寄存的发展;2008年,广东省档案局印发《广东省档案中介机构备案登记管理办法》,进一步明确了档案中介机构开展寄存托管服务的准入要求。

(三)国外先进经验注入

中国加入WTO后,外资企业加快了进入中国的步伐,在进驻中国的浪潮中,也吸引了一批档案托管服务外资企业,这给中国本土档案寄存托管行业的发展带来了先进经验。

在国外,档案寄存托管早在20世纪50年代就开始了,到20世纪末21世纪初已经拥有了较为成熟的经验模式,彼时将档案寄存托管已经成为国外企业的常规化选择。这些外资企业在业务蓬勃发展的同时,档案数量也与日俱增,而受外包管理习惯的影响,它们往往选择将档案外包给同在中国开业的档案寄存托管外资机构,一定程度上也为中国本土档案寄存托管行业的发展带来了动力。

第二节 档案寄存托管行业发展历程

现阶段,中国档案寄存托管行业发展时间较短、发展情况参差不齐,监管层尚未对行业进行具体定义。在此,笔者根据多年的切身体验和归纳总结,按照外资企业、内资属地化机构及内资跨区域企业的维度进行分类。

一、萌芽期:2000—2010年

在萌发期,中国档案寄存托管机构展业网点绝大部分都集中在一二线重点城市或极少数经济比较活跃的非一二线城市,总覆盖城市10座左右,总库房面积约为5万平方米。

在服务内容上,仅提供档案寄存托管服务或者以寄存托管为主要业务(表10-1)。

表 10-1　萌芽期档案寄存托管企业类别及发展情况表

服务商类别	发展情况
外资企业	2000年左右，外资寄存托管企业逐步开始进入中国。中国加入WTO后，更多外资企业到中国设立分支机构，开展档案存管服务，彼时有嘉柏、信安达、德安、欧斯吉等
内资属地化机构	属地化机构，是指跟档案业务相关的个人或机构成立的公司，如档案局、金融系统、医疗系统下属的三产公司，由于业务相关性，它们能率先接触到市场需求的商机，并因此成立公司开展服务。但这些公司一般实力较小，服务范围限于当地
内资跨区域企业	这一时期，在看到外资企业和属地化机构从事档案寄存托管服务后，部分有实力、与档案存管业务有关联且有抱负的企业，如银雁科技也开始涉足档案寄存托管行业。相较于属地化机构，这类企业不局限于只在当地开展业务，更偏重多地布局

二、发展期：2010—2015 年

在发展期，以上三类企业均加快了进入档案寄存托管行业的步伐，中国档案寄存托管行业的营业机构覆盖了30多座城市，总库房面积达20万平方米左右。

在服务内容上，以档案寄存托管为主，档案整理为辅（表10-2）。

表 10-2　发展期档案寄存托管企业类别及发展情况表

服务商类别	发展情况
外资企业	基本完成中国境内网点布局和业务扩张
内资属地化机构	新进企业增加，已存续企业进行业务扩张
内资跨区域企业	随着行业的发展，越来越多的企业纷纷加入，呈现爆发式增长趋势，进行全国网络布局和业务扩张

三、扩张期：2015—2020 年

在扩张期，新进企业不多，主要是已设立的内资跨区域企业疯狂扩张网点进行布局，"抢占山头"。截至目前，中国档案寄存托管行业的网点范围

共覆盖80多座城市，库房面积约80万平方米。

在服务类别上，以档案寄存托管为主，档案整理、数字化加工为辅（表10-3）。

表10-3　扩张期档案寄存托管企业类别及发展情况表

服务商类别	发展情况
外资企业	布局已完成，无新增企业，外资企业进行行业整合
内资属地化机构	受限于内资跨区域企业快速布点扩张，基本无新增机构
内资跨区域企业	这一时期，客户档案寄存托管需求全面引发，业务增长全面爆发，行业布局也基本形成，但仍有极少数企业在错过最佳发展时期后，依托自身资源和能力强行挤入，同时伴随着转型需求，依然跻身到档案寄存托管行业中来

另外，笔者将上述三个时期主要档案寄存托管的外资企业情况整理如下（表10-4）。

表10-4　不同时期主要档案寄存托管外资企业　　单位：家

年份	数量	企业名称
2000	2	CROWN（嘉柏）、Guarantee（信安达）
2001	3	CROWN（嘉柏）、Guarantee（信安达）、OSG（欧斯吉，德保前名）
2004	4	CROWN（嘉柏）、Guarantee（信安达）、OSG（欧斯吉，德保前名）、Transnational（德安）
2008	6	CROWN（嘉柏）、Guarantee（信安达）、Datebox（OSG前名）、Transnational+Iron Moutain（德安+铁山）、Recall（理格）
2009	5	CROWN（嘉柏）、Guarantee（信安达）、Datebox（OSG前名）、Iron Moutain（铁山）、Recall（理格）
2013	4	CROWN（嘉柏）、Guarantee（信安达）、Iron Moutain（铁山）、Recall（理格）
2016	3	CROWN（嘉柏）、Guarantee（信安达）、Iron Moutain（铁山）
2018	2	CROWN（嘉柏）、Iron Moutain（铁山）
2020	2	CROWN（嘉柏）、Iron Moutain（铁山）

注：主要经营业务非档案存管的机构未列入，如圣达菲（Santa Fe）、虎威集团（Asia Tiger）等；铁山为全球最大，以合资模式进入中国，后期一直在收购内外资存管公司

第三节　档案寄存托管行业发展现状与问题

一、现状概述

（一）外资企业（以铁山公司为例）

作为全球性的档案寄存托管公司，铁山公司于 1951 年成立，业务遍布北美、欧洲、拉丁美洲和亚洲，为全球 50 多个国家提供服务。自从 2003 年初进驻中国以来，铁山公司陆续收购了国内多家同业外资企业，不断扩大在中国的发展规模，目前在为数不多的寄存托管服务外资企业中发展规模最大。

（二）内资跨区域企业（主要头部企业）

从头部企业来看，内资跨区域企业及网点分布如表 10-5 所示。

表 10-5　内资跨区域企业及网点分布情况表

公司	网点分布情况
银雁科技服务集团股份有限公司	在全国 60 多座城市建有 100+实体文档管理中心，行业内位列第一，在全国设立 200 多家分支机构，可提供本地客户全国服务
东港瑞云数据技术有限公司	在北京、上海、广州、郑州、武汉、重庆、青岛等 10 多座城市建有档案管理中心
中信天津金融科技服务有限公司	在北京、天津、山东、河南、河北、浙江、湖北、福建等 10 多个省市设有档案寄存托管中心
北京东方博泰文档数据科技有限公司	在国内 10 多座城市建有档案保管中心
申江万国数据信息股份有限公司	在廊坊、沈阳、上海等数座城市建有实体库房
豪波安全科技有限公司	近年转型进入文档存管行业，在杭州、上海、广州、安徽等地建有数个文档中心

二、服务状况

档案寄存托管企业服务经营情况，如表 10-6 所示。

表 10-6　档案寄存托管企业服务经营情况表

类型	经营情况
外资企业	提供标准化服务，受政策限制，发展缓慢，通过并购、抱团取暖
内资属地化机构	服务能力一般，依赖固有关系客户经营，一般不向外地扩张
内资跨区域企业	能提供标准及个性化服务，市场化运作，实力较强，客户行业分布较广

三、存在问题

（一）同质化竞争严重

部分档案寄存托管企业为了抢占市场，采取低价竞争策略，以低于市场正常水平的存管服务费用赢得客户。这不仅违背了市场规律，破坏了行业发展秩序，而且很可能出现企业为了盈利而在其他环节压缩成本，导致达不到服务和管理标准，甚至影响档案安全保管的情况。

（二）投资回报周期长

一般而言，档案寄存保管行业前期投入较大，以 2000 平方米的库房为例，按照标准合规库房条件，需进行库房改造、设备配置、人员配备等方面的投入，若涵盖租金及运营，折算年成本为 200 万—300 万元。而存管业务的成交时间长、利润低，同样也导致回报周期长。

（三）服务能力和水平参差不齐

不同档案寄存托管企业的库房条件、员工培训管理水平不一及档案管理强制规范细则不明确，导致服务能力和水平参差不齐，不利于行业的良性发展。例如，有些企业的库房条件较差，无法满足监管层的"八防"要求，缺乏专业化的业务培训和智能化的管理系统，因而难以推动行业向前发展；多数发包方并不专业，无能力监管承接方，完全靠承接企业自律和良心服务，不利于产业链的长期稳定发展。

第四节　档案寄存托管行业未来展望

一、推动企业整合

中国档案寄存托管行业在发展过程中，虽然人力成本、原材料成本、租金成本在不断增加，但为了在激烈的市场竞争中存活，承接企业往往要保证服务费用不变甚至降低，这极大地加重了承接企业的生存压力，部分经营不力的企业将无法扭转亏损，面临破产，类似于外资存管企业的并购大多源于此因。此外，仍不断有对行业情况不了解的企业盲目进入市场，库房空置率较高，社会上档案库房基本已出现供大于求的局面，推动供给侧结构性改革势在必行。

为了发展和整顿档案寄存托管行业，监管机构及行业协会要加强企业整合力度，通过并购等方式实现优胜劣汰，打造出一批服务能力强、服务水平高，且能适应时代发展的优质企业。

二、完善行业规范

监管机构及行业协会要不断制定和完善行业服务标准，对档案存管软硬件条件进行严格规范，引导企业提高自身服务水平，保障档案存管需求方的服务权益。

同时，监管机构要加强行业监督，提高监管力度，对不符合行业规范的企业进行强管控，避免行业陷入低价—低成本—低标准—不符合行业规范要求，甚至不安全的服务向下发展的局面。要将档案寄存托管服务甲方纳入监管，以避免因甲方不重视、不专业导致以低价作为选择供应商的标准，导致劣币驱逐良币的状况发生。而对于乙方供给侧市场的监管，则需将其纳入统一备案、统一监管要求，以免因侧重大型服务商的监管，而忽视了对小作坊、小企业的监管，应确保市场的公平性。

三、加快转型步伐

在档案"存量数字化、增量电子化"战略的驱动下,档案信息化已成为必然发展的趋势,对于传统寄存托管企业而言,将面临纸质档案减少导致业务萎缩的情况。为了适应档案信息化建设趋势,企业必须加快转型步伐,加大技术、人员、设备投入,以便及时抓住档案数字化、电子档案管理等业务契机,在数字化时代拥抱档案服务的未来。

四、鼓励技术创新应用

《档案法》中明确规定,"国家鼓励和支持档案科学研究和技术创新,促进科技成果在档案收集、整理、保护、利用等方面的转化和应用,推动档案科技进步"。对中国寄存托管企业而言,在档案信息化的发展趋势下,加大技术的创新应用,能更好地保障档案实体安全和信息安全,顺应完善档案安全建设要求。

第四编
企业风采

第十一章　中国档案服务业部分典型企业介绍

本章将以申江万国等企业为典型，以解剖麻雀的方法，使读者对中国档案服务业的发展情况有一个更直接、更具体的了解，详见表 11-1。

表 11-1　中国档案服务业典型企业名录

序号	企业名称	企业概况
1	申江万国数据信息股份有限公司	·申江万国数据信息股份有限公司（证券代码：834105）成立于 2011 年，是申江控股集团旗下的独立法人公司 ·公司专注于文档全产业链服务，为金融机构、大中型企业及事业单位提供文档寄存托管、档案数字化加工、档案管理软件定制、数据灾备存储、档案大数据平台搭建及智能档案解决方案等业务 ·申江万国数据信息股份有限公司是中国档案学会理事单位、北京市档案学会会员，拥有甲级国家涉密载体印制资质，档案产品与服务定点企业认证、三体系认证、软件开发与运维服务等档案行业重要资质 ·公司以燕郊为总部，在沈阳、上海、宁波等地建立分/子公司，在西安、成都、广州等地设有办事处，共有总面积 37 万平方米的自主产权文档数据馆库，服务客户 500 余家。公司致力于建立具有中国特色的文档全产业链服务生态系统，成为文档全产业链服务领导品牌 ·经营范围：档案数据信息管理服务，主要包括档案存储、整理、数据处理、数字化信息管理、查询调阅、安全销毁；其他延伸服务、软件开发及销售；销售纸质档案存储用品、数据存储用品及档案库房用品、专用设备；档案业务咨询与指导；档案技术咨询与服务；库房租赁；信息系统集成；数据处理和存储服务；计算机技术咨询、技术转让、技术服务；劳务派遣；接受金融

续表

序号	企业名称	主要内容
1	申江万国数据信息股份有限公司	机构委托从事金融信息技术外包服务；接受金融机构委托从事金融业务流程外包服务；智能机器人、智能空间定位设备、智能视频分析设备、智能安防设备、档案专用设备、智能库房环境控制与监控系统、电子标签、射频识别读写设备、物联网设备、一体化数据中心、环保设备、恒温恒湿设备、节能系统、燃料电池、膜分离设备、消防设备的研发、销售、安装与维修服务；物业管理；企业管理咨询；科技企业孵化服务；文化艺术活动组织策划；会议服务
2	广西迅图信息技术有限公司	·广西迅图信息技术有限公司由一批从事档案信息资源管理服务跟软件开发超过十五年的、具有丰富管理经验的团队组成。公司秉持"创新、质量、技术、服务"的企业文化理念，打造软件研发管理模式，专注于信息化建设整体解决方案的知名企业 ·公司主要业务涉及大数据可视化平台、档案软硬件研发、应用软件开发、计算机系统集成、档案信息化咨询与服务、档案数字化加工（含整理、修裱、信息采集录入、扫描、影像处理）、档案库房设备、AI应用软件开发、AI硬件销售、库房搬迁运输、智慧库房建设等 ·公司拥有十多项计算机软件著作权证书，多项档案设备专利及商标。在全国拥有多家用户，可为党政机关、企事业单位提供全方位一站式信息技术服务
3	广西力意智能科技有限公司	·广西力意智能科技有限公司是一家集软硬件研发、设计、生产、实施、建设于一体的科技型"互联网+"、物联网科技型高新企业 ·公司下设数字档案管理研究中心和产品研发中心。数字档案管理研究中心由国家级档案专家、档案领军人才组成；产品研发中心由长期专注于档案信息化建设的信息与网络安全工程、安防工程、软件工程、环境监控工程等跨领域多行业专家组成。在"双中心"多年协作下，成功研发了12项具有自主知识产权、国内领先水平的产品 ·公司拥有档案馆智能管理系统、电子文件归档系统，且其档案专用智能人脸识别门禁机、智能一体化传感器采用国内先进的区块链技术、云计算、大数据技术、融合技术、AI技术、可视化等技术。此外，公司还集成了档案综合管理、电子档案全自动在线整理归档、全自动在线、离线异质备份、动态视频监控、智能门禁管理、智能入侵报警、智能周界防范、智能巡更、智能灯光控制、智能恒温恒湿、智能新风、智能消毒、智能动力电源监控、消防报警、公共广播、档案信息发布、档案网站、信息资源共享、多媒体会议管理、停车管理、来访登记等22个子系统，真正做到了信息化互联互通，人防、技防、物防"三位一体"的安全防范及档案收集、管理、保存、利用一体化。实现档案工作数字化、规范化、智能化 ·经营范围：智能软件开发，计算机软硬件、电子科技的技术研发、技术咨询、技术服务，自动化控制系统的研发，计算机系统集成，资料整理，数字化技术服务；防雷工程、公共安全防范工程、消防工程、建筑智能化工程的设计与施工，网络工程的设计、施工及技术服务，销售：电脑耗材、办公设备及耗材、自动化控制设备、安防产品、防雷产品、消防设备、环保设备、机电机械设备（除国家专控产品）、电气设备、教学设备、仪器仪表、办公用品、办公家具（涉及行政许可的，具体项目以审批部门批准的为准）、音响器材；建筑装饰工程的设计与施工、会展服务（依法须经批准的项目，经相关部门批准后方可开展经营活动）

续表

序号	企业名称	主要内容
4	上海园祥信息科技有限公司	·上海园祥信息科技有限公司是企福集团的子公司，前身为企福集团工程事业部。20年来坚守"效率为先，客户至上"的服务理念，以专业、高效的服务，成功为包括国内大型上市公司及"世界500强"等数千家企业提供快捷无忧的企业注册、建筑办证、工商代理、档案编制、科技项目申报等企业运营全生命周期服务。公司的工程档案编制几乎所有项目都是一次性通过政府审批的，现已被政府机构纳入采购名单，成为松江区重点项目的专业档案服务机构 ·重点项目：超硅半导体、正泰启迪智电港、余北大居、库卡机器人、恒大汽车、修正药业、科大智能、华润有巢等 ·近年来，公司不断发展壮大，先后聘用档案专业高级管理人才和技能人才，打造专业团队，购置专业设备，档案管理业务不断开拓创新。已提交申请国家涉密载体印制乙级资质（年内获批），具备开展相应业务条件。除科技（工程）档案外，新增档案数字化加工、文书档案、会计档案、人事档案、声像档案及拆迁档案等综合业务，为企事业单位、政府机关、医院、学校等机构提供全方位、全口径、全链条专业化、标准化、智能化服务，助推G60科创走廊国家战略
5	重庆立鼎科技有限公司	·重庆立鼎科技有限公司创始于2001年9月11日，现办公地址在重庆市核心商务区江北嘴国金中心IFS。经过多年发展，已经成为现代信息服务行业领军企业，近20年来专注于全国各地的政府机关、大中型企事业单位，提供档案整理、扫描、数据采集；智能库房建设；中心机房建设；数字档案馆（室）建设；数据保护、档案托管、数据防伪、大数据清洗、档案管理系统研发、AI赋能档案信息化等服务 ·现有员工1000余人，年营业收入近2亿元，年纳税金额近500万元，累计客户3000余个，行业地位前三，档案处理量达到每年10亿页级 ·重庆立鼎科技有限公司业务立足于西部，辐射北京、上海等20多个地区，成功合作案例涉及市委市政府、工商、社保、规划、房产、银行、公检法、税务、学校、医院等各大领域，在档案服务行业树立了良好的品牌形象和口碑 ·经营范围：一般项目有计算机软、硬件开发及相关技术服务；档案数字化加工（含整理、修裱、信息采集录入、扫描、影像处理）；古籍资料保护抢救；数据安全存储、大数据挖掘相关技术服务；档案管理系统、数字化加工平台专业技术领域内的技术开发、技术咨询、技术服务、技术转让；销售：计算机软、硬件及外围设备、通信设备（不含无线电发射设备及地面卫星接收设备）、档案用品、档案库房设备、机电设备，仓储服务，信息系统集成服务，大数据服务，AI应用软件开发，AI硬件销售，运输货物打包服务，装卸搬运
6	银雁科技服务集团股份有限公司	·银雁科技服务集团成立于1996年，总部位于深圳，服务网络覆盖全国，在全国设立36家分子公司，在200多座城市设立分支机构 ·银雁科技服务集团在科技服务领域深耕二十余年，秉持"人+流程+IT+DT"的服务理念，通过学习成长提升人的能力，通过流程优化提高组织绩效，通过IT应用搭建赋能平台，通过数据智能驱动服务价值，为企业数字化转型进程添薪续力 ·截至2020年，银雁科技服务集团已累计实现营业收入达245亿元，累计缴纳社保21.5亿元，累计纳税近18亿元，2020年营业收入达40亿元

续表

序号	企业名称	主要内容
6	银雁科技服务集团股份有限公司	·经营范围：向银行、保险等金融机构提供以金融物流、数据处理、网点管理、风险管理、现金管理为主的业务流程外包服务和以支付结算、电子交易、系统测试为主的信息技术外包服务
7	福州华匠档案服务有限公司	·专注档案、古籍、书画修裱，本着"铸就中华匠心，守护华夏历史"的初心和愿想，深耕于档案（古籍、书画）修裱修复领域，致力建立中国专业档案修裱品牌，现有高级档案修裱师10余人，中级修裱师50余人，累计修裱量超过100万页，并建立专业"华匠档案修裱修复培训基地"，面向全国提供专业的档案、古籍、书画修裱修复培训，近半年来累计培训出师学员超过百人 ·经验范围：档案、古籍、书画修裱修复，修裱培训，档案文创，古籍制作，档案消毒保护等

第一节　典型企业一：申江万国

一、公司发展沿革

申江万国是申江控股集团有限公司旗下的独立法人公司，于2011年成立入驻河北省廊坊市燕郊开发区，是提供档案全产业链产品与服务的专业公司。申江万国于2015年登陆新三板（证券代码：834105），是档案管理外包行业首家新三板上市公司。

从成立至今，申江万国已经走过十余个年头，公司在实力不断提升的同时，也顺应行业变化和自身能力的提升不断规划调整发展目标和发展思路。2011—2013年属于奠基期，申江万国完成了土地购买、基础设施建设，并逐步开始运营。2014—2016年，申江万国在总部运营经验的基础上，根据布局东北市场的考虑，在沈阳建立了分公司。2017—2020年，申江万国进入快速发展期，在业务领域和覆盖范围两方面取得了突破。在业务领域方面，申江万国在传统的寄存托管与数字化业务基础上，充分发挥自身在业务实践中的信息化建设基础，设立了技术研发中心，开发了智慧档案管理系统和相关产品，进一步丰富了公司服务与产品体系；在覆盖范围方面，申江万国遵循在沿海经济发达地区择点布局的战略规划，逐步设立了上海分公司和宁波分公司，完成了重点地区的业务拓展。到 2020 年底，申江万国服务客户 500 余家，年度运营项目近 300 个。

此外，申江万国凭借优异的业绩表现，在新三板市场也获得突破，实现了从基础层到创新层的跃迁，为未来进入主板市场奠定了坚实的基础（表 11-2）。

表 11-2　申江万国发展沿革

年份	主要内容
2011—2013	·公司成立：建设约 5 万平方米自有产权库房，获得国家档案局、河北省档案局验收
2014—2016	·成功上市：新三板（证券代码：834105）上市 ·成立沈阳分部：申江万国沈阳分公司成立及档案库房投入使用 ·获得保密资质：完成第一笔同行业收购工作
2017	·创新中心成立：获得廊坊市 RFID 智能档案馆研发中心 ·成立上海分部：申江万国上海分公司成立及档案库房投入使用
2018	·获得高新资质：获得高新技术企业资质、河北省服务名牌企业
2019	·成立总部基地：形成以总部基地为中心，辐射全国的业务模式
2020	·新三板跃层：在新三板实现从基础层进入创新层 ·成立宁波分部：申江万国宁波分公司成立及档案库房投入使用 ·业务突破：实现服务客户 500 余家，年度运营项目近 300 个

二、公司发展特色

（一）"全生命周期、全维度"的实体与数据档案服务

申江万国聚焦"数据档案与实体档案"，围绕档案整理与数字化服务、档案保存、档案利用、档案销毁的全生命周期工作要求，为政府部门、金融行业、民生行业、建筑行业等企事业提供服务外包、档案管理咨询、智慧档案管理软硬设备、档案从业人员培训等全维度的档案管理服务（表 11-3）。

表 11-3　申江万国档案服务内容与特点

服务内容	特点
档案寄存托管	・自有产权库房，保证独立建筑，不与第三方企业共用 ・符合国家档案馆建设要求的库房 ・采用密封档案箱，一次性锁扣，确保档案安全 ・库房无死角、7×24 小时视频监控、安防人员 24 小时值班
档案整理与数字化服务	・能够承接文书档案、工程图纸档案等各类档案数字化工作 ・规范、标准的数字化现场管理规范和工作流程 ・拥有成熟的数字档案管理系统，档案数字化工作与系统交付同步完成
档案调阅服务	・通过远程可视化系统确保顾客可以在第一时间调阅所需档案 ・调阅方式有人工调阅、系统调阅、自有物流体系派送服务等 ・自有物流体系配备安装有全球卫星定位系统（Global Positioning System，GPS）的配送车辆，实时监控物流状态
档案销毁服务	・销毁服务符合国家保密要求 ・自动化销毁系统，确保销毁工作的安全性
电子数据容灾备份服务	・提供冷热融合配备服务，既方便用户使用，也节省备份系统的电力消耗，降低使用成本 ・利用数据存证技术对备份信息进行加密处理，保障数据的真实性和可靠性 ・定期对数据进行读取操作，确保备份数据的可用性
智慧档案馆建设	・提供涵盖档案管理、环境监控、安防保障等各方面需求的全系统智慧档案馆建设方案 ・提供方案设计、实施、维修保障等全链条的智慧档案馆建设服务 ・系统具有模块化配置能力，能够满足各类用户按需升级的需求

（二）"产权自有、资质齐备"的服务基础

在北京、上海、沈阳、宁波建立的文档数据馆库基地均拥有自有产权，避免了库房拆迁、终止租赁等风险，为客户的档案寄存托管提供了坚实的信任基础和信用保障。申江万国是中国档案学会理事单位、北京市档案学会会员。公司业务开展严格遵循国家、行业的规范标准要求。公司档案寄存库房均符合国家《档案馆建设标准》，在数字化业务方面拥有国家秘密载体印制资质证书（甲级），同时还获得了档案产品与服务类企业认证证书（包括档

案寄存托管类、档案数字化类、计算机档案管理类）、"三体系"认证证书、ISO20000 信息技术服务管理体系认证。申江万国主要员工均拥有上岗资格证和员工保密资质培训证书。通过"产权自有、资质齐备"的服务基础，申江万国为客户提供了"诚信、安全、保密、高效"的各类档案服务业务。

（三）"标准模式、辐射全国"的发展思路

申江万国在业务发展过程中，不断根据客户的反馈和自身的实践进行提炼总结，优化出可复制、可拓展的业务服务模式。在确保"管理不松懈、服务不走样"的前提下，申江万国陆续在沈阳、上海、宁波等主要区域和核心城市设立了子公司，延伸了业务覆盖范围，扩大了公司规模。此外，申江万国充分利用信息化手段，围绕自身业务发展需求，建立起涵盖总部和子公司业务范畴的档案大数据平台，做到全国统一平台、统一服务入口、统一服务标准的模式。

（四）"系统思维、创新融合"的发展动力

坚持创新是申江万国发展的根本原则，创新思维是申江万国发展的核心动力，如何创新是申江万国一直探索的问题。对于档案行业的特点和自身定位，申江万国有着清醒的认识。作为垂直细分行业，档案行业的创新源于档案业务与大数据、物联网、AI 等横向技术最新发展的结合。档案+大数据、档案+物联网、档案+AI 将为档案行业的发展带来无限可能。为此，申江万国在原有档案专家的基础上，构建了由信息专业领域的硕士、博士、行业精英组成的创新研发中心，在"档案+"理念的引领下开发新产品，创新档案业务与服务模式。

申江万国作为提供"全产业链、全维度"档案服务的供应商，不仅关注单点技术的研发，更重视从系统视角，将档案相关产品与技术进行集成整合，实现系统性的融合创新。通过近几年的努力，申江万国深入理解智慧档案馆建设中"实体与数据、档案与环境、档案与人"的关系，打造了具有"来源全类别、业务全流程、环境全要素"（三全）、"随身化、便利化、实时化"（三化）特征的"智慧档案管理"解决方案（图11-1），构建起围绕智慧档案馆建设各方面需求的产品谱系（图11-2）。

智慧档案馆解决方案以"状态感知-实时分析-自主决策-精准执行-学习提升"为驱动，以智慧档案管理平台为中心，系统地集成了数字档案管理、档案存储、实体档案管理、环境控制、安防报警、基础保障等档案管理相关设备，拥有完备的产品配套体系，构建出"高效、绿色、安全"的智慧档案馆。

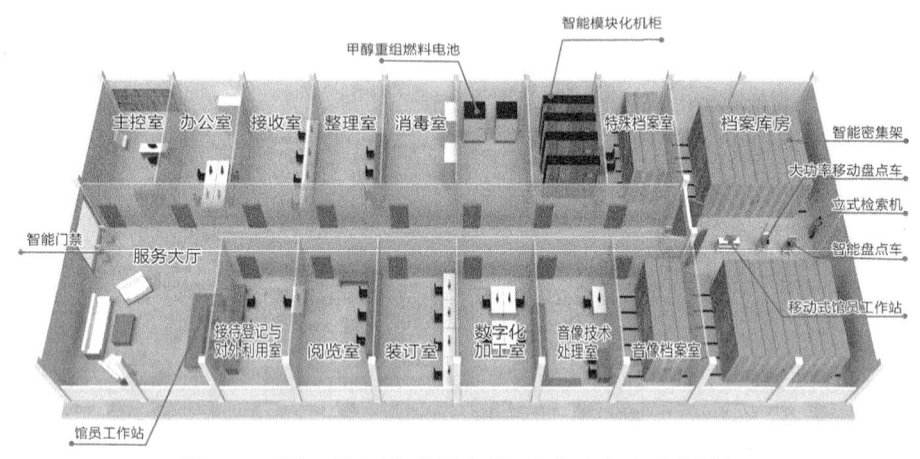

图11-1 申江万国"智慧档案管理"解决方案（截图）

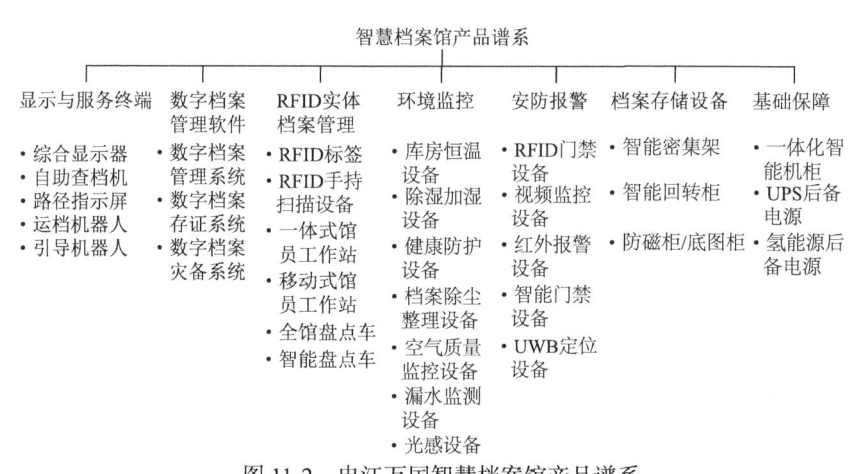

图11-2 申江万国智慧档案馆产品谱系

三、公司发展愿景

(一)"领会政策要求,谋划公司发展战略"

2020年6月20日,第十三届全国人民代表大会常务委员会第十九次会议通过了《档案法》,并在2021年1月1日起正式施行。《档案法》在档案管理制度、服务外包要求、档案管理主体、信息化建设、档案人才培养等方面提出了更高要求,这对于档案企业来说既是机遇,也是挑战。申江万国在深刻领会《档案法》的基础上,结合自身发展阶段和特点,围绕提质增效和业务拓展两方面谋划公司发展战略。

"提质增效"的核心是完善与优化自身的档案服务管理制度。为此,申江万国从"服务管理严密""业务流程高效""绩效考核合理"三个维度,通过派专员在服务现场的评估分析,对现有的服务管理制度进行了进一步的调整。通过信息系统的升级迭代,实现管理制度的固化,从而让公司"诚信、安全、保密、高效"的服务理念落到实处,更上一个台阶。

"业务拓展"的重点方向是开拓非国有企业、社会服务机构等单位的档案管理服务模式。为此,申江万国重点开发基于区块链和数据存证技术的档案管理系统。由于面向非国有企业、社会服务机构等单位提供档案管理服务,必然需要通过互联网来实现服务的可及性、提高服务的覆盖面,但是互联网所存在的安全隐患又影响着档案的保密性与可靠性。对此,区块链的可追溯性和不可篡改性提供了有效的技术解决途径,通过申江万国区块链档案管理系统,不仅能够通过互联网便捷地为中小企业等提供档案管理服务,同时能确保档案的保密性与可靠性。此外,申江万国也将充分利用现有的实体档案托管中心,通过在工业园区、创业中心设立自助存档设备,为中小企业提供实体档案托管服务。通过"线上的区块链档案管理+线下的自助档案托管",申江万国将为中小型企业打造全面、高效的档案管理服务新模式。

（二）"产学研相联动，创新前沿产品体系"

申江万国在不断提升公司研发团队能力的同时，也着力打造产学研相联动的支撑体系，逐步构建出"以公司研发团队为核心，以产学研链条为支撑"的创新网络。目前，申江万国已经与中国人民大学、厦门大学、辽宁大学等高校签署了战略合作协议，将申江万国在业务能力、技术实践等方面的积累与高校在理论开拓、前沿技术储备等方面的优势有机地结合起来，为申江万国打造前沿产品体系提供持续动力。例如，通过与高校合作，申江万国重点研发新型的无人档案库房系统。该系统综合应用大跨度龙门结构、高精度定位机构、电动密集架和机器人技术，着力解决大型档案库房的适配性、档案高密度存储和高效利用等问题。该系统不仅能够应用在新档案库房建设项目中，也适合于对旧档案库房的无人化升级改造。

（三）打造三个平台，引领档案产业发展

作为档案行业具有代表性的头部企业，申江万国一直关注行业整体发展。随着档案管理要求的不断提高，新兴技术的不断涌现和档案产业规模的不断扩展，档案行业面临需求与供给对接、技术体系融合和人员能力提升等诸多挑战。为此，申江万国以引领档案行业发展为己任，面向档案管理人员、档案技术研发机构和档案服务与产品提供商，搭建人员培训实践、档案技术交流展示、产品与服务线上交易的三个平台，从而推动档案管理人员与档案产品的对接，促进档案新技术和档案管理间彼此交流与体系构建、提升档案产品和服务的供给质量与水平。

人员培训实践平台将打破传统以档案培训师资授课的培训模式，将档案产品与服务提供商纳入到培训体系中，实现理论知识与实际产品的结合，顺应档案管理技术快速发展的时代潮流。通过在培训平台的演练指导，强调对档案管理人员实际操作能力的培训，提升档案管理人员应对日常工作的实务

能力。此外，档案管理人员在实际操作培训中的反馈也将为档案产品与服务提供商迭代更新产品提供宝贵建议（图 11-3）。

图 11-3　申江万国人员培训实践平台

档案技术交流展示平台有两个目的：一是供需对接。通过档案管理人员和档案产品与服务提供商的对接，推动产品的应用实践。二是技术融合。随着新技术在档案行业的深化应用，出现了标准不明确、各企业孤岛式发展等问题，影响了技术发展的合理性、普适性和兼容性。档案技术交流展示平台能够促进行业管理机构、研发机构、服务与产品提供商开展交流，为档案行业从体系化发展的视角制定新技术规范标准，能够为技术融合奠定基础。

产品与服务线上交易平台一方面将为用户和供应商完成产品与服务的交易提供平台；另一方面构建了一个由第三方实施的产品与服务质量跟踪评价体系。通过该体系，用户可以了解希望采购的产品与服务的历史评价情况，同时能够对产品与服务进行评价，向提供商提供有效的反馈信息。此外，从宏观层面，申江万国将联合档案服务行业协会、高校等机构，开展交易平台的数据分析、服务质量的全面评估等工作，为政府机构、档案服务行业协会等主管部门把握档案产品与服务行业的整体质量态势,以及制定行业发展规划与相关政策提供参考。

第二节 典型企业二:银雁科技

一、银雁科技介绍

(一)公司概况

银雁科技于1996年7月成立,注册资本为1.88亿元,总部位于深圳,运作网络覆盖全国,在200多座城市设有分支机构,深耕科技服务领域二十余年,可根据不同行业客户需求提供不同的定制化服务,且具有卓越的服务交付能力。服务客户包括全部国有银行、股份制银行、政策银行,以及大部分主要城市农商行、在华外资银行、保险公司、政府机关、企事业单位,等等。

(二)银雁科技文档管理服务发展历程

1996年,银雁科技在深圳成立,为银行等金融机构提供票据传送及凭证文件整理服务,正式开展文档管理服务,纳入公司业务版块之一。

1998年,银雁科技引进第一批进口高速扫描仪,为中国人民银行深圳市中心支行等金融机构提供档案扫描、录入、数据处理及备份等数字化加工服务。

2001年,银雁科技率先引入ISO等国际体系认证,完善文档传送、整理及数字化加工服务标准化流程,推行质量管理,并陆续通过信息安全、环境管理、职业健康等多个国际体系认证。

2009年,银雁科技前瞻性地提出全流程文档管理解决方案,实现从文件产生开始的收集、整理、数字化加工、寄存保管及日常查调阅利用、档案销毁全生命周期文档管理服务。

2010年,银雁科技在杭州建立了第一个专业文档管理中心,为中国民生银行提供档案寄存保管服务。

2011年,银雁科技施行业务线上化战略,银雁票据影像系统软件、文档仓储 RFID 系统及文档管理应用软件、金融物流 RFID 系统等多个生产系统相继上线，文档服务进入信息化管理阶段。

2013 年，银雁科技助力中国银行总行推动全行档案集约化管理转型，开展知识管理服务，进一步完善服务产品链，并陆续为建设银行、招商银行、民生银行、平安银行等 10 余家总行级客户提供档案专题培训。

2016 年，银雁科技已在全国 30 多座城市建成投产 60 多个文档管理中心，基本完成了全国布局，为 30 多家总行总部级客户提供总对总文档管理服务，实现本地客户全国服务。

2018 年，银雁科技推行数字化、平台化转型战略，对文档管理系统、数字化加工系统等多个生产系统进行技术升级，AI、机器人流程自动化（robotic process automation，RPA）等新技术实现服务过程智能化、可视化。

2020 年，银雁科技结合《档案法》档案信息化建设要求，研发上线综合档案管理系统，将实体档案、档案数字化副本、电子档案集中统一管理，助力客户实现档案管理与业务经营有机结合，并针对中小微企业，依托华为云推出 SaaS 服务。

二、银雁科技文档管理全流程解决方案

（一）档案管理咨询与培训

银雁科技凭借二十余年行业实践经验，协同国内顶尖专家教授团队，助力企业提升档案管理水平和效率（表 11-4）。

表 11-4　档案管理咨询与培训模块

档案管理体系建设	档案专业培训	档案库房建设
行业专家、调研访谈，结合多年实践经验，输出档案管理体系及宣导落地	行业实践专家+知名高校教授，校企或上门培训，可自选课题及颁发校企"双证"	专业工程师+档案管理专家团队，遵循国家及行业标准，结合 100+档案专业库房实践经验，量身建设规范库房

（二）文档管理系统建设

银雁科技可提供各种状态和载体的文档全生命周期管理系统服务及产

品，助力企业档案信息化建设（表11-5）。

表11-5 文档管理系统列表

系统	内容
数字档案馆综合管理系统	围绕收、管、存、用、销全生命周期设计档案管理系统功能，实现档案实体、档案数字化副本、电子档案统一集中管理
AI-OCR①数字化加工系统	实时监测记录每件实体档案的状态、位置及环境，并管控其流转过程；提高档案实体各项工作效率，使操作更合规，数据更安全
物联网智能文档库管理系统	实现档案数字化加工全程可视化管理及数字化加工成果（档案影像文件）的高效检索利用
押品权证管理系统	深谙权证管理业务逻辑和流程，实现多资方、多渠道方权证资料的八级审批，高效流转，全程管控可视化交互过程及状态

（三）档案收集传递

银雁科技自营团队专人专车同城及异地运输，全程GPS监控，保障档案实体及信息安全（表11-6）。

表11-6 自营团队专人专车档案收集传递

项目	内容
服务定制	定点定时运送、随时传送两种模式自主选择
可视化监控	自主研发GPS远程车辆监控系统，全程可视化监控车辆位置、车辆状态
专人押车	自有人员专人全程押车
核对保障	全程多达4次检查核对，确保准确无误

（四）档案整理及数字化加工

银雁科技可提供全国驻场/离场文档整理及数字化加工服务，助力数字化加工实现自动化、智能化的转变（表11-7）。

---

① OCR，即光学字符识别(optical character recognition)，指电子设备检查纸上打印的字符，通过检测暗、亮的模式确定其形状，然后用字符识别方法将形状翻译成计算机文字的过程。

表 11-7　数字化整理与加工服务优势及系统支撑

项目	内容
服务优势	·一站式服务：专业团队、合规场地（根据客户需求可进行驻场、离场服务）、全套设备、配套耗材、专业系统 ·丰富经验：已在全国各地服务金融、政府机构、医疗等行业，服务千余客户 ·降低成本：集约化运营，降低客户的人员、场地、设备成本
系统支撑	·银雁科技自主研发，AI、RPA、OCR 技术深层运用 ·符合国家保密局"三员分立"标准，严格保密 ·过程 M 录 N 校，保障准确率 ·项目全程可视化、质检节点自动校验，提高项目管控度

（五）档案寄存保管及查调阅利用

银雁科技在全国拥有 100+自营档案实体库房，符合国家及行业规范，设有多达 20 项防护标准，确保档案万无一失（表 11-8）。

表 11-8　寄存保管与查调阅利用服务

项目	内容
全方位服务	·可提供文档用品、装箱整理、移库运输、实体档案移库交接、寄存保管、定期消杀及多种形式查调阅等全方位档案服务
实力雄厚	·档案专业库房分布在全国各省、自治区、直辖市（除港澳台和西藏外），实现本地客户、全国服务 ·满足银行、保险、证券、医疗、政府，以及各大企事业单位等各行业的档案安全存储需求 ·现存档案量业内最大 ·25 年经营稳步增长，售后保障机制完善
专业安全	·存储条件：严格遵循国家《档案馆建筑设计规范》（JGJ 25—2010）八防标准 ·专业团队：2000+专业服务团队持证上岗 ·严控管理：国际管理规范资质完善，人+制+考严控风险 ·技术支撑：物联网技术支撑服务，使服务全流程准确、高效、便捷
成本节约	·集约化运营，降低人员、场地、设备、运维等成本为 50%—60%
可靠放心	·经受全国范围内客户检查及四大公司审计，服务质量可靠放心

（六）档案销毁

银雁科技可进行档案销毁前的整理鉴定，提供化学销毁或物理销毁服务，全程监控，保障过程信息安全，并可出具相关证明文件（表11-9）。

表11-9　档案销毁服务

项目	内容
专业场地	自建物理销毁场地
到期提醒	保管期限到期提醒
专人押车	自有人员专人全程押车
全程监销	销毁过程全程监销

三、银雁科技文档服务实力及资质

（一）全国网点布局

（1）分支机构：200+分支机构覆盖全国，本地化服务对接便捷、降低风险。

（2）文档库房：严格遵循国家《档案馆建筑设计规范》（JGJ 25—2010）八防标准建设，文档库房数量全国第一。

（二）专业团队服务

（1）服务团队：全国项目人员2000+，持证上岗。

（2）专家团队：行业专家入驻，与多所高校产学研合作。

（三）高新技术支撑

（1）研发投入：2000+高素质研发团队，2019年全年技术研发投入近2亿元。

（2）知识产权：已获2项实用新型专利、11项发明专利及216项软件著作权。

（3）核心技术：以RFID、OCR、RPA等为核心技术，保障服务质量，提高服务效率。

（4）前沿技术：引入人工智能（AI）、区块链（blockchain）、云计算（cloud computing）、大数据（big data）和互联网（internet）等前沿技术，探索档案事业发展新趋势。

（四）业务资质完善

银雁科技是国家高新技术企业，持有200多项知识产权。其中，文档项目相关的资质如表11-10所示。

表11-10 银雁科技业务资质

序号	资质证书名称	颁发机构
1	档案中介服务机构备案登记	深圳市档案学会
2	中国档案学会理事单位	中国档案学会
3	高新技术企业证书	深圳市科技创新委员会/深圳市财政委员会/深圳市税务局
4	AAA级信用等级证书	中企国质信（北京）信用评估中心
5	实用新型专利：一种由一张纸皮即可折叠成的密封纸箱	国家知识产权局
6	银雁档案数字化管理系统V1.0软件著作权登记证书	国家版权局
7	档案整理及数字化前处理编目系统1.0软件著作权登记证书	国家版权局
8	档案数字化加工扫描系统1.0软件著作权登记证书	国家版权局
9	档案数字化加工图像优化及质检系统1.0软件著作权登记证书	国家版权局
10	文档管理平台系统1.0软件著作权登记证书	国家版权局
11	权证管理系统1.0软件著作权登记证书	国家版权局
12	银雁文档仓储RFID系统V1.0软件著作权登记证书	国家版权局
13	银雁RFID技术文档管理应用软件V1.0软件著作权登记证书	国家版权局

续表

序号	资质证书名称	颁发机构
14	银雁数据处理平台系统 V3.0 软件著作权登记证书	国家版权局
15	银雁票据影像系统软件 V1.0 软件著作权登记证书	国家版权局
16	ISO9001 质量管理体系认证	英标管理体系认证（北京）有限公司
17	ISO27001 信息安全管理体系认证	英标管理体系认证（北京）有限公司
18	ISO20000 信息技术服务管理体系认证	英标管理体系认证（北京）有限公司
19	ISO14001 环境管理体系认证	英标管理体系认证（北京）有限公司
20	OHSAS18001 职业健康安全管理体系认证	英标管理体系认证（北京）有限公司

（五）全生命周期服务

银雁科技秉持"人+流程+IT+DT"的服务理念，遵循国家监管及行业各项档案标准，打造文档服务全产业链，为各种载体和类型的档案提供包括档案管理咨询与培训、文档管理系统建设、收集传递、整理及数字化加工、寄存保管及查调阅利用、销毁的文档全流程解决方案。

（六）精准运营管控

（1）全面国际化管理体系认证：已获得 ISO 质量管理、信息安全管理等多项管理体系认证。

（2）全过程管控：200 余项服务流程标准及操作规范，形成 38 个统一的管理制度；全国建立 34 家省级项目管理中心，总部垂直管理，控制交付质量。

（3）风险控制：实行风险高压线管理，识别各个服务环节的 372 个风险点，形成应对方案，每月复盘及优化。

（七）银雁档案服务价值

（1）降低成本：集约化运营，降低企业内部管理成本。

（2）降低风险：规范化管理，降低档案管理安全风险。

（3）简化管理：为组织减负，降低 80%—90% 档案管理事务性工作，专注核心业务，提升用户体验。

（4）提升绩效：技术赋能、流程优化，档案工作标准化、专业化，提升档案管理工作水平及效率。

（八）银雁科技助推档案行业未来发展

1. 档案行业产学研深度参与

1）推动档案行业标准建设与完善

2021 年是 2020 年版《档案法》施行首年，银雁科技作为国内专业的档案服务供应商，一直关注着行业的发展，希望将沉淀下的服务方案、管理模式、技术应用等实践成果与经验，为行业标准的打造、档案事业的变革与转型贡献自己的力量。

银雁科技接受档案科研团队专访，分享档案社会化存管国内外发展情况，建设性地提出要公开公正地建立健全相关备案制度或行业标准，并持续做好日常监督的意见。

2）参与档案学术交流活动

作为中国档案学会理事单位会员，银雁科技严格遵从《中国档案学会章程》，积极参与学会组织的学术交流活动，在权威专业的交流平台为行业输送实践经验，推动学术建设，推广先进技术，助推全国档案事业踔事增华。

银雁科技联合广西民族大学成立广西民族大学管理学院"数字档案管理与档案服务业研究中心"，积极参与高校组织的档案交流活动，注重推进与高校开展产学研合作，探究档案业的创新发展方向。

3）加强档案行业人才培养

银雁科技从事档案服务行业二十余年，在持续为客户提供优质服务的同时，也在极力打造档案人才培育基地，目前已为行业培养了 2000 多名档案从业人员，不断充实档案服务行业人才队伍。

银雁科技与中山大学达成本科实习教学基地合作协议，并接收档案专业实习生进行岗位实践，实现高校专业人才与行业权威企业的双向交流合作。此外，银雁科技还与中国人民大学、广西民族大学等达成合作，积极开放全国各地分支机构，为其乃至全国档案人才提供实习、就业通道。

2. 档案创新研究与实践

2020年，银雁科技结合《档案法》最新要求，全面梳理、整合了电子档案产品线，为不同需求类型提供多样化的服务组合，涉及多个行业，自主研发出功能强大的综合档案管理系统，实现实体档案信息、实体档案数字化副本、电子档案集中统一管理。

在数字化时代，银雁科技将 RFID、OCR、RPA、AI 等核心技术应用到档案服务过程中，并积极融合云计算、大数据、AI、区块链技术等前沿技术，助力档案信息化水平不断提高。

3. 档案文化和知识宣传

作为国内资深档案服务机构，银雁科技一直以身作则，积极开展档案宣传工作，向公司员工、客户乃至大众普及档案文化和知识。

在档案宣传工具上，银雁科技通过微信公众号、官网等主流媒介，面向大众传播档案管理产品和服务，并提高自身在行业的认知度；通过知识管理平台、文档资讯等内部渠道，进行档案业务知识培训和动态宣传。

在档案宣传内容上，银雁科技尤其注重结合国家档案局要求、行业动向及时事热点，针对性地推出趣味档案科普知识图文或短视频，以大众喜闻乐见的形式进行档案文化和知识的普及。

第三节　典型企业三：立鼎科技

一、企业概述

立鼎科技创始于 2001 年 9 月 11 日，办公地址位于重庆市核心商务区江北嘴国金中心 IFS。经过多年发展，已经成为现代信息服务行业领军企业，近 20 年来专注为全国各地的政府机关、大中型企事业单位提供档案整理、扫描、数据采集，智能库房建设，中心机房建设，数字档案馆（室）建设，数据保护、档案托管、数据防伪、大数据清洗、档案管理系统研发、AI 赋能档案信息化等服务。

现有员工 1000 余人，年营业收入近 2 亿元，年纳税金额近 500 万元，累计客户 3000 余个，行业地位前三，档案处理量达到每年 10 亿页级。

立鼎科技业务立足于西部，辐射北京、上海等地，成功合作案例涉及市委市政府、工商、社保、规划、房产、银行、公检法、税务、学校、医院等各大领域，在档案服务行业树立了良好的品牌形象和口碑。

立鼎科技通过多年参与信息化建设服务，具有一套优良的项目管理和质量监督体系，拥有一支稳定、高效、创新、激情和有强烈责任感的技术研发和项目实施队伍，具有专业的档案结构信息化处理运营能力、数字化加工流程系统和档案信息类管理软件的研发能力，在档案信息处理、数字档案馆（室）、数字化加工领域具有丰富的项目建设经验。同时在档案信息电子化管理、图文影像处理和 AI 识别方面形成了自己的核心技术，并拥有多项自主研发的软件产品和专利技术。

立鼎科技紧随"新基建"浪潮，引入 AI 技术对档案信息化赋能，探索科技前沿技术与传统档案行业的场景结合，建立 AI 档案文本综合处理平台，进一步引领档案行业的技术革新，为大数据的采集工作起到了更有效的推进作用。

经过多年发展，立鼎科技已经成为档案信息化服务行业领军企业，参与制定行业地方标准，是国内首家倡导档案数字化加工服务标准化规范的企业，取得行业最高涉密资质"国家秘密载体印制甲级资质"，是"高新技术企业""重庆市档案局定点企业"，拥有多项自主研发的软件产品和专利技术，并通过国家双软企业认证、专精特新中小企业认证、ISO9001 质量管理体系认证、ISO27001 信息安全管理体系认证、ISO14001 环境管理体系认证、OHSAS18001 职业健康安全管理体系认证，多年被评为重庆市"守合同重信用企业""江北区服务业 30 强""AAA 企业信用等级""A 级纳税企业"。

二、企业责任

立鼎科技紧跟党中央领导步伐，在完善企业内部管理体系的同时，先后成立了党支部和工会，并不断完善相应的建制，推选多名员工通过组织考核成为入党积极分子，未来立鼎科技希望为党和社会不断培养和输送更多优秀人才。

为充分发挥党支部和工会职能，营造团结进取、充满凝聚力的组织文化，不忘初心、坚定信念，增强党员和员工的使命感和责任感，党支部和工会定期组织相关主题教育活动和团建活动。作为一家民营企业，立鼎科技时刻牢记自身的社会责任和义务，近年来立鼎科技党支部、工会先后前往贵州省贵定县新巴民族小学进行"教育扶贫爱心物资"捐赠活动，贵州省贞丰县龙场镇三河小学的"对留守儿童献爱心"捐赠活动，以及贵州省黄平县翁坪乡永望村的"扶贫"捐赠活动，为脱贫攻坚工作和教育工作献上企业的绵薄之力。同时，立鼎科技是"重庆市高校毕业生就业见习基地"，公司每年为应届毕业生提供上千个实习机会，同时提供相应的专业技术培训和就业指导，为社会培养人才的同时也开放了更多的就业机会。

"众志成城、共同抗疫"，在新冠肺炎疫情肆虐的 2020 年，立鼎科技坚决拥护党中央疫情防护政策，复工复产后，积极做好员工防护工作的同时，竭尽所能克服企业资金压力和周转困难，保障员工就业及收入，坚决不裁员，顺利渡过了疫情时段，时刻践行着民营企业应有的社会责任和担当。

第十二章　中国档案服务业企业新产品新技术简介

产品、技术与管理水平是企业发展的根本竞争力。近年来，中国档案服务业企业在技术进步和产品更新方面取得了不菲的成绩。本章将对"十三五"期间（2016—2020年）档案专利活动的整体情况和少数具体案例进行简单介绍，进而来说明中国档案服务业企业技术进步和产品更新的情况。

第一节　"十三五"期间（2016—2020年）档案专利获得情况

本部分内容的检索范围为中国专利全文数据库（知网版）和海外专利摘要数据库（知网版），检索结果为6567项。

一、概况

"十三五"期间，共获得档案专利6567项，其中实用新型4517项，发明公开1537项，外观设计392项，发明授权121项。共涉及31个不同学科。

"十三五"期间6567项专利，与"十二五"期间的1501项相比，绝对数增加了 5066 项,同比增长了 337.51%,年平均增长 40.36%。这个增长速度,超过了"十二五"期间 36.97%的年平均增长速度,延续了"十二五"以来两位数的超高增长势头。详情见表 12-1。

表 12-1 "十二五"与"十三五"期间档案专利数及增长情况比较

"十二五"期间				"十三五"期间			
年份	专利数/项	年增长数量/项	增长率/%	年份	专利数/项	年增长数量/项	增长率/%
2010	113			2015	499		
2011	181	68	60.18	2016	637	138	27.66
2012	222	41	22.65	2017	746	109	17.11
2013	301	79	35.59	2018	1058	312	41.82
2014	298	−3	−1.00	2019	1519	461	43.57
2015	499	201	67.45	2020	2607	1088	71.63
合计	1501	386		合计	6567	2108	
平均	269	77.2	36.97	平均	1178	421.6	40.36
最大	499	201	67.45	最大	2607	1088	71.63
最小	181	−3	−1.00	最小	637	109	17.11

二、类型分布

"十三五"期间获得的 6567 项档案专利具体分布情况见图 12-1。

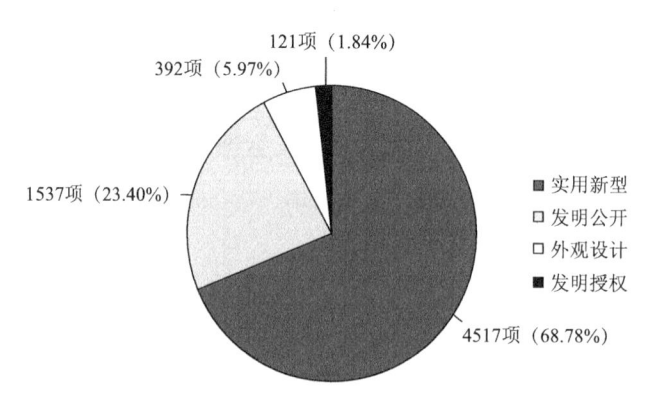

图 12-1 "十三五"期间档案专利类型分布

注:因四舍五入出现偏差,图中数据加和不等于100%

其中，实用新型专利 4517 项，较"十二五"期间的 1000 项增加 3517 项，同比增加 351.7%，年平均 44.70%，较"十二五"期间年平均 44.57%的平均增长速度微增 0.13 个百分点，显示出在年绝对增量和增速均保持在两位数以上高位的同时，平均增速也保持增长。详情见表 12-2。

表 12-2 "十二五"与"十三五"期间档案实用新型专利数量及增长情况比较

"十二五"				"十三五"			
年份	专利数/项	年增长数量/项	增长率/%	年份	专利数/项	年增长数量/项	增长率/%
2010	66			2015	354		
2011	122	56	84.85	2016	431	77	21.75
2012	139	17	13.93	2017	448	17	3.94
2013	195	56	40.29	2018	674	226	50.45
2014	190	−5	−2.56	2019	983	309	45.85
2015	354	164	86.32	2020	1981	998	101.53
合计	1000	288		合计	4517	1627	
平均	178	57.6	44.57	平均	812	325.4	44.70
最大	354	164	86.32	最大	1981	998	101.53
最小	122	−5	−2.56	最小	431	17	3.94

外观设计专利 392 项，较"十二五"期间的 110 项增加 282 项，同比增加 256.36%。较"十二五"期间年平均 36.77%的高增长速度大幅增长 23.88 个百分点，表明外观设计的增速相对加快。详情见表 12-3。

表 12-3 "十二五"与"十三五"期间档案外观设计专利数量及增长情况比较

"十二五"				"十三五"			
年份	专利数/项	年增长数量/项	增长率/%	年份	专利数/项	年增长数量/项	增长率/%
2010	8			2015	26		
2011	9	1	12.50	2016	35	9	34.62
2012	23	14	155.56	2017	25	−10	−28.57
2013	28	5	21.74	2018	49	24	96.00

续表

"十二五"				"十三五"			
年份	专利数/项	年增长数量/项	增长率/%	年份	专利数/项	年增长数量/项	增长率/%
2014	24	−4	−14.29	2019	88	39	79.59
2015	26	2	8.33	2020	195	107	121.59
合计	110	18		合计	392	169	
平均	20	3.6	36.77	平均	70	33.8	60.65
最大	28	14	155.56	最大	195	107	121.59
最小	9	−4	−14.29	最小	25	−10	−28.57

发明公开专利1537项，较"十二五"期间的391项增加1146项，同比增加293.1%，年平均27.14%，较"十二五"期间年平均25.60%的高增长速度小幅增长了1.54个百分点，显示出档案专利质量与科技含量的平稳增长。详情见表12-4。

表12-4 "十二五"与"十三五"期间档案发明公开专利数量及增长情况比较

"十二五"				"十三五"			
年份	专利数/项	年增长数量/项	增长率/%	年份	专利数/项	年增长数量/项	增长率/%
2010	39			2015	119		
2011	51	12	30.77	2016	171	52	43.70
2012	59	8	15.69	2017	273	102	59.65
2013	78	19	32.20	2018	335	62	22.71
2014	84	6	7.69	2019	396	61	18.21
2015	119	35	41.67	2020	362	−34	−8.59
合计	391	80		合计	1537	243	
平均	72	16	25.60	平均	276	48.6	27.14
最大	119	35	41.67	最大	396	102	59.65
最小	51	6	7.69	最小	171	−34	−8.59

发明授权 121 项。由于此项指标始于 2019 年，故无法与"十二五"期间进行对比。

三、学科分布

"十三五"期间共获得档案专利 6567 项，涉及 31 个学科，主要集中在轻工业手工业、计算机软件及计算机应用、电力工业、机械工业、电信技术、工业通用技术及设备、计算机硬件技术、金属学及金属工艺。较"十二五"期间 20 个学科增加了 55%。

各学科具体分布如下：轻工业手工业（4664 项，占比 70.82%）、计算机软件及计算机应用（374 项，占比 5.70%）、电力工业（241 项，占比 3.66%）、机械工业（224 项，占比 3.40%）、电信技术（223 项，占比 3.39%）、工业通用技术及设备（185 项，占比 2.81%）、计算机硬件技术（168 项，占比 2.55%）、金属学及金属工艺（104 项，占比 1.57%）、自动化技术（87 项，占比 1.32%）、汽车工业（74 项，占比 1.12%）、建筑科学与工程（50 项，占比 0.76%）、生物医学工程（42 项，占比 0.64%）、仪器仪表工业（27 项，占比 0.40%）、植物保护（21 项，占比 0.32%）、环境科学与资源利用（19 项，占比 0.29%）、动力工程（12 项，占比 0.18%）、有机化工（10 项，占比 0.15%）、无线电电子学（9 项，占比 0.14%）、一般化学工业（9 项，占比 0.14%）、无机化工（8 项，占比 0.12%）、安全科学与灾害防治（6 项，占比 0.09%）、蚕蜂与野生动物保护（5 项，占比 0.08%）、农业工程（5 项，占比 0.08%）、农艺学（5 项，占比 0.08%）、材料科学（4 项，占比 0.06%）、临床医学（3 项，占比 0.05%）、林业（2 项，占比 0.03%）、化学（2 项，占比 0.03%）、水产和渔业（1 项，占比 0.02%）、园艺（1 项，占比 0.02%）、体育（1 项，占比 0.02%）。

由此可见，档案专利涉及的学科较多，且仍在不断增加。详情见表 12-5。

此外，上述学科专利数加总后为 6586 项，较实际 6567 项多出 19 项，说明档案专利存在跨学科的现象。

表 12-5 "十二五"与"十三五"期间档案专利涉及学科数量及增长情况比较

"十二五"				"十三五"			
年份	学科数/个	年增长数量/个	增长率/%	年份	学科数/个	年增长数量/个	增长率/%
2010	16			2015	19		
2011	12	−4	−25.00	2016	20	1	5.26
2012	16	4	33.33	2017	20	0	0.00
2013	21	5	31.25	2018	24	4	20.00
2014	18	−3	−14.29	2019	25	1	4.17
2015	19	1	5.56	2020	25	0	0.00
平均	17	0.6	6.17	平均	22	1.2	5.89
最大	21	5	33.33	最大	25	4	20.00
最小	12	−4	−25.00	最小	20	0	0.00

四、关键词

从专利的关键词分布情况看，"十三五"期间 6567 项档案专利共涉及 40 个关键词，详情见表 12-6。

表 12-6 "十二五"与"十三五"期间档案专利涉及关键词比较

"十二五"				"十三五"			
序号	关键词	使用频率/次	占全部专利数/%	序号	关键词	使用频率/次	占全部专利数/%
1	档案柜	311	20.72	1	档案柜	1512	23.02
2	档案盒	279	18.59	2	档案管理	1008	15.35
3	档案管理	142	9.46	3	档案盒	809	12.32
4	外观设计	103	6.86	4	固定连接	789	12.01
5	档案袋	89	5.93	5	外观设计	385	5.86
6	档案夹	66	4.40	6	支撑板	322	4.90
7	控制器	55	3.66	7	档案袋	319	4.86

续表

序号	"十二五" 关键词	使用频率/次	占全部专利数/%	序号	"十三五" 关键词	使用频率/次	占全部专利数/%
8	档案架	55	3.66	8	档案架	292	4.45
9	档案管理系统	48	3.20	9	固定板	290	4.42
10	档案资料	40	2.66	10	控制器	198	3.02
11	档案文件	36	2.40	11	档案夹	189	2.88
12	电子标签	35	2.33	12	伸缩杆	179	2.73
13	支撑板	34	2.27	13	档案管理系统	176	2.68
14	密集架	30	2.00	14	外表面	152	2.31
15	档案管理人员	28	1.87	15	档案资料	151	2.30
16	显示屏	27	1.80	16	立体图	138	2.10
17	电子档案	27	1.80	17	档案文件	130	1.98
18	主视图	24	1.60	18	显示屏	119	1.81
19	档案信息	24	1.60	19	支撑架	111	1.69
20	服务器	24	1.60	20	档案箱	106	1.61
21	文件夹	23	1.53	21	存储柜	104	1.58
22	健康档案	19	1.27	22	限位板	103	1.57
23	档案材料	18	1.20	23	储存装置	103	1.57
24	固定连接	18	1.20	24	分隔板	102	1.55
25	横隔板	18	1.20	25	示意图	101	1.54
26	LED	18	1.20	26	支撑杆	98	1.49
27	密码锁	17	1.13	27	安装板	97	1.48
28	干燥剂	17	1.13	28	放置架	92	1.40
29	密集柜	17	1.13	29	限位块	88	1.34
30	档案室	17	1.13	30	存储装置	87	1.32
31	外表面	16	1.07	31	湿度传感器	86	1.31
32	档案存储	15	1.00	32	驱动电机	85	1.29
33	立体图	15	1.00	33	电子档案	84	1.28
34	档案保存	14	0.93	34	固定杆	84	1.28

续表

"十二五"				"十三五"			
序号	关键词	使用频率/次	占全部专利数/%	序号	关键词	使用频率/次	占全部专利数/%
35	打印机	14	0.93	35	文件夹	80	1.22
36	阅读器	14	0.93	36	人力资源档案	80	1.22
37	湿度传感器	14	0.93	37	储存柜	79	1.20
38	指示灯	14	0.93	38	支撑柱	77	1.17
39	档案箱	14	0.93	39	服务器	77	1.17
40	档案数据	14	0.93	40	档案库房	76	1.16
合计		1803	120.11	合计		9158	139.44
实际		1501	100.00	实际		6567	100.00
最大		311	20.72	最大		1512	23.02
最小		14	0.93	最小		76	1.16
平均		45.08	3.00	平均		228.95	3.49

从表12-6反映的情况可以看出：①档案专利涉及的关键词数量在增加；②"十三五"期间，在合计、实际、最大、最小、平均五个指标上全面超过"十二五"期间的各项值；③合计数大于实际数，说明部分专利使用多个关键词。

五、"十三五"期间专利项目统计

"十三五"期间档案专利详细情况按涉及的学科排列和引文模式进行统计。

（一）轻工业手工业（4664项）

基于篇幅关系，仅列举轻工业手工业最新获得的档案专利500项。

（1）于悠慧. 煤矿党建资料档案用打孔装置[P]. CN212242715U，2020-12-29.

（2）王辉. 档案管理自动摇臂密集架应用装置[P]. CN212233648U，2020-12-29.

（3）王晓芬，李建良. 一种便于分类的档案存放架[P]. CN212233669U，2020-12-29.

（4）曹勇. 一种档案室用密集架档案柜[P]. CN212233676U，2020-12-29.

（5）靳杰，刘希东. 一种便于查找的档案管理存放装置[P]. CN212233686U，2020-12-29.

（6）张晓林. 一种档案存放装置[P]. CN212213085U，2020-12-25.

（7）黄利娟，任苏丽，张慧慧，王晓晓，何明月，许名杰. 一种快速查找多功能项目文件档案柜[P]. CN212213090U，2020-12-25.

（8）韩春辉. 一种便于快速查找档案的档案箱[P]. CN112123968A，2020-12-25.

（9）刘焕成，刘岩，杨淑晶，秦永辉，梁斯佳，李俞颉. 一种档案分类管理装置[P]. CN110613249B，2020-12-25.

（10）马晓瑞. 一种设有自动识别的档案管理装置[P]. CN112120423A，2020-12-25.

（11）崔向红，高文，高斌. 快速取用档案的档案箱[P]. CN109866522B，2020-12-22.

（12）徐士勇，李小晶，夏利军，王艳红. 一种建筑档案管理收集分类整理装置[P]. CN212185747U，2020-12-22.

（13）杨海燕，刘玉文. 一种财务审计用安全档案柜[P]. CN212185749U，2020-12-22.

（14）李惠，姜成斌，纪卫东，高志鹰，张爱丽，丁丽丽. 一种便捷档案架[P]. CN212185751U，2020-12-22.

（15）王红玉. 一种档案存取装置[P]. CN212185755U，2020-12-22.

（16）王刚，田洪刚，黄维华，丁士拥，谢刚，安洪伟. 一种军队科技声像档案存放柜及档案管理系统[P]. CN212185758U，2020-12-22.

（17）朱翠玲. 一种档案存储装置[P]. CN212185764U，2020-12-22.

（18）杨虹. 一种档案用组合分类储藏柜[P]. CN212185766U，2020-12-22.

（19）王德波. 管式定位人事档案装订机打孔桩头定位器[P]. CN212194774U，2020-12-22.

（20）王德波. 人事档案管理箱[P]. CN212194787U，2020-12-22.

（21）杨玲. 一种档案管理用多功能登记簿垫板装置[P]. CN212194803U，2020-12-22.

（22）刘朝阳，刘成勇，腾少村. 一种便于资料查找的旋转式档案架[P]. CN212165306U，2020-12-18.

（23）刘朝阳，刘成勇，腾少村. 一种安全防尘式档案架[P]. CN212165307U，2020-12-18.

（24）刘朝阳，刘成勇，腾少村. 一种自适应文件量档案柜[P]. CN212165308U，2020-12-18.

（25）李雯. 一种新型人事档案管理箱[P]. CN212165309U，2020-12-18.

（26）盛天一. 一种自动灭火的智能档案柜[P]. CN212165312U，2020-12-18.

（27）陈思. 一种经济管理档案存放装置[P]. CN212165316U，2020-12-18.

（28）马爱华. 一种便于土地资源管理用的档案柜[P]. CN212165318U，2020-12-18.

（29）丛萍. 一种档案管理用分类装置[P]. CN212165320U，2020-12-18.

（30）王赛赛，胡坚. 一种学生就业创业教育档案管理装置[P]. CN112089208A，2020-12-18.

（31）袁彦莉，郭斌，马帅，韩德宾. 一种柱状旋转式档案陈列架[P]. CN112089214A，2020-12-18.

（32）周亚军，汪泳，祁赞鹏，李玉虎，王瑞芳，李艳丽. 一种打印墨水污染纸质档案恢复原貌的方法[P]. CN112078268A，2020-12-15.

（33）莫琳馨. 人力资源档案盒[P]. CN306231376S，2020-12-15.

（34）郝晓帅. 折叠档案盒[P]. CN306231395S，2020-12-15.

（35）金燕红，杨建光，朱建发，章燕丽，章炜，章宝阳. 一种档案袋用稀织网布的染色装置[P]. CN21215271U，2020-12-15.

（36）张祝斌. 一种具有消毒杀菌功能的档案柜[P]. CN212139833U，2020-12-15.

（37）刘思洋，赵子叶. 一种档案整理用临时分类器[P]. CN212139836U，2020-12-15.

（38）岳劲峰. 一种企业管理用高安全性档案管理装置[P]. CN212139837U，2020-12-15.

（39）惠洪海. 一种便于档案分类放置的档案装运装置[P]. CN212139840U，2020-12-15.

（40）杨芳. 一种人力资源用档案柜[P]. CN212139841U，2020-12-15.

（41）郑学凤. 一种档案管理用档案袋[P]. CN212148096U，2020-12-15.

（42）杨前进. 一种易于纠错的档案袋[P]. CN212148099U，2020-12-15.

（43）王雪梅. 一种会计用档案箱[P]. CN212148100U，2020-12-15.

（44）李永红. 一种财务档案管理用文件夹[P]. CN212148113U，2020-12-15.

（45）党珍珠，牛艳，吕璐，郑标帝. 一种案卷管理用档案柜[P]. CN212139842U，2020-12-15.

（46）杨兰. 一种会计办公用档案存放架[P]. CN212139844U，2020-12-15.

（47）罗艳妮，连洄菁. 一种财务会计档案放置柜[P]. CN212139846U，2020-12-15.

（48）李传莉. 一种新型医院用档案管理柜[P]. CN212139847U，2020-12-15.

（49）陈胜新. 一种档案资料存放用组合柜[P]. CN212139848U，2020-12-15.

（50）扅兆琳，张巨峰，李瑞博，田英超，董文佳，罗颖．一种档案存放架[P]．CN212139852U，2020-12-15．

（51）扅兆琳,罗颖,董文佳,田英超,李瑞博．一种档案存放柜[P]．CN212139853U，2020-12-15．

（52）古雅静．一种多功能的物流档案柜[P]．CN212139861U，2020-12-15．

（53）白瑜．一种肾脏内科用档案存放装置[P]．CN212139866U，2020-12-15．

（54）张玉涛,沈金萍．一种人力资源管理档案辅助穿线装置[P]．CN212124632U，2020-12-11．

（55）韩文．一种人力资源档案箱[P]．CN212124650U，2020-12-11．

（56）贡仲林，贡晓燕，谢骐阳，张全生，吴新军，王永志，刘芳华．一种档案盒开口闭合结构[P]．CN212124653U，2020-12-11．

（57）陈长．一种便于管理的档案盒及其放置架[P]．CN212124655U，2020-12-11．

（58）田甜，王秀霞．一种可扩容档案盒[P]．CN212124656U，2020-12-11．

（59）姚靖．一种行政事务管理用档案夹[P]．CN212124662U，2020-12-11．

（60）栾思思．一种多样式档案管理台[P]．CN212117517U，2020-12-11．

（61）刘小飞,刘佳,范远昆,张相贞．一种经济管理档案柜[P]．CN212117520U，2020-12-11．

（62）范爽月，侯培培．一种智能化档案密集柜[P]．CN212117523U，2020-12-11．

（63）李艳艳，冯红英．一种银行系统专用金融档案柜[P]．CN212117527U，2020-12-11．

（64）张欣，唐琼．一种档案管理专用电子安全存储箱[P]．CN212117528U，2020-12-11．

（65）朱明国．一种便于查找档案的档案管理专用柜[P]．CN212117533U，

2020-12-11.

（66）李晓霞. 一种档案管理用防潮档案架[P]. CN212117534U，2020-12-11.

（67）李伟婧，杨春梅，马文飞，徐建伟. 一种便于分类的档案柜[P]. CN212117536U，2020-12-11.

（68）李燚. 一种财务管理用的智能档案柜[P]. CN212117538U，2020-12-11.

（69）宋航，连洄菁. 一种金融财务会计档案柜[P]. CN212117540U，2020-12-11.

（70）朱铁壁. 一种便于查找的档案管理柜[P]. CN212117542U，2020-12-11.

（71）张宏斌，程甄妮. 一种方便查看的档案管理柜[P]. CN212117549U，2020-12-11.

（72）王晓东. 一种用于档案图书的存储装置[P]. CN112056792A，2020-12-11.

（73）唐巧. 一种档案文件管理用文件夹[P]. CN212097865U，2020-12-08.

（74）谢桂领. 一种书籍档案的养护装置[P]. CN212098087U，2020-12-08.

（75）周俊辉. 一种人事管理用的便携式档案箱[P]. CN212098098U，2020-12-08.

（76）史正昊. 一种财务会计金融档案袋[P]. CN212098101U，2020-12-08.

（77）郭邦圣. 档案袋（党员）[P]. CN306217802S，2020-12-08.

（78）郭邦圣. 档案盒（党员）[P]. CN306217810S，2020-12-08.

（79）程晓锋，杨存榜，张惠鸽，游丹，朱成银，叶琳，刘亚婷. 一种档案盒自动识别弹出装置[P]. CN212098104U，2020-12-08.

（80）李清华，李璇. 一种人力资源用档案柜[P]. CN212088706U，2020-12-08.

（81）何朝勤. 一种安全智能化档案柜[P]. CN212088710U，2020-12-08.

（82）刘燕敏. 一种档案管理用记录显示板[P]. CN212088714U，2020-12-08.

（83）张欣，其他发明人请求不公开姓名. 一种方便取放档案的档案柜[P]. CN212088719U，2020-12-08.

（84）郭邦圣. 一种党建信息系统用档案存储装置[P]. CN212088720U，2020-12-08.

（85）李娜. 一种具有分类效果的档案管理装置[P]. CN212088722U，2020-12-08.

（86）朱明国. 一种便于存取的档案管理分类箱[P]. CN212088725U，2020-12-08.

（87）邝迦南. 一种软件技术开发用具有除湿功能的档案柜[P]. CN212088726U，2020-12-08.

（88）李晓娜. 一种新型经济管理档案存放装置[P]. CN212088730U，2020-12-08.

（89）孟祥平. 一种人力资源档案柜[P]. CN212088732U，2020-12-08.

（90）李丽华. 一种医院会计用审计材料档案柜[P]. CN212088735U，2020-12-08.

（91）关冶. 一种经济学用档案分类管理柜[P]. CN212088736U，2020-12-08.

（92）杨坤龙. 一种档案管理用收纳装置[P]. CN212088737U，2020-12-08.

（93）谢金琼. 一种会计用审计材料档案柜[P]. CN212088738U，2020-12-08.

（94）西仁娜依·玉素辅江. 一种教育管理用档案分类管理柜[P]. CN212088746U，2020-12-08.

（95）万永成. 一种学生管理档案储存装置[P]. CN212088747U，2020-12-08.

（96）于士捷，岳婷媛，盛开霞．一种便于快速查找的旋转式房屋不动产档案整理装置[P]．CN212088752U，2020-12-08．

（97）姜晓波．一种档案管理用可调节档案运输装置[P]．CN212088754U，2020-12-08．

（98）李晓琳．一种方便取放档案的档案橱[P]．CN212088755U，2020-12-08．

（99）吕马英．一种智能档案管理柜[P]．CN212088756U，2020-12-08．

（100）李曙东，彭娇娇．一种档案存储柜[P]．CN110074562B，2020-12-08．

（101）邓海明．一种基于RFID智能图书档案架[P]．CN212066120U，2020-12-04．

（102）任晓，韩倩．一种防虫防潮档案柜[P]．CN212066121U，2020-12-04．

（103）孙振华．一种信息管理专用档案密集架[P]．CN212066122U，2020-12-04．

（104）吴龙泉，耿旭峰．档案格和档案柜[P]．CN212066123U，2020-12-04．

（105）段小峰，成坤，侯培培．一种电力人力资源档案保管箱[P]．CN212066128U，2020-12-04．

（106）乔晖．一种医院档案管理用防潮档案架[P]．CN212066129U，2020-12-04．

（107）高志坚．一种用于学生管理的档案储存装置[P]．CN212066140U，2020-12-04．

（108）褚海燕，贾树行．一种档案管理用收纳柜[P]．CN212066144U，2020-12-04．

（109）李淑艳．一种可调节档案管理柜[P]．CN212066145U，2020-12-04．

（110）刘思．一种档案管理专用档案柜[P]．CN212066152U，2020-12-04．

（111）张梅花，邴磊．一种工程造价用档案管理柜的除尘装置[P]．

CN212066618U，2020-12-04.

（112）刘玉明. 文件档案盒[P]. CN306210869S，2020-12-04.

（113）李艳芳，牛天宇. 一种便于学生资料管理的档案袋[P]. CN212073436U，2020-12-04.

（114）孙翌华. 一种财务会计金融档案袋[P]. CN212073438U，2020-12-04.

（115）刘思. 一种档案管理用的档案盒装置[P]. CN212073444U，2020-12-04.

（116）邓方椿. 一种可自动定位档案盒[P]. CN212073446U，2020-12-04.

（117）陈姝彤，韩慧玲. 一种会计用档案夹[P]. CN212073454U，2020-12-04.

（118）不公告发明人. 高校辅导员使用的学生档案管理箱及使用方法[P]. CN112026402A，2020-12-04.

（119）叶勇威. 一种智能档案库用防护装置[P]. CN112026404A，2020-12-04.

（120）霍绥力，张尧，徐亘. 一种高防护性的档案移动存储柜[P]. CN112021811A，2020-12-04.

（121）不公告发明人. 一种用于人力资源档案管理的多方向阶梯式收纳系统[P]. CN112021813A，2020-12-04.

（122）杜雪，时羽. 一种学生档案用存放柜[P]. CN212036628U，2020-12-01.

（123）杨丹，韩春辉. 一种改进的基于条码识别的档案管理装置[P]. CN212036654U，2020-12-01.

（124）不公告发明人. 一种档案存储装置[P]. CN212036659U，2020-12-01.

（125）杨瑛. 一种可防潮用档案收纳箱[P]. CN212036669U，2020-12-01.

（126）杜旭东，李治艳，张多加，吴颖婕. 一种档案管理用可方便存取档案托架[P]. CN212036670U，2020-12-01.

（127）唐红艳. 一种学生管理档案储存装置[P]. CN212036671U，

2020-12-01.

（128）宁红卫. 一种便携式档案保管箱[P]. CN212036677U，2020-12-01.

（129）刘宇. 一种人力资源档案管理装置[P]. CN212036679U，2020-12-01.

（130）曾凌. 一种档案科档案存放装置[P]. CN212036687U，2020-12-01.

（131）李圣刚. 一种经济管理用档案柜[P]. CN212036688U，2020-12-01.

（132）毛艺，连洄菁. 一种新式会计用财务档案架[P]. CN212036693U，2020-12-01.

（133）张东宁. 一种用于档案整理的翻页及打码装置[P]. CN212046493U，2020-12-01.

（134）曹东华，廖建新. 一种自动切线的线装式档案装订机[P]. CN212046516U，2020-12-01.

（135）陈慧. 一种纸质档案装订辅助装置[P]. CN212046521U，2020-12-01.

（136）林爱华. 一种人力资源管理用档案收纳装置[P]. CN212046544U，2020-12-01.

（137）白雪，周瑞婷，胡海涛. 一种学生档案管理的可调式档案袋[P]. CN212046547U，2020-12-01.

（138）黄超. 档案盒[P]. CN212046549U，2020-12-01.

（139）黄超. 一种档案盒[P]. CN212046550U，2020-12-01.

（140）孙玉芹，马梦杰. 一种档案管理用档案放置盒[P]. CN212046551U，2020-12-01.

（141）林巧玲. 一种便于分类的会计用档案夹[P]. CN212046556U，2020-12-01.

（142）孙博，郑培华. 一种便于分类的档案管理夹装置[P]. CN212046560U，2020-12-01.

（143）王国库，贾桂峰. 一种智慧档案库用档案信息指引装置[P].

CN212061683U，2020-12-01.

（144）曹东华，郭振华. 一种具有真空包装功能的档案装订机[P]. CN212022063U，2020-11-27.

（145）陈子南，陈庆春，刘冬英. 一种常压式文物图书档案低氧气杀虫灭菌消毒净化储藏柜[P]. CN212014965U，2020-11-27.

（146）吕美玲. 一种招投标用档案柜[P]. CN212014951U，2020-11-27.

（147）不公告发明人. 一种具有除湿功能的档案收纳柜[P]. CN212014929U，2020-11-27.

（148）李卜，王帅，周晓娟，孙亚宁. 一种会计管理专用信息化档案柜[P]. CN212014931U，2020-11-27.

（149）荆雷，冯文慧. 一种易拿取的档案管理装置[P]. CN212014968U，2020-11-27.

（150）肖佳俊. 一种医院档案管理装订装置[P]. CN212022065U，2020-11-27.

（151）穆永刚. 一种档案袋封口抹胶装置[P]. CN212022145U，2020-11-27.

（152）丁丽丽. 一种人事档案储存架[P]. CN212014958U，2020-11-27.

（153）秦云艳，林祥秀，陈振华，战祥磊，王宗杰，汪国锋. 一种可快速找寻的档案存储设备[P]. CN212014974U，2020-11-27.

（154）王阳强. 一种多功能档案室用档案柜[P]. CN212014959U，2020-11-27.

（155）王启乾. 标签插槽围板可拆卸的档案柜[P]. CN212014943U，2020-11-27.

（156）陈章湖，郑桂云. 一种档案收集存放柜[P]. CN212014932U，2020-11-27.

（157）邵山. 一种档案管理用档案平整修复工具[P]. CN212022072U，2020-11-27.

（158）曹勇. 一种不动产登记用档案柜[P]. CN212014955U，2020-11-27.

（159）杜娟，汤湘根. 一种文件档案锁闭用封存箱[P]. CN212022088U，2020-11-27.

（160）王丹. 可调分区式档案柜[P]. CN212014961U，2020-11-27.

（161）宗玲，孙铭阳. 一种档案管理用文件码齐装订设备[P]. CN212022068U，2020-11-27.

（162）张竞，陈晓明，张增芳. 一种档案文件管理用文件夹[P]. CN212022090U，2020-11-27.

（163）梁夕雯，马静. 一种便于查询的人事档案管理装置[P]. CN212014936U，2020-11-27.

（164）彭静昊，龙斯盛. 一种人力资源管理档案架[P]. CN212014957U，2020-11-27.

（165）邵俊文. 便携式劳动保障档案存放箱[P]. CN212022089U，2020-11-27.

（166）石灵. RFID 盘点档案柜[P]. CN212014947U，2020-11-27.

（167）贾雪玮. 一种学生档案封胶装置[P]. CN212022069U，2020-11-27.

（168）杨雪艳. 一种科研管理用档案分类装置[P]. CN111972863A，2020-11-24.

（169）彭娇娇，李曙东. 一种档案无尘储藏室[P]. CN110074563B，2020-11-24.

（170）赵清海. 一种可自动整理档案的档案架[P]. CN211984472U，2020-11-24.

（171）王浩锦. 一种防水效果好的档案袋[P]. CN211994806U，2020-11-24.

（172）张淼. 纸质档案粘贴器[P]. CN211994791U，2020-11-24.

（173）赵征. 一种可调隔板的档案书柜[P]. CN211984473U，2020-11-24.

（174）李秀花. 一种企业管理咨询文件防潮档案柜[P]. CN211984479U，2020-11-24.

（175）岳玉辉，王芳. 一种具有防水防潮功能的档案柜[P]. CN211984464U，2020-11-24.

（176）范凤菊. 一种土地资源管理用的档案柜[P]. CN211984465U，2020-11-24.

（177）雷莉霞. 一种高校行政管理用档案保存装置[P]. CN211984483U，2020-11-24.

（178）徐小楠. 一种经济师人力资源档案管理归档夹[P]. CN211994803U，2020-11-24.

（179）陈千诰. 一种可调节角度的会计管理专用信息化档案柜[P]. CN211984462U，2020-11-24.

（180）周宝辉. 一种档案柜[P]. CN211984468U，2020-11-24.

（181）秦海涛. 一种档案标签检测系统[P]. CN211984461U，2020-11-24.

（182）曾海. 一种辅导员用学生管理工作档案袋[P]. CN211994808U，2020-11-24.

（183）唐海川. 一种档案信息化归档的图像识别装置[P]. CN211984518U，2020-11-24.

（184）王杰. 一种地理测绘档案用数字化柜[P]. CN211984469U，2020-11-24.

（185）刘业韵. 一种档案管理文件整理工具[P]. CN211984485U，2020-11-24.

（186）费璇，陈林. 一种人力资源档案管理箱[P]. CN211984489U，2020-11-24.

（187）不公告发明人. 一种放疗科用档案存放夹[P]. CN211994834U，

2020-11-24.

（188）王永成. 一种土地资源管理用便于查找的档案柜[P]. CN211984481U，2020-11-24.

（189）杨学兵. 一种带档案隔断装置的档案贮存设备[P]. CN211984505U，2020-11-24.

（190）杨琪. 可调节厚度的档案夹[P]. CN211994807U，2020-11-24.

（191）王红亮. 可打印档案盒的打印机设备[P]. CN211994723U，2020-11-24.

（192）门大伟. 一种财务档案资料分类管理装置[P]. CN211984491U，2020-11-24.

（193）胡红霞. 一种便于分类存放的档案用存储装置[P]. CN211984507U，2020-11-24.

（194）蒋玮玮. 一种高校管理用档案盒[P]. CN211994826U，2020-11-24.

（195）刘业韵. 一种可调节档案管理柜[P]. CN211984486U，2020-11-24.

（196）朱佳冰. 一种多功能教育教学用档案柜[P]. CN211984467U，2020-11-24.

（197）陈思宇. 一种学籍档案管理专用收纳柜[P]. CN211984496U，2020-11-24.

（198）杜君芳，陈小敏，黄海红，朱星云，孙天洋. 一种思政教育用资料档案收集装置[P]. CN111955936A，2020-11-20.

（199）姚瑶. 一种档案整理系统[P]. CN211968923U，2020-11-20.

（200）黄冬梅，戴法. 一种印章档案盒[P]. CN211968946U，2020-11-20.

（201）柴小玲. 一种新型档案装订装置[P]. CN211968950U，2020-11-20.

（202）杨东，张敏. 一种档案管理用的档案箱[P]. CN211968969U，2020-11-20.

（203）周中理. 一种新型扣合式的快速更换背条的防倾倒档案盒[P]. CN211968971U，2020-11-20.

（204）陶梅. 一种建设工程档案存放装置[P]. CN211968972U，2020-11-20.

（205）金佳丽. 一种人力资源档案箱[P]. CN211968973U，2020-11-20.

（206）丘仲坎，康毓静. 一种用于客户资料整理的档案夹[P]. CN211968974U，2020-11-20.

（207）孙树清. 一种水利档案管理用标签录入装置[P]. CN211961253U，2020-11-20.

（208）郭冬梅，盛吉川. 一种经济学专用档案管理装置[P]. CN211961363U，2020-11-20.

（209）宋东雯. 一种农业经济管理用档案柜[P]. CN211961367U，2020-11-20.

（210）肖丽华，景彩虹. 人力资源档案用组合柜[P]. CN211961369U，2020-11-20.

（211）王苹，颜廷峰. 一种人力资源档案管理柜[P]. CN211961372U，2020-11-20.

（212）李晨. 一种大型档案柜[P]. CN211961376U，2020-11-20.

（213）曹煜，吴蓓，吴春维. 一种健康管理档案柜[P]. CN211961377U，2020-11-20.

（214）李佳倍. 档案柜[P]. CN306179524S，2020-11-20.

（215）陈荣. 一种辅导员用学生档案管理袋[P]. CN211942694U，2020-11-17.

（216）贾旭娟，肖前明. 一种档案文件存放盒[P]. CN211942707U，2020-11-17.

（217）江心乾，朱明国，史兰亭. 一种新型便携式档案管理夹[P]. CN2119

42713U，2020-11-17.

（218）江心乾. 一种档案管理用信息登记装置[P]. CN211933143U，2020-11-17.

（219）朱苏，张新. 一种教室教育专用图书档案存放柜[P]. CN211933182U，2020-11-17.

（220）秦慧媛. 一种多功能教学档案柜[P]. CN211933200U，2020-11-17.

（221）孙思捷，楚艳苓，魏振宇，孙勇，钱艳霞. 一种具有查询功能的全自动档案柜[P]. CN211933201U，2020-11-17.

（222）李筱荷. 一种财务管理用档案放置柜[P]. CN211933202U，2020-11-17.

（223）乔晖. 一种档案管理用存储装置[P]. CN211933203U，2020-11-17.

（224）刘焕伟. 档案管理用辅助整理档案柜[P]. CN211933209U，2020-11-17.

（225）于海腾. 一种档案管理用收纳架[P]. CN211933213U，2020-11-17.

（226）辛维，李瑞，楼晓军. 一种拼装式档案管理架[P]. CN211933217U，2020-11-17.

（227）傅丽丽，庞微微. 一种用于信息化管理的档案分类架[P]. CN211933220U，2020-11-17.

（228）俞正明. 一种基于RFID智能档案柜物品管理装置[P]. CN211933222U，2020-11-17.

（229）时维武. 一种档案资料存放用组合柜[P]. CN211933225U，2020-11-17.

（230）郑军. 一种便于文件保存的多功能档案柜[P]. CN211933226U，2020-11-17.

（231）贾国全，李广磊，黄海川. 一种建设工程档案管理柜[P]. CN2119332

31U，2020-11-17.

（232）姜春黎. 一种档案管理装置[P]. CN211933235U，2020-11-17.

（233）牛贵娇. 一种档案管理辅助装置[P]. CN211933305U，2020-11-17.

（234）韦涛，冯文健，吴芸芸. 一种基于计算机的智能档案分类存放装置[P]. CN111528657B，2020-11-17.

（235）朱坤，程丽静，朱祖岚，朱祖源. 一种财务管理专用信息化档案柜[P]. CN111938330A，2020-11-17.

（236）吴秋娜. 防盗档案柜[P]. CN306171912S，2020-11-17.

（237）杨海杰. 会计档案柜[P]. CN306171993S，2020-11-17.

（238）孙思捷，楚艳苓，魏振宇，孙勇，钱艳霞. 一种具有查询功能的全自动档案柜[P]. CN211933201U，2020-11-17.

（239）朱秀娟，张超. 档案管理用热压式档案平整修复工具[P]. CN211917872U，2020-11-13.

（240）吴宝军. 一种方便整理的高校学生信息档案管理收集装置[P]. CN111920187A，2020-11-13.

（241）高悦. 会计档案柜[P]. CN306166067S，2020-11-13.

（242）翁玲玲. 档案柜[P]. CN306166088S，2020-11-13.

（243）牟斌. 一种辅导员用学生管理工作档案袋[P]. CN211918159U，2020-11-13.

（244）徐可. 一种档案管理用的档案盒装置[P]. CN211918165U，2020-11-13.

（245）曹小苗，管蕾. 一种城建档案管理用文件夹[P]. CN211918171U，2020-11-13.

（246）陈大奇. 一种内部空间可调整的档案柜[P]. CN211910941U，2020-11-13.

（247）周成刚. 一种具有压平功能的档案存放箱[P]. CN211910945U，2020-11-13.

（248）毕研桢. 一种组合式密集档案柜[P]. CN211910950U，2020-11-13.

（249）朱顺顺. 一种多面立体组合档案柜[P]. CN211910952U，2020-11-13.

（250）朱顺顺. 一种安全便携档案柜[P]. CN211910953U，2020-11-13.

（251）顾华. 一种教学管理使用档案柜[P]. CN211910954U，2020-11-13.

（252）陈大奇. 一种新型防潮档案柜[P]. CN211910955U，2020-11-13.

（253）曲亚囡，裴兆斌，赵乐天，刘洋，孙岑，李佳，段穷，蔡诗薇，申傲，赵庭萱. 一种基于法律事务所内档案的整理归纳装置[P]. CN211910959U，2020-11-13.

（254）熊淡宁. 一种会计用档案柜[P]. CN211910964U，2020-11-13.

（255）石意. 一种智能型会计档案柜[P]. CN211910966U，2020-11-13.

（256）孙勇. 一种人力资源管理用档案收纳盒[P]. CN111923630A，2020-11-13.

（257）吴凯. 一种智能化图书档案管理系统[P]. CN109008297B，2020-11-13.

（258）张丽霞，张雪艳，李彩虹，窦煜峰，张月茹，李春美. 一种图书馆文本档案归类架[P]. CN110179260B，2020-11-13.

（259）边晓庆. 会计档案架[P]. CN306158866S，2020-11-10.

（260）刘晶晶，李文. 一种会计档案调阅装置[P]. CN111904170A，2020-11-10.

（261）雷占兰. 一种便于取放文件的办公档案柜[P]. CN111904172A，2020-11-10.

（262）张璐璐. 一种新型档案装订机[P]. CN211892560U，2020-11-10.

（263）张美，陈佩江. 一种新型档案袋[P]. CN211892593U，2020-11-10.

（264）解玉薇，张亮，王兴鹏，孙浩. 一种可调节人力资源档案箱[P]. CN211892596U，2020-11-10.

（265）李波. 一种财会管理用可防止报表错夹的档案夹[P]. CN211892597U，2020-11-10.

（266）车延庆，车俊浩. 一种档案盒[P]. CN211892602U，2020-11-10.

（267）蒋玮玮. 一种高校管理用学生档案盒[P]. CN211892604U，2020-11-10.

（268）魏艳丽. 一种妊娠期档案管理装置[P]. CN211892610U，2020-11-10.

（269）李春梅. 一种档案管理记录显示板[P]. CN211892639U，2020-11-10.

（270）王群，马斌. 一种档案管理用多功能台[P]. CN211882822U，2020-11-10.

（271）黄玉平，黄水生. 一种密集架伸缩隐藏式档案写字板[P]. CN211882844U，2020-11-10.

（272）邹雷，钟诚，谷露. 一种学籍档案管理装置[P]. CN211882869U，2020-11-10.

（273）余义宙，于文彪，金双寿，韩振杰，牛青波. 一种智能人事档案柜[P]. CN211882870U，2020-11-10.

（274）岳龙飞，张丽莎，马文言，张光卫，刘璐，丁伟. 一种方便快速查找取用档案的档案箱[P]. CN211882872U，2020-11-10.

（275）刘朝阳,刘成勇,腾少村. 一种多面立体组合档案柜[P]. CN211882875U，2020-11-10.

（276）刘朝阳,刘成勇,腾少村. 一种多功能金融档案架[P]. CN211882876U，2020-11-10.

（277）刘朝阳,刘成勇,腾少村. 一种便于拆卸的档案柜[P]. CN211882877U，2020-11-10.

（278）刘朝阳,刘成勇,腾少村. 一种可以根据档案大小进行调节的档案架[P]. CN211882878U, 2020-11-10.

（279）刘朝阳,刘成勇,腾少村. 一种组合式多功能用档案柜[P]. CN211882879U, 2020-11-10.

（280）刘朝阳,刘成勇,腾少村. 一种可自动整理档案的档案架[P]. CN211882880U, 2020-11-10.

（281）刘朝阳,刘成勇,腾少村. 一种方便夜间观察档案的档案架[P]. CN211882881U, 2020-11-10.

（282）刘朝阳,刘成勇,腾少村. 一种易移动的办公档案柜[P]. CN211882882U, 2020-11-10.

（283）巨芳爱. 一种医院档案管理用防潮档案架[P]. CN211882885U, 2020-11-10.

（284）陈映卿. 一种多功能档案管理柜[P]. CN211882886U, 2020-11-10.

（285）陈文满,程鸣凤. 一种可移动档案柜[P]. CN211882888U, 2020-11-10.

（286）周红秀,李玲玲. 一种新型可防火可控温的档案柜[P]. CN211882891U, 2020-11-10.

（287）薛茗月,张芷筠,马媛. 一种经济管理档案管理装置[P]. CN211882893U, 2020-11-10.

（288）谢金菊. 一种档案归类架[P]. CN211882895U, 2020-11-10.

（289）焦婷婷. 一种档案陈列柜[P]. CN211882896U, 2020-11-10.

（290）汤蕾,郭岩. 一种财务管理用的档案柜[P]. CN211882897U, 2020-11-10.

（291）王丽,徐燕,杨新义. 一种城建档案管理用收纳装置[P]. CN211882900U, 2020-11-10.

（292）傅玉香,其他发明人请求不公开姓名. 一种精神心理科用档案柜

[P]. CN211882901U，2020-11-10.

（293）王燕青. 一种具有查询功能的全自动档案柜[P]. CN211882909U，2020-11-10.

（294）李云. 一种水资源档案管理用档案存放架[P]. CN211882910U，2020-11-10.

（295）赵承华，杨紫超. 地理测绘档案用数字化柜[P]. CN211882912U，2020-11-10.

（296）李奕，王崇人. 一种人力资源档案柜[P]. CN211882913U，2020-11-10.

（297）张超，尹蕾，巩晓娜. 一种立体档案管理临时存放柜[P]. CN211882922U，2020-11-10.

（298）孙龙艳. 一种学生档案管理装置[P]. CN211882923U，2020-11-10.

（299）余义宙，于文彪，金双寿，韩振杰，牛青波. 一种自动档案柜[P]. CN211882924U，2020-11-10.

（300）刘朝阳，刘成勇，腾少村. 一种升降式档案柜[P]. CN211882925U，2020-11-10.

（301）刘朝阳，刘成勇，腾少村. 一种医院用档案架[P]. CN211882926U，2020-11-10.

（302）刘朝阳，刘成勇，腾少村. 一种旋转式档案架[P]. CN211882927U，2020-11-10.

（303）吕英歌. 档案柜[P]. CN306153382S，2020-11-06.

（304）黄毅华. 一种行政管理档案架结构[P]. CN111887608A，2020-11-06.

（305）成志强. 一种基于弹簧弹性挤压推出技术的档案柜[P]. CN111887609A，2020-11-06.

（306）唐熙婷. 中医档案盒[P]. CN306156081S，2020-11-06.

（307）任惠平. 一种纸质档案装订装置[P]. CN211868955U，2020-11-06.

（308）张超. 防虫档案箱[P]. CN211868968U，2020-11-06.

（309）张丽平. 一种用于档案整理的新型文件管理夹[P]. CN211868969U，2020-11-06.

（310）孙杰英. 一种水利会计用档案存放叠加收纳盒[P]. CN211868974U，2020-11-06.

（311）张晓燕. 一种档案盒[P]. CN211868975U，2020-11-06.

（312）张静. 一种医院会计用审计材料档案柜[P]. CN211862184U，2020-11-06.

（313）关婉秋，蒲岩. 一种具有防盗功能的档案储存柜[P]. CN211862187U，2020-11-06.

（314）王庆松. 一种档案库房的档案防窃取装置[P]. CN211862192U，2020-11-06.

（315）李萍. 一种医院智能化档案管理装置[P]. CN211862193U，2020-11-06.

（316）姜鑫，卜祥云，马玉洁，张朝辉，贾娇. 一种财务档案管理架[P]. CN211862194U，2020-11-06.

（317）朱瑞杰，周丽华，朱玉洁. 一种医学慢性病管理用档案柜[P]. CN211862195U，2020-11-06.

（318）徐可. 一种移动式市政办公档案柜[P]. CN211862197U，2020-11-06.

（319）刘艳瑜，李姣梅，关笑天，崔少丽. 一种具有防潮功能的档案柜[P]. CN211862199U，2020-11-06.

（320）吴金岭，张永祥. 一种财务会计用档案柜[P]. CN211862201U，2020-11-06.

（321）何鹏飞. 一种学生档案储存装置[P]. CN211862206U，2020-11-06.

（322）林峰. 一种人力资源档案管理装置[P]. CN211862211U，2020-11-06.

（323）张超．一种可角度调节结构的档案架[P]．CN211862213U，2020-11-06．

（324）李永．一种不动产登记档案自动存取柜[P]．CN211862214U，2020-11-06．

（325）黄红霏．一种会计专用档案架[P]．CN211862217U，2020-11-06．

（326）卢瑾．一种拼装式档案管理架[P]．CN211862218U，2020-11-06．

（327）卢云峰，张少月，陈展鹏．档案管理安防装置[P]．CN211862220U，2020-11-06．

（328）何滔滔．会计管理专用信息化档案柜[P]．CN211862221U，2020-11-06．

（329）王一帆．一种新式金融财务用档案柜[P]．CN211862223U，2020-11-06．

（330）时维武．一种档案管理用存储架[P]．CN211862225U，2020-11-06．

（331）魏磊．一种方便存取的档案柜[P]．CN109846221B，2020-11-06．

（332）周添星，顾建．一种改进的线装式档案装订机[P]．CN211843758U，2020-11-03．

（333）郝伟．一种档案管理用打孔粘贴装置[P]．CN211843768U，2020-11-03．

（334）王青．一种档案管理装置[P]．CN110013125B，2020-11-03．

（335）郭文婧．一种档案盒防倾斜翻倒装置[P]．CN211843799U，2020-11-03．

（336）王莉．一种医院档案管理用的装钉装置[P]．CN211841836U，2020-11-03．

（337）周义海．一种可调节高度的档案浏览支架[P]．CN211833361U，2020-11-03．

（338）谭淑红，罗奇．一种档案图书管理用活动支撑架[P]．CN211833454U，2020-11-03．

（339）李子亮．一种建设工程档案管理柜[P]．CN211833463U，2020-11-03．

（340）蒋西明.一种拼装式档案管理柜[P]. CN211833467U，2020-11-03.

（341）崔少丽.一种便于运输的档案存放装置[P]. CN211833469U，2020-11-03.

（342）苏庆彬.一种多功能农业经济管理档案柜[P]. CN211833473U，2020-11-03.

（343）李琨.一种人力资源管理用档案柜[P]. CN211833476U，2020-11-03.

（344）郑毅.一种档案管理用保存柜[P]. CN211833479U，2020-11-03.

（345）杨煜清，朱丛敏，朱光来，陆颖.一种基于大数据的健康档案管理装置[P]. CN211833481U，2020-11-03.

（346）丁弋娜.一种多功能办公管理用档案管理柜[P]. CN211833482U，2020-11-03.

（347）张彩虹.人力资源档案管理箱[P]. CN211833484U，2020-11-03.

（348）崔喜豹.一种多功能档案管理箱[P]. CN211833485U，2020-11-03.

（349）王宇平.一种隔板高度方便调节的档案柜[P]. CN211833486U，2020-11-03.

（350）夏晓梅，程瑞红，韩兵昶，常青.一种可调节档案管理柜[P]. CN211833488U，2020-11-03.

（351）郑涛涛.一种统计学使用的档案柜[P]. CN211833490U，2020-11-03.

（352）张俊芳.一种便于安装拆卸的档案柜[P]. CN211833493U，2020-11-03.

（353）蒋玮玮.一种高校管理用档案架[P]. CN211833504U，2020-11-03.

（354）宋桂峰，葛志亮，宋明亮.一种影像专业用档案存储装置[P]. CN211833539U，2020-11-03.

（355）刘帮文.一种档案柜使用的隔板加固装置[P]. CN211833587U，2020-11-03.

（356）刘鑫.档案文件架[P]. CN306142178S，2020-10-30.

（357）张玲，梁爽，张茜茜. 一种易查询的档案存放袋[P]. CN110834485B，2020-10-30.

（358）赵海俊，刘超，王强. 一种档案文件盒制作加工折叠成型装置[P]. CN111845152A，2020-10-30.

（359）朱国栋. RFID 智能档案柜[P]. CN111839002A，2020-10-30.

（360）朱振华. 一种便于使用的档案袋[P]. CN211808268U，2020-10-30.

（361）刘忠华. 一种新型档案装订设备[P]. CN211808554U，2020-10-30.

（362）可新方. 一种档案封存装置[P]. CN211808565U，2020-10-30.

（363）刘丽梅. 一种人力资源管理用档案储存装置[P]. CN211808609U，2020-10-30.

（364）仲耸. 一种便捷式档案管理盒[P]. CN211808612U，2020-10-30.

（365）高庆. 一种会计档案装订整理器[P]. CN211808613U，2020-10-30.

（366）梁炎. 一种增加文件保密性的档案盒[P]. CN211808615U，2020-10-30.

（367）孙建华. 一种人力资源管理专用档案盒[P]. CN211808616U，2020-10-30.

（368）李晶蕊，林静，林亮，赖晓琴. 一种人力资源管理用档案盒[P]. CN211808618U，2020-10-30.

（369）岳龙飞，刘君慧，陈鹏，梁琛，郑群，段宝. 一种可调节内部空间的档案管理用收纳柜[P]. CN211795122U，2020-10-30.

（370）杨琳，张猛. 一种学籍档案存放装置[P]. CN211795123U，2020-10-30.

（371）刘溪. 一种多功能学生档案管理存储装置[P]. CN211795124U，2020-10-30.

（372）孙建华. 一种人力资源管理档案挂架[P]. CN211795129U，2020-10-30.

（373）马静华. 一种具有防潮功能的医学统计用档案柜[P]. CN211795131U，

2020-10-30.

（374）陈甜甜. 一种金属档案柜[P]. CN211795136U，2020-10-30.

（375）侯培培. 一种档案管理用档案存放架[P]. CN211795138U，2020-10-30.

（376）赵宏林. 一种具有防潮功能的医学统计用档案柜[P]. CN211795144U，2020-10-30.

（377）陈元元. 一种人力资源档案管理箱[P]. CN211795146U，2020-10-30.

（378）杨小军，梁栋. 一种木皮复合热压贴工艺的办公档案柜[P]. CN211795149U，2020-10-30.

（379）焦阳. 一种思政教育用资料档案收集装置[P]. CN211795151U，2020-10-30.

（380）袁爽. 一种档案管理用放置抽屉[P]. CN211795153U，2020-10-30.

（381）袁爽. 一种档案管理架[P]. CN211795154U，2020-10-30.

（382）李莉，李秀云. 一种便于搬运的档案柜[P]. CN211795155U，2020-10-30.

（383）郭超萍. 一种档案管理用新型存放柜[P]. CN211795159U，2020-10-30.

（384）尚志刚. 一种工程造价专用档案管理柜[P]. CN211795161U，2020-10-30.

（385）张海宁. 一种档案管理保管存储柜[P]. CN211795162U，2020-10-30.

（386）李磊，黄敏. 一种人力资源档案管理装置[P]. CN211795164U，2020-10-30.

（387）赵铁鹏. 一种市政工程用档案存放装置[P]. CN211795165U，2020-10-30.

（388）高丽华. 一种方便维护的静音档案柜[P]. CN211795169U，2020-10-30.

（389）李志刚. 一种便于收放的学生教育管理用档案管理柜[P]. CN211795171U，2020-10-30.

（390）管蕾，曹小苗. 一种城建档案管理专用密集架[P]. CN211795176U，2020-10-30.

（391）石飞. 一种金融数据档案分类架[P]. CN211795180U，2020-10-30.

（392）朱秀娟. 一种便于档案收纳管理的双柱式档案柜[P]. CN211795184U，2020-10-30.

（393）王华夏. 一种人力资源管理用档案收纳装置[P]. CN211795188U，2020-10-30.

（394）李红远. 一种经济资料用可旋转档案柜[P]. CN211795197U，2020-10-30.

（395）田欣艳. 一种可调节内部空间布局的档案管理柜[P]. CN211795199U，2020-10-30.

（396）谢金菊，姚莉. 一种文本档案归类架[P]. CN211795200U，2020-10-30.

（397）王春莲. 一种教学管理使用的档案存放装置[P]. CN211795206U，2020-10-30.

（398）郝伟. 一种具有提升功能的档案架[P]. CN211795209U，2020-10-30.

（399）刘鑫. 档案袋[P]. CN306130482S，2020-10-27.

（400）邹永林. 档案柜[P]. CN306123694S，2020-10-27.

（401）王峥峥. 行政管理档案柜[P]. CN306123885S，2020-10-27.

（402）李永明. 档案柜[P]. CN109276049B，2020-10-27.

（403）韩凤英，郭章芬. 档案柜、集中档案管理终端以及档案管理系统[P]. CN111820620A，2020-10-27.

（404）韩凤英，郭章芬. 一种档案管理系统[P]. CN111820621A，2020-10-27.

（405）曲曼荣. 一种用于档案管理的多层分类装置[P]. CN111820623A，2020-10-27.

（406）陈新红. 一种数字档案管理柜装置[P]. CN111820628A，2020-10-27.

（407）王越. 一种人力资源档案管理储存装置[P]. CN111820630A，2020-10-27.

（408）石静. 一种档案管理用装订装置[P]. CN211764366U，2020-10-27.

（409）曹东华，廖建新. 一种避免撞针的线装式档案自动装订机[P]. CN211764367U，2020-10-27.

（410）曹东华，廖建新. 一种改进钻孔避让机构的线装式档案自动装订机[P]. CN211764368U，2020-10-27.

（411）杨舒然. 一种高校人事档案管理用装订机[P]. CN211764372U，2020-10-27.

（412）华建坤. 一种可调节式档案装订机[P]. CN211764373U，2020-10-27.

（413）曹东华，廖建新. 一种自动清理钻刀的档案装订机[P]. CN211764374U，2020-10-27.

（414）司宪东. 一种档案管理装订装置[P]. CN211764378U，2020-10-27.

（415）任惠平. 一种档案管理用档案袋[P]. CN211764425U，2020-10-27.

（416）杨舒然. 一种高校人事档案分类管理装置[P]. CN211764437U，2020-10-27.

（417）杨谨荣. 一种锁紧式档案夹[P]. CN211764446U，2020-10-27.

（418）赵建源. 一种具有防护结构的人力资源用档案夹[P]. CN211764455U，2020-10-27.

（419）谭颖，刘祝凤. 一种法学专业教学档案箱[P]. CN211747925U，2020-10-27.

（420）王明. 一种档案语音查询装置[P]. CN211747935U，2020-10-27.

（421）乐票川. 一种档案管理的智能柜[P]. CN211747936U，2020-10-27.

（422）章晖. 一种使用方便归档的档案柜[P]. CN211747939U，2020-10-27.

（423）何洋芳. 一种可调节档案管理柜[P]. CN211747941U，2020-10-27.

（424）侯静，焦东良，张宏祥，牛聪，何昕，王志伟，翟保尊，左传宝. 一种大学生就业指导用档案柜[P]. CN211747942U，2020-10-27.

（425）冯益建，崔振安. 一种银行系统用金融档案柜[P]. CN211747947U，2020-10-27.

（426）林静，林亮，赖晓琴，李晶蕊. 一种档案管理用档案存放架[P]. CN211747948U，2020-10-27.

（427）董华伟. 一种具有快速查询功能的档案管理柜[P]. CN211747950U，2020-10-27.

（428）王根良，王世健，李立征. 一种便于资料管理的数字化档案柜[P]. CN211747951U，2020-10-27.

（429）王海玲，王国宁. 一种档案管理专用集密架[P]. CN211747962U，2020-10-27.

（430）郜家红，郜睿特，郜琼星. 一种可调整空间的档案柜[P]. CN211747965U，2020-10-27.

（431）邵文婷，洪玉芝. 一种人力资源档案管理装置[P]. CN211747968U，2020-10-27.

（432）常暖暖. 一种多功能档案放置架[P]. CN211747971U，2020-10-27.

（433）李霞，张伟荣. 一种组合式会计电算化档案信息管理柜[P]. CN211747974U，2020-10-27.

（434）王守金. 一种经济学专用档案管理装置[P]. CN211747976U，2020-10-27.

（435）雷浩. 一种方便使用的档案管理柜[P]. CN211747979U，2020-10-27.

（436）席燕玲. 一种内置分隔结构的财务档案存放柜[P]. CN211747985U，2020-10-27.

（437）井晓华. 一种建筑工程管理用档案储放盒[P]. CN211747990U，2020-10-27.

（438）聂德珍，王新萍. 一种农村经济管理档案柜[P]. CN211747992U，2020-10-27.

（439）李泳琪. 一种金融业信用管理档案柜[P]. CN211747993U，2020-10-27.

（440）詹文雯. 一种档案装订管理装置[P]. CN211747997U，2020-10-27.

（441）张璐璐. 一种档案保存用分类收纳装置[P]. CN211748001U，2020-10-27.

（442）孙树清. 一种水利可拆卸档案存放架[P]. CN211748004U，2020-10-27.

（443）李晓霞. 一种档案盒存放架[P]. CN211748006U，2020-10-27.

（444）景彩虹. 一种人力资源档案管理装置[P]. CN211748007U，2020-10-27.

（445）孙菲，杨磊，王梦琪. 一种土地资源管理用的档案柜[P]. CN211748008U，2020-10-27.

（446）李佳萌，丛雨薇. 一种人力资源管理用材料存放档案柜[P]. CN211748009U，2020-10-27.

（447）潘远珍，张美卿. 一种智能化学生档案整理储存一体机[P]. CN211748017U，2020-10-27.

（448）赖晓琴，李晶蕊，林静，林亮. 一种易拿取档案管理装置[P]. CN211748018U，2020-10-27.

（449）王根良，王世健，李立征. 一种便于移动的数字化档案柜[P].

CN211748020U，2020-10-27.

（450）刘春梅.一种经济档案管理柜[P].CN211748022U，2020-10-27.

（451）刘世奇，张丽娜.一种方便取放档案的档案橱[P].CN211748025U，2020-10-27.

（452）郭青，王胜.一种档案管理用转运推车[P].CN211722284U，2020-10-23.

（453）何俊，江丽丽.一种财务用档案收藏柜[P].CN211722334U，2020-10-23.

（454）程红群，其他发明人请求不公开姓名.一种心理科用档案存储柜[P].CN211722335U，2020-10-23.

（455）成珊珊.一种用于旅游管理档案归类装置[P].CN211722336U，2020-10-23.

（456）刘良骥，李云华.一种基于RFID技术的智能档案柜[P].CN211722338U，2020-10-23.

（457）李约.一种港口商务档案柜[P].CN211722347U，2020-10-23.

（458）崔洁.多功能档案存放装置[P].CN211722357U，2020-10-23.

（459）赵维锋.一种方便使用的智能档案柜[P].CN211722362U，2020-10-23.

（460）罗斯琪.基于物联网的远程监控档案管理装置[P].CN211722366U，2020-10-23.

（461）赵健，廖宇丹，文静，王卫，黄倩，廖武.一种方便收放的教育管理用档案管理柜[P].CN211722370U，2020-10-23.

（462）史吉祥.一种便于查找文件的工商管理用档案存放柜[P].CN211722373U，2020-10-23.

（463）何洋芳.一种新型档案管理装置[P].CN211722374U，2020-10-23.

（464）焦婷婷.一种档案管理可移动装置[P].CN211722376U，2020-10-23.

（465）李宏伟. 一种可拆卸的人力资源管理用档案挂架[P]. CN211730785U，2020-10-23.

（466）任海燕，鞠小薇. 一种可改变宽度的多功能档案盒[P]. CN211730792U，2020-10-23.

（467）冯秀英. 一种防潮效果好的档案管理盒[P]. CN211730793U，2020-10-23.

（468）刘乐坤. 一种新型便捷的档案管理文件夹[P]. CN211730797U，2020-10-23.

（469）刘卫民. 一种会计管理用档案盒[P]. CN211730800U，2020-10-23.

（470）田野，赵海龙. 一种新型便携式档案管理夹[P]. CN211730805U，2020-10-23.

（471）朱凌玲. 一种高校档案管理用装订装置[P]. CN211730762U，2020-10-23.

（472）孙江丽，高红梅，郭善宁，姜轮. 一种密集档案柜[P]. CN111802820A，2020-10-23.

（473）潘远新. 一种企业管理用的通风防潮型档案柜[P]. CN111802821A，2020-10-23.

（474）唐志勇，杨书捷，周延昌. 档案柜（辅导员）[P]. CN306115632S，2020-10-23.

（475）张洁. 一种智能档案存取盒[P]. CN211710441U，2020-10-20.

（476）柴小玲. 一种新型移动档案盒[P]. CN211710443U，2020-10-20.

（477）庞勃. 一种内部容积可多种方式调节的档案盒[P]. CN211710444U，2020-10-20.

（478）李荣，茹家团. 一种智能化档案管理系统[P]. CN111789412A，2020-10-20.

（479）房永青. 一种医院档案管理多用清理装置[P]. CN211703798U，2020-10-20.

（480）赵宗泉. 一种科技型中小企业档案管理装置[P]. CN211703937U，2020-10-20.

（481）曾华华. 一种高校档案管理用储存柜[P]. CN211703942U，2020-10-20.

（482）柴小玲. 一种档案管理用机密档案升降提取柜[P]. CN211703948U，2020-10-20.

（483）郑颖. 一种会计管理专用信息化档案柜[P]. CN211703953U，2020-10-20.

（484）张秋颖. 一种便于档案管理用分类管理装置[P]. CN211703954U，2020-10-20.

（485）苏国立,李熙峰. 一种档案库房温湿度自动调控装置[P]. CN211703956U，2020-10-20.

（486）张翀. 一种新型人事档案管理柜[P]. CN211703957U，2020-10-20.

（487）盛天一. 一种方便整理文件的档案柜[P]. CN211703958U，2020-10-20.

（488）盛天一. 一种方便移动的防潮档案柜[P]. CN211703959U，2020-10-20.

（489）盛天一. 一种方便通风的档案柜[P]. CN211703960U，2020-10-20.

（490）盛天一. 一种新型便于清洁的档案柜[P]. CN211703961U，2020-10-20.

（491）成珊珊. 一种工商管理档案存放装置[P]. CN211703962U，2020-10-20.

（492）冯春. 一种吸附式档案密集架防虫装置[P]. CN211703969U，2020-10-20.

（493）郭战奇，李小龙，柴超杰. 一种便于分类的人员岗位档案储存装置[P]. CN211703971U，2020-10-20.

（494）盛天一. 一种方便查找顶层文件的档案柜[P]. CN211703976U，2020-10-20.

（495）张玲，啜华，刘鹏，任秀春. 一种会计档案存储装置[P]. CN211703979U，2020-10-20.

（496）盛天一. 一种方便调节隔板的档案柜[P]. CN211703983U，2020-10-20.

（497）张琳. 一种方便选取资料的档案管理柜[P]. CN211704042U，2020-10-20.

（498）吉梅英. 一种具有文件档案收纳功能的自然资源规划用宣传装置[P]. CN211699626U，2020-10-16.

（499）韩春晓，赵青荣. 一种建筑工程档案管理柜[P]. CN211673084U，2020-10-16.

（500）周明权. 一种建筑工程档案管理装置[P]. CN211673085U，2020-10-16.

（二）计算机软件及计算机应用（374项）

基于篇幅关系，仅列举计算机软件及计算机应用最新获得的档案专利100项。

（1）哈月亭，黄永亮，赵继光，王永军，王诚，张伟，李正，门燕青，袁言臣，孙连勇. 基于BIM的轨道施工工程档案管理的协同方法与系统[P]. CN112150105A，2020-12-29.

（2）高明，丁诗璟，沈文俊，余刚，胡德清，李亮，万聪，沈冰华，赵琴，刘维安，袁园，欧阳明，李金灵. 档案数据的借阅方法、装置和系统、资料数据的借阅方法[P]. CN112150113A，2020-12-29.

（3）王宗超，左立峰，李曰超. 一种综合素质评价档案生成及批量导出系统[P]. CN112150119A，2020-12-29.

（4）杨志高，冯和平. 一种纸质档案数字化处理系统和方法[P]. CN112115915A，2020-12-22.

（5）林国桥，刘啟平. 基于人工智能与BIM的档案柜门开关视觉自证方法[P]. CN112069996A，2020-12-11.

（6）高明，丁诗璟，沈文俊，余刚，万聪，李亮，沈冰华，赵琴，胡德清，刘维安，欧阳明，李金灵，袁园. 档案的归档方法、装置、电子设备及计算机可读存储介质[P]. CN112052749A，2020-12-08.

（7）鞠晓慧，张强，战云健，陈东辉，王妍，兰平. 一种基于深度学习的手写气象档案资料的字符识别方法[P]. CN112052852A，2020-12-08.

（8）鞠晓慧，张强，王妍，陈东辉，范邵华，罗岚心. 一种基于深度学习的手写气象档案资料的文本定位方法[P]. CN112052853A，2020-12-08.

（9）陈艳，展影影. 一种档案柜空位检测方法及装置[P]. CN112016515A，2020-12-01.

（10）黄冬发，韦伟，周诚彪，陈教，魏志浩，李万清. 一种机动车查验表电子档案拓印膜自动定位方法[P]. CN110032960B，2020-11-17.

（11）王冬井，黄莎莎. 基于人工智能的纸质档案数字化加工需求分析方法[P]. CN111950495A，2020-11-17.

（12）周钊，郑莹斌，叶浩. 一种声像档案的智能著录系统与方法[P]. CN111860523A，2020-10-30.

（13）陈恒生，郑莹斌，叶浩. 一种数字档案智能分类的装置及方法[P]. CN111860524A，2020-10-30.

（14）陈光玖，周群英. 一种人力资源管理用的教师职业培训档案系统[P]. CN111754183A，2020-10-09.

（15）张磊. 档案动态更新装置及其方法[P]. CN111709694A, 2020-09-25.

（16）翟懿奎，柯琪锐，周文略，王金鑫，张俊亮，宋甜睿，徐颖，甘俊英，应自炉，曾军英. 一种基于多任务迁移学习的数字档案图像的矫正方法[P]. CN111696056A, 2020-09-22.

（17）茹健. 一种用于智能档案柜的RFID的多天线读写器[P]. CN211506515U, 2020-09-15.

（18）杜继俊. 一种基于区块链的求职功能团队职业信用档案方法和系统[P]. CN111652574A, 2020-09-11.

（19）梁龙，王震东，徐伟豪，李鹏，曹远泊. 档案管理方法、装置、计算机设备和存储介质[P]. CN111652597A, 2020-09-11.

（20）杨诗伟. 一种基于区块链的学业生涯档案管理系统[P]. CN111626550A, 2020-09-04.

（21）唐志平. 一种按进度存储的电力生产项目档案管理系统[P]. CN111598542A, 2020-08-28.

（22）洪志加. 基于区块链的企业员工档案管理评估系统[P]. CN111582711A, 2020-08-25.

（23）张晓林. 一种档案扫描的扫描装置[P]. CN211236918U, 2020-08-11.

（24）黄巨交，徐玉波，郭家栋. 一种基于人脸档案的聚集点分析的方法及系统[P]. CN111507367A, 2020-08-07.

（25）蒋林玻，何欢，高剑. 档案合并方法及装置[P]. CN111488894A, 2020-08-04.

（26）庄莉，梁懿，林振天，方镇林，黄敬林，蔡清远，张均成，袁宝峰. 利用扫描设备对档案盒摆放顺序盘点的装置[P]. CN211015610U, 2020-07-14.

（27）邹行彬. 一种房籍档案数字化加工系统及加工方法[P]. CN1114020

87A，2020-07-10.

（28）梁晨华. 档案归类方法及系统、计算机可读存储介质[P]. CN111368867A，2020-07-03.

（29）张峰，付涛，张桓闻，吴淑娥，曹健，孙熙明，王莹，陈向华，张伟，王亚萍，梁快. 基于互联网+的增强现实变电站及可视化档案管理方法[P]. CN111354071A，2020-06-30.

（30）王利，罗英群，吕令广. 档案质量评估方法、评估装置和计算机可读存储介质[P]. CN111325460A，2020-06-23.

（31）徐益忠，汪航舰. 档案库房机器人管理系统[P]. CN210836195U，2020-06-23.

（32）徐益忠，汪航舰. 档案库房机器人消毒系统[P]. CN210836196U，2020-06-23.

（33）杨帆，黎佳. 基于成长档案的学生发展性评价系统和评价方法[P]. CN111311043A，2020-06-19.

（34）徐文渊，魏馨霆，桂宁，康宇哲. 一种基于卷积神经网络的复杂档案图像倾斜矫正方法[P]. CN110211048B，2020-06-16.

（35）庞勃. 一种基于条码识别的档案管理装置[P]. CN210721487U，2020-06-09.

（36）葛丽青，黄伟，刘斌，陈保盛，刘辉. 一种多光谱档案内容修复仪[P]. CN210721496U，2020-06-09.

（37）田振鹏，谢宇，孟维涛，李亚鹏. 一种基于网络的会计电子档案处理方法及系统[P]. CN111242759A，2020-06-05.

（38）周密，肖勇，钱斌，蔡梓文，赵云，杨劲锋. 一种电力档案管理系统[P]. CN210639645U，2020-05-29.

（39）黄思平，江健武，刘康军. 一种电力应急物资的物资档案管控系统[P].

CN111199383A，2020-05-26.

（40）罗奇. 一种档案标签读取装置[P]. CN210605719U，2020-05-22.

（41）王馨，崔璐，张玮，韩冬，王军浩. 一种基于发票容器自动调取发票电子档案的方法及系统[P]. CN111178993A，2020-05-19.

（42）游忠惠，王时舟，刘军建. 一种基于区块链的学生档案存储、提取方法及存储、提取系统[P]. CN111161109A，2020-05-15.

（43）刘粉香，王伟威，陆军，解克勤，彭翔，张炎红，顾颐颐. 档案的生成方法、生成装置、存储介质和处理器[P]. CN111144702A，2020-05-12.

（44）郑福康，张学忠，成粤，陈晓阳，辛逍. 一种电子档案归档处理系统及方法[P]. CN111126952A，2020-05-08.

（45）胡欢，王凯，程大庆. 红外射频识别模组及智能档案在位管理装置[P]. CN210428462U，2020-04-28.

（46）庄莉，梁懿，董晓祺，程平，付芳，林洲. 一种会计原始凭证与会计电子档案关联的方法和装置[P]. CN111079681A，2020-04-28.

（47）侯小鹏，杨运华，刘颖，李丹露. 一种学生档案邮寄跟踪的方法[P]. CN111062671A，2020-04-24.

（48）陈孝良，詹世俊，曾涛，王伟，夏卿哲，肖力菡. 一种关于高速路政路产路权档案在地图标识的方法及系统[P]. CN111047275A，2020-04-21.

（49）张曙华，杨安荣，路斌，李刚，魏爱红. 一种照片档案人物自动标注方法[P]. CN111046770A，2020-04-21.

（50）张曙华，杨安荣，路斌，王国栋. 一种纸质档案电子影像归档章的定位识别方法[P]. CN111027449A，2020-04-17.

（51）庄莉，梁懿，林振天，方镇林，黄敬林，蔡清远，张均成，袁宝峰. 利用扫描设备对档案盒摆放顺序盘点的装置及方法[P]. CN111027899A，2020-04-17.

（52）石利芳，孙晓红，颜斌. 一种纸质财务档案的分级访问安全控制设备及方法[P]. CN104766265B，2020-04-07.

（53）成杰，叶文武，徐寅林. 基于鱼眼镜头图像识别的档案实时定位装置[P]. CN210222783U，2020-03-31.

（54）李琦，宋卫东. 一种客户档案智能评分方法[P]. CN110942356A，2020-03-31.

（55）卢青松，王培青，魏洪伟，胡小兰. 社区档案管理系统[P]. CN110929590A，2020-03-27.

（56）龙锦益，肖汕，蔡秋雯. 一种档案电子化智能管理系统及方法[P]. CN110852699A，2020-02-28.

（57）阚凤娟，周科科，毛振华，李峰，曲道全，赵秀娟，孙成文. 一种无人智能档案管理系统[P]. CN110796420A，2020-02-14.

（58）马瑞. 一种用于管理知识产权档案的 ERP 系统[P]. CN110728487A，2020-01-24.

（59）秦永斌. 一种干部人事档案业务远程办理平台[P]. CN209993007U，2020-01-24.

（60）罗述岭，吴玉雁. 一种基于 OCR 文字识别的医院纸质档案归档方法及系统[P]. CN110705515A，2020-01-17.

（61）辛克盛. 一种自动化纸件档案数字化方法[P]. CN110555410A，2019-12-10.

（62）刘云霞，张莹. 高校人事档案排架及编码方法和高校人事管理系统[P]. CN110555679A，2019-12-10.

（63）成杰，叶文武，徐寅林. 基于鱼眼镜头图像识别的档案实时定位方法[P]. CN110543876A，2019-12-06.

（64）史婷婷. 一种基于条码识别的档案管理装置[P]. CN209728760U，

2019-12-03.

（65）不公告发明人. 一种多功能科技项目档案管理系统[P]. CN209728815U，2019-12-03.

（66）葛丽青，黄伟，刘斌，陈保盛，刘辉. 一种多光谱档案内容修复仪及其使用方法[P]. CN110490178A，2019-11-22.

（67）李拥良. 一种可信任履历档案的形成方法[P]. CN110490469A，2019-11-22.

（68）姜心泓，孟迎龙. 一种高校教学档案管理系统[P]. CN110472937A，2019-11-19.

（69）李新东，邰葆清，张忠良，史航，张艺超. 一种高校学生就业创业教育档案管理系统[P]. CN110472938A，2019-11-19.

（70）陈栋，刘文艳，孙正民. 知识产权服务机构的客户档案管理及服务系统[P]. CN110472984A，2019-11-19.

（71）黄丽丽，游河仁，卢佩，石宝玉，姚智振. 一种面向档案数据的人才与政策智能匹配系统和方法[P]. CN110457696A，2019-11-15.

（72）解利民，王松，侯秋玲，崔茂杰，吴双俊，刘金花，解瑞丽. 一种电子人力资源档案生成系统及其生成方法[P]. CN110443589A，2019-11-12.

（73）解利民. 一种电子人力资源档案管理系统及其管理方法[P]. CN110443590A，2019-11-12.

（74）戚玉侠，康秀娜. 一种基于区块链的企业员工档案管理评估系统[P]. CN110414854A，2019-11-05.

（75）仇雪雅，鲁邹尧，吴明辉. 一种档案关联处理方法及装置[P]. CN110363428A，2019-10-22.

（76）马志红，贾凯，李石贤，王枫，王海棠，李桃，陈颖，祝晓辉，夏保成. 一种档案自动管理系统[P]. CN110348790A，2019-10-18.

（77）傅宝山，朱晓兵，张敬峰. 一种廉政档案监督平台[P]. CN110288499A，2019-09-27.

（78）李铮，江威，李翔宇. 一种档案信息包大文件封装方法与客户端[P]. CN106339362B，2019-09-24.

（79）李龙，陈燕萍，张令. 一种基于互联网的档案管理应用平台及其使用方法[P]. CN110264034A，2019-09-20.

（80）徐文渊，魏馨霆，桂宁，康宇哲. 一种基于卷积神经网络的复杂档案图像倾斜矫正方法[P]. CN110211048A，2019-09-06.

（81）孔庆波，吴漾，纪元，杨箴，吴忠，王玮，罗念华，王鹏宇，周玲，曾路，郭仁超，龙娜，缪新萍，田钺. 一种基于文本相似度改进的电网档案相似度计算方法[P]. CN110197197A，2019-09-03.

（82）艾麦提江·奥布力. 一种家庭文化档案信息管理系统[P]. CN110197446A，2019-09-03.

（83）张文平. 分布式档案管理方法、系统、介质和电子设备[P]. CN110163571A，2019-08-23.

（84）卢良鹏，卢弋洋，吴南勇，何剑峰. 一种基于规则的档案库房设备事件联动管理方法及系统[P]. CN110147985A，2019-08-20.

（85）王宏亮. 利用 RFID 天线实时读取档案位置信息装置[P]. CN209281417U，2019-08-20.

（86）朱德权. 用于人力资源档案管理的系统及其控制方法[P]. CN110135790A，2019-08-16.

（87）何俊杰，郭进，邹卫军，王超尘，杨毅，白云耀. 一种基于二维码和单目相机的档案识别与定位方法[P]. CN110084243A，2019-08-02.

（88）马起龙，王芳，王若瑜. 一种全向有源档案标签信号接收器[P]. CN209199118U，2019-08-02.

（89）宗思生，施歌，于永玲，李娟. 一种档案信息化用扫描装置[P]. CN110059515A，2019-07-26.

（90）杨一. 档案处理方法、装置、电子设备及计算机可读存储介质[P]. CN110059657A，2019-07-26.

（91）马小琴，陶智强，陈卿，陈常霖，陈章印，龙航. 一种数据中心数字档案管理装置[P]. CN209168178U，2019-07-26.

（92）吴长章. 基于电子档案考核管理的教师成长评价方法及系统[P]. CN110046807A，2019-07-23.

（93）黄冬发，韦伟，周诚彪，陈教，魏志浩，李万清. 一种机动车查验表电子档案拓印膜自动定位方法[P]. CN110032960B，2020-11-17.

（94）杨霖，冯洋，范莹，王兴越，张金金，卢宏宇，魏进才，阮剑锋，任靖松，张浩. 一种设备档案全生命周期管理系统[P]. CN110033197A，2019-07-19.

（95）李洁，张馨元. 一种海量档案管理用查找装置[P]. CN209118296U，2019-07-16.

（96）史剑波，张超，范思聪. 一种自助车购税电子档案采集存储共享设备[P]. CN209118347U，2019-07-16.

（97）孙学诗，杜超，刘玉松，王和真，王洋. 一种学生在校学习状态智能档案系统及使用方法[P]. CN110009539A，2019-07-12.

（98）赵新. 基于RFID的智慧档案库房管理方法及系统[P]. CN109993485A，2019-07-09.

（99）金辉. 一种管网数据数字化档案管理系统[P]. CN109934492A，2019-06-25.

（100）周业俊. 一种用于职业培训的记录、档案监管系统[P]. CN109934747A，2019-06-25.

（三）电力工业（241项）

基于篇幅关系，仅列举电力工业最新获得的档案专利50项。

（1）周道利，阮学武，马东星. 图像档案的合并方法、装置、电子设备和存储介质[P]. CN112131419A，2020-12-25.

（2）巫涤峰，童永安，李鑫. 基于MeSH表的电子病历档案的智能检索系统[P]. CN107273405B，2020-12-18.

（3）沈文俊，丁诗璟，高明，余刚，胡德清，赵琴，刘维安，沈冰华，李亮，万聪，欧阳明，袁园，李金灵. 一种档案的保存时间鉴定方法、装置及存储介质[P]. CN112100336A，2020-12-18.

（4）王莉莉，张建波. 一种医院档案室用档案管理系统[P]. CN112100663A，2020-12-18.

（5）欧阳肖，何梦雅. 一种企业档案管理方法、系统、存储介质和电子设备[P]. CN112084474A，2020-12-15.

（6）丁洁，韩梦妍. 基于竣工档案的BIM模型和图纸比对方法及系统[P]. CN112084544A，2020-12-15.

（7）林于仙. 多媒体档案管理方法及计算机可读取储存媒体[P]. CN112083855A，2020-12-15.

（8）陈松山，房桂丽. 一种基于人工智能的学生档案存储管理系统[P]. CN112069186A，2020-12-11.

（9）赵琴，沈文俊，丁诗璟，高明，刘维安，胡德清，万聪，余刚，李金灵，欧阳明，袁园，李亮，沈冰华. 视频档案的存储方法、装置、电子设备及可读存储介质[P]. CN112069356A，2020-12-11.

（10）苏宇航. 一种基于大数据的档案智能分析管理系统[P]. CN112069543A，2020-12-11.

（11）李政辉，曹晓逸，费奥月. 一种工商数字档案管理系统[P]. CN11205

2216A，2020-12-08.

（12）傅涛，刘乐祥. 一种多维档案缩微数字一体化系统及方法[P]. CN112035690A，2020-12-04.

（13）张曙华，杨安荣，路斌，王国栋. 实现文书档案价值自动鉴定的方法[P]. CN106776695B，2020-12-04.

（14）张立志，万月亮，王梅. 一种档案管理的方法、装置、设备和存储介质[P]. CN107704620B，2020-12-01.

（15）郭彦廷，刘淑洁，张军朝，张雪，关笑，要珊珊. 一种电力客户档案信息的数据融合系统[P]. CN112000663A，2020-11-27.

（16）王锦刚. 全生命周期的多格式电子档案录入及编码互联分享方法[P]. CN111984599A，2020-11-24.

（17）李东先. 一种政府会计信息档案管理系统[P]. CN211956470U，2020-11-17.

（18）郭婧. 一种面向时间的分布式档案管理方法[P]. CN111930838A，2020-11-13.

（19）贾梅. 一种档案多媒体融合平台[P]. CN111914290A，2020-11-10.

（20）杨毅. 用于区块链的电子档案的处理方法、装置、系统和介质[P]. CN111914034A，2020-11-10.

（21）曾璐琨，张文瀚，周尚礼，郑楷洪，杨劲锋. 档案关联关系的异常识别方法、装置和计算机设备[P]. CN111914101A，2020-11-10.

（22）代超，徐茂，谭光鸿，吴佩军. 健康档案数据生成方法及装置[P]. CN109656878B，2020-11-06.

（23）王洋. 基于黑白名单的档案鉴定方法、系统及装置[P]. CN111858499A，2020-10-30.

（24）方镇林，庄莉，梁懿，黄敬林. 一种利用物联网设备对纸质档案装盒进行引导的装置[P]. CN111859061A，2020-10-30.

（25）马硕. 一种 APP 端访问健康档案的隐私安全保护方法[P]. CN111859455A，2020-10-30.

（26）何洪岭，张召尊. 一种便携式档案除尘器[P]. CN211749294U，2020-10-27.

（27）江双五，温华洋，刘惠兰，杨琼，高琳，谢伟. 气象记录档案知识图谱构建方法[P]. CN111813959A，2020-10-23.

（28）薛大伟. 一种基于大数据的档案管理系统及其存储方法[P]. CN111797101A，2020-10-20.

（29）聂林. 一种档案柜灯光控制装置[P]. CN211720794U，2020-10-20.

（30）王秋野，叶龙飞，陈勤慧. 基于区块链的档案信息获取方法、装置、设备及存储介质[P]. CN111783070A，2020-10-16.

（31）王雪峰，周建涛，刘芳. 一种城市档案中心用弱电系统的布线箱[P]. CN211670584U，2020-10-13.

（32）王刚，丁士拥，黄维华，安洪伟，陈正宏，刘芳. 一种军队科技声像档案管理系统[P]. CN211669640U，2020-10-13.

（33）徐林娟，杨志祥，来栋，林强，严治中. 一种工程资料实时监管的档案规范与同步形成控制平台[P]. CN111767247A，2020-10-13.

（34）范存全，刘宁，王燕. 一种电表通信模块档案容错方法[P]. CN111767292A，2020-10-13.

（35）李峰. 一种档案馆档案取放导航及自动认证系统及导航方法[P]. CN107169040B，2020-10-09.

（36）雷洁，赵瑞雪，鲜国建，寇远涛，侯希闻，仲晓春，刘杉，许怡然，程思梦. 一种基于知识图谱增强档案实体关联度的方法及系统[P]. CN111753099A，2020-10-09.

（37）杨志高，温贤强. 一种档案远程自助查询系统[P]. CN111753156A，2020-10-09.

（38）郭小成，施雯嘉，黄琪若，孟丽萍，陈子煜，姜明宇. 身份档案处理方法、装置、设备及存储介质[P]. CN111752968A，2020-10-09.

（39）吴乃冈. 一种基于区块链的政府诚信档案管理系统[P]. CN111737342A，2020-10-02.

（40）雷洁，赵瑞雪，鲜国建，寇远涛，侯希闻，仲晓春，刘杉，许怡然，程思梦. 一种基于知识图谱的档案管理模型构建方法及系统[P]. CN111737471A，2020-10-02.

（41）付三玲，姚玉嫣，王青乾，曹哲灿，李骁哲，王玉茹，薛超，邓骞，秦庆云. 一种档案管理系统[P]. CN111723351A，2020-09-29.

（42）冯力，胡滨. 一种电网招投标档案电子借阅管理系统[P]. CN111723197A，2020-09-29.

（43）周曦，姚志强，周超. 一种基于图像的档案管理方法、系统、设备和介质[P]. CN111694979A，2020-09-22.

（44）苏磊，王菁. 档案管理系统及操作流程[P]. CN111680199A，2020-09-18.

（45）车晓轩，童晓风，吴高峰，林曾丰，周雅琴. 基于文件分割与特征提取的档案管理系统及方法[P]. CN111680198B，2021-05-11.

（46）周兴付，徐晶，唐玲，吕梅敏. 基于云计算的智能档案检索处理系统[P]. CN111651619A，2020-09-11.

（47）唐志平. 一种基于深度学习的生产项目档案管理系统[P]. CN111651409A，2020-09-11.

（48）俞雯静，黄朝勇. 一种用于智能档案存储的物联网传输系统[P]. CN111651653A，2020-09-11.

（49）杨欢. 一种教育用档案管理系统[P]. CN111639245A，2020-09-08.

（50）储锦超. 一种会计档案调阅系统与方法[P]. CN111639324A，2020-09-08.

(四) 机械工业（224 项）

基于篇幅关系，仅列举机械工业最新获得的档案专利 50 项。

（1）葛永军，汪勉，罗亚军，鲍旭. 高处情报资料档案盒取放器[P]. CN212244843U，2020-12-29.

（2）郭岩，谢晓晨. 一种档案装箱信息识别设备[P]. CN212238209U，2020-12-29.

（3）姜艳，魏子皓，宋文池，杜微，董航，张晴，李佳欣，蔺娜，裴昕莹，王阔，李爽，于佳音，金紫薇，程遥. 一种财务智能档案柜及应用方法[P]. CN112127750A，2020-12-25.

（4）不公告发明人. 一种便携式档案柜搬离装置[P]. CN108502437B，2020-12-18.

（5）张洪玉. 一种基于二维码识读的档案出入库新型设备[P]. CN212173408U，2020-12-18.

（6）孙振华. 一种应用于信息管理的高性能档案密集架[P]. CN212126403U，2020-12-11.

（7）贡仲林，张全生，王永志，刘芳华，谢骐阳，吴新军. 一种智能档案升降传输系统[P]. CN212126406U，2020-12-11.

（8）贡仲林，张全生，王永志，刘芳华，谢骐阳，束金伟，吴新军. 一种自动取档案盒的机械手[P]. CN212126407U，2020-12-11.

（9）不公告发明人. 便携式档案柜搬离装置[P]. CN108529125B，2020-12-11.

（10）朱娅. 一种档案码垛设备[P]. CN212075873U，2020-12-04.

（11）不公告发明人. 便携式档案柜搬离装置[P]. CN108657720B，2020-12-04.

（12）赵霞. 一种档案保存管理装置[P]. CN212061340U，2020-12-01.

（13）唐丽敏，李克东，唐元明，孙乾悦. 档案袋自动上架装置[P]. CN112009931A，2020-12-01.

（14）靳杰. 一种便于使用的档案管理用分类装置[P]. CN211997294U，2020-11-24.

（15）朱莉华. 一种档案柜辅助移动装置[P]. CN111924750A，2020-11-13.

（16）蔡兵，吴琼. 一种根据物联网分类档案的自动分类装置[P]. CN110479640B，2020-11-10.

（17）韩倩. 一种档案管理系统及管理操作方法[P]. CN111899431A，2020-11-06.

（18）徐长吉，王兴法. 一种皮带式档案接收装置[P]. CN211811675U，2020-10-30.

（19）段宝. 一种具有防潮防水功能的档案保险柜[P]. CN211818910U，2020-10-30.

（20）周梅青，郭庆花. 一种基于二维码识别的电子档案认证装置[P]. CN111828786A，2020-10-27.

（21）张伟. 一种档案整平装置[P]. CN211769122U，2020-10-27.

（22）于鲲. 一种人事档案收纳管理装置[P]. CN211768042U，2020-10-27.

（23）曲修鹏，王毅，代金星，庞帅，柳子健. 一种基于AI人工智能可分类的档案管理装置[P]. CN211726579U，2020-10-23.

（24）何晓敏. 一种成人教育用档案存放装置[P]. CN211688115U，2020-10-16.

（25）于淼，崔建伟，周志成，张星，陈亮，张颖，孙平，展宵鹏，崔林威.档案机器人用智能档案仓[P].CN111776560A,2020-10-16.

（26）安仙丽.一种海量档案管理用标签录入装置[P].CN214122952U,2020-01-11.

（27）张志铁.一种场地租赁用档案保险柜[P].CN211573104U,2020-09-25.

（28）张颖,于淼,崔建伟,崔林威,朱进,陈莉,孙平,张星,周志成.档案存取机械手及与其适配的档案保存装置[P].CN111661536A,2020-09-15.

（29）张东宁.一种便于调节的扶梯一体化档案管理推车[P].CN211496804U,2020-09-15.

（30）张书贵,崔伟,张硕.一种自动档案提取系统[P].CN111646077A,2020-09-11.

（31）张丰祥.一种档案管理文件盒自动化码垛堆叠装置[P].CN111634692A,2020-09-08.

（32）张文华.一种高校学生档案存取装置[P].CN211443727U,2020-09-08.

（33）李影溪,宋伟伦.一种纸质档案挑选装置[P].CN211393156U,2020-09-01.

（34）王相伟.智能档案机器人[P].CN306019585S,2020-08-28.

（35）陈洁,于洋,职保平.政教档案协助归类传送装置[P].CN111583522A,2020-08-25.

（36）贡仲林,贡晓燕,谢骐阳,张全生,吴新军,王永志,刘芳华.一种自动化存取档案机械手[P].CN211282368U,2020-08-18.

（37）张海兰.一种人力资源管理档案安全存放装置[P].CN211258235U,2020-08-14.

（38）杨万欢,何丹,唐勇,许焰.纸质档案存储调取装置及档案存储调取方法[P]. CN111517054A，2020-08-11.

（39）高学辉，胡新颜，祝长生，张成元，郑锋，李英建. 一种智能型档案密集架系统[P]. CN211225002U，2020-08-11.

（40）王根良，王世健，李立征. 一种数字化档案管理用辅助取放装置[P]. CN211225004U，2020-08-11.

（41）李娟，邵来忠，胡新杭. 一种档案自动存取方法[P]. CN109607009B，2020-08-04.

（42）王海梅，其他发明人请求不公开姓名. 一种可以具有多重稳定结构的档案运输装置[P]. CN211141435U，2020-07-31.

（43）贡仲林，张全生. 一种档案存取用机械手[P]. CN111439581A，2020-07-24.

（44）周洁璇，曾晓莹，林丽媚. 一种基于档案室的档案传送用支架[P]. CN211055926U，2020-07-21.

（45）李霞. 一种档案备份装置[P]. CN211034487U，2020-07-17.

（46）谢金柱，邹丽霞，陈传祥，耿蓉. 一种用于文件档案的存储装置[P]. CN211003092U，2020-07-14.

（47）张静. 一种档案智能仓储设备[P]. CN111348365A，2020-06-30.

（48）邹兵辉，邹勇东. 一种便于滑动的档案密集架新型导轨[P]. CN210889745U，2020-06-30.

（49）米建围. 一种林业档案管理自动上架装置[P]. CN210883795U，2020-06-30.

（50）梅志伟，敖聂光. 一种不动产档案自助查询设备[P]. CN210864949U，2020-06-26.

（五）电信技术（223项）

基于篇幅关系，仅列举电信技术最新获得的档案专利49项。

（1）吴卉. 电脑的估价档案图形用户界面[P]. CN306249064S，2020-12-25.

（2）张路遥. 一种新型的设备档案管理系统[P]. CN212183547U，2020-12-18.

（3）倪荣国. 一种档案信息化用扫描装置[P]. CN212137763U，2020-12-11.

（4）冯俊平，李海银，邹敏，徐珂. 一种档案电子化录入扫描装置[P]. CN212137766U，2020-12-11.

（5）舒超群. 进退式档案盒打印机[P]. CN306216987S，2020-12-08.

（6）黄骏韬. 档案管理终端设备[P]. CN306203752S，2020-12-01.

（7）李健保，盛沛. 调取视频档案的方法、客户端及服务器[P]. CN112004128A，2020-11-27.

（8）郑丰收，吴超，赵光帅，孙习文. 带智慧管网健康档案系统图形用户界面的电脑[P]. CN306182194S，2020-11-20.

（9）杨志高，温贤强. 用于档案数据摆渡的数据防泄密和数据可信验证方法[P]. CN111447061B，2020-11-17.

（10）闫羽，潘万胜. 一种基于区块链的数字档案系统[P]. CN111935088A，2020-11-13.

（11）张阿宁，孔跃. 手机的健康档案图形用户界面[P]. CN306168379S，2020-11-13.

（12）宋云鹏，刘萍，祁明科，廖大祥. 档案盒打印机[P]. CN306162064S，2020-11-10.

（13）江欢. 一种档案信息化用扫描装置[P]. CN211908906U，2020-11-10.

（14）高新建，许慧敏，李志强，刘腾飞，刘彦. 一种档案扫描仪控制装置及其控制方法[P]. CN111885279A，2020-11-03.

（15）蔡耀祖. 群组档案管理系统与方法[P]. CN107968763B，2020-10-23.

（16）兰辉，潘海东，蒙晨，姚小劼，赵紫琪，孙松松，肖波，栾谦，夏立雪，陈庚，吴泽祎，李亚光，薛明，鲁锦泽，李俊，沐晓帆，杨真. 带有书影音档案动态图形用户界面的手机[P]. CN306105857S，2020-10-16.

（17）何欧翔，蔡燕，颜星，徐雪松. 电子档案袋的共享方法[P]. CN108512844B，2020-09-29.

（18）蒋波. 一种测绘档案数字管理系统及方法[P]. CN111669747A，2020-09-15.

（19）张新星. 电脑的档案著录系统图形用户界面[P]. CN306046765S，2020-09-11.

（20）邵丽. 一种用于医院人事档案电子化平铺成型高拍仪[P]. CN211457195U，2020-09-08.

（21）杨学兵. 档案查询机[P]. CN306026625S，2020-09-01.

（22）郭广建，靡丽. 带档案管理图形用户界面的电脑(05)[P]. CN306011444S，2020-08-25.

（23）范郑良，李林，林小玲. 一种便于档案数字化数据加工装置[P]. CN211296774U，2020-08-18.

（24）徐长吉，胡天威，颜勃，张京高. 一种基于RFID的档案架近场盘点天线[P]. CN211182498U，2020-08-04.

（25）张晨，顾云夏. 一种对银行电子信贷档案进行独立认证的方法[P]. CN108769012B，2020-08-04.

（26）张晶. 电脑的健康档案统计图形用户界面（健康信息平台）[P]. CN305938759S，2020-07-24.

（27）李晓风，朱晓煜，赵赫，谭海波，王卫东，张中贤，吕波，周桐，赵哲，王丽，盛念祖. 一种基于区块链技术的数字档案管理方法及系统[P]. CN107947922B，2020-07-21.

（28）杨敏. 带档案管理图形用户界面的电脑（14）[P]. CN305928260S，

2020-07-17.

（29）陈炜.手机的学生档案查询界面[P]. CN305920855S，2020-07-14.

（30）张硕.电子档案机[P]. CN305912736S，2020-07-10.

（31）李明仓，冯喜军，贾俊，程建.一种基于TPLC配电台区档案管理系统和方法[P]. CN111371475A，2020-07-03.

（32）柴永生，王明建，张春江，谢红伦.一种基于身份编码加密解密链式追踪会员档案的方法[P]. CN111371548A，2020-07-03.

（33）陕芳，曾雅萍.一种档案扫描装置[P]. CN210899272U，2020-06-30.

（34）潘桂霞.一种档案电子化录入扫描装置[P]. CN210899277U，2020-06-30.

（35）周玲.一种档案管理系统及档案袋[P]. CN107104957B，2020-06-30.

（36）张晓东.一种基于手机的档案拍照装置[P]. CN210839730U，2020-06-23.

（37）李秀云，李莉，张敬博.一种档案查阅扫描仪[P]. CN210839731U，2020-06-23.

（38）董正亚.用于电脑的图形用户界面（人员档案）[P]. CN305859974S，2020-06-19.

（39）贾振君.用于档案室进行档案扫描的装置[P]. CN210780963U，2020-06-16.

（40）袁渊.用于电脑的人员档案可视化系统应用界面[P]. CN305836055S，2020-06-09.

（41）谢梦涵，谢梦璇，谢小兵.全自动书籍档案扫描仪及其使用方法[P]. CN111246040A，2020-06-05.

（42）夏水斌，余鹤，何行，何欢，唐登平，魏胜清，彭翔，李帆，丁黎.一种适用于用电信息采集系统的高效电力档案同步方法[P].

CN107659629B，2020-06-02.

（43）陶梅. 档案录入终端（CH-37）[P]. CN305801786S，2020-05-22.

（44）白国亮，刘芳，白佳鹭. 一种便于翻面的档案扫描装置[P]. CN210518517U，2020-05-12.

（45）舒超群. 档案盒打印机[P]. CN305774801S，2020-05-12.

（46）刘斌. 一种方便放入扫描文件的档案扫描仪[P]. CN210469473U，2020-05-05.

（47）朱娅. 一种档案纸质文件扫描采集装置[P]. CN210444353U，2020-05-01.

（48）何叶. 自助打印机（档案申报打印）[P]. CN305725099S，2020-04-21.

（49）刘婷婷. 一种档案用扫描结构[P]. CN210351302U，2020-04-17.

（六）工业通用技术及设备（185项）

基于篇幅关系，仅列举工业通用技术及设备最新获得的档案专利30项。

（1）赵佳俊，任梦影，杜原野，刘彤彤，张凯，田志鹏，楚立伟. 带档案查询图形用户界面的显示屏幕面板[P]. CN306242512S，2020-12-22.

（2）范春，徐安琪，范越，张彪，白冬梅，赵大平. 电子健康档案的智能管理方法及系统[P]. CN109887566B，2020-12-18.

（3）苏强. 一种健康档案管理系统[P]. CN112071382A，2020-12-11.

（4）葛永军，汪勉，罗亚军，鲍旭，李春菊. 防虫防潮档案箱[P]. CN212100200U，2020-12-08.

（5）庞永真，朱建旭，李丽环. 档案盒自动存取装置、档案盒自动取出及存放方法[P]. CN112046919A，2020-12-08.

（6）张明耀. 带档案互查功能图形用户界面的显示屏幕面板[P]. CN306203974S，2020-12-01.

（7）李曙东，彭娇娇. 一种档案袋自动贴码装置[P]. CN109941549B，

2020-11-24.

（8）李晓白. 带车辆档案图形用户界面的显示屏幕面板[P]. CN306190046S，2020-11-24.

（9）惠俊兰. 用于尘肺鉴定的患者档案管理系统和方法[P]. CN108231203B，2020-11-24.

（10）张玉立. 一种档案管理用收纳装置[P]. CN211996796U，2020-11-24.

（11）刘大群. 一种档案管理用十字打包装置[P]. CN211969838U，2020-11-20.

（12）崔献. 一种档案管理用档案袋半自动封装装置[P]. CN211845251U，2020-11-03.

（13）苏醒强，郭枳彤，鲁小凤. 带档案统计图形用户界面的显示屏幕面板[P]. CN306149765S，2020-11-03.

（14）吴东华. 一种医疗用影像胶片档案箱[P]. CN211845578U，2020-11-03.

（15）崔向红，高文. 便于快速查找档案的档案箱[P]. CN109720707B，2020-10-30.

（16）赵国胜，乔志东，彭作青. 一种可调式单本档案存取装置[P]. CN211643077U，2020-10-09.

（17）杨中英. 一种档案袋自动封口设备[P]. CN111731599A，2020-10-02.

（18）穆怀永. 一种物流用货物记录档案存放装置[P]. CN211544346U，2020-09-22.

（19）杨智，杜淼东，周梦培. 用于追踪式建立个人心理健康档案的系统及其测评方法[P]. CN111681729A，2020-09-18.

（20）李晓宁，张晓琛，李晔，李双妹. 一种人力资源档案用运输箱体[P]. CN211520438U，2020-09-18.

（21）杨谨荣. 一种防尘防潮的档案存放箱[P]. CN211495253U，

2020-09-15.

（22）R. Y. 史密斯，M. A. 格利克斯曼，S. C. 弗拉奇耶. 用于基于个人基因档案过滤社群媒体交互及在线内容的系统及方法[P]. CN111670475A，2020-09-15.

（23）张亚芳,秦建军. 一种建筑工程管理用档案储放盒[P]. CN211494877U，2020-09-15.

（24）徐袖珍. 一种英语培训档案资料存放装置[P]. CN211469427U，2020-09-11.

（25）王瑞. 一种档案自动分类存储装置[P]. CN211392119U，2020-09-01.

（26）张东宁. 一种档案密封打包机[P]. CN211365168U，2020-08-28.

（27）房红霞. 一种交通运输管理用档案资料储存装置[P]. CN211336912U，2020-08-25.

（28）孙述刚. 一种基于计算机应用技术的信息档案存放装置[P]. CN211282169U，2020-08-18.

（29）赵朝娜. 一种财经管理档案处理机[P]. CN211253134U，2020-08-14.

（30）郑洲洁,李丽沙,付庆会. 一种弹出式诊疗档案管理箱[P]. CN211224538U，2020-08-11.

（七）计算机硬件技术（168 项）

基于篇幅关系，仅列举计算机硬件技术最新获得的档案专利 20 项。

（1）呼俊迪，谢宛玲. 一种档案自动扫码装置[P]. CN212160667U，2020-12-15.

（2）陈勇. 一种便携式档案查询装置[P]. CN212061154U，2020-12-01.

（3）马德娟. 一种档案物理位置查询和识别装置[P]. CN212032146U，2020-11-27.

（4）王雪莲. 一种通用档案自助交互审批查询机[P]. CN212009436U，

2020-11-24.

（5）李庆华，余高峰，张宏海.一种档案记录方法、装置、电子设备及存储介质[P]. CN111897692A，2020-11-06.

（6）贾梅.一种音频档案数字转化系统及方法[P]. CN111899768A，2020-11-06.

（7）吴晓华，凌鸿基，刘欢，吴丰恒.基于改进多层PBFT的个人档案许可链管理系统及方法[P]. CN111858105A，2020-10-30.

（8）郭媛，杜占林.一种用于智能化档案管理数据储存装置[P]. CN211788171U，2020-10-27.

（9）赖国书，何海波，林华，夏桃芳，李建新，詹文，高琛，詹世安，鄢盛腾，丁忠安，陈吴晓，陈前，王雅平，许俊阳，张伟豪.基于台区能量平衡的台区拓扑档案校核方法[P]. CN111753259A，2020-10-09.

（10）陈俊宇.一种金融会计用的电子档案管理机[P]. CN211653541U，2020-10-09.

（11）宋中国，王胜涛，于洪征，朱卫国.一种采用智能机器人的档案管理系统[P]. CN211628264U，2020-10-02.

（12）梁哲恒，张金波，邱宇，温柏坚，李端姣，陈剑光，王伯敏，谢清锐，张锦周，曹彦朝，谈树峰，杨灿魁，王宇.档案查阅系统、方法、计算机设备和存储介质[P]. CN111625092A，2020-09-04.

（13）陈文，赖凤玲，郑祖培.一种结构稳定的档案数字化支撑装置[P]. CN211319722U，2020-08-21.

（14）刘晓东，陈艳芳，顾文杰.一种继电保护整定计算用数据档案存储装置[P]. CN211293977U，2020-08-18.

（15）夏晓梅，王阳强.一种财务档案管理一体化设备[P]. CN211180757U，2020-08-04.

（16）鲁亚男，丘毅清，朱茂清，许燕辉，龙辉. 二维码智能化档案柜和档案管理系统[P]. CN106919971B，2020-07-17.

（17）颜炳军，黄云游. 一种带易撕拉条的 RFID 档案管理标签[P]. CN211015587U，2020-07-14.

（18）张志平，何杰. 一种基于 RFID 的档案盒识别装置[P]. CN210983463U，2020-07-10.

（19）张海宁. 一种就业人才电子档案多功能查询设备[P]. CN210924565U，2020-07-03.

（20）徐骏善，李静，王晓丹. 一种实体教学档案快速管理系统[P]. CN111340154A，2020-06-26.

（八）金属学及金属工艺（104 项）

基于篇幅关系，仅列举金属学及金属工艺最新获得的档案专利 10 项。

（1）屈祖祯，何泽君，颜志勇. 一种会计档案打孔器[P]. CN112123440A，2020-12-25.

（2）吴金岭，吴波. 档案管理打孔装置[P]. CN212193458U，2020-12-22.

（3）朱铁壁. 一种档案管理用文件裁剪装置[P]. CN212123424U，2020-12-11.

（4）李梅. 一种档案管理用裁边装置[P]. CN212123539U，2020-12-11.

（5）邱凯，张丽英. 一种档案管理打孔装置[P]. CN212096592U，2020-12-08.

（6）任智江，司磊蕾. 一种医院档案管理专用起订装置[P]. CN211967376U，2020-11-20.

（7）陈国良. 一种用于档案上的手动打孔装置[P]. CN211941198U，2020-11-17.

（8）朱莉华. 一种对打孔机构进行保护的档案打孔装置[P]. CN111923139A，

2020-11-13.

（9）张敏. 具有夹持装置的档案收纳用打孔装置[P]. CN211842242U，2020-11-03.

（10）王燕. 一种门诊档案管理起钉装置[P]. CN211761273U，2020-10-27.

（九）自动化技术（87项）

基于篇幅关系，仅列举自动化技术最新获得的档案专利10项。

（1）王宏亮. 一种多角度档案管理抓取装置及方法[P]. CN112123357A，2020-12-25.

（2）赵宾雷，聂斌华. 档案库密集架集成管理控制系统[P]. CN112130490A，2020-12-25.

（3）王国库，贾桂峰. 一种智能档案库用防盗装置[P]. CN212061352U，2020-12-01.

（4）王国库，贾桂峰. 一种智慧档案库用烟雾报警装置[P]. CN212061380U，2020-12-01.

（5）刘维安，丁诗璟，沈文俊，高明，余刚，胡德清，赵琴，欧阳明，李亮，袁园，万聪，沈冰华，李金灵. 档案的自动盘库、上架与下架方法、装置及电子设备[P]. CN111966112A，2020-11-20.

（6）杨培决. 一种档案管理用夹取装置[P]. CN211841968U，2020-11-03.

（7）吴永祥，司海涛. 一种档案抓取的机器人[P]. CN211806128U，2020-10-30.

（8）聂林. 一种智慧档案库安防报警装置[P]. CN211718988U，2020-10-20.

（9）黄辉，雷俊，伍齐林，冯喜明，叶宏，董中. 档案盘点机器人[P]. CN211639894U，2020-10-09.

（10）卢云峰. 一种智能档案库房安全运行监控装置[P]. CN211478978U，2020-09-11.

（十）汽车工业（74项）

基于篇幅关系，仅列举汽车工业最新获得的档案专利10项。

（1）苗蔚. 一种具有楼梯作用的图书档案车[P]. CN112078640A，2020-12-15.

（2）潘延召，侯振远，万紫晨，夏栋财，寇宇经，沈鑫，吴佳慧. 车辆状况终生档案设备[P]. CN212148721U，2020-12-15.

（3）张玉涛，沈金萍. 一种人力资源档案管理用智能搬运车[P]. CN212098932U，2020-12-08.

（4）李华. 一种行政管理档案柜的平移搬离装置[P]. CN212099007U，2020-12-08.

（5）王红玉. 一种档案归纳用的推车结构[P]. CN212022736U，2020-11-27.

（6）朱莉华. 一种档案管理用档案运输装置[P]. CN111874065A，2020-11-03.

（7）靳京阳. 一种学校管理用档案转运推车[P]. CN211844524U，2020-11-03.

（8）徐长吉，王兴法. 一种推车式档案接收装置[P]. CN211809665U，2020-10-30.

（9）孙红. 一种档案管理用转递装置[P]. CN211809699U，2020-10-30.

（10）朱娜妮. 一种手推式档案搬运车[P]. CN211685203U，2020-10-16.

第二节　新产品新技术案例之一——申江万国文档全产业链服务

一、行业领先的文档全流程外包服务

申江万国结合文档全生命周期，构建起自成体系、行业领先的业务生态系统，为客户提供从文档收取、实物整理、托管利用到数据容灾备份、处理分析、文档修复、文档销毁的全过程监控及管理，从根本上优化了客户业务管理流程，彻底解放了非核心业务运营压力。该公司已形成遍及全国大中型城市、多节点、全流程的网络服务站点，在全国范围内提供专业化、个性化的解决方案，实现客户在文档工作上的降本增效、提高核心业务服务质量和运营保障能力、实现资源整合共享等目标（图 12-2）。

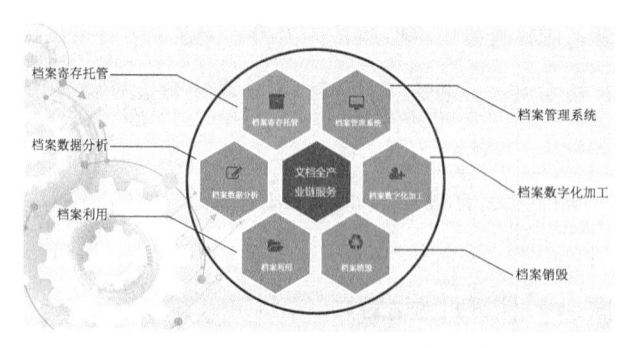

图 12-2 申江万国文档全流程外包服务

二、"无缝集成"的档案服务管理平台

申江万国在自身在档案外包服务行业近十年经验的基础上，以用户体验与高效管理为理念，自主研发了"无缝集成"的档案服务管理平台，将前端用户使用与后端档案外包服务无缝集成为一体化的档案管理系统，实现用户在电脑、手机等各类终端提出的各类档案服务需求能实时传递到公司各档案服务中心，优化分配公司内各部门工作流程与内容，为用户提供高效、快捷的档案服务。

三、"可信、可追溯"的区块链数字档案管理系统

基于前沿的区块链技术申江万国开发了具有可信、可追溯特征的数字档案管理系统。通过区块链技术，用户可以将政府部门、权威机构作为可信的第三方节点纳入档案存储网络，确保档案不被篡改，保证档案的可信性。同时在区块链数字档案管理系统中，所有的档案的利用行为都具有可追溯性，避免了电子、数字化档案的非授权查阅、打印等行为，保障了档案利用环节的安全性（图 12-3）。

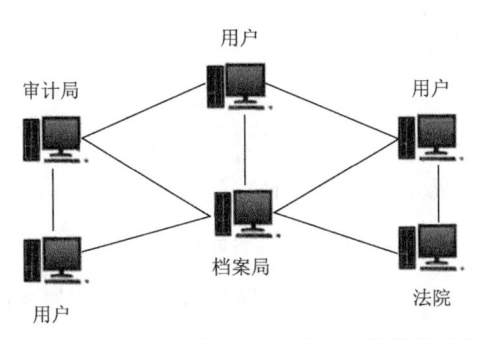

图 12-3 申江万国区块链数字档案管理系统

四、"高效、安全、可靠"的智能无人档案库房系统

申江万国综合应用高精度定位机构、自适应抓取装置、智能密集架和机器人等技术，构建行业领先的无人档案库房系统。一方面，将档案管理人员从繁重的档案上下架、搬运、盘点等工作解放出来；另一方面，避免了人员进出库房可能带来的安全隐患，从而为用户提供了高效、安全、可靠的档案库房管理。系统配套运档机器人，运档机器人将自动完成档案出库，并运送到用户指定的位置。系统具备指纹、人脸等识别装置，同时结合 RFID 技术，能够实现对进出库档案的核对、查验。系统拥有可靠性保障机制，确保在断电、系统故障等情况下授权人员能够进入无人档案库房，通过手动操作方式拿取档案（图 12-4）。

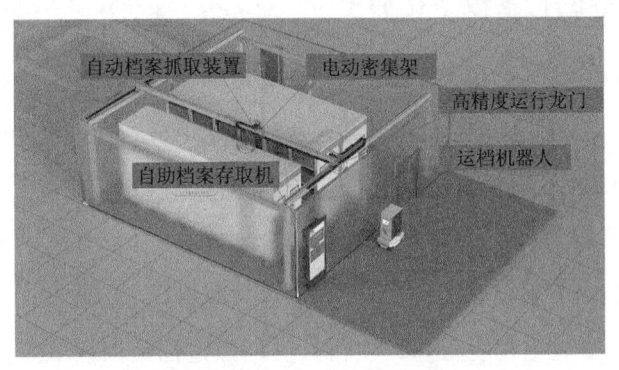

图 12-4 申江万国智能无人档案库房系统（截图）

五、安全高效的档案寄存托管

申江万国已建成 10 万平方米自有产权档案园区，档案库房符合国家《档案馆建筑设计规范》甲级标准。园区独立运营，7×24 小时安保巡逻执勤，双重门禁系统，保障档案信息安全。档案库房严格执行"十防"作业标准，铺设高压细水雾喷淋系统，配备智能安防监控与环境控制系统，标准箱一次性封签，统一密集架存储，保障档案实体安全。档案托管流程安全高效，客户可通过远程可视化系统，及时调阅查看所需档案，实时定位档案押运车辆，保障档案利用便捷高效（图 12-5）。

图 12-5　申江万国档案寄存托管

六、专业标准的档案数字化加工

申江万国档案数字化加工业务，采用先进的项目管理模式，在业界具有良好的口碑。从硬件基础到软件支撑，从质量保障措施到安全管理预案，各环节模块搭建起一套专业的数字化加工服务体系。该公司项目流程合理化，涉及档案接收、档案扫描、图像质检、数据挂接等 14 道工序。该公司项目采用标准化操作流程，各个工序均配有作业规范指导书。除此之外，该公司项目实施团队专业化程度较高，项目人员均经过档案岗位从业资格培训认证，行业经验丰富（图 12-6）。

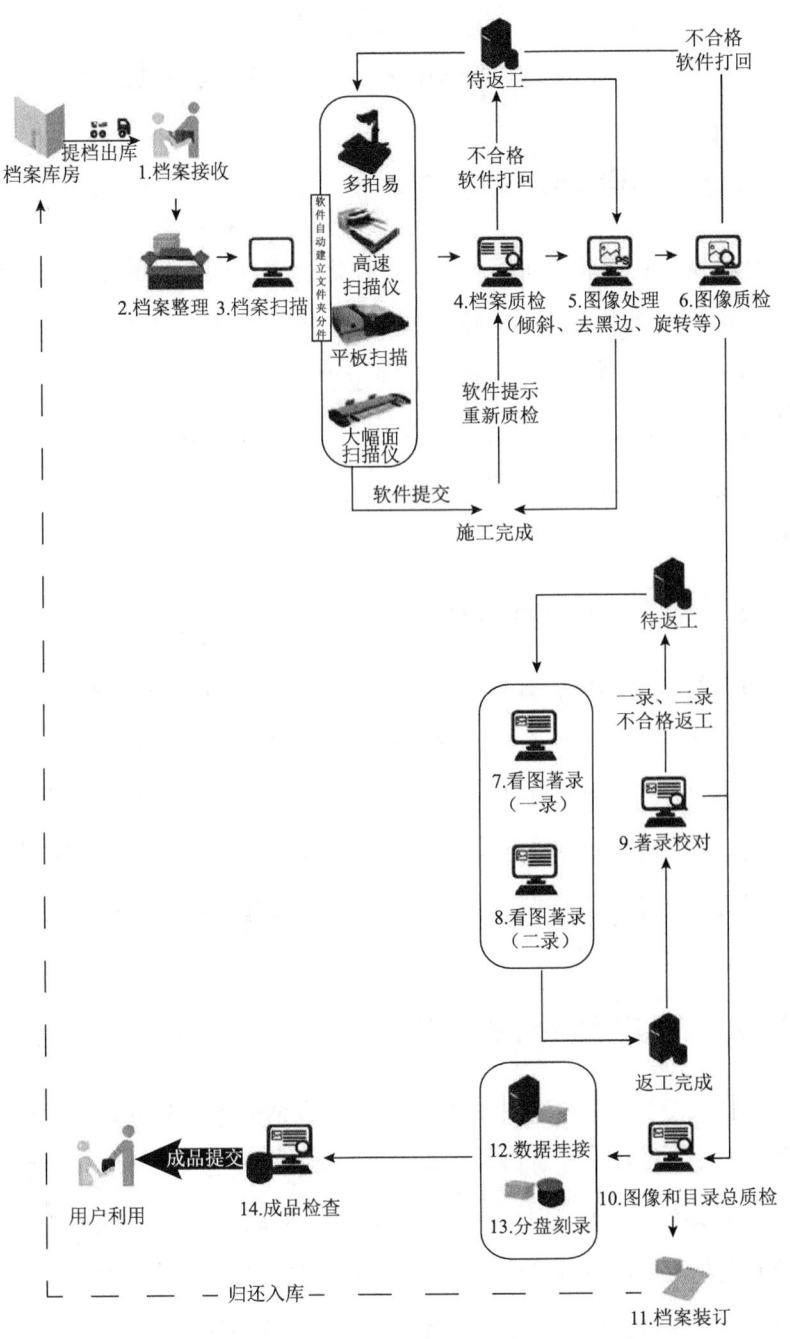

图12-6 申江万国档案数字化加工

第三节　新产品新技术案例之二
——立鼎科技档案一站式服务体系

一、档案信息结构化服务解决方案

立鼎科技拥有管理精细化、加工流程化、质量标准化的专业档案数字化团队，可提供对各类文书、图纸、资料、业务档案等纸质、影像档案进行整理分类和档案数字化加工服务，通过建立图文数据库，对数据进行规范性校验，实现纸质档案与电子档案一一对应关系，最终将成果档案数据与业务系统挂接，形成一个有序结构的档案信息库，及时提供利用，实现信息共享。

二、数字档案管理系统解决方案

立鼎科技数字档案管理系统是由立鼎技术团队自主设计研发，采用科学的管理理念，满足各类企业和政府部门档案管理信息一体化要求的数字化综合管理系统。该系统实现对各类企业和政府部门档案的科学化分类管理，引入全文检索、数据可视化、OCR、动态水印、流程协同等技术，为客户提供安全可靠、操作简单、提高档案管理效率的数字化档案管理解决方案。

三、数据容灾与恢复系统解决方案

数据容灾与恢复系统解决方案是立鼎科技依据多年数据加工经验和以航天科工为技术支持，针对档案行业提出的数据安全存储技术。该系统的应用可对操作系统、档案应用平台、海量文件、机读目录数据库进行定时的、全自动的完全及增量信息备份，在操作系统、档案应用平台、海量文件、机读目录数据库发生损坏或数据丢失的情况下，实现快速恢复，有效保障档案数据的完整性和安全性，有效防范因异质备份损坏、人工误删、病毒等突发因素造成的数据丢失及泄露等问题。

四、数字档案馆（室）一体化解决方案

为适应电子政务和信息社会日益增长的对档案信息资源收集、管理、保存、利用的需求，立鼎科技以《全国档案事业发展"十三五"规划纲要》《数字档案馆建设指南》为背景，以《数字档案馆系统测试办法》为建设依据，提出通过馆（室）局域网、党政网、互联网构建数字档案资源管理网络体系的解决方案，根据《数字档案馆系统测试办法》着力为档案馆（室）有针对性提供应用系统架构、基础设施架构、数字资源架构、标准规范体系架构、安全保障体系架构（图 12-7）。

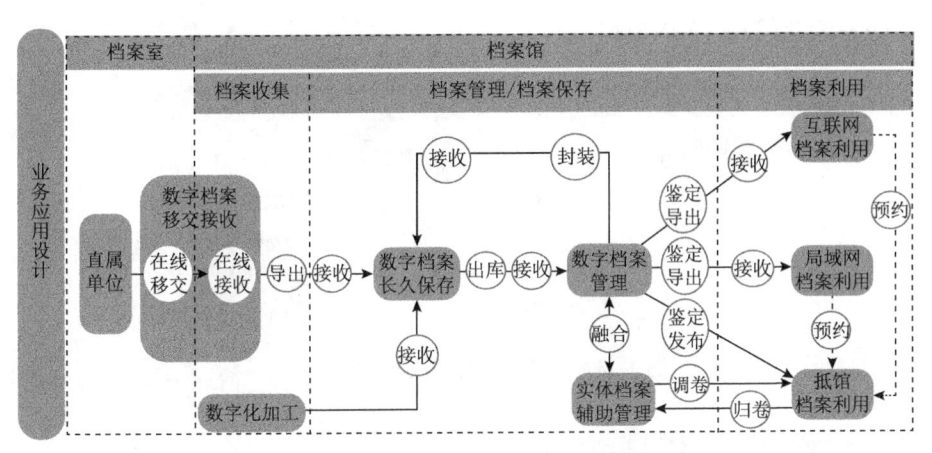

图 12-7 立鼎科技数字档案馆（室）一体化解决方案

五、智能库房建设解决方案

智慧库房管理系统基于 RFID 自动识别、图像识别、云计算、大数据、物联网等技术，通过 RFID 电子标签对实物进行唯一标识，实现实物的非接触、多文件、快速采集，实现在线监控、快速定位、高效盘点、动态路径跟

踪等功能，从而实现管理的数字化、自动化、高效化与智能化。同时将库房传感数据与立鼎科技数字档案管理系统数据实行互通，形成档案一张图大数据管理。

六、物理档案托管服务

立鼎科技库房位于重庆璧山普洛斯物流园，整个园区管理严格，全区禁烟，24小时保安值守。馆库全面实现高标准高水准高保障"十防"措施。馆内采用空调和新风除湿系统，确保库房内部保持恒定的温度和湿度，在防火、防盗、防高温、防光、防爆、防尘、防潮、防虫、防鼠、防有害气体等方面具有良好的性能优势。严格的门禁系统和完备的防盗监控设施，无死角全覆盖。安全监控系统和人员安保管理，声像监控的保密服务场地，确保档案安全及科学化管理（图12-8）。

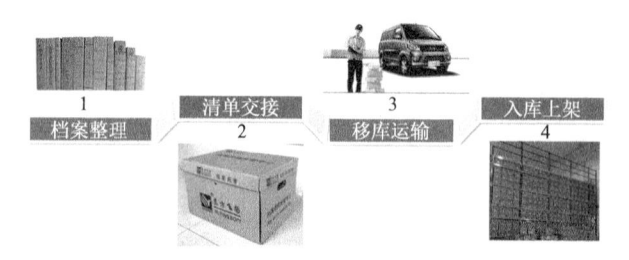

图 12-8　立鼎科技物理档案托管服务

七、酷豹智能文本平台产品

1. 酷豹智能修图引擎

酷豹智能修图引擎运用AI（人工智能）结合CV（计算机视觉技术）和OCR（光学字符识别），自动处理扫描文本图片，结合国家标准、行业标准指导规范，对图像数据进行更为细致的纠偏、去污、裁剪、印章保护、颜色图像保真等处理（图12-9）。

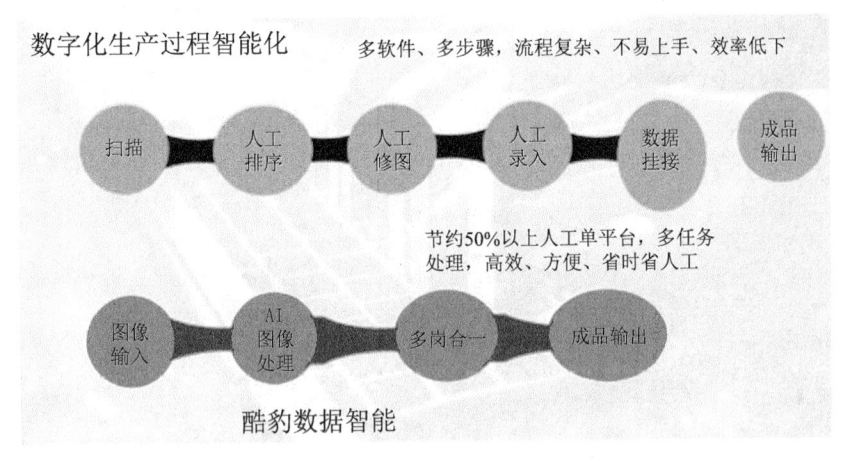

图 12-9　立鼎科技酷豹智能修图引擎（截图）

2. 酷豹智能合规审查

合规审查是酷豹科技按照电子结构化数据接收审查的要求，为保证电子文本数据完整性、有效性及正确性而推出的 AI 智能合规审查产品，主要解决非结构化图片数据与结构化目录数据的审查复杂性问题。智能引擎在植入档案接收方审查规则后，保证 24 小时不间断审查电子数据，替代传统人工抽样检测方式，实现 AI 数据全检（图 12-10）。

图 12-10　立鼎科技酷豹智能合规审查（截图）

第五编
借鉴国外先进经验

第十三章 欧美商业性文件中心概述

关于欧美的商业性文件中心，国际文件管理者和指导者协会（International Association of Records Managers and Administrators，ARMA International）给出的定义是保存其他组织的文件并以盈利为目的提供有偿服务的文件中心。中国的档案服务业尚没有明确的定义，"档案服务业"这一词最早由浙江省档案局提出。他们认为档案服务业是运用现代档案管理知识、技术和场所、设备、设施等要素向社会提供智力成果、劳务服务、档案产品的新兴行业，是档案事业的重要组成部分。[①]欧美商业性文件中心与中国档案服务业虽然略有不同，但其功能性质相近。随着市场化进程不断加速，我国档案服务业已经进入到快速发展的阶段，档案服务业企业数量激增，这也对我国档案服务业企业的发展提出了新的挑战。而欧美商业性文件中心已经发展到了非常成熟的阶段，究其原因，除了其有健全的法律法规、行业协会作为依托以外，最重要的是各个企业有与时俱进的技术手段和经营理念作为支撑。中国档案服务业与欧美的商业文件中心虽有一定的区别，但欧美商业性文件中心的经验可以为中国档案服务业的发展提

---

① 浙江省档案局. 关于促进我省档案服务业健康发展的意见[EB/OL]. http://www.zjda.gov.cn/art/2016/4/18/art_1378496_12554058.html[2021-4-20].

供参考，弥补中国档案服务业档案建设中的不足，为建设具有中国特色的档案服务业助力。

第一节　欧美商业性文件中心的发展概况

一、欧美商业性文件中心兴起

商业性文件中心是一种私人创办的营利性、服务型企业，借助高科技手段为有需要的企业、机构、组织和个人提供商业性、专业性和社会化的文件及信息管理服务。[①]商业性文件中心最早产生于美国，20 世纪 30 年代，美国政府已经开始有意识地对政府机构档案、文件进行管理。第二次世界大战爆发后，美国联邦政府文件数量暴涨，其中军事文件增长尤为迅速。为了解决政府部门内部存储空间不足的问题，当时海军部埃米特·李希将废弃的啤酒厂搭建成了临时库房，形成了能够保存当时半现行性文件的文件中心，并取得了非常好的效果，这在一定程度上减少了开支。政府文件中心的成功及在不同领域的推广，使美国商业界开始认识到建立商业性文件中心的可行性。文件中心方案的策划者埃米特·李希于 1948 年建立了第一个商业档案中心，由此可见商业性文件中心形成于 20 世纪 40 年代。20 世纪 50 年代是商业性文件中心的初步发展阶段，美国和欧洲的一些国家陆续建立了商业性文件中心。20 世纪 70 年代是商业性文件中心快速发展阶段，随着相关的法律法规的出台，社会认可度的不断提高，以及新兴技术的不断发展，这一时期的商业性文件中心呈快速发展之势。20 世纪 80 年代，ACRC 成立。20 世纪 90 年代，商业性文件中心的数量呈现爆发式增长。1991 年，ACRC（也就是现在的 PRISM）的会员共有 380 家公司，到了 20 世纪 90 年代末，PRISM

---

① 黄霄羽. 全面解析商业性文件中心[J]. 档案学通讯，2009，(6)：75-78.

的会员已经增加到了500余家公司，并呈国际化发展趋势。[1]20世纪90年代后期，商业性文件中心开始呈现优化重组、整合发展的态势。如今许多组织由于各种管理问题和管理文件的法律要求，无法管理自己的文件，因此它们非常依赖商业性文件中心。商业性文件中心提供的一般服务包括文档存储、磁介质存储与销毁，以及云存储、编制计算机索引和管理报告、在线目录访问、归档服务、文件和信息管理咨询等。此外，商业性文件中心还负责维护和保存缩微胶卷、磁带、光盘等现代文件。商业性文件中心共有五个主要功能，即异地文件储存和媒体存储管理、文件数字化和在线数据备份、文件安全销毁、文件管理咨询、培训。

欧美商业性文件中心的兴起迅速带动了全球商业性档案管理机构的发展。随着世界各国文件数量的爆发式增长，以及企事业单位组织规模的不断扩大、业务活动的日益复杂，各企事业单位每年产生的档案呈几何倍数增加，而与之相对应的却是企业自身的档案管理能力有限，不能够满足过多的档案管理的需求。于是在商业性文件中心的基础上出现了将档案以外包的形式委托给第三方管理的形式，"档案服务业"这一新兴行业便应运而生了。

二、欧美商业性文件中心的发展特点

（一）政府支持，自身发展

从商业性文件中心的发展历程中可以看出，美国的商业性文件中心是在政府的支持下以追求高效经济的文件管理方式而形成的文件管理机构，从最初的海军部临时库房的建立再到美国第一家以盈利为目的的商业性文件中心的形成，都是在政府的支持下而不断发展起来的。其中最关键的是政府在这一过程中起到了重要的推动作用。[2]政府还出台了相应的法律法规，如美

---

[1] 黄霄羽. 商业性文件中心产生的理论依据和实践原因[J]. 北京档案，2010，（9）：8-10.
[2] 黄霄羽. 商业性文件中心产生的理论依据和实践原因[J]. 北京档案，2010，（9）：8-10.

国在 1950 年颁布了《联邦文件管理法》，授权总务署在国家档案与文件局设联邦文件中心，从此确定了文件中心的法律地位；政府主导下成立的行业协会（PRISM）制定了一系列的标准，如行业内机构运营标准、建筑标准、灾备标准、载体设施标准、风险转移标准等。[1]欧美商业性文件中心繁荣发展的一个重要原因就是行业协会的发展。2018 年 6 月，美国 NAID 和 PRISM International（倡导文件和信息管理最佳实践的标准制定机构）合并成立了非营利性组织 i-SIGMA，它旨在倡导标准的实施，促进全球服务供应商及其客户的数据生命周期管理、数据安全和信息治理。[2]当然，商业性文件中心发展之所以如此迅速也离不开其自身的努力。作为以盈利为目的的档案文件信息管理服务业，其目标是追求效益最大化，所以在市场的调节作用下，其自身的服务能力、技术水平、业务范围和规模效益不断扩大。商业性文件中心不如文件中心能得到快速发展的主要原因也在于此。作为一个新兴的服务产业，提高客户满意度同时获取更多客户的信赖与支持是其所不断追求的，于是商业性文件中心不断在自身的基础上寻求突破，不论是从单一的文件存储业务到具有多元化的信息管理服务，还是信息化技术手段的不断应用，抑或是商业性文件中心的跨国经营，其发展都离不开档案信息服务行业内企业自身的不断努力，所以说商业性文件中心呈现出政府的支持与其自身的不断发展的特点。

（二）经济推动，技术突出

从 20 世纪 70 年代开始至今，美国的商业性文件中心呈现迅猛的发展态势，其中最重要的原因要得益于美国经济的持续高速增长及由此带动的技术的进步。近年来，随着世界经济的飞速发展，与经济同步发展的商业也进入了高速发展阶段，商业的发展推动了企业数量的增加，也导致商业活动中纸

---

[1] 黄霄羽. 国外商业化文件信息服务业的监管体系[J]. 中国档案，2011，（10）：58-60.
[2] i-SIGMA Home of NAID & PRISM International[EB/OL]. https://isigmaonline.org/[2021-04-05].

质文件和电子数据数量的激增，以及企业自身需要存档的档案数量的增加，而越来越多的企业为了提高效益、降低成本、保证档案保存的专业化水平，选择将档案存储在商业性文件中心。经济的进步带动了信息技术行业的发展及档案数字化的要求，数字化服务便是商业性文件中心在不断发展过程中扩大业务范围的一种服务方式。而同时，经济的发展也带动了社会的进步，人们对于信息的需求也不断增加。现如今，随着AI、云计算等技术的发展，欧美的商业性文件中心将服务拓展到了云存储、文件智能化生命周期管理、基于文件的内容服务等以满足高速发展的经济状态下人们对于信息的需求。由此可见，经济的发展在一定程度上推动了商业性文件中心的发展。

商业性文件中心在发展过程中还表现出技术突出的特点。商业性文件中心之所以表现出对技术的依赖是因为其关键的一点在于"商业性"，作为以盈利为目的的商业性企业，在竞争中获取优势的关键就在于技术的不断改进。商业性文件中心作为新兴的服务型行业，应该充分利用先进的电子、信息、通信和网络技术，来提供优质、高效、专业化的文件档案信息管理服务，因为只有这样，才能得到用户的青睐，才能在市场竞争中获得优势。20世纪80年代对商业性文件中心影响较大的两项技术是条形码技术和光盘存储技术。其中条形码技术很好地解决了文件检索效率低下的问题，而光盘存储技术则终结了商业性文件中心使用缩微胶片的历史，扩大了信息存储容量。20世纪90年代又出现了很多新的技术，如用RFID来追踪文件、旅行保管箱（travel box safe，TBS）技术、BABACO警报系统和装有GPS的流动粉碎车辆技术、保险库（vault storage）技术、电子保险库（electronic vaulting）、灾难防御和意外防备系统（disaster recovery and contingency planing）等。[1]而如今，基于云存储、机器学习、AI技术的内容开发则是欧美商业性文件中心

---

① 唐一芝. 欧美商业性文件中心繁荣发展原因探析[J]. 档案，2015，（9）：16-20.

的大势，如铁山公司的 INSIGHT 内容服务平台，在该平台中无须进行特殊培训的分析师就可以通过机器学习最大限度地提高公司可见资产的价值，包括扫描的纸质文件或无人机拍摄的非结构化视觉数据、井下传感器或其他具有机器学习功能的互联网现场技术。还可以通过将已知的元数据和外部数据库与资产进行匹配，提高数据质量，并可以根据一系列指标轻松地对其进行搜索，包括勘探日期、井类型、盆地、GPS 位置等。

（三）市场导向，广泛分布

商业性文件中心的出现是由多元化的市场需求所决定的，是社会分工的具体体现。如今的商业性文件中心数量逐年增多，并呈现广泛分布的特点。首先，从市场需求方面来看，随着历史的发展而出现的政府文件中心是以应对政府文件爆发式的增长为目的而出现的，而商业性文件中心的出现也是有市场需求的，是由市场决定的以应对各企事业单位档案文件信息的数量增长而出现的。所以，根据经济学中的供需关系可以看出商业性文件中心的产生与形成是有需求的，是由企事业单位对于档案信息管理的需求所决定的，是符合市场的运行规律的。其次，随着经济的不断发展，相关企业不断做大做强，近几年来国外的商业性文件中心发展迅猛，迅速分布于欧美的各个国家，其提供的服务也深入到各个领域，商业性文件中心的广泛分布一方面解决了世界各国档案文件信息的管理工作；另一方面也为档案文件信息的高效、安全管理提供了保证。

第二节　欧美商业性文件中心典型企业介绍

一、铁山公司（Iron Mountain）

铁山公司是目前世界上从事文件档案信息保存管理工作最具典型的商业性文件中心，成立于 1951 年的美国纽约的利云斯顿，当时是为了使被资助人——美国犹太人的身份文件免受战争的破坏,由资助人也是当时比较成功的美国商人赫尔曼·纳斯特(Herman Knaust)创建。

铁山公司已成为存储和信息管理服务的行业领导者,为五大洲的50多个国家的23万名客户提供了服务。铁山公司在纽约证券交易所上市,是标准普尔500指数成分股公司之一,也是《财富》1000强(目前排名619)的成员之一。在每个主要行业,各种规模的组织,包括超过95%的《财富》1000强企业,都将铁山公司作为它们的信息管理合作伙伴。

铁山公司在2015年的收入为30亿美元,是服务全球市场最广泛的服务平台,是全球值得信赖的存储和信息管理服务合作伙伴。赫尔曼·纳斯特在1952年就表现出了巨大的远见,他说:"这项业务将迅速发展。"[1]

(一)铁山公司提供的服务

铁山公司最初只提供基本的文件保管服务,服务内容较为局限,业务类型较为简单。经过不断发展,如今商业性文件中心的服务范围已经拓展为文件信息管理服务领域的各个方面。[2]

如今的铁山公司,已经从传统的文件保管服务转换到了对整个信息生态系统的开发与管理。其主要服务的构成可以概括为三个词,即"保护"(protect)"转换"(transform)和"释放"(unlock)。"保护"是指安全仓储与物流、数据中心和托管服务;"转换"是指智能内容服务;"释放"是指云存储与迁移以及文件和IT资产处置。除此之外,铁山公司还提供无价艺术品的保护、经典电影修复、将其数据中心外包到世界各地等特殊服务。

铁山公司以其专业化的技术设备、专业化管理流程、专业化的人员配备及专业化的人员管理而形成了特有的专业化的服务链条,能够为用户提供安

---

[1] Iron Mountain History[EB/OL]. https://www.ironmountain.com/about-us/history[2021-04-07].
[2] 黄霄羽. 美国两大商业性文件中心的发展历程[J]. 中国档案,2011,(4):62-64.

全有保障的文件档案信息管理服务。铁山公司一直保持着"以人为本"的服务理念。铁山公司可以应客户要求提供一系列的业务档案管理方案；当企业提升了日常档案管理的需要时，铁山公司的人员会成为其企业的一分子，为企业提供一系列的服务。

（二）铁山公司的技术保证

铁山公司的发展离不开技术的创新，当前铁山公司在文件和数据管理方面最核心的技术就是云计算技术，铁云数据管理就是其重要的产品，铁云数据管理的核心就是多层数据存储，也就是在正确的时间将正确的数据放在正确的层上，以确保合规性、降低风险并节省存储成本。与此同时，保留对最关键的业务资产——数据的访问权。铁山公司的分层管理与传统的扁平化或分层不足的混合或云数据管理策略相比，最大的优势是可以显著地降低管理成本。铁山公司将数据划分为现行数据和非现行的数据，现行数据使用在线存储的方式，以方便访问和检索而一些不常访问的数据则使用安全离线存储，以实现合规性和长期保存；一些磁带目录和磁带库则通过异地存储的方式来降低成本，剩余的磁带则存储在铁山公司可温控的、具有高安全性的拱形保管库中。铁山公司的数据处理系统也是其技术优势之一，其数据处理系统能够做到把数据的价值提升，同时又降低管理成本和风险。笔者在前文中提到的 INSIGHT，就是兼顾价值与成本的典范，它是一个综合运用了机器学习和 AI 技术，且基于云的内容服务平台，在最大限度地开发文件和数据内容的同时，还降低了集成的负担。2019 年铁山公司开发了名为 Iron Mountain Mobile 的应用程序，它可帮助用户使用智能手机或平板电脑随时下达并跟踪订单，以及接收有关订单状态的通知。

（三）铁山公司经营管理

铁山公司非常重视对企业文化的建设，它的一个合作用户布朗·施蒂特说："当客户咨询我们的托管服务时，我们可以很自豪地向他们说，我们用的是 Iron Mountain 的服务，我们会得到一个积极的回应，因为他们一旦听到 Iron Mountain 的名字便不再犹豫。"[1]可见，铁山公司良好的经营管理得到了客户的信任与支持。铁山公司坚持多元性和包容性发展观，如它建立了员工资源小组，以及包括女性、退伍军人、"千禧一代"等多个员工小组，这些都体现了员工组成的多元化。同时，铁山公司还坚持可持续发展观。一方面，由于在全球拥有众多基础设施与实体设备，为减少公司能源消耗对环境产生的负面影响，铁山公司通过采用风能或太阳能等可再生能源来减少温室气体的排放，如 2017 年 4 月铁山公司签订了长达 15 年的风能采购协议，为数据中心客户提供 100%的可再生能源。值得一提的是，铁山公司的 100%可再生能源供电的数据中心提供了首创的 Green Power Pass 计划，为客户整体能耗组合添加了大量可再生能源。另一方面，铁山公司的员工每年会提供志愿服务，在提升社会信息管理意识、培养信息管理能力方面贡献自己的力量。[2]业务经营方面，铁山公司提出了"安全是一种生活方式"的口号，可见其非常重视文件和数据的安全性，积极维护文件的实体和信息内容安全。正如可持续发展理念的倡导者 Akamai（阿卡迈）公司所言："我们的业务案例中一个至关重要的方面是寻找一个不仅满足我们的可再生能源需求，而且了解我们正在努力做什么，并能帮助我们实现目标的合作伙伴。有了铁山公司，我们找到了一个合作伙伴，它能做到这一切，给我们带来了竞争优势。"[3]正是这样兼顾安全、客户需求与绿色可持续发展的经营理念，让铁山公司成了国际信息管理服务业的领头羊。

---

[1] 王玉龙.企业文化在美国商业性文件中心发展中的作用探析——以 Iron Mountain 和 Recall 为例[J].云南档案，2012，（12）：35-38.

[2] 黄霄羽,黄静.新形势下国际文件信息管理服务业发展态势研究——以 Iron Mountain 为例[J].浙江档案，2018，（4）：6-9.

[3] Akamai 可持续发展战略[EB/OL].https://www.akamai.com/zh/company/corporate-responsibility/sustainability [2020-12-31].

二、信安达公司

信安达公司的历史可以追溯到 1980 年，当时以色列移民莫伊舍·马纳（Moishe Mana）在纽约成立了莫伊舍搬家（Moishe's Movers）公司。他发现，他的客户都将文件盒存放在昂贵的小型存储单元中，于是他从中嗅到了商机，于 1986 年在新泽西州泽西市创立了信安达公司。如今，信安达公司已经成为国际化的文件存储公司，它的 1100 名员工每年创造超过 1 亿美元的收入。信安达公司的 7000 名客户包括捷蓝航空（JetBlue Airways）、斯隆-凯特琳（Memorial Sloan Kettering）癌症研究中心、美国国家橄榄球联盟（National Football League，NFL）等。它是第一个进驻中国的外国商业性文件中心，但 2018 年铁山公司收购了信安达公司在中国的业务。[①]

（一）信安达公司提供的服务

信安达公司服务于医疗、政府、法律、金融和人力资源等众多行业，为客户提供数字转换、高级数据采集解决方案、文档管理系统、工作流自动化、旧数据归档、法规遵从和治理流程管理，高级分析功能，以及全套的文档存储、扫描和物理文档管理服务。信安达公司除了提供实体文档的解决方案和文档存储服务外，还为客户提供数字化解决方案，其中包括文档扫描服务和 OCR 数据提取，以及基于云的端到端加密在线数字记录存储。

（二）信安达公司的技术保证

技术是商业性文件中心实现可持续发展的关键，商业中心必须与最新技术的发展保持步调一致才可以为用户提供高效、经济的服务。信安达公司的内容服务平台就是信安达公司先进技术应用的集中体现。它是一个具有高度

---

① How GRM Went From Storing Boxes To Building A Tech Business That's Winning In China[EB/OL]. https://www.forbes.com/sites/forbestreptalks/2017/09/13/how-grm-went-from-storing-boxes-to-building-a-tech-business-thats-winning-in-china/?sh=263fc5b2de01[2021-04-10].

灵敏性和可扩展性的企业内容管理系统，并可以与用户的 IT 基础设施和多个数据库无缝集成。当然，它所提供的不仅仅是内容服务平台，还包括整套文档管理服务。信安达公司的 Visual Vault 内容管理平台允许内容管理系统集成数据分析、机器学习、智能数据捕获和 DMS 软件，以实现文档管理、版本跟踪等功能。用户可以通过扫描邮件、文件等方式传输纸质文件并将其转换为数字文档。随后再提取数据，对记录进行分类，并使其准备好在用户公司的业务流程中进行协作。在管理工作流程进行的同时，所有记录都将安全地备份到信安达公司的云文档存储库或异地纸质文档存储设施中，并可以随时随地对其进行访问。总的来说，信安达公司的内容服务平台是一个服务于文件整个生命周期、为多个用户在单个互连数据库下工作的协作环境而构建的面向内容和流程管理的平台。

（三）信安达公司的经营管理

信安达公司的经营管理运营良好主要表现在其内部的人员管理及拥有的客户至上的经营宗旨方面。首先，人员管理方面，信安达公司每位员工都要先接受专业培训后再上岗，公司拥有属于自己的经过专业培训的专业运输队伍，这些派送人员不是一般的送货员，而是信安达操作部的工作人员，从而保障了其工作任务的完成与服务质量。其次，经营宗旨方面，公司以负责的精神、团队合作精神与创新的理念为客户提供精确无误、完善周到的服务，且坚持客户至上的服务理念，坚持为用户提供满意的、安全可靠的服务。[①]

三、Restore Plc 公司

Restore Plc 公司是英国领先的文件档案信息管理公司之一，是英国最大的存档文件存储公司，从纯文档存储解决方案到全面文件管理，基于合规性

---

① 曾雨. 浅论国外商业性文件中心的综合特点[J]. 兰台世界，2009，（6）：2-3.

的记录管理程序，Restore Plc 公司提供一系列专门服务，是欧美商业性文件中心中又一成功案例。

2010年以来，Restore Plc 公司通过收购进行了疯狂的扩张。最近一次是2018年5月，Restore Plc 公司收购了 TNT Business Solutions 公司（简称 TNT），也就是 TNT UK Limited 的文件管理业务。Restore Plc 公司与 TNT 公司的联合势必会给英国的文件信息管理领域带来更好的服务，特别是 TNT 公司服务对象中公共部门所占的份额，将进一步巩固 Restore Plc 公司在英国文件管理公司中的地位。

（一）Restore Plc 公司的服务

从 Restore Plc 公司的官方网站上可以完整清晰地看到其提供的一系列的服务，包括文档/文件存储、安全跟踪、遗产存储、磁带存储、地下室存储、全文档管理解决方案、超安全保管库存储，其中涉及制药、医疗、法律等领域，说明其提供的服务范围广、领域宽，也充分说明其具有提供对象多样化及内容多元化的特征。Restore Plc 公司提供的服务具有灵活性，即无论客户提出什么要求，它都能指定出一种方式来满足客户需求，其与国家自然保护局合作保护、存储国际重要的遗产文物就充分体现了提供服务的灵活性。Restore Plc 公司提供的服务还具有安全性，可保证安全全程跟踪，如设有 GPS 全程定位及积极监控所有系统，以便灾难发生时，如清洁团队拔掉现场备份硬盘驱动器，做到及时知晓，并立即修复。

（二）Restore Plc 公司的技术

Restore Plc 公司作为英国典型的商业性文件中心具有良好的技术保障，其获奖的 O'Neil 跟踪软件，可以做到轻松、准确地管理、跟踪和监控；其采用的最新干燥剂技术——RFID 标签是一种在线软件技术；其最具特色的技术是非常早期的烟雾探测设备（very early smoke detection apparatus，VESDA），它主要用于风险管理，即通过 VESDA 提供火灾事件的最早可能的警告。VESDA 非常敏感，在人眼看见之前就能检测到烟雾。VESDA 位于所有存储设施和媒体库的关键点，并且在不太可能发生火灾的情况下，系统会花时间调查报警并发起响应，以避免任何文件或记录被损坏。由于 VESDA 具有业界最宽的灵敏度范围和多级警告，因此即使在火灾没升级之前，它也能检测到微小的烟雾。

（三）Restore Plc 公司的经营管理

Restore Plc 公司具有良好的经营管理理念。人员管理方面，Restore Plc 公司肯定并赞扬员工所表现出的辛勤工作，以及奉献精神与技能和专业精神。Restore Plc 公司明确指出，员工是其成功的关键，并与信任客户及保护客户隐私的工作人员密切合作，以便迅速和谨慎地存储管理信息。企业管理标准方面，致力于高服务水平，所有存储地都选择了远离大城市的工业区，以防止其所带来的风险。所有的工作人员都有政府批准的安全许可证。社会责任方面，Restore Plc 公司认为环境是重要的。作为英国领先的纸张回收公司之一，Restore Plc 公司致力于尽可能地回收纸张废弃物，实现 100% 的纸张回收。2021 年 Restore Plc 公司还签署了气候组织的 EV100 项目，致力于在 2030 年让电能源汽车成为常态。另外，作为当地社区的一个负责任的成员，公司支持当地一个独立的慈善机构——萨里关怀信托基金，并鼓励员工从事各类慈善筹款活动。

四、OASIS Group-Information Secured 公司

OASIS Group-Information Secured 公司是当前欧洲发展速度最快的记录和信息管理公司，该公司创始于 1999 年，成立于爱尔兰的都柏林，此后进行了国际扩张，目前在 6 个欧洲国家/地区开展业务，拥有 1700 多名团队成员，为 12 500 多客户提供服务。2016 年，OASIS Group-Information Secured 收购了 Restore Plc 公司在爱尔兰的业务。

（一）OASIS Group-Information Secured 公司提供的服务

OASIS Group-Information Secured 公司提供三大高品质的服务，包括从静态到动态的档案解决方案、全方位扫描服务和数据备份服务。具体而言包括云存储和企业永续经营、文件数字化、媒体保管库、便笺空间、文件管理、文件保存和销毁、磁带恢复和转换等。

（二）OASIS Group-Information Secured 公司的技术保证

OASIS Group-Information Secured 公司的在线信息管理系统是其业务的关键技术保证，在该系统中可以实现在任何时间、任何地点查询归档记录，跟踪它们的移动，并请求特定的记录。此外，还可以使用搜索引擎检索记录，然后根据用户的偏好，提供实物或数字形态的信息。如果用户只需要信息而不需要物理记录，还可以选择模块按需扫描。在此模块中，用户可以查阅存档记录的数字副本，并可获取其副本。

（三）OASIS Group-Information Secured 公司的经营管理理念

OASIS Group-Information Secured 公司致力于创造世界一流的记录和信息管理公司。其在经营方面的宗旨是永远不会提供现成的解决方案，按照每一位用户的需求为其提供量身定制的解决方案。在 OASIS Group-Information Secured 公司的官方网站上有六句话，分别是良好的业务始于诚信、积极承担自己的责任，从来不说"这不是我的责任"，用户至上的服务方式是唯一的服务方式，团队合作是成功的关键，为团队的每一个成员提供机会，我们将为我们的社会做出贡献（这也是 OASIS Group-Information Secured 公司的核心价值理念）。笔者认为可以将其概括为勇于担责、诚信经营、用户至上、注重员工关怀、做有社会责任感的企业。

五、OMTRA 公司

OMTRA 公司（Organizazione Magazzini Trasporti ed Archivi）在创始人

西尔维奥·斯帕多尼（Silvio Spadoni）的倡议下于 1956 年在米兰诞生，旨在为跨国公司组织并提供运输和物流服务。它的首批客户包括欧瑞康（Oerlikon）、壳牌（SHELL）和拜耳（Bayer）。它是第一个向意大利介绍第三方档案、信息治理、安全销毁，以及为律师事务所、公司和国际政府机构提供咨询服务的公司。1993 年，OMTRA 公司成了美国相关协会（PRISM、NAID 和 ARMA International）的会员。现在，乔万娜·朱利亚是 OMTRA 公司的第三代"掌门人"，她为一些公司提供内部咨询，并与世界各地合作伙伴合作，引入了信息管理、安全销毁和数字转型的概念，她还曾在欧盟和美国工作，并且是 PRISM DLC（分部领导委员会）主席。

（一）OMTRA 公司提供的服务

OMTRA 公司主要提供信息管理和安全粉碎服务，具体的服务包括信息管理与安全、文档销毁和电子安全、纸质和电子归档存储、文档扫描、文件数字化、灾难恢复、文档分类、物流管理、业务连续性和工作场所恢复等。OMTRA 公司提供的服务具有高度安全性，不论是仓库和金库湿度及温度控制，还是安装在周界 24 小时闭路电视摄像机等都能确保文档信息的安全与完整。OMTRA 公司强调服务的关键词是灵活性、效率性和准确性。例如，保证业务的连续性和可追溯性是其灵活性的具体表现，提供个性化服务以满足每个客户的个性化需求也是其灵活性的具体体现，个性化服务包括使用办公空间服务提供按个别客户的要求定制的解决方案、实时管理客户数字化计划的各个方面以保障客户能够轻松地获取所需图像。专用运输支票的安全性和从 OMTRA 公司的仓库（或由用户指定的其他位置）到目的地的档案文件信息的高效率运输（直接运输没有中间站），则充分显示了 OMTRA 公司服务的效率性和准确性。

（二）OMTRA 公司的技术保证

OMTRA 公司专门为个别文件运输提供 TBS，TBS 是 OMTRA 公司强有力的技术保证之一，它可以很好地抵制住灰尘，可以使受保护的文件免受有害气体和水分的影响。TBS 由优质的耐热树脂材料制成，绝缘密封。当需要进行文件销毁时，OMTRA 公司配备的 BABACO 警报系统和装有 GPS 的流动粉碎车辆保证了文件销毁的安全性。磁带保存方面，专利黏合剂技术非常重要，OMTRA 公司利用专利黏合剂技术及再生材料产品使磁带可以被气体密封，而无须用磁带贴纸。当然，笔者认为任何企业的成功都离不开强有力的技术保证，正是因为使用了这些技术，才能保证档案文件信息的安全与管理，才能让客户满意，进而将企业做大做强。

（三）OMTRA 公司的绿色经营理念

OMTRA 公司坚定地认为企业形象很重要，作为一个企业要采用跨学科、多元化的方法来使企业免受内部和外部威胁，使其影响力在国际上不断扩大。OMTRA 公司具有对文件及知识和经验管理最好的产品组合，该产品组合能够提升运营效率，降低风险，并限制成本。1956 年起 OMTRA 公司便参与了运输，以便为客户提供更好的综合物流服务。OMTRA 公司在经营管理上有着绿色环保理念，其气体密封技术就是个很好的范例。OMTRA 公司的理念是使客户独立于供应商，在公司内部和外部使用混合解决方案共享信息治理文化。

六、MIDA Informatica 公司

MIDA Informatica（简称 MIDA）公司是一家致力于提供保存人类文化遗产服务的公司，成立于 2000 年，其创始人在艺术品数字化编目领域很有经验。该公司致力于提供高质量的服务和高品质的设计；软件、硬件最优技术选择的咨询；利用最先进的技术设备进行信息开发；高水准平面设计和利用设计；交付后的应用程序的维护和辅助服务。MIDA 公司一直从事文化遗产开发和管理工作，并努力尽一切可能为保存人类文化遗产做贡献。

（一）MIDA 公司提供的服务及具体服务内容

MIDA 公司主要提供包括保存人类文化遗产、编目、数字化、MIDA ticket、音频/视频导览、数码书、网页设计等服务，其服务对象主要包括博物馆、历史档案馆、公司、市政府、公共和私人机构。其中编目服务可以实现项目的完整编目，可以根据每个客户的具体需要，量身打造编目系统。数字化服务方面，该公司为古代书籍、古代文献提供了高质量、完整、准确的数字化服务，利用具有高分辨率的行星扫描仪，加上专业人员的操作，确保在数字化过程中实现对原版文件的最大保护。MIDA 公司还提供涵盖文化、艺术、旅游和传播领域的多媒体制作的博物馆导览。数码书提供方面，MIDA 公司用数码的格式制作各种出版物，如文本书、多媒体书、插图书和摄影集、引人入胜的演示、目录、杂志等。同时，MIDA 公司还提供网页设计服务，帮助客户实现整体传播战略。除了传统的文件保存和数字化外，MIDA 公司还为历史档案、图书馆和照片收藏设计数字复制服务。此外，MIDA 公司可以创造出完美的复制纸或羊皮纸文件、杂志、海报、照片、玻璃幻灯片和任何时期的织物，它们可以对文件进行润色并将其转换为不同的格式和数字材料。

（二）MIDA 公司技术保证

MIDA 公司为保证文化遗产的有效利用和传播再利用开发了 e.Gallery。e.Gallery 是一个应用程序，可以为用户提供在线查询艺术品的服务。e.Gallery 具有高分辨率影像，能够在线发布且提供电子商务的可选表格，如贝加莫省暨贝加莫教区文化遗产的查询网站。另外，MIDA 公司在为博物馆、剧院、电影院等提供售票服务的过程中开发使用了 MIDA ticket，该产品能够实现发放门票的预约付款、访客登记、组织讲解参观和赞助商、书店、在线销售、访问的自动管理等全过程的管理。MIDA 公司使用了新一代扫描仪和照相机，不同于其他设备的是，该设备会在流程结束时再次检查每张图像。MIDA 公司非常重视对技术的创新,并致力于不断的研究之中。2012 年 11 月,MidApp 有限公司设立,旨在满足一切新的多媒体需求,包括音频/视频导览、手机应用程序、电子书等。

(三) MIDA 公司的经营管理

人力资源方面,MIDA 公司团队包含平面设计师、艺术历史学家、信息技术人员、传媒专家和摄影师,这支强大的跨学科团队,能够为客户提供有针对性、准确、附加值高的方案。经营保证方面,MIDA 公司致力于以连续和创新的方式使用一切新技术,从而成为欧洲的业内典范。同时,MIDA 公司还保存人类文化遗产,这在一定程度上承担着巨大的社会责任。此外,MIDA 公司还经常承担珍贵图画、照片、书籍的保管、修复和编目工作,为丰富档案馆、图书馆、博物馆的馆藏做出了巨大贡献,赢得了不错的口碑。

综上,这些商业性文件中心正是有了关爱大众、奉献社会的意识,树立了良好的企业形象,才会在谋得自身发展的同时推动了整个行业的欣欣向荣。

第三节　欧美商业性文件中心对中国档案服务业企业的启示

欧美商业性文件中心是欧美档案服务业的主要载体,截至目前已经有了 70 多年的发展历史。中国的档案服务业自 20 世纪 90 年代初步萌芽至今已经进入到了快速发展阶段,但在行业发展与建设方面仍存在许多问题,如档案服务业企业发展体制不完善、行业标准模糊、社会认知度不够、从业人员专业水平偏低等。因此,借鉴欧美商业性文件中心的发展经验,有助于解决中国档案服务业建设所面临的问题,引导中国档案服务业科学、快速地发展。

一、营造良好的外部环境

近几年,我国档案服务业已经进入到快速发展阶段,但尚未完全形成有利于档案服务业行业发展的良好的外部环境，而作为初步发展的新兴行业，档案服务业企业存在社会认可度比较低、档案服务业专业人才相对不足等情况，并不能很好地为我国档案文件信息管理服务提供保证。所以，为保障我国档案服务业的良性发展，政府应加强企业外部环境的改善，如完善相关的法律法规、建立统一的行业协会、提高社会认可度等。

（一）完善相关的法律法规

我国档案服务业已经进入到快速发展阶段，档案服务的需求与档案服务业企业的规模都日益增大，而完善的法律法规则是行业发展的重要保障，欧美商业性文件中心发展繁荣的一个重要原因就是得到了政府的支持并且有PRISM这样的机构健全行业的法规。而我国档案服务业的发展当前仍缺少相关法律法规的指引。2017年9月，国家档案局发布十二项推荐性档案行业标准，其中包括《档案保管外包服务管理规范》《档案服务外包工作规范》两项标准，并于2018年1月1日起施行，这两项标准的颁布虽然对档案服务业的发展起到了一定的积极作用，但并未能改变当前档案服务业规定和标准相对混乱的局面。《档案法》中也仅在第二十四条中提到"档案馆和机关、团体、企业事业单位以及其他组织委托档案整理、寄存、开发利用和数字化等服务的，应当与符合条件的档案服务企业签订委托协议，约定服务的范围、质量和技术标准等内容，并对受托方进行监督"，并未涉及档案服务业的相关规定，在各地方的档案管理条例中虽有涉及档案服务业管理的相关规定和办法[①]，但在内容上仍缺乏针对性和全面性。"无法可依"是我国档案服务业发展中面临的一个重大问题，档案服务业的健康发展亟须相关法律条文的保护。在制定法律法规时，要注意几点问题：首先，结合我国的具体

---

① 具体的相关规定包括2012年湖北省宜昌市施行的《宜昌市档案中介服务机构管理办法》、2017年云南省昆明市实行的《昆明市档案中介服务机构管理办法》、2018年湖北省武汉市实行的《武汉市档案中介服务机构备案管理办法（试行）》等。

国情；其次，国家的相关法律和地方的法规制度的制定要相互配合、相互补充。只有这样，才能制定出有利于档案服务业发展的法律法规。

（二）建立统一的行业协会

欧美商业性文件中心繁荣的一个重要原因就是有行业协会的监管，无论是 i-SIGMA 还是 PRISM，都在制定行业法规、规范档案服务业企业行为方面发挥出了重要的作用。在我国档案学界，许多专家提倡通过档案学会来对档案服务业进行约束和监督，但档案学会仅是一种偏学术性的社会组织，而档案服务业除去档案之外，它的本质是服务行业，与社会经济发展息息相关，所以说档案学会所制定的标准不一定符合档案服务业的发展需求。当前我国档案服务业企业之间的规模差距较大，发展水平良莠不齐，行业协会的建立有助于提升档案服务业的准入门槛，增强档案服务业企业的社会认可程度。当然，行业协会能为企业带来的好处远远不止这些。以 PRISM 为例，加入其中可以获得市场支持、专业社群的帮助、行业最新动态及行业调研等。欧美的许多商业性文件中心，都将其所加入的行业协会放在了官方网站的首页，如在 OMTRA 公司的首页就可以看到它加入了 ARMA、PRISM、NAID EUROPE 等行业协会。

总之，档案服务行业协会与档案服务业企业之间是相辅相成的，加入行业协会的企业越多，就越能证明该行业协会具有一定的权威性，而行业协会的权威性越强，其社会认可程度就越高，继而就越能增强用户对档案服务业企业的信任。

（三）提高社会认可度

随着社会的发展，越来越多的人开始重视对档案的保护，开始有意识地整理、保管和使用档案。档案在我们的生活中几乎无处不在，它产生于我们生产生活的各个方面。由于档案数量的不断增多及档案保管意识的不断增强,其与企业或者个人保管能力的相对不足之间的矛盾逐渐成就了一种新的形式——将档案以外包的形式承包给"档案服务业企业"。档案服务业是近些年发展较为良好的新兴行业,但相关的调查结果显示,档案社会化服务的认可度并不高。很多人表示并不放心将档案托付给档案托管公司进行保管,他们的理由基本都是担心信息安全问题无法得到保障。还有的人并不了解档案服务业企业的存在,对整个行业很陌生。反观国外,商业性文件中心成功的原因之一就在于其基本都具有很好的客户基数,客户基础牢固,有着很高的社会认可度。所以,我国档案服务业要想得到更好的发展,提高其社会认可度就显得尤为重要了。而社会认可度的提高不但要有国家和行政部门的相关制度做保障还要求企业不断提高自身的服务水平,只有这样,才能给用户提供更好的、更安全的档案文件信息管理服务,以此来提高自身社会认可度。另外,正如笔者在前文所说的,档案服务行业协会的建立也是提升档案服务业社会认可度的一个重要渠道。

二、打造优质的内部环境

企业内部环境的良性发展决定着整个企业的繁荣发展。一个繁荣发展、蒸蒸日上的企业,不管在人才培养方面、服务方面、技术方面还是在经营管理方面都应该精益求精。欧美成功的商业性文件中心的成功经验也同样在这些方面给我国档案服务业企业以启示。

(一)加强档案专业人才的培养

由于商业性文件中心的工作涉及的范围广,因此对人才的需求所涉及的专业面也很广,人才教育的重要性不言而喻。档案服务业企业在人才教育方面有两个环节要做好。第一个环节是人才的引进。除了一些专业的技术人员之外,还应当招录一些档案专业的相关人才,如档案编研人才、档案数字化人才、档案软件设计开发人才等。第二个环节是人才的培训。欧美商业性文件中心非常重视对员工的培养，如美国典型的商业性文件中心铁山公司的人才教育问题就为整个行业企业做好了榜样，其不仅为员工提供专业技能培训，还定期为员工提供安全意识培训、商业道德培训，目的就是打造一支专业化的队伍，更好地为用户提供专业化的服务。总之，档案专业人才的培养是一个长期的过程，企业自身需要在人才选择和培养上下功夫，这样才能打造一支专业化的团队，才能使本企业成为档案服务业中的佼佼者。

（二）提供优质的服务

欧美商业性文件中心的服务范围极广，如意大利 MIDA 公司除了有传统的文件保存和数字化服务，还为历史档案、图书馆和照片收藏设计数字复制服务，同时，还可以创造完美的复制纸或羊皮纸文件、杂志、海报、照片、玻璃幻灯片和任何时期的织物。欧美的商业性文件中心十分重视服务的专业化和服务的个性化，以此来确保文件档案信息的绝对安全，如英国的 OASIS Group-Information Secured 公司在经营方面的宗旨是永远不会提供现成的解决方案，公司会按照每一位用户的需求为其提供量身定制的解决方案。除了服务范围广，欧美商业性文件中心的服务质量也很高。服务质量是商业性文件中心可持续发展的重中之重。在过去的几十年中，商业性文件中心通过提供具有最新技术设备的先进服务和标准化做法满足了大批用户的需求，从而赢得了更多的用户。欧美商业性文件中心无论在存储、保管、销毁、数据恢复等方面还是在为用户提供个性化管理解决方案方面，都能做到专业、安全、可靠，而我国新兴的档案服务业企业正应该学习和借鉴这一点，争取在服务水平上进一步加强，如服务对象、范围的广阔性，服务方式方法的专业性，服务态度、理念的人性化，确保服务内容的安全性等。只有这样，才能为用户提供更好的服务，实现档案文件信息管理的专业化发展，进而为整个档案服务业的繁荣发展做出贡献。

（三）重视技术保障

当今社会科技发展速度迅猛，商业性文件中心制胜的关键在于保持与最新技术的同步。欧美商业性文件中心通过不断尝试新技术，来寻找新的途径降低成本，提高敏锐度并开发新的产品。铁山公司白皮书中就指出，当前"基于云的数据保护是新的规范"[①]。我国大多数档案服务业企业使用的档案管理软件都是从专业机构购买来的，但技术是企业的核心竞争力，所以作为一个档案服务业企业，最重要的就是要紧跟技术发展的步伐，加大技术性投入，重视技术人才的引进，关注技术领域的创新，进一步用好技术，更好地为企业所提供的一切服务做好前提保证。

（四）树立良好的经营管理理念

欧美商业性文件中心有其自身独特的企业文化（对内有着人性化管理理念和对外树立良好的企业形象）。例如，对内的人性化管理方面，要注重提供良好的企业环境、注重人才培养、定期培训员工、组织员工集体活动培养团队意识等。对外树立良好的企业形象方面，首先，用户的口碑是其形象树立最为关键的一点。也就是说，要在服务上做到让用户满意，让民众放心，确保档案保存安全可靠、档案信息利用方便快捷、技术手段应用恰到好处。其次，绿色可持续的发展理念在欧美商业性文件中心中已经成了一种共识，许多公司都倡导降低存储成本，减少能源消耗，改善碳足迹，如英国的 Restore Plc 公司，提倡将档案数据存储在磁带上来降低能源消耗，实现可持续发展。最后，企业要肩负起社会责任，如 Business Records Management 公司经常在英国各个地区举行爱心活动，号召当地居民与其一起捐款捐物。再如，Restore Plc 公司鼓励员工从事各类慈善筹款活动。由上可见，我国的档案服务业企业在经营管理理念方

---

① ESG Research Highlights: The Evolution Of Data Protection Cloud Strategies[EB/OL]. https://www.ironmountain.com/resources/whitepapers/e/esg-research-highlights-the-evolution-of-data-protection-cloud-strategies?ite=1914&ito=3112&itq=39d5be92-8ba4-4f3b-a916-c924dfba8da7&itx%5Bidio%5D=312402[2021-04-18].

面应该充分借鉴和学习欧美典型的商业性文件中心，力争为我国档案服务业提供更为安全可靠的服务，使其肩负起社会责任，努力给社会带来更大的价值。

总的来说，我国的档案服务业虽然当前已处于快速发展阶段，但仍有许多问题尚未解决，而欧美商业性文件中心起步早，已经形成了成熟的服务体系。所以从国家层面来看，应当尽快制定档案服务业的相关法律，为档案服务业的发展提供法律保障，同时应该加快成立档案服务业行业协会，为档案服务业的发展提供明确标准；而对于我国的档案服务业企业自身来说，则应当从服务、技术、经营等各个层面向欧美地区的商业性文件中心学习。